本书为重庆市2022年度市教委科学技术研究计划项
发展协同创新机制研究与应用》（编号 KJQN202201625

小学戏剧社团建设与发展指南

丁付禄 王小林 陈姝璇 著

九州出版社
JIUZHOUPRESS

图书在版编目（CIP）数据

小学戏剧社团建设与发展指南 / 丁付禄，王小林，陈姝璇著. -- 北京 : 九州出版社，2023.9

ISBN 978-7-5225-2362-0

Ⅰ. ①小… Ⅱ. ①丁… ②王… ③陈… Ⅲ. ①戏剧教育－教学研究－小学 Ⅳ. ①G623.712

中国国家版本馆CIP数据核字（2023）第202688号

小学戏剧社团建设与发展指南

作　　者　丁付禄　王小林　陈姝璇　著
责任编辑　陈春玲
出版发行　九州出版社
地　　址　北京市西城区阜外大街甲35号（100037）
发行电话　（010）68992190/3/5/6
网　　址　www.jiuzhoupress.com
印　　刷　三河市嵩川印刷有限公司
开　　本　787毫米×1092毫米　16开
印　　张　25
字　　数　434千字
版　　次　2023年9月第1版
印　　次　2024年1月第1次印刷
书　　号　ISBN 978-7-5225-2362-0
定　　价　88.00元

前　言

戏剧艺术，随着人类社会的发展，走过了漫长的成长道路，可谓历史悠久。翻开世界戏剧史厚重的画卷，我们的目光首先会被依山而建、凝结天地精华的狄奥尼索斯剧场所吸引。这座剧场坐落在雅典，始建于公元前6世纪。穿越数千年的时光，还依稀可以看见古希腊上万名民众在此参与戏剧活动的史诗般的场景——悲剧的仪式、肃穆的氛围以及众人的狂欢。

让我们来回望作为东方戏剧典型代表的中国戏曲的发展之路。当我们走在河南开封清明上河园中的勾栏瓦肆时，可以看见在宋元杂剧演出的瓦舍勾栏里民众熙熙攘攘看戏的场景；当我们观看古装影视作品时，可以看见明代传奇演出时茶园戏楼里高朋满座的场面；当我们参观颐和园德和园戏楼和很多地方庙台时，可以想象到清代地方戏演出时热闹非凡的场景。

历史记载虽然有它真实的一部分，但是并非所有的历史真实都得到了及时有效的记录。正因为如此，那些近乎只言片语的记录才给人以无限的遐想。既然记录中的戏剧场景都是那样繁盛，那么那些没有被记录下来的日常的、小规模的、偏远的戏剧活动是不是也很热闹？但不管怎样，戏剧是生活在久远之前的先民们的重要精神产品，这是一定的。

进入现代社会以来，戏剧作为普罗大众获得情感愉悦和精神共振的多元方式之一而存在，不似以往如众星拱月那般广受追捧。影视、游戏、自媒体所吸引的流量都对戏剧形成了一定冲击，相比较于这些崭新的流行语汇而言，戏剧对年轻群体的吸引力十分有限。有的人把戏曲等同于戏剧；有的人觉得戏剧是高雅艺术和精英艺术……戏剧在现代社会的生存空间急需得到拓展。

这种扩展自然是要在城市剧院以外的广袤社会空间中，开辟、建设、发展新的戏剧空间。好在，古往今来，从没有一个戏剧家说过戏剧只能生存在剧院里。英国戏剧大师彼得·布鲁克表述过：“在一个空的空间内，一个人在另一个人的注目下走过，就构成了戏剧。”我们同很多戏剧实践者一样，从中深受启发并导之以行。在城市的露天广场、在农村的田间草坝、在景区的演艺场所、在商店的休闲场地……都有着我们开展戏剧活动的身影。

后来，当我有机会以戏剧创作者的视角进入教育领域工作，到师范类高校任职，回望做基础教育阶段的戏剧美育推广实践，才越来越感觉到，戏剧在校园中特别是基础教育阶段的校园中扎根生存不仅十分有条件，而且十分有必要。中国有 2 亿多的常态化受教育人口，戏剧搭上教育的船，犹如上了一艘航空母舰。之所以说基础教育学校开展戏剧活动有条件，是因为有人，戏剧是跟人有关的学科。学校以师生为主体、以教育活动为主业，而具有“承载精神，传播思想”重要功能的戏剧艺术，正可成为其开展教育实践的重要载体。

然而现实情况是，截止到 2022 年，全国仅有上海戏剧学院、中央戏剧学院和重庆第二师范学院开设有戏剧教育专业，三所院校所培养的专业人才数量远远不足以支撑庞大的基础教育学段学校戏剧师资需求。因此，在当下开展小学戏剧教育活动，主体力量除了借助当地戏剧院团、企业、戏剧研究机构和文化馆人员之外，必须重点调动小学在职教师的积极性、能动性和创造性。

在小学承担常规课程授课的教师，可以借助戏剧的方式帮助自己实现工作的常教常新，而避免职业倦怠。但若直接将戏剧引入第一课堂，对课程常规授课逻辑和常态化教学管理而言，会造成不同程度的冲击，戏剧活也许还会因此受到一定阻力。这至少是我们在重庆开展小学戏剧教育的实践总结和初步结论。在这种情况下，以第二课堂的方式开展戏剧教育，相比而言其会得到较好的发展。

基于此，我们提出以戏剧社团为载体，以第二课堂为依托，高度结合基础教育阶段的学情特点，充分融合不同学校的发展特色，立足自身实践，撰写小学戏剧社团实践指南，以期为小学戏剧教育的发展贡献绵薄之力。

在本书的绪论部分，重点结合《义务教育艺术课程方案（2022 年版）》，论述在小学发展戏剧教育活动的背景与现状。第一章就小学戏剧社团的核心概念进行准确界定，并结合其他几个关键词进行关联性与差异性论述；第二章就建设和发展小学戏剧社团的价值体现进行重点观照；第三章聚焦九大维度，就小学戏剧社团如何从无到有地进行建设加以实践指导；第四章结合已有基础和建设成果，提出小学戏剧社团在八大领域的发展预见；第五章根据小学戏剧社团的建设与发展需求，设计了一些可用的资源参照。

本书的写作分工如下：

丁付禄负责全书框架制定、理论部分及全书终版统稿写作；

王小林负责绪论，第四章第二、八节及第五章部分的写作；

陈姝璇负责第五章部分以及全书二稿的统稿写作；

刘国栋参与第一章第一、二、三节以及第四章第一、三、四、五、六、七节的部分初稿写作；

张洪玮、官子淳参与第一章第四、五、六节以及第二章的部分初稿写作；

向峰、任嘉欣参与第三章的部分初稿写作；

鄢佩参与第五章的部分初稿写作。

目　录

绪 论

2020年10月由中共中央办公厅、国务院办公厅印发《关于全面加强和改进新时代学校美育工作的意见》，要求完善课程设置。学校美育课程以艺术课程为主体，主要包括音乐、美术、书法、舞蹈、戏剧、戏曲、影视等课程。学前教育阶段开展适合幼儿身心特点的艺术游戏活动。义务教育阶段丰富艺术课程内容，在开设好音乐、美术、书法课程的基础上，逐步开设舞蹈、戏剧、影视等艺术课程。

2022年4月，教育部印发《义务教育课程标准（2022年版）》，新版课标的调整主要体现在课程方案和课程标准两方面。

一、关于课程方案

一是完善了培养目标。全面落实习近平总书记关于培养担当民族复兴大任时代新人的要求，结合义务教育性质及课程定位，从有理想、有本领、有担当三个方面，明确义务教育阶段时代新人培养的具体要求。

二是优化了课程设置。在保持义务教育阶段九年9 522总课时数不变的基础上，调整优化课程设置。将小学原品德与生活、品德与社会和初中原思想品德整合为“道德与法治”，进行一体化设计。改革艺术课程设置，一至七年级以音乐、美术为主线，融入舞蹈、戏剧、影视等内容，八至九年级分项选择开设。将劳动、信息科技从综合实践活动课程中独立出来。科学、综合实践活动起始年级提前至一年级。

三是细化了实施要求。增加课程标准编制与教材编写基本要求；明确省级教育行政部门和学校课程实施职责、制度规范，以及教学改革方向和评价改革重点，对培训、教科研提出具体要求；健全实施机制，强化监测与督导要求。

二、关于课程标准

一是强化了课程育人导向。各课程标准基于义务教育培养目标，将党的教育方针具体细化为本课程应着力培养的核心素养，体现正确价值观、必备品格和关键能力的培养要求。

二是优化了课程内容结构。以习近平新时代中国特色社会主义思想为统领，基于核心素养发展要求，遴选重要观念、主题内容和基础知识，设计课程内容，增强内容与育人目标的联系，优化内容组织形式。设立跨学科主题学习活动，加强学科间相互关联，带动课程综合化实施，强化实践性要求。

三是研制了学业质量标准。各课程标准根据核心素养发展水平，结合课程内容，整体刻画不同学段学生学业成就的具体表现特征，形成学业质量标准，引导和帮助教师把握教学深度与广度，为教材编写、教学实施和考试评价等提供依据。

四是增强了标准落实指导。各课程标准针对“内容要求”提出“学业要求”“教学提示”，细化了评价与考试命题建议，注重实现“教—学—评”一致性，增加了教学、评价案例，不仅明确了“为什么教”“教什么”“教到什么程度”，还强化了“怎么教”的具体指导，做到好用、管用。

五是加强了学段学程衔接。注重幼小衔接，基于对学生在健康、语言、社会、科学和艺术领域发展水平的评估，合理设计小学一至二年级课程，注重活动化、游戏化、生活化的学习设计。依据学生从小学到初中在认知、情感、社会性等方面的发展，合理安排不同学段内容，体现学习目标的连续性和进阶性。

具体到《义务教育艺术课程标准（2022年版）》而言，在课程理念、课程目标、课程内容和学段设置等方面做了调整和完善，注重幼小过渡衔接、小初整合衔接及与高中模块化教学的衔接。调整后的新艺标课程内容结构更优化、课程实施更深入。

艺术课程主要包括音乐、美术、舞蹈、戏剧（含戏曲）、影视（含数字媒体艺术）等。其中，1~7年级以音乐和美术为主线，融入舞蹈、戏剧（含戏曲）、影视（含数字媒体艺术）相关内容。每名学生至少选择两项学习，新艺标强调“艺术实践为基础，以学习任务为抓手，汲取丰富的审美教育元素，有机整合艺术课程内容，充分发挥各学科的协同育人功能[①]”，并指出艺术课程时长要达到九年课时总时长的9%~11%。

以戏剧（戏曲）为例，课程内容包括“表现”“创造”“欣赏”和“融合”4类艺术实践，涵盖10项具体学习内容，通过具体的学习任务组织教学。根据义务

---

① 李涛．艺术新课标美育新视点[J]．湖北教育（教育教学），2022（08）：11-12.

教育阶段学生的身心发展特点和教育教学规律，戏剧（含戏曲）学习任务的设置要具有进阶性，整体结构如下图所示。

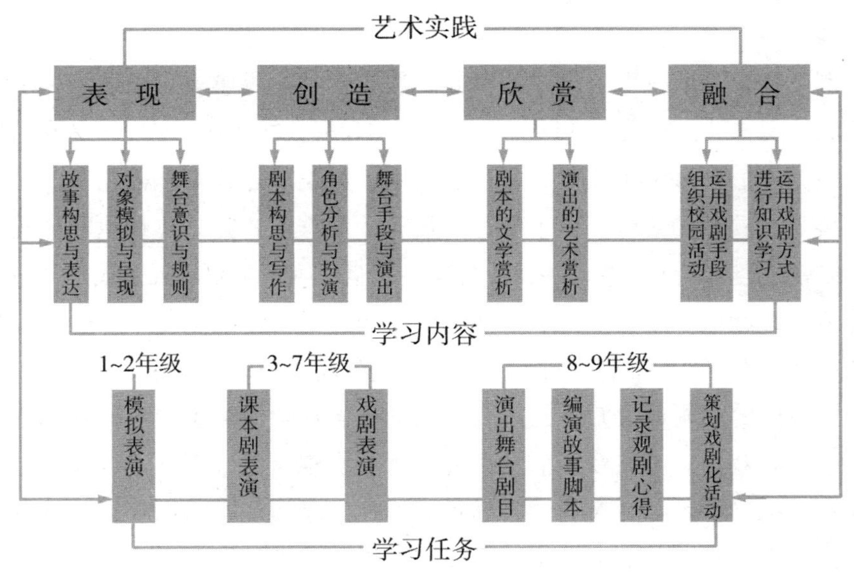

戏剧（含戏曲学科课程内容框架）

1~2 年级的学习任务主要依托唱游·音乐实施，任务为“模拟表演”，即对日常生活中熟悉的人、动物、植物进行模拟，培养学生对所表现对象特征的观察和概括能力，鼓励学生运用自己的表情、身体、语言进行表演。3~7 年级学习任务主要依托音乐、语文和外语实施，任务为“课本剧表演”，即选用音乐、语文、外语等教材中的教学素材，进行课本剧编创表演。此外还要观看传统戏曲表演，培养学生的舞台表演意识和对表演活动进行评价的能力。有条件的地区和学校可在 7 年级独立开设戏剧课（含戏曲），学习任务围绕“戏剧游戏”展开。8~9 年级的学习任务包括演出舞台剧目、编演故事脚本、记录观剧心得和策划戏剧化活动。

总的来看，新艺标按学生的学习、发展逻辑进行课程结构设计，加强了学生教学场景和生活场景的融合，强化了学生知识学习和解决实际问题的能力。课程结构总体特征表现为综合性设计，分段性实施，具有注重艺术课程内容综合化、任务化、生活化的特征。在教学方面，新艺标课程实施指导基于教学建议、评价建议、教材编写建议、课程资源开发与利用四个方面，新增了“教师培训与教学研究”，从多个方面促进传统教学模式转型，提高教师核心素养能力。新艺标实施方面，深入指导艺术课程的性质、理念、目标、内容、学业质量，充分考虑学生的身心发展和个体特征，同时鼓励教师在实践中发现问题和解决问题的能力，建立基于任务驱动学习、实践活动为主线、“学、练、展、演”一体推进的教学评价机制。

所谓戏剧，是把人生引向虚构世界的现实生活的投影。它构成了一个能动的能量场面，是一种在冲动与理性两方实现诱惑和解放的艺术形式[①]。儿童戏剧是以舞台表演为中心，融汇了文学、音乐、美术、舞蹈、建筑等多种艺术成分，并适合儿童接受和欣赏的戏剧。要了解这一概念，就首先要区分儿童戏剧与儿童戏剧活动，二者最容易混为一谈。在世界各国，儿童戏剧常常是成人表演给儿童看的，是由专业儿童剧团负责演出的。专业儿童剧团经过长时间反复不断的排练，才能使儿童戏剧达到相当的制作水准，并适应市场的需要，有一定的演出场次。

儿童表演的戏剧通常归入儿童戏剧活动，包括学校组织的各种和儿童戏剧有关的教学、游戏活动。在戏剧活动中儿童可以实现自编、自导、自演，老师和家长则在一旁指导协助。儿童通过自己扮演角色，参加戏剧活动获得成就感，得到自我满足。在儿童剧场的活动中，儿童表演得好或不好根本没有关系，因为这种活动并不售票，而是学校里的一种表演活动，儿童是表演给自己看、给家长看、给老师看的，家长和老师也不会要求儿童表演得多么专业，只要他们快乐就好。儿童的学习过程是很重要的，儿童戏剧活动注重的是儿童的参与，关注的是他们在活动中快不快乐、有没有投入精力，以及老师和家长在活动中的互动关系。所以，儿童戏剧活动在意的是学习的过程，而不是表演的结果；注重的是过程性创作，而不是成果性沉淀。

1940 年欧美国家教育戏剧大发展，在受到欧美教育戏剧的影响之后，香港较早发展教育戏剧。经过近几年的发展，中国内地儿童学校接触教育戏剧的机会也越来越多，同时也有更多的儿童学校愿意将教育戏剧作为一种新的教学模式来进行尝试。著者查阅近 5 年有关教育戏剧的相关文献发现，其数量呈现出明显的增长趋势，在 2015 年达到最热。关于实践中的关注度，有越来越多的学校对教育戏剧进行探索和尝试。著者将从以下四个方面来对国内教育戏剧相关研究进行综述。

---

① [日]河竹登志夫.戏剧概论（修订版）[M].陈秋峰，杨国华，译.成都：四川人民出版社，2018：157.

第一，教育戏剧相关概念辨析教育戏剧与创造性戏剧。台湾的张晓华教授（2004）认为，教育戏剧和创造性戏剧的概念相同，“教育戏剧不以训练、表演娱人为目的，它是一种教与学之间的新关系，是教学上的应用戏剧”。他认为“教育戏剧是使用一定的戏剧策略，服务于教学的一种方法与手段。参与者在引导者有计划的引导下，以即兴创作与扮演、不知所措、烦躁、过度兴奋等现象[①]。教育戏剧活动与故事表演活动这二者是有很大差别的，故事表演活动更侧重于对故事内容的表演呈现，注重儿童的表演是否符合既定的故事内容、肢体动作是否标准、固定台词是否准确等，还比较重视道具和服饰等辅助性手段的使用，这类表演是以教师的意向为主，儿童的主体性创造相对缺乏。而教育戏剧活动是聚焦焦点，提出问题，引导儿童解决问题，并发展其主体性与创造性的过程，是教师与儿童的双向构建活动。

第二，教育戏剧和戏剧教育的关系。教育戏剧不同于戏剧教育，戏剧教育是一个较为广泛的概念。黄爱华认为：“教育戏剧与戏剧教育之间不仅内涵不同，而且戏剧教育的外延也明显大于教育戏剧，戏剧教育包涵着教育戏剧，因此，它们意义虽然相通，但不能混用。”即教育戏剧与戏剧教育是上下级关系——戏剧教育包含教育戏剧，具有相同观点的还有张金梅、陈漪、郭梅君等人。张金梅、苗芳（2013）指出：“戏剧教育包含艺术戏剧和应用戏剧，艺术戏剧是以追求戏剧的艺术性、审美性为目的的，而应用性戏剧则是强调戏剧的实践性和功能性，其内容丰富多样，比如教育戏剧、社区戏剧、治疗戏剧、企业戏剧等。”

第三，中小学教育戏剧的相关研究。知网相关主题与关键词搜索显示：2003年至2016年间，关于小学教育戏剧的文章共有10篇，其中博硕士论文共8篇；关于中学教育戏剧的博硕士论文3篇。著者在对中小学教育戏剧相关文献进行整理时发现，中小学教育戏剧相关研究主要集中在教育戏剧应用于学科教学，以及相关课程开发，具体内容如下：雷娟（2015）在新课改的视野下，探讨了孔子“诗教”思想，阐述了“诗教”与教育戏剧的契合点，进一步说明了教育戏剧应用于中学语文教学的可行性；李论（2016）在对教育戏剧原理与教育戏剧运用技巧进行探讨的基础上，构建并实施高中语文教育戏剧课程，试图探索将二者融合的有效途径；徐静（2016）倡导用肢体想象、模仿等方式进行戏剧活动，让学生在互

①许卓娅．用历史生态的眼光看我国儿童园游戏的理论与实践[J]．儿童教育，2005(7)：102.

动过程中，充分发挥想象，自由表达思想，在实践中学习，从而使学习者获得戏剧经验与美感经验，促进生活技能与智能的发展；张金梅则认为美国的创造性戏剧与英国的教育戏剧都是以过程为主的戏剧形式。

二者所不同的是，创造性戏剧更加重视戏剧的“本质论”，强调儿童在戏剧活动中的成长与体验，以及戏剧本身的艺术价值；教育戏剧则是将戏剧“工具”化，强调的是戏剧是一种教学手段与方法、是主题活动的成果，而不是活动目的，忽视了戏剧本身艺术的存在。教育戏剧与角色游戏：儿童的角色游戏，这是一种通过扮演现实生活的人物，如父母、警察、医生等各种人物形象的语言、表情、动作等，进而在一定程度上满足儿童模仿现实生活中的人与事的需要。

第四，戏剧活动对儿童发展影响的研究。对儿童语言发展的作用：陈仁富（2000）指出，若教师能够将儿童好问的天性与戏剧活动的方式相结合，并对儿童进行有计划的指导，将能够有效地发展儿童听、说、读、写的能力。在教育戏剧活动中，儿童不仅需要用动作来展示自己，还需要使用语言与同伴或者教师进行沟通。在戏剧情境中使用语言，从而使儿童在词汇的增长、声调与语气的控制与变化、面部表情与肢体动作、即兴口语创作上获得进步。张金梅（2007）指出，儿童戏剧活动能够为儿童的语言表达提供适宜的环境与相应的角色身份，使得儿童戏剧活动成为语言教育的重要活动形式。儿童在戏剧活动中，以自己的身份、角色身份等多重身份来进行语言表达，不仅能有效地促进儿童语言能力的发展，还能够加深儿童对戏剧主题的认识与理解。对儿童社会化发展的作用：黄瑞华（1997）指出儿童在教育戏剧中拥有一个宽松、开放、自由的环境，在这个“教育戏剧环境”中，儿童可以根据自己的理解与认识对事物进行象征。在这个空间中，儿童通过肢体动作能够展现内心最真实的想法，进而体现出真实的自己，在这个过程中，儿童的自信心得到了一定的发展。当然，在教育戏剧活动中，儿童不仅要与教师进行沟通与配合，还要与同伴进行合作，例如角色的协商与分配、情节的扮演等，儿童在过程中逐渐学会社会交往策略，有利于其社会化的发展。

本书选择的是学校戏剧社团这一研究课题，从戏剧的角度来看，之所以要集中力量、系统地研究剧团，是因为戏剧社团作为演剧组织，是全部戏剧活动的枢纽，是各种艺术要素和社会要素的汇合点。所以，社团研究更能全方位展现一个时代戏剧的独特风貌，也更能深入揭示特定时代戏剧生存与发展的基本规律[①]。从

① 穆海亮．上海剧艺社研究[M]．北京：中国社会科学出版社，2021：1.

教育的因素来看，本书正是基于新课标的最新要求，充分发挥戏剧教育对促进儿童健康成长和全面发展的重要作用，以推动小学戏剧教育的发展为动机，选择小学戏剧社团的方式来做重点推进，致力于在小学实现戏剧教育的普及。

戏剧社团是实施戏剧教育的载体；戏剧社团是成就师生发展的平台；戏剧社团是凸显校园文化的名片；戏剧社团是服务区域发展的担当；戏剧社团是推动课程改革的切入。

第一章　小学戏剧社团的概念辨析

概念与定义，总是我们了解具体事物的先导介入。关于“是什么”的问题，总是系列问题中的受压问题。聚焦到小学戏剧社团这一概念，它是一个较大范围的整体概念，但延展到戏剧社团、学校社团等更大概念的词语，小学戏剧社团相对又变成了一个局部概念。

从整体和部分的辩证关系原理来看，整体和部分既相互区别，又存在联系，小学戏剧社团属于广义社团的一种，但又有其自身的特殊性；整体居于主导地位，统率着部分；整体和部分二者不可分割，相互影响。整体的性能状态及其变化，会影响到部分的性能状态及其变化；部分也制约着整体，甚至在一定的特殊条件下，关键部分性能会对整体的性能状态起决定作用。所以整体和部分二者不可分割，掌握整体和部分的辩证关系，对实践具有重要的指导意义。

因此，运用整体和部分的辩证关系厘清社团的内部分类方式，确立小学戏剧社团在社团整体生态中的精确坐标定位，不仅有助于补充特色社团的研究成果，而且能够准确界定小学戏剧社团的概念和定义。

第一节　社团的定义与分类

人类的本质属性是社会属性，这是人类与动物的根本区别。人类的社会属性，是人与周围的事物发生关系时，表现出来的独有的特性。即便是在距今久远的原始社会，群居就已是人类的常态生活。每个人都不能脱离集体而独立存在，最初当然是基于生理维度的满足，独立个体难以维系生命的延续。原始时期的人们要吃饭、要生存，就必须要借助彼此和集体的力量，结为部落。此后，亲近的情感、共同的信仰、文化的趋近等因素都成为维系群居部落的内在动因或外显因素。无论是由于生理维度的需求，还是情感方面的诉求，集体对每个个体来说都是不可缺少的，生存及生活的基本条件都要依赖集体，如若不然，日常生活难以为继，情感生活无以为依。于是，人类就在这样的大群居、小聚居中代代繁衍。几乎没有人能够独立于群体和社会而长期或永久孤立地存在，即便是出现在文学想象中的桃花源，居民们“自云先世避秦时乱，率妻子邑人来此绝境，不复出焉，遂与外人间隔”，但从某个角度来看，桃花源也是一个自成系统的群体场域：“屋舍俨然，有良田、美池、桑竹之属。阡陌交通，鸡犬相闻。其中往来种作，男女衣着，悉如外人。黄发垂髫，并怡然自乐。”即便是电影《荒岛余生》中的查克，无时无刻不是在想着回归自己熟悉的人类社会，而非选择在荒岛上自成体系地孤立生存，不断地准备、不断地尝试，终于在荒岛上生活四年后得以回归人类群体……

宇宙很大，世界很小；世界很大，我们很小。宇宙作为一个无限大的个体容纳着人类世界，而小小的我们又生活在人类世界。人类对世界的认知有时候是抽象的，每一个生活在世界中的普通个体，并不是日日都在拥抱整个世界，而是经常与某种范围内的社会团体共生共处，经常生存于不同的社会团体之中。从成长历程来看待我们所经历的社会团体会发现：“家庭”是一个团体；“班级”是一个团体；“单位”是一个团体；“同坐一辆公交车的人”是一个团体；“同在一个剧院看戏的人”也是一个团体；“一起乘电梯的人”是一个团体；“现在正在和你一起阅读这本书的人”其实也是一个团体……于是我们发现，团体几乎无处不在，团体的本质在于关联，以具体关联联动人与人的联系。团体，也是社会的细胞，是社会必不可少的组成部分，也可以将这些团体进一步表述为“社会团体”，简称社团。

社团有广义和狭义之分，广义的社团是指基于客观或主观因素形成的或固定或临时的社会群体，进一步而言是指由具有某些共同特征和爱好的人组成的互益组织；狭义的社团是指为达到某种目的，由一定数量的人组成的社会组织。成立社会团体，除需要一定数目的人员组成以外，还要依据法律程序或相关要求，制定相应的章程、到有关机关登记，有的还须依法申请许可等。

通过不同的分类维度和标准，可以有不同类型的社团。社团分类应当坚持实事求是、科学规范、注重质量、讲求实效的原则，确保社团分类的科学性和严肃性，以促进社团在符合规范的同时，合理、有序地发展。在不同分类方式和区分维度下，社团也具有不同的表述。

依据社团的合法性进行分类，分为合法社团和非法社团。合法社团即社团按照相应的政策法规，依法履行了相关程序，而且依法开展社团活动；非法社团的成立没有经过正常的审批流程，抑或是社团从事违法犯罪活动，比如进行非法集会、邪教活动、聚众赌博、洗钱等违反法律法规的活动，必然会被依法取缔。即便是在学校这片相对稳定的场域，依然要提防和化解意识形态领域的风险，在成立社团之初，指导教师一定要明确成立社团的流程，合法合规地成立对学生成长有益、对学校发展有益的社团。

按照经营目的和利益诉求，社团可以分为两种类型，分别是营利性和非营利性的社会团体。营利性社团是指以营利为主要目的，开展各类商业性活动，有时也以公司的形式出现，比如我们所周知的明星经纪人公司，以经营明星业务为主来获取一定的经济收入；非营利性社团指并非以营利为目的开展相关活动，而是以培养兴趣爱好、提高社团成员素质和能力、传播弘扬文化为目的，它们很大一部分都是公益性社团，以发展公益性事业为宗旨，常态化开展志愿服务或开展专项爱心活动。

按照社团的性质和任务，社团可分为学术性、行业性、专业性和联合性四类。学术性社团主要是指为促进哲学、社会科学和自然科学的繁荣和发展，促进科学知识普及与学术研究交流，促进人才的成长和进步而开展工作的社团组织。学术性社团的主要目标是推动学术发展，促进原始性技术理念创新和科技成果的转化，培养专门人才和技术创新人才，推进科技产业和社会进步。较为知名的学术性社团有很多，比如为研究古典名著《红楼梦》而专门成立的红学实证研究派，该社团就是为了研究《红楼梦》的内容、人物、背景、文化等而成立的学术性社团；行业性社团主要是由企业以及其他经济组织自愿组成，实行行业服务和自律管理的社会团体，其主要是为会员单位提供服务，维护会员单位和会员的合法权益。按照具体行业或领域，又可以分为钓鱼俱乐部、登山俱乐部、远足俱乐部、丛林探险俱乐部、帆船俱乐部、篮球俱乐部，等等。专业性社团主要是指围绕相关领域的专业知识开展活动，发挥专业人员、专业组织的专长为经济、社会服务的社团组织，其主要宗旨是为会员提供专业化的服务，提高会员在科学技术、教育、文化、艺术、卫生、体育等具体方面的能力和技巧。联合性社团主要是指具有相同或相近领域的组织或个人为了横向交流而自愿组成的联合体，比如来自两个不同集体的群体，为了同一个目的而聚集在一起，就自发性地组成了联合性社团，其主要是研究产业政策、协调行业关系，促进相关产业、行业或个人的交流和合作，体现出了复合性、临时性的团体特点。

按照社团的主要活动内容来分，可分为戏剧社团、音乐社团、舞蹈社团、书法社团、美术社团、魔术社团、篮球社团等。这种分类方法很容易理解，就是社团开展的活动内容不同，例如篮球社团就是以篮球运动为主要活动构成而形成的社团。戏剧社团、音乐社团等也是一样。而按照社会人群分类并不是单纯的以社团的成员性质为基础，而是更多要看到社团所处环境，包括社团基地地点、活动开展空间等，当然因为人群的不同，其社团的开设目的也有所区别。因为地点、开展空间的不确定性，开设社团的目的和活动形式也会因此发生改变。

按照社团成员所在的社会群体来分，可分为企业社团、家庭社团、监狱社团、老年社团、学校社团等。企业社团面向的群体主要是企业员工，活动的开展可能是公司场地，或是从属于公司的其他场地，也可能是社会上其他可开展活动的空间，社团活动一般与公司团建活动相结合，提升职工的工作归属感、幸福感，从而使职工们在劳累的工作之余得到适当的放松和休息；家庭社团的面向人群是构成社会细胞的各个家庭，社团活动内容一般聚焦于家庭教育或致力于缓解家庭矛盾，活动开展地点灵活多变，其目的在于加强家庭成员的沟通，促进家庭和谐，也在于紧密家庭与家庭之间的联系，促进社区和谐；监狱社团面向的主要群体为在监狱里的服刑人员，其社团活动地点一般固定在监狱里，目的在于增加服刑人员的生活乐趣，同时便于在社团活动中进行改造教育；老年社团面向的群体一般为的老年人群体，其社团活动地点一般在某个社区或养老院，以文艺活动和简单的健身活动为主，主要是为了丰富老年人的晚年生活，提高老年人的身体素质，提升老年人的生活品质，同时一定程度上进行同龄人之间的交流，缓解空巢老人现象引发的社会问题，让老年人在复杂、快节奏的社会中找到简单、慢节奏的生活与归属感，一些以更高标准发展的老年社团还具有凝聚老年人力量的作用，使老年人在团队中发挥余热，为事业发展贡献力量；学校社团主要的活动场域一般是在各级各类学校的校园，以在地师生为主要面向群体，所进行的活动绝大多数也与学校有关，当然也有教师带领学生外出实践的活动，学校社团举行的活动，不仅能聚集学生与学生之间的力量，更能紧密老师与学生之间的关系，是第一课堂以外重要的第二课堂群体。

以上通过不同视角和维度对社团进行观照，力图在概念上厘清社团的学理框架。从学理归属上来看，学校社团是社团的一种，是社团的重要组成部分。但聚焦学校社团这一具体概念而言，因为学校学生数量的庞大，以及不同学生的兴趣爱好有差异，所以学校社团又具有内容丰富、形式多样的内部构成，需要进行进一步的专门梳理和概念厘定。

第二节　学校社团的定义与分类

学校社团，是指社团成员（主体为学生）在自愿基础上，申请成立备案的各种群众性的非营利性的文化、艺术、学术团体。一般而言，学生社团是为了满足会员兴趣爱好而自发成立的，其成立需要按照学校规定和章程履行一定的程序。学校社团可打破年级、系科甚至学校的界限，超越常规的组织形式而形成新的组织形式。 团结兴趣爱好相近的同学，发挥他们在某方面的特长，开展有益于学生身心健康的活动。[①] 学校社团的服务人群主要是学生，很多学校社团都聘有专门的指导教师给予相应的指导和活动管理，通常会表述为学生社团。学校社团一般在学校内开展社团活动，其目的以文化育人、活动育人和实践育人为主，客观上能够进一步活跃学校的氛围，提高学生的自主管理能力，丰富学生的课余生活。尽管社团有着许多分类方式，尽管社团的工作内容不同、面向对象不同，但学生社团仍归属于社团这个大概念，符合社团的组织特点，也具有一些自身特点。

学生社团，是学生在行政班级以外的第二归属，是生活在校园时的另一重身份定位，社团生活是课余生活的重要载体，在管理模式上，也具有不同于班级管理的形式。

从学校社团的管理归口来看，学生社团可分为校团委下属学生组织、学术类社团、文体类社团、志愿服务类组织等。根据团中央的精神与要求，在学校党委或党总支的领导下，学校团委都设立了一套团委直属组织，对应团组织自身的部门，功能以宣传和服务为主，并将国家相关政策以及新近实事及时准确地传递给学生，也将上级组织的有关要求和部署做及时传达与落实。通常包括学生会（研究生会）、学校报社、校园广播台、校园电视台、新媒体中心、志愿者协会、团校、艺术团，等等。学术类社团内又可以分为两类，一类是科技创新类的，比如机器人、AI、算法等社团组织。还有一类是专业学习类的，常常是挂靠各院系开设，对应不同的专业，比如史学社、文学社、化学社、法学社等，作为专业实践

① 李茜．小学社团现状调查[J]. 科技信息，2012（15）：226-227.

的支撑平台。文体类社团是最为常见的社团类型，文艺活动可进一步细化为话剧、相声、戏曲、乐队、辩论、舞蹈、诗歌等形式，体育类则常常有板球、乒乓球、网球、羽毛球、足球等各种球类，以及登山、骑行、滑雪、武术、射箭等运动形式。学生社团面向全体学生，学生可以结合自己兴趣爱好或者自己专长发展，而进行社团的自主选择，在满足自己兴趣爱好的同时，能够提升自己的专长水平，并且丰富自己的履历。在学校志愿服务类组织中，有一些是泛志愿服务型的，是面向特定群体开展的多元服务，也有专门针对某类人群或者具体项目的，比如手语社、支教社等，这类社团的活动场域通常会在校外展开。

根据办学层次来分，学校一般分为大学、中学和小学，依托不同级别学校所举办的学校社团在组织形式、活动内容和管理模式上也有较大区别。其中，大学社团应是各级学校里社团活跃度最高的，其重要的原因是学生时间的相对自由性和学生身心的相对成熟性。一方面大学生在学业之外有较为充足的时间参与到社团活动中来；另一方面，大学生的身心发展已趋于成熟，能够更好地主导社团活动，并以熟练的能力保障社团活动的顺利进行，也能够自行组织策划各类社团活动。在中学，升学的压力和分数的竞争让学校社团得不到大部分学校和家长的重视，绝大部分人认为社团对文化课学习的提升价值不大，因此使学生放弃参加社团活动而将重心完全放在学习方面。所以在中学，社团活动由于得不到学校和家长的支持，活动数量较少，能够实质参与社团活动的学生数量也较少。在小学阶段，学生没有过多的学业压力，6~12 岁也是学生培养兴趣爱好的重要时期，不过又因为小学规模有限，其社团数量也不多。在课后延时服务政策的推动下，小学学生社团也得到一定发展。

在社会上，还有一些特殊学校，针对存在生理缺陷、心理疾病的特殊群体开展特殊教育。在这类学校中，社团的开设相较于其他学校，其开设的目的有些许差异。特殊学校学生社团是为了让学生能融入正常的社会生活，并且在一定程度上，这些社团也是对学生进行心理治疗的支持平台，更加及时地关注到学生的心理状态，及时进行心理疗愈，实现以社团的名义为特殊群体提供活动空间、助力他们更好成长的目的。

按照学校所处地域对学生社团进行分类，则分为市区学校社团和乡镇学校社团（只针对中小学社团）。对于市区学校而言，无论是从学校重视程度来看，还是从学校可掌握运用的资源来看，学生社团的发展机遇都需要更高些，所以其开展的社团种类更为丰富，更能吸引学生的兴趣，学生的社团活动参与积极性也更高。因为有更多的机会提升自己、开阔眼界，家长的支持力度也相对更高，这在客观上也推动了学生社团的发展。而反观广大的乡镇学校，在优质教育资源相对缺乏的现实条件影响下，社团建设与发展方面的情况往往也是比较滞后的。相较于市区学校，社团数量更少，社团活动也相应更少，学校和家长更关注的是学生的学业成绩，这就导致了乡镇学校的校园社团建设存在较大的困难。即使乡镇中心校会以不同力度建设学生社团，但与市区学校也存在较大差异。市区学校之间、不同地区的市区之间、发达地区和偏远地区学生社团的发展与教育资源也存在区域性差异。

按照学校社团的综合性，社团可以分为综合性社团和专业性社团。综合性社团是素质教育的第二课堂，为学生提供全方位展示和发展自己的机会，如：大学生艺术团、文学俱乐部等；在不占用学生学习专业知识的前提下，还为学生培养额外的兴趣爱好，并且通过这些兴趣爱好发展学生的专业能力；专业性社团是第一课堂的延伸，让学生充分了解专业知识和学术研究的前沿发展，如英语协会、足球协会、曲艺协会等。不论是第一课堂的延伸，还是第二课堂的培养，都是为专业发展和课程学习提供有益的补充，是开展一、二课堂联动实践的重要载体。

在课余时间，学校社团在保证学生完成学习任务和不影响学校正常教学秩序的前提下，会有序开展各种有益于学生身心健康发展的多元活动。也许部分社团活动会占用学生的一些私人时间，但学生也拥有着自主选择权，合理地安排自己的时间，适当地进行活动参与。并且依托于这些各种社团活动，可以团结学校其他班级和年级的同学，其中包括有与社团相关项目的专业学生，也有项目的爱好者、初学者以及其他学生，大家以各种目的加入社团，原本在学校可能素未谋面的同学，会因为社团而相识，甚至成为要好的朋友。在社团中，大家各自发挥自身特长，社团成员之间相互学习，相互借鉴，共同推动社团的健康发展，在合作中共同努力进步。同时学生社团作为校园文化建设的重要依托，不仅能促进学生的进步，而且还是校园第二课堂的重要平台，更是推动学生德智体美劳全面发展、五育并举的重要载体。各社团以其具有思想性、艺术性、知识性、趣味性、多样性的社团生活正吸引着广大学生积极参与其中，体验活动乐趣，促进自身发展。

按照学生社团所属的办学层次来分，小学戏剧社团属于小学社团的一种；按照社团的业务内容来分，小学戏剧社团属于戏剧社团的一种。因此小学戏剧社团兼具戏剧社团和小学社团的双重交叉属性，下一节将着力聚焦小学戏剧社团的概念内涵和业务范围界定。

第三节　小学戏剧社团的定义

小学社团是丰富学生校园生活的主要载体，是校园文化建设的主要缩影，是开展课后延时服务的主要依托，也是培养学生兴趣爱好的重要平台。目前，小学较为常见的社团有小学书法社团、小学音乐社团、小学舞蹈社团、小学手工社团等。

小学书法社团是基于小学书法课堂教学延伸出来的课后学习书法的团体，主要以学习书法文化知识、书法技能技巧为主，同时通过书法作品鉴赏，陶冶书法情操。不论是在培养学生书法兴趣方面，还是在对学生书写的规范方面都有着一定的提升作用。

小学音乐社团是以音乐为纽带，基于学生对音乐的爱好而开展相关活动的组织形式，一般要由音乐专业教师进行指导和管理。开展内容丰富、形式多样的课外活动，提升学生的音乐素养和水平，作为小学音乐课堂的有益补充深受儿童喜爱。

相比较而言，开设小学戏剧社团的学校数量较少，基础教育学段戏剧美育的力量相对较为薄弱。小学戏剧社团同时也是戏剧社团整体格局中的组成部分，尽管现在我们不太提“戏剧社团整体格局”这一个概念，但其实戏剧艺术的整体格局，就是以各类戏剧艺术团体为主体所进行的各自推动与集体构建。小学戏剧社团立足于小学，成为推动戏剧艺术向前发展的潜在力量，是在为戏剧培养未来主创和潜在受众。要了解戏剧社团，首先要了解戏剧，戏剧是以剧本为基础，经由戏剧演员借助对话、动作、舞蹈和音乐等方式，进行表演呈现来将某一主题表达出来的艺术。戏剧艺术是实施学校美育的重要方式和内容，学生戏剧社团的宗旨就是传播、传承优秀传统文化，弘扬新时代主旋律，培养团员在戏剧方面的兴趣爱好，凝聚团员的创作能量，提高团员戏剧素养。戏剧表现的题材非常广泛，除了通俗易懂的生活剧目和儿童剧目之外，由具有教育意义的名篇名著改编的戏剧作品，也是戏剧社团的演出创作素材。这些教育主题的剧目，与其他娱乐性质或是纯观赏性质的演出活动有所区别，娱乐性质的话剧作品仅仅只是在繁忙的生活里进行休息放松的演出，而有教育意义的话剧作品不仅能为小学生带来学习的乐趣，而且还对他们具有一定的启发价值。

从文化属性来看，剧团既是一个完整的组织共同体，又是一个复杂的艺术共同体，对内是戏剧生产的基本单位和戏剧艺术立体性与动态感的最佳体现，对外是与社会政治、经济、文化生态发生直接关联的组织机构。① 学校戏剧社团是一个以戏剧活动为主的专业社团，戏剧社团的主要活动是排演和创作戏剧，剧团主要活动形式是参与各种各样的文艺演出或戏剧比赛，以及相关的排演实践活动。学校戏剧社团是以戏剧艺术为载体，以学生戏剧素养的发展为主要任务，通过学生舞台演出实践进行探究创造的综合性活动，具有鲜明的创新性、逻辑性、可呈现性。

从大的类别上看，小学戏剧社团属于文体类社团，有利于促进学生兴趣发展，服务校园文化建设，加强学生的艺术创作和鉴赏能力培养。小学戏剧社团的成员主体为该校小学生和进行戏剧指导的老师，以戏剧活动为主要的社团实践活动，在注重对小学生进行素质教育的同时，对小学生的美育和德育工作也具有重要促进作用，是深入推进审美教育和美德教育的重要途径。

历史悠久、形式丰富的戏剧艺术，具有“承载精神，传播思想”的重要功能，除了综合性、游戏性和娱乐性等本体特征以外，戏剧还具有较强的教育性。运用戏剧载体进行育人的原理在于戏剧的本质就是一个个的故事，每个故事都必然包含题材、风格、主题等要素。这些要素不是独立存在于戏剧之外，而是有机统一在戏剧之内的。戏剧主题的表达与传递，一定是基于所有参与戏剧的人的共同理解与集体认同，且这些理解与认同还具有主动接受的自觉性和自我对话的思辨性。因此，以戏剧载体展开育人通常能够达到“润物无声、育人无痕”的效果，在内化于心的基础上实现外化于行，达到内外统一、知行统一。

在综合性的戏剧艺术里，孩子们会以相对自由的方式来表达自己的思考并理解周围的世界。小学戏剧社团虽属于专业性社团，但专业性又不是特别强，过度强调戏剧的专业属性和作为独立艺术门类的严谨性，可能会损伤戏剧参与的积极性、广泛性和主动性，也可能会损伤校园戏剧特定的发展环境与机缘。围绕戏剧领域开展相关的社团活动，为小学生提供个性化发展的同时，提升小学生的自身素养，并促进五育并举和全面发展。中国儿童艺术剧院国家一级导演钟浩认为，“校园戏剧对每一个孩子都是平等的，每一个孩子上台表达自我都是非常有意义的”。戏剧校园更能提高学生的艺术审美素养，激发学生的创造想象力，增加学生的文学修养，陶冶其情操。作为一种独特的教育形式，戏剧教育具有受众面广、

① 穆海亮．上海剧艺社研究 [M]. 北京：中国社会科学出版社，2021：1.

参与性强的特点，能以直观有效的方式使人产生感同身受的直接体验，从而对学生进行思想、道德、审美等方面的熏陶，最终产生积极的教育作用[①]。

小学戏剧社团所排演的戏剧作品多为儿童戏剧作品，学校应从儿童的模仿天性与表演需求出发，结合小学生的年龄阶段，选择适合的内容开展小学戏剧实践活动。小学戏剧，是幼儿戏剧和中学戏剧的衔接。学前阶段的戏剧活动开展，还是比较常见的，因为幼儿园的课程主要就是活动课程，童话、绘本等形式的戏剧活动很容易受到幼儿园老师和幼儿的欢迎与喜爱。中学戏剧，已经不是常规意义上的儿童剧实践了，更多是教育戏剧的相关训练。小学戏剧不同于幼儿戏剧，小学戏剧的培养要求相比幼儿戏剧有很多的提升与增长，幼儿戏剧基于幼儿阶段，更多的是启蒙式参与戏剧活动，进行戏剧艺术的体验，通过戏剧活动进行幼儿启蒙教育。小学戏剧也不同于中学戏剧，中学戏剧更多是小学戏剧的延展和发展，基于学龄特点和年龄特征，小学戏剧与中学戏剧的创作视野和创作思路有所区别。小学戏剧相比于中学戏剧更多地注重小学生的综合素质的提升和发展。

《义务教育课程方案和课程标准（2022 年版）》显示：戏剧影视类课程将纳入 1~9 年级学习内容。在新课标的背景下，小学戏剧社团将服务于小学戏剧的发展，促进戏剧课程建设。课标指出 1~2 年级的学习任务主要为“模拟表演”，对日常生活中熟悉的人、动物、植物进行模拟，提升孩子们对世界的观察力，提高孩子们的洞察能力。小学戏剧社团可以在开展社团实践活动中锻炼学生的“模拟表演”能力，培养学生对所表现对象特征的观察和概况能力，鼓励学生运用自己的表情、身体、语言进行表演，进一步地打开自己，在常规学校管理和各方面规范之下，得以天性地释放和自由地表达。3~7 年级学习的主要内容为“课本剧表演”，将依托音乐及语文、外语进行训练实施，小学戏剧社团将推进课本剧的实践表演，使学生们体验与常规课堂不同的学校生活，有趣并有序地进行课本剧的创作与表演，展现在常规课堂上从未有机会展示的、不一样的自我，完成课程内容的戏剧化表达，培养学生的舞台表演意识以及对表演活动整体设计的能力，进而使学生的剧作创编能力和剧目欣赏能力也能得到进一步提高，最终促进学生综合素质的全面发展。

小学戏剧也是一个带有时间性的概念，有小学低段、中段、高段戏剧之分，

---

① 张斐然．普及戏剧教育铸造多彩人生——多方合力推动中小学戏剧教育向前发展 [J]. 艺术教育，2016（07）：27-32.

分别为不同阶段的为小学生服务。小学戏剧可开展的实践形式有很多，其中最主要的形式就是师生自编自演的课本剧，如以语文课本里面的带有故事性的课文为创作编排基础，让小学生在课文故事基础上尽力发挥自己的想象力、创造力，大胆地进行课文故事的修改编创，最后与其他同学一起沟通合作，结为一个创作团队，对新生成的剧本进行商讨，最后有序地合作完成排练，并在其他同学面前进行公开展示。这是教师开展语文教学的一种创新手段，但却也不仅限于语文课、英语课、音乐课、体育课等学科课程，同样可以使用这种方式来开展教学，吸引儿童兴趣。综上所述，自编自导自演的课本剧符合儿童的心理特点和认知规律，能够激发学生的学习内驱力和创新力，是开展小学戏剧活动的主要形式之一。

小学戏剧社团是以小学生为主要社团成员的组织团体，是群众性的公益实践组织。小学戏剧社团成员具有普通戏剧社团所要求的特征，也就是说社团成员都应具有戏剧所应具有的特长要求和兴趣爱好，小学戏剧社团组织的着眼点是吸纳学校全体小学生中的戏剧爱好者，组织这些戏剧爱好者，以恰当的戏剧方式服务于学校全体师生的精神文化建设。但其戏剧实践和戏剧活力并不局限于小学校园之内，更是可以延展到校园以外的广袤社会空间，有更高的站位、更宽广的视野，以戏剧的强大包容性为实践前提认知，实现剧团在校内外的一体发展，进而助力社团学生的更好成长与全面发展。

第四节　小学戏剧社团与校园戏剧的关联

校园戏剧，通常是指发生在各级各类学校校园中的舞台戏剧活动的总称，主要是指校园中的业余戏剧活动（与高校戏剧相关专业的专业教学活动有所区别），是学校所在区域整体戏剧格局的重要组成部分。校园戏剧区别于职业戏剧（凭借戏剧为谋生手段），是由非戏剧专业学生所组成的戏剧社团开展的戏剧活动。其活动场域通常在校园，剧目演出绝大部分也是在学校内进行，主创团队一般由师生构成。它对观众的定位也十分明确，是针对学生来进行非营利性的表演演出，一般都是在校师生的自娱自乐活动，并在活动中活跃校园戏剧气氛，培养学生戏剧兴趣，提高戏剧感染力。从戏剧发展方面来说，校园戏剧也已走出了一条别具一格的发展道路。

只不过，近年来群众文艺的专业化发展倾向也是一个值得注意的现象。群众文艺、业余文艺，最动人的特点就在于其自发性，以及基于这种自发性所带来的广泛参与性。一旦出于为了获奖等目的，群众文艺竞相邀请专业力量的注入，这样的结果是塑造了一个个用于竞赛或展示的“群众文艺作品”，但却损伤了群众文艺的自发性和原生态特质。校园戏剧的发展也是如此，校园戏剧源于业余爱好者对戏剧的追求，被校园的广大师生所追捧，但当专业力量过多注入校园戏剧的发展时，虽然会使得校园戏剧剧目的呈现愈发精良，但同时也在某种程度上失去了校园戏剧的原创性、通俗性和大众性。这其实是一件很矛盾的事情，一方面，校园戏剧剧目要参加各级各类展演和比赛，必然要进行精致化的打磨和专业化的指导；但另一方面这些专业指导力量撤出校园，校园戏剧的主体力量是否还能独立主导校园戏剧的发展，是一个值得深入研究和探讨的课题。

中国的校园戏剧，在中国戏剧发展历史上占据着重要的位置，发挥过重要的作用，校园戏剧可以说是我国现代话剧艺术诞生的摇篮。自新文化运动以来，戏剧已成为在校学生流行的舞台表演形式，它不同于一般的歌唱、舞蹈等舞台表演形式，而是呈现出更加注重思想性与艺术性的结合、更加强调多种艺术元素的有机综合、更加贴近生活现实和社会现象等特质。校园所处的物理空间，虽然相对独立和封闭，校园生活也相对纯粹和简单，但校园与社会，其实仅一墙之隔，走进大门是校园，走出大门是社会，这就意味着校园与社会不可能绝对分离，而是存在着千丝万缕的联系。这也就意味着学校师生不可能置身于社会事务之外，社会上正在发生的事情也不可能不作用和影响校园里的生活，新近的时事和动态也会成为校内师生关注的话题，甚至是戏剧创作的热点。这也是中国校园戏剧实践者们承担社会责任的主要体现，不只是“为了戏剧而戏剧”，而更多是“为了社会而戏剧”“为了国家而戏剧”。校园戏剧从来都不是藏在戏剧象牙塔里的戏剧，而是高度贴近社会、紧密连接时代的戏剧，更是积极服务社会、乐于走向民众的戏剧。

1840 年，鸦片战争爆发后，中国历史进入了屈辱的近代时期，近代史既是一部外来势力的侵略史，同时也是一部英勇的中国人民的抗争史。特别是在 20 世纪之初，国家的有识青年正是运用戏剧的新形式，在校园里反映宣传进步思想和先进理念。钱理群等人主编的《中国文学三十年》指出：“中国人演话剧是从教会学校学生的业余演出开始的。”其实不仅只有民国知识分子懂得使用戏剧反映现实，早在元代，就有关汉卿、郑光祖等古代优秀的戏曲家运用戏曲的形式反映当时老百姓们艰苦的生活，批判官员们糜烂的生活和当时腐朽的封建思想，奠定了中国戏剧贴近生活、贴近民众的现实主义基础。中国传统戏剧和戏曲艺术形式具有很高的艺术境界，需要过硬的艺术基础和强烈的舞台表现力。与相声、京剧等具有数百年历史的传统表演形式相比，现代戏剧更加生动活泼，更加具有现代感和新鲜感，更能具体化地反映具体事件和聚焦主题，因此五四以后，戏剧已成为反映社会实际、宣传马克思列宁主义的重要载体。

校园戏剧在戏剧艺术的总体格局中也占据着重要的地位，由于校园戏剧所在场域的特殊性、主要群体的特殊性、主要表现内容的特殊性，校园戏剧在中国引进和发展现代戏剧的整个历史过程中，都起到了无法替代的重要作用。它既是主流戏剧的源头，又在主流戏剧狂飙突进的时刻起到基础性作用，甚至在主流戏剧处于低谷时承载了发展开拓的历史使命。校园戏剧诞生于学校场域，其必然带有一定教育属性，而校园戏剧一般以其业余性、非职业性的特点，以强大的包容性吸纳一切有爱好、有兴趣、有特长的人进入校园戏剧的怀抱，对学生起到潜移默化的启蒙作用。久而久之，校园戏剧成为主流戏剧的主要力量，成为社会戏剧发展的基础，也带来了市场戏剧的潜在受众。我国有史料记载的最早的校园戏剧活动，应是在 1899 年 12 月 24 日的上海圣约翰大学，同学们用戏剧排演的方式助力英文学习。这也是中国现代戏剧发展史上的一个重要事件，因为它标志着在中国本土有了区别于传统戏曲演出的另一种戏剧样式，只不过当时的主导者并不自知而已。当我们从尘封的历史中找寻到这一痕迹时，会感到记载中的那群师生仿佛跃然纸上，将一个个具体的戏剧行动呈现在我们面前，开启了一段跨越百年的校园戏剧的交流对话。

校园戏剧是戏剧创新的先锋，是戏剧开拓的主力军，其中“春柳社”模仿西方戏剧形式，采取与中国戏曲截然不同的艺术表现形式，它采用了西方写实主义的美学原则，布景、服装、化妆等舞台元素都是贴近生活的，戏剧的表现形式也完全采用口语的对话，但在每一句对话的背后都隐藏着需要深加揣摩的、内涵丰富的潜台词，真实贴切的表情动作，为中国带来了全新的现代戏剧模式，成为当时中国戏剧改革的先锋。史学界通常会把春柳社认定为中国第一个现代戏剧团体，将其创作演出活动认定为中国现代戏剧的早期实践。1906 年，中国留日学生李叔同、曾孝谷组成了校园戏剧团体“春柳社”，欧阳予倩、吴我尊、马绛士、陆镜若等人为“春柳社”骨干。作为具有代表性的中国文艺研究团体，曾在东京演出了《茶花女》的第三部，开始了中国现代戏剧艺术的探索和创造。

1909 年，南开大学的学生演出了由校长张伯苓自编自导的《用非所学》，开启了由中国人主导的校园戏剧本土实践。1914 年，南开新剧团成立，在剧团长达 40 年的艺术活动中，南开新剧团也越来越强大，还完善了内部建制，成立了下设部门，获得了很多成就。南开新剧团不仅为中国话剧做了播种工作，而且培养出了一批优秀的戏剧人才，中国话剧"第一导"张彭春，以及标志着中国现代话剧发展成熟的曹禺，都受到过南开新剧团这一校园剧社的实践滋养。曹禺在南开新剧团待了六年，他回忆时说："我永远不会忘记我们排戏时那种热烈、认真和亲切的氛围，我的青年时代可以说是在这个非常可爱的团体里度过的。我开始明白为什么演戏，明白如何写戏，以及戏剧里的种种，这一点一滴的艺术知识，是在年复一年的舞台经验里学到和理解的。彭春老师通过导演、演出，不断地指导，教我们认识了许多国内外戏剧大师。我时常怀念在南开中学礼堂后台和校会议室排戏的情景，在那几间宽大、亮堂的房间里，我们专心排练，好像面对人生的战场那样认真，那样充满战斗的气息。"

贵州省贵阳市的达德学校运用戏剧的方式，在反帝反封建的革命斗争中起过积极作用，其中较为突出的人物有黄齐生。黄齐生（贵州安顺人，达德学校校长、爱国教育家），1946 年他曾受党中央委托，赶赴重庆慰问"校场口"事件中的民主人士。在 1915 年 9 月 2 日，黄齐生编演的《亡国恨》《共和鉴》分别叙述了朝鲜安重根刺杀日本首相伊腾博文的故事和美国华盛顿抗击英国独立的故事，他们利用戏剧的形式，在已有的现实基础上进行艺术加工，再展开认真刻苦的表演和排练，真实并较为客观地反映了真人真事，充分进行了爱国宣传，起到了激励人心的作用。1916 年 7 月，为庆祝护国运动胜利，达德师生又上演《恢复共和》，连续演了 6 天，观众高达 4000 多人。抗战爆发后，贵阳地区戏剧活动受达德学校校园戏剧的影响，又得到了进一步的发展，上演了《生死关头》《有力出力》《送郎打日本》等，谱写了贵州戏剧史的光辉开篇。

除此之外，浙江大学的黑白剧社、复旦大学的复旦剧社、北京师范大学的北国剧社都是校园剧社的杰出代表，对中国校园戏剧的发展起到了重要的促进作用。1937 年春，在中国共产党地下组织安排下，一部分思想先进、爱国的浙江大学学生发起组织成立了"黑白文艺社"，就是今天的"黑白剧社"的前身。由于当时日寇已经侵占中国东北等大片领土，在属于我们中国的土地上肆意妄为，该社的成立秉持"抗日救国，收复祖国失地"的宗旨，在抗战时期，以"黑白"为骨干力量的学生自治会办民众夜校；举行支援前方的义卖；组织步行宣传队和战地服务团，下乡宣传和慰劳伤兵；组织一些戏剧演出活动，如在宜山的民众集会上，演出了《破坏大队》，教育民众破坏敌人的交通线，所有社员都参加了演出。剧社甚至有自己专门的剧作家，“黑白”也发动社员深入底层做社会调查，了解底层人民的疾苦和盘剥者的狠毒，能够真实地了解到社会底层人士的生活，为部分学生走上革命道路打下了深厚的感情基础。时至今日，历经了时间的洗涤，目前黑白剧社在各大学生戏剧比赛中经常获得骄人的成绩，并在 2012 年凭借表演浙江大学西迁历史的原创大戏《太阳城》，在由中国文联、教育部、上海市政府联合举办的第三届中国校园戏剧节上，获得校园戏剧最高奖项——“中国戏剧奖·校园戏剧奖”，黑白剧社指导教师桂迎所著的《校园戏剧档案》成为当代重要的校园戏剧文献。

1925 年，马彦祥、吴发祥、卞凤年、袁仁伦、陈笃等发起成立复旦大学历史上第一个具有正规组织的演剧团体——复旦新剧团。同年秋，该团便以 5 个独幕剧在学校同乐会上一鸣惊人。1926 年，复旦新剧团更名为“复旦大学复旦剧社”，简称“复旦剧社”，并聘请中国现代话剧奠基人之一的复旦大学外文系教授洪深担任指导。新中国成立后，复旦剧社更改为复旦剧团。该团不仅以演剧形式参加社会主义革命和建设活动，还在暑假里为学生们举办戏剧讲座，普及戏剧知识。1963 年剧团在上海艺术剧场公演新编话剧《红岩》，连续演了 4 天，场场爆满。2008 年，复旦剧社作为上海市唯一入选首届中国校园戏剧节决赛阶段的普通组的剧团，经过近一年多的精心排练，凭借《托起明天的太阳》一剧真挚的演绎深深打动了在场的所有观众。2010 年 11 月，复旦剧社的《小巷总理》入围第二届中国校园戏剧节的决赛阶段比赛，再度为复旦大学赢回一座“中国戏剧奖·校园戏剧奖”的奖杯，彰显了校园戏剧的蓬勃生机。

活跃于北京师范大学二十余载的北国剧社，虽然只是一个业余的学生戏剧社团，但在中国历史上，却创立了两个“第一”：新时期第一个高校学生戏剧团，第一个被写进中国戏剧史的当代学生业余演剧社团。在校园戏剧日渐复苏和蓬勃发展的 20 世纪 80 年代中期，北京师范大学的“北国剧社”应运而生。在北国剧社的影响下，大批校园戏剧团体纷纷建立或恢复，并创排了大量剧目。北国剧社的发展和壮大，开新时期非艺术类高等学校学生较大规模业余演剧风气之先河，并掀起了 20 世纪 80 年代校园学生业余演剧的浪潮。

从剧目质量和影响力来看，校园剧团与专业院团存有差异。但从两类团体的数量上来看，校园剧团的数量要远远多于专业院团，拥有数量庞大的受众群体，且随着新时代校园戏剧的蓬勃发展，校园剧团也会迎来更好的发展机遇。目前我国最庞大的群体便是学生群体，国家有近三亿的常态化受教育人口，在各学段、各学校发展校园戏剧，拥有广泛的受众群体和参与主体基础。很多已经对戏剧感到陌生的人们，正在透过校园戏剧的窗口感受戏剧的光和热；许多认为戏剧是高雅艺术、精英艺术的人们，正在透过校园戏剧提供的剧场氛围感知戏剧作为大众艺术的特质。在校园戏剧的建设发展过程中，戏剧社团是重要的载体，对戏剧感兴趣的学生是主要的对象，在指导老师的发展下，学生和老师共同推动校园戏剧社团的发展，通过戏剧社团，不断让校园戏剧蓬勃发展。

在校园戏剧的蓬勃发展中，小学校园戏剧也有一定程度的发展，其中小学戏剧社团就发挥了极其重要的作用。1937 年，全民族抗战爆发，同年 9 月，22 名上海当地难民收容所里的中小学生和童工组成了自己的抗日救亡团体——孩子剧团。诞生于炮火硝烟中的“孩子剧团”成立之初仅有 22 人，虽然只有 22 名成员，但是每一个成员都蕴含着无限的能量，都有着一股子干劲，自 1937 年成立至 1942 年 9 月被迫结束，5 年中足迹遍及八个省、市和几十个农村集镇，以戏剧歌咏为武器，真实反映了抗日时期各个阶层人民的艰辛，批判了日本侵略者的可耻罪行，动员和鼓舞了广大少年儿童及人民群众抗日斗争的热情，为宣传抗日做出了积极的贡献。演出了《仁丹胡子》《捉汉奸》《乐园进行曲》《猴儿大王》《火线上》《打回老家去》《放下你的鞭子》等街头话剧，共 500 多场次，正是如此，孩子剧团也被誉为“抗战血泊中的一朵奇葩”。

在小学想要开展校园戏剧，离不开小学戏剧社团的支持。历史上在小学校园里也有戏剧社团，如梅渚小学剧团，成立于 1937 年，该剧团经常组织戏剧活动，上街呼吁人民抵制日货，在大街上歌唱抗战歌曲，宣传抗日。既演话剧、歌剧，又演京剧，各种剧目都是以宣传抗日为主要目的进行的。后改名梅渚小学儿童剧团，1949 年又改名为梅渚小学歌舞队，曾演出《唐赛儿》等剧目。同样在抗日战争时期，中国共产党领导着一群宣传抗日救国的青少年成立了青少年文艺团体——新安旅行团。新安旅行团在 1935 年 10 月成立于江苏淮安县河下镇私立新安小学，张牧、聂大朋、张柘、左林等先后担任团长，成员初始为 17 人，后经发展涨到 100 余人。该团在周恩来、宋庆龄、陶行知、郭沫若、田汉等的支持和帮助下，运用多种艺术形式，在全国各地宣传中国共产党的抗日救国主张。1941 年 1 月，皖南事变后，新安旅行团转移到苏北抗日根据地，随军活动。1949 年 6 月，旅行团再次进入上海后不久，改名为华东新旅歌舞剧团。1952 年 5 月，又和其他文艺团体一起组建为华东人民艺术剧院。

1952年，上海市女三中就成立了自己的戏剧社。戏剧社重视自主原创：自主，就是锻炼学生的独立性；原创，就是激发学生的创造力。女中戏剧社已成为学校极具魅力的社团，曾两度被评为“上海市明星社团”。①

校园戏剧拓宽了戏剧艺术的运用场域，校园戏剧将戏剧艺术带入学校这一教育场所。既然进入了校园这一教育场所，那戏剧艺术的部分形式必然会得到一些改变和一些教育方面的强化，学生在戏剧排演中接受戏剧美育，将戏剧与教育结合起来，将戏剧作为教育的一种方式，进行各种主题类型的教育，加强戏剧与教育的融合，可以让学生们更加融入课堂，会萌发一种内在的驱动力让他们对学习内容更加感兴趣。

从促进戏剧艺术和戏剧产业发展的维度来看，校园戏剧为戏剧行业培养了大量的戏剧人才，校园戏剧其实是学生戏剧启蒙的重要方式，学生在校园中接触到戏剧、创作了戏剧、喜欢上戏剧，从对戏剧的陌生到戏剧素养的成熟，这是需要一个漫长过程的，而校园正好为其提供了相应的空间与时间。空间上来说，学校的许多资源都可用在发展戏剧上；时间上来说，从小学到大学毕业，一共十三年的学习时间都能够有机会接触戏剧，哪怕只是在大学生涯中短暂地进入戏剧社团与其他同学共同学习四年或在小学期间参与戏剧启蒙，也已经有足够的时间孕育自身的戏剧素养。在校园戏剧的参与过程中，学生受到戏剧的影响，部分人愿意在离开校园后继续从事戏剧相关工作或继续升学并专业学习戏剧，他们最后会成为戏剧行业和产业的专业性人才，成为戏剧艺术发展的强大力量。也许部分人在离开校园后并不会从事与戏剧行业有很大相关性的工作，但戏剧素养内化于心、外化于行，不论身在何处，内在的戏剧素养一定会在学习、工作和生活的多个方面表现出来。

因为群体独立，活动方式业余化、群众化，故而可以减少许多顾忌，而专注地发展自己的兴趣，持久地开展校园戏剧文化活动。培养观众、训练队伍、耕耘土壤，过去、现在和将来，校园戏剧都必然会承担戏剧文化发展中这样的重要功能。校园戏剧所具有的旺盛的创造活力，也许是专业剧团和专业院校还不能充分认识的。但校园戏剧就是中国戏剧文化的重要补充②。校园戏剧有利于促进区域戏剧艺术的繁荣，校园戏剧是戏剧艺术的重要组成部分，校园戏剧的发展在一定程

---

① 徐永初．教育剧场：女中的创新课程[M]．上海：上海教育出版社，2017：165.

② 吴戈．中国小剧场戏剧艺术与戏剧教育[M]．北京：文化艺术出版社，2018：174.

度上是区域戏剧文化的体现。目前全国各地都有关于校园戏剧的相关比赛，以大学戏剧为例，目前有重庆大学生戏剧演出季、武汉地区大学生戏剧节、北京大学生戏剧节、广州大学生戏剧节、大湾区大学生戏剧节、上海大学生话剧节等各类比赛。这些比赛都是服务于地方，为区域性的戏剧文化带去活力，以校园戏剧的方式带动区域戏剧艺术的繁荣。而这些大学戏剧比赛举办的成功就在于它的业余性和非职业性，大学生完全是出于对戏剧的爱好而投身其中，单纯的动机让大学生摆脱了各种束缚，反而更有可能接近艺术的真谛，它不仅能让人感受到强大的戏剧力量，也能够给职业戏剧人的创作和运营带来一定的启发。当下戏剧行业也很乐意接触校园戏剧，并从校园戏剧作品中积极孵化，以促进更多更好更具有市场的作品诞生。只不过竞赛思维和荣誉导向下的戏剧活动，多少都会有些刻意的痕迹。不评奖的话，似乎大家参与积极性不高，学校支持力度也不大。评奖的话，大家就争相找专业人员指导，加大投入提升舞美等各方面条件。这样做可能导致距离本真的校园戏剧越来越远，但也能从中读出一些无可奈何与左右为难。不过办法总比困难多，比如交流展演不让评一、二、三等奖，于是就演化出“优秀剧目奖”等荣誉名称。

小学戏剧社团与校园戏剧有密不可分的关系，小学戏剧社团所产生的戏剧艺术作品隶属于校园戏剧，它们之间是有所联系的，小学戏剧社团的戏剧演出主要是面向小学学生进行的，但不局限于小学，他们同样可以走出校园到广阔的社会当中去，校园戏剧也是针对学生进行戏剧演出的，他们的主要受众定位都是学生，但不只是学生，也可以面向广泛的社会群体。但小学戏剧社团与校园戏剧之间也有所区别与不同，小学戏剧社团的戏剧艺术作品是校园戏剧中特殊的存在，它是以小学生为戏剧创作主体的，并且以小学生为主要创作对象的，而常规概念上的校园戏剧更多是指以大学生为主要创作群体，并且以在校大学生和老师为主要创作对象。小学戏剧社团以它独特的姿态活跃在小学校园里，以提高小学生基本素质为目的，注重小学生个性的发展和创造力的提升，达到校园戏剧美育的目的。

对于校园戏剧，我们应该要一直充满感情并满怀期待，不仅仅是因为中国话剧诞生于校园戏剧，也不仅仅是因为中国校园戏剧曾经诞生了一批保留至今的优秀戏剧经典作品，而是因为校园戏剧做好了，就可以为中国戏剧培养更多高质量的观众，从根本上优化戏剧生态，带动戏剧产业持续健康发展。社会上的绝大部分人都经历过校园的生活时光，若把校园戏剧做好了，能有效地提升学生欣赏戏剧的眼光和能力，在学生将来走出学校，走进社会后，依旧能够保留欣赏戏剧的眼光。再者就是校园戏剧做好了，就可以为戏剧事业发展提供有力的社会支撑，营造有利的戏剧发展氛围，让人们在校园里面就能接收到来自戏剧的文化熏陶，走出学校后，在社会上依旧对浓烈的戏剧氛围心存向往。中国校园戏剧文化，经过这些年的努力，正向着越来越好的方向发展。从活动方面来说，校园戏剧活动不同于篮球、音乐等娱乐性质较强的、节奏比较快的活动，校园戏剧活动更是一种慢热的活动，从创作、排练到演出，整个过程都显示出戏剧急不得；从行为方面来说，它又不同于书法、科技等知识性的校园活动，校园戏剧活动更侧重于学生进行自我展示，上台表演，获得自信。复旦附中的校长吴坚深谙校园戏剧于青少年成长的意义，他历数学校开展校园戏剧活动以后青年教师与青年学生精神面貌的变化，既雄辩，又动人，富有感染力。

因此，小学校园戏剧是校园戏剧的起始阶段，小学戏剧社团更应该发挥主观能动性，更好助力小学校园戏剧的发展。

第五节 小学戏剧社团与戏剧教育的关联

中共中央办公厅、国务院办公厅联合发布的《关于全面加强和改进新时代学校美育工作的意见》指出："学校美育课程以艺术课程为主体，主要包括音乐、美术、书法、舞蹈、戏剧、戏曲、影视等课程。学前教育阶段开展适合幼儿身心特点的艺术游戏活动。义务教育阶段丰富艺术课程内容，在开好音乐、美术、书法课程的基础上，逐步开设舞蹈、戏剧、影视等艺术课程。"并且要求"面向人人，建立常态化学生全员艺术展演机制，大力推广惠及全体学生的合唱、合奏、集体舞、课本剧、艺术实践工作坊和博物馆、非遗展示传习场所体验学习等实践活动，广泛开展班级、年级、院系、校级等群体性展示交流"。其中，文件明确提出开设戏剧课程进行戏剧教育以及具体的戏剧教育实践形式——课本剧，这为新时期学校的戏剧教育所指了明确的方向。

戏剧教育，在当下成了一个很"时髦"的词儿，受到了来自学校、教师、家长、行业和社会的紧密关注。很多人都在做戏剧教育实践，很多人都在阐释戏剧教育理念。戏剧教育，一般而言有两种主要的形态：一是以艺术院校、院团为主，对学习者进行谋生手段等专门技能培训的教育活动；二是以普及化教育为主，对学习者进行素质培养的教育活动。本书论及的戏剧教育，虽然包含一些戏剧领域的专业知识和技能，但从整体上讲，主要是指素质培养的戏剧教育。[①]

但其实历史地来看，戏剧教育并不是一个新生事物。戏剧教育具有悠久的历史，几乎从戏剧艺术诞生之时就兼具教育的功能。在古希腊的雅典城邦就曾使用埃斯库罗斯、索福克勒斯、欧里庇得斯的代表作品《被缚的普罗米修斯》《俄狄浦斯王》《美狄亚》等对公民进行悲剧精神教育，中国古代也常使用戏曲的方式开展高台教化，显现其感人深、化人速的独到功效。如果说古代社会里戏剧通过人的情感的彻底释放来追求"重生"，那么，今天戏剧依靠其教化功能，使得人们更好地适应社会秩序，积极生活。古代戏剧和现代戏剧的教育作用多少会有所差别，但无论是古代社会还是现代社会，戏剧一直是最有效的教育手段。[②] 这些是广义的戏剧教育。戏剧正式进入学校教育的范畴是从 20 世纪初期开始的，随后经历了迅猛的发展，萌生了教育戏剧、教育剧场、过程戏剧、论坛戏剧、发展戏剧、课本剧、心理剧等多种戏剧教育形式，现在随着社会的飞速发展，还拥有了类似于剧本杀这样的具有很强娱乐性的别出心裁的戏剧模式，以及各类冠以"沉浸式戏剧"之名的演出活动，可以进一步将其理解为一种社会戏剧教育方式。这些是我们通常所说的狭义的戏剧教育。我们现在所讨论的小学戏剧社团与戏剧教育的关系则是分别基于狭义和广义两大维度进行的剖析和讨论。

首先，从狭义的戏剧教育概念出发，小学戏剧社团是开展小学戏剧活动的重要载体，依托这一载体可以开展包括上述所有戏剧教育形式的实践尝试。此外，还可开展童话剧、德育剧、礼仪剧、科普剧、普法剧，疗愈戏剧、一人一故事、国际理解教育剧、社会主义核心价值观宣传剧、垃圾分类环保剧、示范教育剧、传统民俗剧等多种戏剧实践活动，不论是曾经已经实践过的戏剧活动，还是最新创造的戏剧活动，都可以利用小学戏剧社团这个载体进行实践。因为戏剧社团不同于常设课程，在组织形式、内容选择、时间选定、参与群体和操作模式等方面具有较强的自主性和灵活性，学生和老师可以根据实际需求，灵活掌握开展活动的时间和活动的内容。因此，以社团为载体开展小学戏剧教育实践具有得天独厚的便利条件。

从古希腊的柏拉图和亚里士多德，到启蒙运动时期的卢梭和莱辛，他们的戏剧观都对西方戏剧教育的实践形成一定程度的直接影响，将戏剧作为一种教学法

① 张生泉．戏剧教育新论 [M]. 上海：上海教育出版社，2016：2.

② 刘立斌．戏剧教育的现状与未来 [M]. 北京：文化艺术出版社，2009：57.

的运动是起源于法国教育思想家贾奎斯·卢梭的两个教育理念——“由实作中学习”与“戏剧的实作中学习”。美国教育思想家约翰·杜威的主张实作学习理论，便引用戏剧性的方法，做了部分的教学实验。杜威在《艺术之经验》一书中写道：最先把戏剧教育作为一门学问进行研究的是英国的哈丽特·芬蕾－约翰逊，她于1911年总结出版的《戏剧方法之教学》开启了西方戏剧教育学学术研究之门。1917年，亨利·卡德维尔·库克出版《戏剧方法》，主张将戏剧直接应用到教育中，从而使戏剧与教育在教育戏剧研究中获得了同等地位，以戏剧为支点的教育研究模式正式确立。在此后戏剧教育实践的深入和广泛开展的前提下，研究者们不断辩证和论战，逐渐形成了西方戏剧教育学的学科理论体系和实践框架。

结合戏剧教育在中国本土的实践，根据戏剧教育的实施场域的不同，可将戏剧教育进一步分为学校的戏剧教育、剧场的戏剧教育以及社区的戏剧教育等。学校的戏剧教育，主要是通过参与戏剧作品的创作排演或实践观摩来实施的，也可以借助戏剧的方式融入课程教育，将戏剧带进课程，由此观察学生在不同于常规课堂时，在戏剧课堂上的反应、表现与成长。剧场的戏剧教育，一般是通过为受众呈现演出来达到教育目的的，例如，我们熟知的《雷雨》《窝头会馆》等经典戏剧作品，每个戏剧作品的背后都有着更深层次的含义和意义，而这些含义与意义又通常具有教育意义的主旨，这类戏剧教育具有潜移默化的教育特点。特别是活泼有趣、载歌载舞的儿童剧作品在剧场演出时，总是可以通过轻松愉悦剧场氛围的营造达到寓教于乐的效果。社区的戏剧教育，一般是鼓励社区民众参与集体性戏剧活动，通过社区戏剧的方式培育社会的戏剧氛围，来实现相应的教育目的。这其实是一种很诗意的实践方式，也是一种很贴合大众的戏剧实践，这意味着戏剧又重新走进大众，用新时代的戏剧实践理念与方式更好服务于民众精神生活的需求。我们通常所说的戏剧教育一般是指学校的戏剧教育，也是大众所普遍认知的戏剧教育。

在学校中，接受戏剧教育的主体是学生，教师将戏剧的方法融入到课堂教学中，或是直接开展一节戏剧课程（包括戏剧理论讲解或戏剧排演实践），又或是让学生观看或参与一个戏剧剧目演出，切身感受戏剧的创作过程和成功演出时的喜悦，这都是学生参与戏剧教育的方式。戏剧教育还是学生获得美育、德育的重要方式，通过戏剧教育，有的学生还能在戏剧中找到自信，遇见更好的自己。戏剧教育是实现学生素质全面发展的重要力量。在家庭中，戏剧教育的开展往往需要通过家庭戏剧的方式实现，家长与孩子共同完成戏剧创作或共同体验戏剧活动，在参与戏剧教育的过程中，家长和孩子扮演不同的戏剧角色，他们各不相同，甚至家长可以与孩子的角色互换，家长饰演小孩，孩子饰演大人。在这期间家长与孩子相互协作，共同做一些需要合作才能完成的事情，相互沟通，彼此交流自己困惑的事情；相互理解，彼此了解作为家庭一分子的不易，最终化解家庭矛盾，同时又加强了家庭成员之间的交流，促进了家庭和谐。在社会上，戏剧教育的应用特别广泛，其中重要的原因是社会人员的复杂性，接受戏剧教育的人来自各种职业，各自都有着截然不同的生活经历。针对监狱服刑人员，我们可以开展戏剧疗愈，戏剧疗愈是利用戏剧的特点和手法来“帮助”和“安慰”需要的人，给他们更多“治愈”的力量，让他们感知世界的温暖。这里所说的“戏剧”，其核心并非舞台上呈现的表演，而是希望参与者借由角色去理解和演绎人物，并由此抒发情感、宣泄情绪、净化心灵。针对幼儿群体，我们可以采用童话剧——一种幼儿能够理解和接受的戏剧类型，让幼儿在夸张的角色表演和简单的故事情节中去理解从中传递出的主题，使其在幼儿时期就接受戏剧教育。但童话剧并不是只能给幼儿观看，家长同样可以观看，并且能从家长的视角出发，发现和幼儿不同的观点与主旨，以此增进亲子关系。戏剧教育针对不同的受教育群体有着不同的表现形式，但不变的就是戏剧教育一直是利用戏剧的方式对其进行教育。

民众接受戏剧教育的实践方式，主要有观看戏剧演出、聆听戏剧讲座、参与戏剧排演以及参与其他形式的戏剧活动。观看戏剧演出是指在观众席体会戏剧的美，感受戏剧主题，接受戏剧教育。参与戏剧排演，则是加入到戏剧剧目排练中来，在戏剧情节发展过程中扮演戏剧角色，在排练过程中初步了解戏剧剧目的打造过程，了解戏剧要素，培育自身戏剧素养。参与戏剧活动，大多以参与戏剧课程的形式出现，在戏剧课程中，大家在课堂中进行戏剧故事的拓展或是戏剧游戏的实践，在过程中不断锻炼其戏剧能力，即七力与四感，七力分别为观察力、注意力、想象力、感受力、思考力、表现力、适应力；四感为真实感、形象感、幽默感、和节奏感。在参与戏剧活动中，不但能提升参与者的多元素养，还能在其中感受到戏剧的快乐，使自己的思绪暂时性地离开常规的生活规则和节奏，从而来到新的、属于戏剧的节奏规律中，逐渐喜欢上戏剧。

在学校的戏剧教育格局中，有大学的戏剧教育、中学的戏剧教育、小学的戏剧教育、学前的戏剧教育等。其中小学戏剧教育是学校戏剧教育中的重要一环，不同于学前戏剧教育以开展戏剧兴趣活动课程为主，小学戏剧教育除可开设戏剧活动课程外，还可以采取多种具体形式，如班级的课本剧、童话剧、情景剧排演，以及开设小学戏剧社团，以社团的形式对学生进行戏剧教育。中学的戏剧教育又与小学有所区别，中学生相对小学生心智与身心发展更加成熟，所以对中学生的戏剧教育可适当加入教育戏剧课程，在《义务教育课程方案和课程标准（2022 年版）》中明确提出可以在中学阶段加入教育戏剧的内容，在排演的剧目上，区别于小学，可以排练一些现实主题题材剧目，当然这时的学生也可以进行一些声乐、形体、朗诵等能力的训练，甚至可以学习戏剧的编导能力，让学生自己创作戏剧剧本。大学的戏剧教育相较于其他阶段而言，大学生身心发展基本成熟，并且没有过多的升学学习压力，有更多的时间参与到戏剧教育中来。因大学的专业性培养目标，所以除戏剧相关专业以外，其他专业学生接触到戏剧的机会较少，但大学生也可以通过学校戏剧社团、戏剧活动、文艺演出和高雅艺术进校园等多种形式较为系统地接触到戏剧，这为大学的戏剧教育提供了可能。

小学戏剧社团是小学戏剧教育实施的重要载体之一，相较于其他方式，小学社团更易施行，它不作为常规课程的一部分，而是作为学生参与兴趣活动的一种途径，并且作为社团活动而言，对学生也不会造成更多的负担。在小学戏剧社团中，学生可以参与到各种各样的戏剧活动中来，指导教师可以让学生排演各种类型的正向剧目，参与到戏剧舞美制作或是剧本编写中来，让学生真正参与到戏剧创作的方方面面，日常戏剧社团活动也可以进行专项戏剧素养训练等，例如舞美的制作能够提升学生的动手能力，剧本编写可以让学生文化素养，剧目编排可以让学生展现自己的创造性与整合性，让学生对戏剧综合艺术进行整体认知。

戏剧教育是我国中小学艺术教育和美育工作的重要组成部分。对于小学阶段的学生来说，戏剧教育寓教于乐的特质已经开始体现，但戏剧教育并不只是教孩子们演戏，而是将戏剧的元素、形式融入教育，鼓励孩子从中思考问题，感受各种情感，这使它在学生群体中广受欢迎。戏剧教育工作者应该努力让每一个孩子都能在课堂中感受戏剧、表现自我、接受美的熏陶。戏剧教育能够增强孩子的社交能力，以及团队协作能力，还能让孩子在戏剧体验的过程中，学会换位思考，深入感受角色，了解角色的喜怒哀乐。戏剧教育的重点是学生的参与，从感受中理解知识的意义，从相互交流中发现可能性和创造新意义，戏剧都是取材于生活，可以让孩子靠自己去摸索和思考已经和将要发生的事情。杜威认为，戏剧作为一种重要的教学方法，对学生的学习、表达、合作、想象和社交等能力的培养具有不可替代的优势，是音乐、美术等其他艺术教育不能比拟的。在杜威看来，戏剧教育应作为一种学习和认知的手段，帮助学生感知这个世界。他指出：“戏剧作为一种重要的教学方法，对学生的学习、表达、合作、想象和社交等能力的培养具有不可替代的作用，是音乐、美术等其他艺术教育不能比拟的。”戏剧包含的教育性质为教师提供了一种较为独特且有效的育人方式，毫不夸张地说，无论将来从事什么职业，学习戏剧对学生而言都是重要的加分项。

随着我国基础教育改革和中小学美育工作的推进，戏剧教育越来越受到重视。近年来在我国部分地区的中小学正迎来一股戏剧教育的热潮，包括开设戏剧课程、引进戏剧教学法、成立戏剧社团等。小学戏剧社团是戏剧教育的第二课堂，通过社团实践，增加戏剧教育的课后实践训练，是将戏剧方法与戏剧元素应用在课后活动中，引导鼓励学生自己成长，帮助别人的同时自己也获得了成长，让学生在戏剧实践中达到学习目的，从而更加积极有效地认识自己，解决学习、生活中遇到的各种问题。戏剧教育本身最大的教育功能，是能让孩子在最自然的状况下实现快乐学习，当然包括“自我表现”的行为。换句话说，戏剧教育就是鼓励孩子们以最天性的方式表达自我，并在其中探索自我，小学戏剧社团就是孩子们表达自我、探索自我的重要平台。

第六节　小学戏剧社团与课程教学的关联

随着教育形势的发展变化，教育教学改革成为各学段、各学校、各学科面临的现实问题。目前各级各类学校更加强调“以学生为中心”的教育观念，更加注重教法、学法的创新发展。在当前的学科教学中，要求教师更加关注学生主体性的发展资源，在教学过程中要引导学生展开研究性学习，进行合作探究，采用师生互动的教学方式。戏剧作为一种综合性艺术，受到越来越多教育工作者的青睐，特别是受到基础教育学段一线教师的关注。因为从课程改革的角度来看，戏剧是一种推动教育教学改革的重要手段。谈到课程改革，很多时候就是指的方法与手段的改革，因为课程内容是相对固定的，甚至是法定的，一线教师很难也不必要从内容上着手改革探索，关键就在于用什么样的方式方法实现教学育人目标，这就涉及运用戏剧形式探索课程教学变革。从这个意义上讲，小学戏剧社团是可以服务于课程教学的，并促进课程教学的完善与发展。近年来，戏剧以其身心结合、重视过程、全员参与等特点，在五育融合实践中扮演着日趋重要的角色，还能促进学生、教师、学校的一体化共同发展。

戏剧可以为课程教学服务，小学戏剧社团更是在现实实践之中实现这一目的和功能。戏剧可以与课程教学相结合，促进课程教学的顺利开展。如将戏剧教学与小学英语教学相融合，即将戏剧教学概念、理论依据、戏剧教学的优势与小学英语课堂融合。再如将戏剧运用于音乐课程之中，将音乐剧中的音乐作为音乐教学中的一部分，最终以音乐剧的形式展示课程成果。同时这也是在落实艺术课程新课标的具体要求，即在音乐课程中融入戏剧元素，以唱游、歌舞剧等方式展开融合教学。也可将戏剧运用于语文与数学课程之中，主要以课本剧的形式出现。

小学戏剧社团虽然并不直接参与课程教育，但能辅助课程教学的开展，在语文教学中，小学戏剧社团活动可以与语文教学的任务相结合，比如在学习《西门豹治邺》这篇课文时可以让学生排练相应的课本剧，提前了解学习课文基本内容。扮演角色时，孩子们既能学习表演的技能，又能借此感受不同的人生际遇，在特定的情景下，设身处地地"沉浸"其中，往往比老师的"滔滔不绝"更能引起孩子们的共鸣。在数学教学中，小学戏剧社团的作用主要在于提升学生学习数学的兴趣上，如在社团活动中，学生可以排练课本剧《神奇的数字》，加强学生对数字的理解，同时让学生爱上数字，喜欢上数学。通过戏剧体验式学习模式培养学生的感受力、表现力、创造力、审美力，激发学生对戏剧学习的兴趣，以及对美好艺术的感知力。体验式戏剧的模式更能让孩子真实地面对问题，更好地体验换位思考，充分展示戏剧的魅力。尤其重要的是，借由戏剧的游戏性、综合性等本体特征，创新了学科课程的日常教学，增加了常规教学的趣味性，学生更容易在寓教于乐的情境中获取课程知识，实现快乐学习。

《义务教育课程方案和课程标准（2022 年版）》的发布，更显戏剧教育的重要性，学段衔接的加强让"幼小衔接"更被注重，活动化、游戏化、生活化的学习设计、知行合一的标准，无一不适配教育戏剧的教学要求。做中学、用中学、创中学的倡导可以无缝衔接表演课堂之中的玩中学、做中学。戏剧可使得学生以全身心参与的方式体验传统文化、领略时代精神、感受民族魅力，对其综合素质的培养大有裨益。学生喜欢戏剧表演也是因为戏剧表演本身生动有趣，更易受到孩子们的喜爱，轻松愉悦的课堂也能充分调动他们的积极性，释放其天性，挖掘其潜能，在这个过程中，戏剧能真正提升他们的语言能力、思维能力、沟通能力、协作能力、自控能力、共情能力、创新能力和学习能力，可以说是教育中有效的教学方式之一。

《新课标》要求义务教育阶段艺术课程的分学段教学，由浅入深，循序渐进，通过丰富有趣的戏剧形式，引导学生全方面多元发展，提升他们的求知欲与实践能力，在不断的实践体验中提高自身的审美素质和艺术素养。借鉴和运用戏剧的理念、手段和方法，达到教育目的，能有效促进学生认知领域和社会领域的发展。更好地促进儿童认知发展，拓展儿童思维的宽度、深度、灵活性和流畅性，增进孩子的自信心，能以大方自如的态度与方式展现自我。

当前，在素质教育的大环境下，在基础教育中开展戏剧的学习与实践是很有必要的。戏剧集语言、形体、音乐、美术等多元智能于一体，可以综合提升学生的感受力、表现力、理解力、创造力以及动手能力和团队合作精神等，这种课程在现行基础教育课程体系中是欠缺的，戏剧课程的参与必将对基础教育课程体系起到补充和完善的作用。

小学戏剧社团作为第二课堂的一部分，不同于第一课堂的行政班级课程，没有限定的上课要求，而只是作为学生培养兴趣爱好、减轻学习压力、进行素质教育的一部分。戏剧社团对学生的学习并没有强制性要求，社团活动的任务完成是学生自主参与的结果，是学生自主选择的结果。在社团的排演活动中，学生可以自主选择是否参与到排演中来，这是一个双选的过程，但社团本身对于团员会有基本的要求。学校的文艺演出也是第二课堂的一部分，每个小学都会开展部分文艺演出，这是教育的要求，也是学生成长的需要。一般文艺演出会通过某一具体学校活动呈现出来，如六一儿童节文艺演出、元旦晚会等，它往往是全校性的，是呈现出来的第二课堂。戏剧本身就具有呈现性，作为小学戏剧社团，完全可以为此类活动排演戏剧作品，充分参与到学生的第二课堂之中。戏剧作品排演营造出来的氛围能调动孩子的想象力和各种感官，在互动中可以开发孩子的创造力、社交能力、协作能力和领导能力。在排演过程中，孩子的语言能力得到了锻炼的机会，再加上故事和角色的关系，孩子们理解、倾听和表达都有了明确的目标，所以不知不觉中，他们的理解力、倾听能力和表达能力都会得到一定程度的提高。进而作用到孩子情商的提升，并最终指向孩子的多元智能和全面发展。因此，在第二课堂中参与戏剧活动，对于孩子而言，是一种有意义的学习。

第一课堂和第二课堂构成有机的课程体系，第二课堂是对第一课堂的延续和补充，虽然作为第二课堂的小学戏剧社团有别于第一课堂的教学，但第二课堂的学习也会影响到第一课堂的学习。小学戏剧社团可以辅助第一课堂的开展，一方面社团可以结合第一课堂知识开展戏剧活动，以寓教于乐的方式让学生巩固课堂知识；另一方面戏剧社团其实是为学生提供了一个放松的机会，学生可以在社团内参与各式各样的戏剧活动，放松自己在第一课堂的学习压力，提高学生第一课堂的学习效率，同时戏剧给人自信，学生在戏剧社团收获了自信以后，在第一课堂学习中便能提升学习积极性。第一课堂的培养目标和优势在于提高青年学生的专业素质，即“一专”；而第二课堂的培养目标和优势在于帮助学生根据自己的兴趣或需求培养或拓展多方面的素质与能力，即“多能”。现代社会所需要的恰恰是厚基础、宽口径、一专多能、适应性强的复合型人才，第一课堂的学习不再是学生唯一的甚至主要的出路。考试成绩仅仅是衡量学生素质的一个方面，第二课堂的素质拓展与能力训练对提高学生的竞争力越来越重要。在整体教学常规课程教学中，小学戏剧社团不是常规课程教学，但它是学校教育的重要一环，特别是 2021 年《关于进一步减轻义务教育阶段学生作业负担和校外培训负担的意见》的出台，直接影响是学校必须开设课后延时服务，这使小学社团的开设与相关活动的开展成为可能。在整体教育格局中，小学戏剧社团能够弥补第一课堂教学的教育缺失，戏剧社团是进行德育、美育的重要平台，也是完善素质教育的重要途径。

小学戏剧社团是能在实现戏剧实践的基础之上，促进戏剧课程教学的进一步发展和完善，将课堂学习实践于社团生活，促进学生全面发展。戏剧教育重视体验过程与快乐学习，具有丰富的操作习式及独特的德育、美育功能，将其应用于课程教学中能取得良好效果。小学戏剧社团与课程教学之间相互促进与发展。小学戏剧社团作为第二课堂的实施载体，将课程教学内容付诸实践，课程教学可以促进小学戏剧社团建设与发展，服务校园文化建设。小学戏剧社团反作用于课程教学，将社团实践经验反馈到课程教学中，促进课程教学的完善发展，增加课程教学的时效性。因此，我们应当站在促进人的全面发展、提高儿童成才率的高度认识第二课堂的重要性，改变“第一课堂为主、第二课堂为辅”“第一课堂必不可少、第二课堂可有可无”的观念，在素质教育理念的统摄下，努力形成第一课堂与第二课堂“互容、互补、互动”的良性关系。

戏剧为孩子们提供了合适且充足的课堂环节与机会。通过“体验”不同人物的故事，学生可以从中认知不同情绪，在安全的环境中体验不曾体验过的角色经历，了解世界，了解自己。当戏剧进入校园，义务教育阶段的学科教育结合戏剧表演，让学生可以将全身心浸润于戏剧之中、丰沛的感情之中，从而释放天性、认识人性、提升本性，成长为全面而有温度的人。小学戏剧社团是小学社团的一部分，同时又是校园戏剧的一部分，是戏剧教育的一部分，也是归属于学校的第二课堂。小学戏剧社团以戏剧这一综合艺术为内容支撑，开展具体戏剧活动，这是戏剧在小学的具体应用，也是戏剧与教育的一次深度的融合。通过对小学戏剧社团的概念厘定，以及与校园戏剧、戏剧教育、课程教学等相关领域概念的横向对比，找出了小学戏剧社团与之发生的主要交汇，更加直观清晰地确立了小学戏剧社团的内涵坐标，从而有助于立足小学戏剧社团的本体定义，进行价值功能的进一步分析，这是第二章要解决的问题。

第二章　小学戏剧社团的价值功能

价值和功能分析，是对一事物建立全面认识的重要研究维度，简而言之，就是要清楚一个具体事物有什么用。了解具体事物的多元功能，有助于我们运用合理的方法充分地发挥其显性功能，并持续挖掘其隐性价值。表面看来，小学戏剧社团，立足于小学校园，服务于小学师生，是开展小学戏剧活动的重要载体，也是提高全校师生戏剧素养的重要平台。延展来看，小学戏剧社团虽然主要是做戏剧活动，但其存在的价值意义已然远远超出了戏剧艺术本身的范畴，戏剧社团不仅仅是进行一些娱乐性的戏剧活动，它还能提升全体师生的戏剧意识，丰富学校的艺术气息。前面通过对小学戏剧社团的定义剖析，已经界定了小学戏剧社团的概念坐标，对其内涵所指也有深入的分析。

然而小学戏剧社团毕竟是一个新型事物，其在小学的发展程度并不高，并不是所有学校能够接受和支持，一些学校对戏剧没有概念，从未进行过戏剧美育，也从未开展过戏剧活动。对小学戏剧社团的价值意义进行分析和阐释，有助于引起学校美育活动的组织者对小学戏剧社团建设的重视，并结合自身实际和发展定位，着力于个性化地建设学校戏剧社团，进一步以戏剧社团为载体开展各种戏剧活动，并适时展开戏剧课程教学，充分发挥小学戏剧社团的美育功能和融合价值，实现其建设意义。现结合小学戏剧社团所处的物理空间、空间条件和相关资源，从促进儿童全面发展、增进新型师生关系、推动课程型态变革、推进家校共育协同、打造特色校园文化、服务地方文化传播等维度对其存在的价值功能进行深入剖析。

第一节　小学戏剧社团有助于实现儿童全面发展

党的二十大报告指出：要全面贯彻党的教育方针，落实立德树人根本任务，培养德智体美劳全面发展的社会主义建设者和接班人。少年儿童是祖国的未来，聚焦到小学阶段的教育而言，就是要助力于实现儿童的全面发展。此时的学生正处于身心发育最快的阶段，对一切都充满着好奇，也正处于学习力、接受力和表现力都比较强的时期，这时更应该以多种举措助力实现他们的全面发展。关于儿童全面发展的相关学术概述解释有很多，在明确其内涵之前，我们首先要界定儿童全面发展的四大目标：完整发展、和谐发展、多方面发展、自由发展。

要实现儿童的全面发展，具体地说，第一个是要实现儿童的完整发展。从生物维度来看待儿童，儿童是从一个细胞生物进化为由四肢、躯干、大脑等局部器官组成的整体。从精神层面来看待儿童，儿童是一个独特的个体，有着独立的思想与情感，有着不同于任何他人的能量。儿童的完整发展，是儿童作为一个完整的整体去感知世界、认识世界的发展，而非某一局部的发展，就比如一个儿童不是孤立地用手、用脚、用躯干去感知世界，而是所有能够使用的、所有能够感知世界的器官整体地感知世界，这样感知到的世界才是全面的、立体的、真实的。第二个是儿童多方面发展，指的是儿童身体、心理、道德、艺术等多方面的综合发展，而非片面的发展。单独发展一个板块的儿童是不可能实现健康成长的，例如我们若只单方面地发展儿童的智育板块，甚至过分强调智育部分，也许今后培育出的人是一个高智商的人，但他在某些方面特别是在情商方面也许就会有缺陷，就像是教育题材电影《银河补习班》中闫主任的儿子那般，这也就是我们经常说的“天才和疯子只有一线之隔”。正是因为这些不全面、不综合、不均衡的发展带给了儿童不同程度、不同方面的成长的代价。第三个是儿童和谐发展，即各部分、各方面和谐一致的、均衡的发展，而非侧重某一部分、某一方面的发展。我们需要在各式各样的发展中找到一种平衡性，也就是我们常说的断长补短，但与之不一样的是，并不是把长处拿去补短处，而是找到一种适当的平衡，在这一种平衡状态里并没有刻意区分长短处，而是更接近于一种全面的、均匀的平衡。第四个是儿童自由发展，这是马克思赋予人的全面发展的价值诉求，也是人之自然生长、自由发展的属性与过程。这就像做艺术教育一样，优秀的艺术教师总是不会过度地以管理思维和学生相处，严格要求学生遵守规章制度，而是让他们尽量立足自身优势，展现优势、发挥优势，这样才能创作出独属于自己的作品。这“四大目标”既描绘着儿童个体全面发展之图景，又为素质教育指明基本方向，即教育要促进儿童完整的、和谐的、多方面的、自由的发展。

在明确儿童全面发展的四大目标后，还需要明确儿童全面发展的本体内容有哪些，是具体的还是非具体的？是广义的还是狭义的？即儿童全面发展究竟是哪些维度的发展？若以上述四大目标为逻辑来加以建构，则儿童全面发展指向的是儿童伦理发展、心理发展、社会化发展、艺美发展、生理发展等五个方面。

具体来说：第一，儿童伦理发展侧重儿童道德与公民性的发展，是儿童“成人”之根本所在，因为成为具有美德、公共精神和社会责任感等品质的人，是国家、社会和家庭对儿童成长的长远期待。生而为人，从出生的那一刻起注定应该遵守所在场域的生存规则，这就是公民性。再者，我们生活在人类世界，总是不可避免地与他人发生着这样那样的关系，这时，“德”就显得尤其重要了，“德”是人与人之间相处的重要规范。而处于少年时期的孩子，正是修养德行、接受德育的最好时机。中华民族一向都是崇尚美德、追求美德、赞扬美德、热爱美德的民族，崇美尚德的观念已经深入我们的脑海、融入我们的基因、镶嵌到我们的骨髓中，即便是少年儿童，从小也已接受了很多的美德教育，拥有了一定的美德基础。

第二，心理发展是儿童健康与成熟的标志之一。暂抛开儿童不谈，就算是一个成年人，心理健康也是尤其重要的，从古至今，有多少不幸的事情所导致的悲伤结局，归其最根本的因素就是不正确的心理导致对一些正确积极的事物产生了错误消极的思想。可见心理发展同样也是作为一个人不可或缺的东西，而儿童心理的发展不仅是他们成熟的标志之一，也是他们正确认识世界的一个重要维度，主要指向儿童认知与情感的发展，这是判断儿童发展的不同阶段的依据。近年来，儿童因心理问题导致的自杀、犯罪等问题已成为一种社会现象，加强儿童的心理健康教育势在必行。因为儿童生长的特殊原因，不同时期的心理肯定是不同的，所以具体心理发展应该按照具体的发展阶段来看。

第三，社会化发展是儿童成为社会人的内在要求，指向儿童社会性与个性的发展。儿童既要成为符合社会要求的合格的人，也要成为独立的、独特的人。儿童要在社会上生存，未来还要在社会上立足，自然是要遵从一定的社会法则，掌握一定的社会经验，拥有一定的社会阅历，社会化发展能够培养起一个人的社会意识和社会归属感，从而成为一个符合社会要求的人。联系戏剧创作活动来看，一场戏的演出并不是仅仅靠几个演员就够了，除了舞台上的演员之外，在排练的过程中需要有人准备排练场地，制定排练时间表，制定及公布剧团章程，分发和管理剧本，绘制灯位图、舞台调度图、提示本，记录排练日志和管理道具等工作。在戏剧制作中需要有人负责安排场景迁换、监督技术合成、给演出计时、维护布景道具服装、管理道具等工作。在戏剧演出中需要有人进行演出前检查、催场、监督场景迁换、执行演员签到和掌控整场演出等。这么多负责的工作均需要有专人负责，整场演出才能够得以顺利进行。当这些符号任务切实出现在学生的生活中的时候，学生才能够在责任的承担中扮演好自己特殊的“角色”，在共同奋斗中实现自己的社会化。①

第四，艺美发展是儿童感受世界的重要途径，指向儿童艺术与审美的发展。过去没有多少人重视艺术性的发展，都认为学习成绩才是最重要的，从而忽略了艺术方面的发展，过去的学校、教师和家长大多不怎么在乎学生在美术、音乐、戏剧等艺术方面的表现，只是要求他们在主要的常规课程中取得优异的成绩。但随着国民知识水平的普遍提高，以及新时代多元复合型人才的实际需求，越来越多的人意识到了艺术的重要性，越来越多的学校还开展了相应的艺术课程，运用艺术美育的方式帮助儿童更好地感知世界、认识生活，从体验艺术之美，到体悟现实之美。

第五，生理发展是儿童各维度发展的基础，主要包括儿童大脑与身体发展、健康与安全发展。从个体方面来讲，一个人的生长离不开生理的成分，不管是一个器官的发展，还是一个细胞的产生消逝，与生理都息息相关。之所以说他是所有维度发展的基础，那是因为，只有满足了基本的生理维度的需求，才有条件去满足其他维度的需求。

若以上述框架来构建，那么儿童全面发展是指儿童伦理发展、心理发展、社会化发展、艺美发展、生理发展等五个方面。小学戏剧社团有助于实现儿童全面发展，并不是说它能够囊括儿童发展的方方面面，而是在完成学校常规课程学习的前提下，对其多维度的发展进行的辅助与补充。实际上，在“减负”深入实施的这些年，小学生真正的课业负担并不重，不似多年前纯粹应试教育导向下小学生紧张的学习状态，那时候放学时间晚、课下作业多，师生的负担都很重。比较而言，现在教师的教学任务和学生的作业任务并不十分繁重，但大家都还是觉得不轻松，因为各种检查、各类评比还是比较频繁的，再加上很多家长都在“拼孩子”，都在努力“内卷”，这是现在大家“累”的根源。然而，回过头来看，真正聚焦到学习任务而言，其实孩子的负担并不重，这就为课业以外活动的开展提

① 付钰．中小学教育戏剧的理论与实践研究[M]．北京：中国戏剧出版社，2020：127—128.

供了一定的时间条件，小学戏剧社团本身就以课外社团的形式出现，不管是社团团员还是剧组组员，都是以团队的形式参与相应实践训练和活动安排，学生们在其中相互交流、学习，锻炼团队合作能力，同时指导教师又根据每位学生的特点安排指定的任务，根据学生性格打造专属的戏剧角色，尽力满足学生的个性化发展，实现学生社会性和个性的协调发展。

儿童戏剧是戏剧艺术总体格局的重要组成部分，是民众戏剧接受和戏剧审美的起始阶段，对于戏剧创作、戏剧产业、戏剧教育而言都具有较为重要的意义。儿童戏剧历来就包括专业的儿童戏剧艺术和少年儿童自娱性的业余儿童戏剧活动两个方面。业余儿童演剧与专业儿童剧团的创作演出相辅相成、相互促进，使儿童剧得到普及和发展。[①] 小学戏剧社团是开展儿童戏剧创作与服务的重要载体，应该受到教育界和戏剧界的普遍关注与重点观照。小学社团是服务于学生成长与发展的学生组织，其社团成立的初衷是为学生提供一个培养兴趣爱好和展示才能特长的平台，进而提升学生综合素质。与中学的戏剧社团不同，中学的戏剧社团更多的需要满足学校提升学生的能力要求，其主要是为了学生的学习能力和课程成绩服务的，从而忽略了对于学生兴趣培养的重要性。它又和大学的戏剧社团不同，大学确实更注重于培养学生对于戏剧的兴趣，但是因为忙碌的学业，戏剧艺术又是一个需要时间磨练的艺术，学生可能没有过多时间进行戏剧磨练，社团只能采用学分的方式进行招新招生，但这样一来，来进行面试的部分同学就背离了兴趣爱好为主的旨向。也就是在小学，学业压力相对没有那么大，也不需要学分等复杂的东西，有充足的时间进行戏剧艺术的兴趣培养。以过来人的视角来反观我们的成长路程，会切实对“兴趣，是最好的老师”这句话产生共鸣。在成年人的世界中，不被逼迫、完全自主地去做一些事情，是多么珍贵与难得。因此，能够在孩提时代，出于兴趣去参加戏剧社团，本身就是一件很幸福的事情。儿童戏剧一般以社团的形式为学生开展第二实践课堂，让学生在戏剧社团活动中收获快乐、收获成长。在小学戏剧社团中，让学生接触到戏剧、体验到戏剧、喜欢上戏剧，在戏剧活动中接受戏剧美育，学生的价值观在潜移默化中受到戏剧的影响，用社团的学习辅助第一课堂的学习，从而必将促进学生的健康成长。

小学阶段是学生形成良好习惯、养成积极学习行为的重要阶段，也是夯实为党育人、为国育才打基础的关键时期，学生的全面发展，德智体美劳五育并举是

① 李涵．中国儿童戏剧史[M]. 北京：中国戏剧出版社，2003：257.

目前素质教育的本质要求。常规的学科课程教育多以班级整体教学为主，只关注学生考试成绩而忽略了学生的个性发展需求，小学戏剧社团鼓励学生参与戏剧活动，学习戏剧知识，恰好可以满足学生个性化的发展需要。戏剧本身作为一个多元的艺术瑰宝，在小学戏剧社团里，学生参与到戏剧艺术活动之中，其戏剧艺术水平、语言技能、学习能力、思维品质与文化品格五个维度都可以得到提升和发展，既指向戏剧知识的掌握和戏剧技能的锻炼，又指向学生关键能力与文化素养的发展。学生在参与课外戏剧社团活动后，才能真切感受到戏剧所带来的生活惊喜与成长改变，戏剧艺术涉及语言表达、形体表现、声乐训练、舞美手工等多个层面，学生可以得到多个艺术形式的训练与发展，给学生充分展示个性的平台，在着重锻炼学生的语言和形体能力的同时，得到其他方面的锻炼。孩子们在积极讨论—角色扮演—分享与反思—再表演—讨论、评价与总结等环节中往往是非常积极踊跃的。集体中的互相倾诉、互相欣赏、互相帮衬，使他们建立了同理心和集体荣誉感，同时也获得积极行为选择的标准。特别是能够在充分思考、交流、体验与分享的同时，洞察人生、观察自身，认知自我与群体的关系，获得积极健康的情绪，从而找到身心发展的平衡点。[①]学生参与到戏剧社团中来，在缓解学习学科课程知识压力的同时，实现学生的个性发展，促进其全面发展。

在小学戏剧社团中，学生可以在指导教师的带领下感受各种戏剧故事的曲折离奇，体验各类戏剧角色的丰富多彩，还能体会和其他班级、年级的同学合作的乐趣，获得很多实践锻炼的机会，学生在其中充分体会了社会情感，开阔了自身认知视野，心理也得到了健康发展。在小学戏剧社团，学生参与最多的活动就是戏剧排练和演出，其实并不能直接作用于学生的伦理发展即道德与公民性的发展，更多的是以一种潜移默化的形式进行的。表演可以让学生体验各种情感，让他们学会换位思考，熟悉各种角色，借此体验丰富的人生。这对提高学生的想象力、观察力、思维能力和解决问题的能力，都大有好处。[②]学生在扮演具体角色时，总是需要了解角色所处的时间和空间背景，试着去揣摩角色的心理、去体会角色的困境与忧愁、去分享角色的欢快与喜悦。通过扮演角色，自己的情绪得到宣泄，自己的情感得到释放，从而获得身心的愉悦，进而以更好的精神状态面对常规课程的学习以及学校内外的生活，这也就是小学戏剧社团展开戏剧排演的意义与价

① 陈世明，彭怡玢，戴力芳，朱湘云．儿童戏剧的多元透视[M]. 上海：复旦大学出版社，2018：26.

② 许织云．课本剧与写作[M]. 太原：山西教育出版社，2019：54—55.

值所在。在社团日常管理中，指导教师会为部分学生安排相应的职位，在剧组建设时，也会进行职位授命，包括剧组中的场记、道具总监、舞台总监、音乐总监等，这些职位可以让学生在实践过程中体会到其职位背后的责任，在参与戏剧这种综合性艺术创作时，集体的智慧、团队的能量就显得尤为重要，不同职位意味着不同的责任，所有人一起负责，共同实现剧目的完美呈现。在排练剧目时，部分剧目本身就带有一定的思想教育价值，学生参与其中更能深刻体会到其中传递的情感，在潜移默化中受到准确的教育。小学戏剧社团毕竟依托于戏剧这一艺术学科建立，社团无论是开展什么类型的活动，始终都离不开戏剧，而戏剧本身就是综合性艺术，所以在提升学生审美能力和审美水平，甚至是锻炼创造美的能力方面都能起着重要的作用，小学戏剧社团将极大助力学生的艺美发展。

小学生全面发展，即要求学生在学校实现“德、智、体、美、劳”的全面发展。在小学戏剧社团的实践活动之中，学生将受到思想道德教育、文化知识教育、社会实践教育等各个方面的成长，将“德、智、体、美、劳”全面融入其中，多措并举，多管齐下，探索育人新路径、新方法。

在德育方面，将通过社团戏剧创编和演出活动直接体现。在小学戏剧社团中，学生将受到道德教育，可以通过排演道德题材戏剧，尤其是注重《道德与法治》课本剧的打造，以戏剧的方式提升学生的课堂学习积极性，培养学生树立正确的人生观和价值观，培养学生形成良好的道德品质和观念。对于小学生来讲，只要是不同于常规上课形式的新颖有趣的形式，一般而言都是有着极大吸引力的，学生也拥有极大的参与积极性。戏剧的娱乐性相较于常规教学的规范性而言，更加生动活泼、自由灵活，更容易得到学生的接受和喜爱。在进行戏剧教育的过程中，在戏剧的基础上，融入学生们需要学习的课程知识，以寓教于乐的方式指导学生在学业上的成长和兴趣爱好上的培养。在小学生的成长阶段中，德育和美育对小学生的价值观形成和心理发展都具有很大的影响。尤其是在互联网、自媒体时代背景下，多元文化交替出现，精华与糟粕的文化元素和价值体现并存，使得小学生更容易产生认知的错乱和价值观的错位。特别是短视频的兴起对辨别能力较低的小学生而言，其是较为严峻的考验。他们这个年龄段的学生，有着极强的模仿力，但这也是他们身心发育的最佳时期，适当管教，他们会模仿那些积极的、正面的、正确的事物，对于他们将来的身心发展有着重要的意义。如果不进行适当引导的话，他们就更容易去吸收那些负面的网络名词和行为，并将其模仿于现实之中，这对他们的将来会产生不利的影响。现实社会的发展影响着小学生的学习和生活方式，小学阶段传统的德育和美育面临更多机遇和挑战。戏剧以美育人、以美化人、以德树人，让学生在实践中，培养综合能力，提升素养，实现自身的全面发展。戏剧运用寓教于乐的方式，以剧目排演为具体形式，以剧目剧本为具体内容，加强小学生思想行为习惯和道德素质的教育与培养，结合小学生好奇心强烈的特点，通过小学戏剧社团的建设和发展，将学生吸引到其中，在戏剧艺术活动的影响之下，实现德育和美育共同发展，从而自觉抵制不良文化的影响，形成较强的自我道德定力。

在美育方面，戏剧本身便是一种美好的艺术瑰宝，是美的具体表现。在加入小学戏剧社团后，学生不光是欣赏戏剧美，更是在排演创编中创造戏剧美。具体而言，这种美包括戏剧语言的规范与个性之美、戏剧动作的准确与灵动之美、戏剧角色的情感与精神之美、戏剧舞美的写意与写实之美。一方面学生在排练中根据指导教师的设计，去发现戏剧存在的美；另一方面是学生在观看戏剧表演时，能去感受戏剧所传递出来的真善美。不论是从哪方面出发，对于学生们都是一个发现美、欣赏美的过程，学生在参与戏剧活动的同时也感受戏剧艺术的魅力，在戏剧实践中培养审美观，发展鉴赏美、创造美的能力。

在智育方面，戏剧是一门多元综合艺术，具有极强的包容性，学生将通过创作和演出戏剧，吸收多个领域的知识，在戏剧活动中得到知识扩充和技能锻炼。如在历史剧中，学生可以了解剧中相关的历史知识，感受传统文化的魅力，并找到历史与当下的呼应，更好地以史为鉴，指引人生方向。在科普剧中，学生可以通过参与戏剧排练，具体形象地了解科学知识，加强学生对具体知识的印象与记忆，还可以将《科学》课本内容打造成课本剧，让学生更加系统和直观地感受到科学与戏剧融合的乐趣。戏剧是一种包容性极强的综合艺术，常规的课本内容很多都可以被改编成戏剧作品在课堂上呈现，从这个角度来看，语文书就像是一个行走的剧本集，英语书也就像是一个行走的英语剧本集。

在体育方面，小学生可以在小学戏剧社团的戏剧活动中学到健康卫生的理论知识和相关技能，在戏剧排练中学生并不是只坐在椅子上读读剧本、说说台词，而是要在舞台上进行调度和动作的设计和训练，在排练过程中，需要不断地磨合和设计，才能创作出优秀的作品，作为演员的学生，经历了排练的枯燥、反复的舞台运动，虽然锻炼有限，但仍能在一定程度上能够锻炼自身的意志力，增强体质。舞台道具、布景的上下及运输，也可以适当地安排同学参加，以加强学生体能的锻炼。有时候临近演出，排练的强度是比较大的，为了呈现出更好的演出效果，一个场面可能要经历反复的排练，对于学生的体力而言，会形成某种程度上的挑战。在部分剧目中还可能有一些体育的小常识，对于不怎么接触运动的同学来说，也是一种学习体育知识的途径。

在劳育方面，舞美道具制作是戏剧演出活动的重要元素，它是剧目规定场景的说明和演员表演支点的支撑。一个好的舞美布景能够在很大程度上提升整部剧的质量，所以一般简单的舞美道具就可以交由学生去做，一方面是节约剧目成本；另一方面是锻炼学生的手工创作能力。在大致估算了学生的动手能力后，通常会让他们制作一些适合自己的道具和景片。有一些情况下，还会分组进行制作，比如一组几个同学共同制作一个东西，当这个物件被制作出来的时候，所有人都会获得前所未有的成就感，这是一种基于创造带来的精神愉悦，同时通过共同参与物件制作，还能够增进彼此之间的感情。在小学戏剧社团不只是局限于让学生做简单劳动，更有复杂的舞美制作，也就是舞台美术。戏剧的创排离不开舞美制作，学生将在戏剧创编和演出的过程中锻炼自己，在戏剧活动中让学生受到劳动观念和劳动技能的教育。劳动教育不是简单地参与劳动，而是主张要在了解劳动、参与劳动、热爱劳动的基础上，进行创造性的劳动，这才是高级的劳动教育。运用孩子自己的双手进行戏剧舞美的制作，就是一种创造性的劳动教育。

小学戏剧社团的作用是对学生进行戏剧教育，让学生在小学戏剧社团中得到“德、智、体、美、劳”的全面发展。有了固定的组织和节目，活动容易得到保证，才能使戏剧教育深入人心，将戏剧真正渗透到学生的精神深处，发挥积极的育人功能①。小学戏剧社团活动的组织与开展，将有效促进学生自主学习能力的提升，助力学生综合素质的提高。这些综合素质主要包括：学生品德素养、学习素养、身心素养、审美素养、文学素养、创新素养、信息素养、生活素养和国际素养等综合素养。小学戏剧社团是学生自己的组织，在这个集体里，每个人都能积极参与社团实践活动，他们在这里进行各种戏剧活动，在活动中锻炼自己的各种能力，如人际交往能力、口头表达能力、组织能力、领导和决策能力。并且在这个集体里，从本质上来讲，大家最终都是属于同学的关系，相较于其他素不相识的陌生人关系来讲，有着更为亲近的关系，在进行部分工作和任务时有着一定的优势。

---

①黄爱华，朱玉林　等．探索与实践：新课程改革背景下的戏剧教育[M]．杭州：浙江大学出版社，2008：73.

小学戏剧社团既可以给学生一定的自由空间，还可以在此基础上，使学生都找到自己喜欢的戏剧实践工作，引导他们在服务他人的同时，不断自我完善，自我革新，自我提高。在小学戏剧社团活动的组织开展过程中，多以戏剧的多面性实践为主，结合戏剧的趣味性、多元性活动内容，帮助学生全面提升自身综合素质。小学戏剧社团结合新课改的现实背景，与时俱进地为学生构建科学化且多元化的社团活动内容，丰富社团活动方案及社团活动形式，使小学生在丰富的社团活动中以更加积极快乐的态度参与其中。结合以学生为本的基础性原则，设计丰富的活动内容，从而提升学生的参与感和积极性，并增强学生自身的戏剧艺术实践体验感，使学生在自主实践合作及学习的过程中全面提升综合素质，促进学生健康成长。

综上，小学戏剧社团契合了学生思维活跃的特点，以其多元化、自由化、多变性和丰富性等特点，可以成为对学生进行素质教育、能力培养、价值引领和思想政治教育的重要途径，是探索实现儿童全面发展的创新方法论。

第二节　小学戏剧社团有助于形成新型师生关系

新时代的教育形势，呼唤新型的师生关系，这既是教育改革的目标，也是素质教育发展的要求。学生社团是一条联系学生与教师之间的纽带，学生与老师之间的关系在某种程度上带有一些隔阂，毕竟是有一定的年龄差距，毕竟教师承担着管理学生的职责，导致师生间的隔阂不易打破。但是由于社团的加持，使得老师和学生之间有着更多的接触机会，在有些情况下，老师学生还能直接面对面地进行交谈，能够有效地削弱和消除这层隔阂。通过大量的实际观察，一线教师其实很难做到用平等的观念来对待师生关系，始终或多或少带有管理思维和相应行动，这既是基础教育学段孩子的身心特点所影响的，也是长期以来固有的教育方式所影响的，更是教师个人既有素养所决定的。服务性思维和平等性观念是一种很理想的愿望，但很难成为普及性的局面。在这方面，戏剧社团所能起到的作用虽然有限，但十分重要。我们要充分利用小学戏剧社团这一平台来开展教书育人工作，建构并发展和谐的新型师生关系。

师生关系作为班级管理工作的重要内容，也是提升班级整体凝聚力的关键因素。师生关系的和谐发展需要班级各主体的努力，《中华人民共和国民法典》中提到重塑师生关系需要各主体的努力，学校应建立平权式治理体系，教师应提升个人民法素养，学生应具有独立主体的意识和能力。师生关系的原则是以师生法律地位的平等为前提，以尊重学生自主意愿为重点，以双方权利义务的一致为目标。同样的辩证关系也存在于戏剧之中，戏剧是包容的，戏剧也是开放的，然而戏剧的开放性是在遵从一定的限制性之下方能展开的。师生处在戏剧情境中，不同于处在常规的课堂环境，教师、学生在这个相对开放、没有太多的压迫感的环境中，师生之间相互沟通，彼此了解，在这个相对松弛的环境中，教师和学生之间的关系会变得更加亲密，共同的话题也会更多。在此过程中，教师能够了解到平时不能从课堂和生活中了解到的学生性格和同学间的事情，学生也能从中了解到教师在常规课堂以外的多元面向，认识一个更加鲜活立体的老师，从而促进师生关系的发展。小学戏剧社团实际上可以作为一个师生共同参与的平台，在此平台，教师和学生可以受到包容的戏剧文化的影响，在开放式、包容性的戏剧情境中，学生可以锻炼主体意识和能力，教师也能感知到学生充沛的想象力和表达力，从而增进师生之间的关系。因此，小学戏剧社团具有团结学生和学生、学生和老师的功能，可以为和谐师生关系服务，体现其独特的重要价值，具体而言：

一是小学戏剧社团创作相关主题的戏剧作品，可以增进师生之间的彼此了解和立场互换。比如社团排演反映师生矛盾的剧目，让师生共同观看剧目，以戏剧的方式含蓄地呈现师生矛盾，引发教师与学生关于师生关系的思考，在改变师生彼此之间对对方的既定看法的同时，潜移默化地促进师生关系的良性发展，达到构建和谐师生关系的目的，以此彰显小学戏剧社团在此方面的重要价值；再比如社团排演反映同学之间小摩擦的剧目，让同学们共同观看，以戏剧的方式含蓄地或者是以喜剧的方式夸张地呈现学生与学生之间可能存在的矛盾冲突，引发学生之间的思考，在戏剧演出结束后，能够达到一种改善学生之间关系的作用。

二是师生可以共同参与小学戏剧社团的相关活动，如共同排演一场戏剧剧目，让师生在排练过程中加强了解、加强沟通，让老师知道学生需要什么，也让学生知道老师的想法。平时在课堂中，教师一般作为输出方，学生一般作为接受方，在上课的时候看似师生在对话，但也许并不是真正有效的双向交流，而是一种单向的知识输出，而在戏剧情境中，师生彼此平等，基于真实想法展开对话，是心与心的交流，更容易产生真实而深刻的交流意义。戏剧是多元且包容的，在小学戏剧社团活动之中，师生可以处于同一平台对话交流，他们演绎不同角色，完成不同工作，但都是在为打造一个共同的剧目而努力，师生之间进行团结协作，加强师生联系，促进师生关系的和谐发展的同时，大家还能一起收获到集体创作的乐趣。

三是戏剧能够帮助教师建立起对学生的多元评价。在戏剧社团内，没有标准化考试，没有成绩标准，通过各种各样的戏剧活动，指导教师能不断熟悉每一位学生，了解他们，从而帮助他们。在促进师生关系发展的同时，也利于了解和把握学生的心理状态，帮助学生管理工作的顺利开展。可以说有什么样的学生评价，就会塑造出什么样的学生。传统的学生评价是一种功利性、利害性评价，由此造成了评价内容的片面性，从而忽视了学生的全面发展。评价手段过于单一化，以考试与测验为主过分追求考试分数。评价标准过于机械化，只关注结果，忽视日常的、动态的、过程性的评价，忽视学生的感受和对结果的认同，学生自信心、自尊心得不到保护，评价氛围和人际关系紧张。而在小学戏剧社团中，学生不再基于学习成绩评定优秀与否，而是由指导教师依据学生在社团中各种戏剧活动的表现进行综合评价。在实际操作中，因为戏剧活动更着重于过程性的经验，所以指导教师在对学生进行多元评价时，可以为学生建立成长记录袋，记录学生在活动过程中的表现和代表性成果，成果记录袋中的材料可以让学生自主选择并与教师共同确定，还可以把其他同学彼此之间的反馈一起收录进成长记录袋。事实上，让学生参与成长记录袋建立的整个过程与其中所收录的内容一样重要，这有助于培养学生对自己的学习进行监控的能力，树立对自己负责的态度。当然，因为学生社团的学生来源是跨年级、跨班级的，社团指导教师也可以将学生在戏剧中的别样呈现及时与班主任和任课教师沟通，这样就为增加教师之间的沟通交流提供了具体依托，更有助于大家齐心协力，共同助力学生的健康成长，甚至可以以此为题，申报相应的教学改革项目和研究性课题。

四是能让学生发现一个不一样的老师。在学校实践教学的过程中，学生对于教师的印象大多是严厉的、严肃的，而小学戏剧社团的指导教师，往往是截然相反的。在社团开展戏剧活动的过程中，其指导教师往往不会以常规课堂中的严肃的方式与学生交流，而是以一种轻松的方式与学生进行交流，以一种幽默的语言与学生进行戏剧排练，这是学生更愿意接受的师生交流方式，也能让学生在戏剧中发现老师并不是一味的严肃刻板，老师也有活泼、可爱的一面，这是互动教学方式的体现。所谓互动教学，即是指在教学中，采用互动形式并且依赖于对话创造有利于学生发展的教学环境的一种教学形式。互动教学包括师生互动和生生互动。师生互动是指师生双方以自己的已有经验、知识水平来研究、了解、学习新知识的一种互动交流与沟通的方式。生生互动是指学生之间的互相作用和影响，包括小组讨论、相互评价、相互激励、互帮共学，以建立合作与竞争的生生关系。[①] 从而能够建立起对老师的立体性认识，感知到老师的亲和性和创造力，在此基础上拉近与老师的情感距离，并作用到常规课程的学习之中。

小学戏剧社团旨在为学生创造一个快乐学习的平台，学生在社团中获得了成长，教师在指导社团发展和陪伴学生成长的过程中也获得了学习，最终在社团发展过程中形成“师生学习共同体”。“师生学习共同体”是指由具有共同信念、共同目标的学生与教师共同构成的团体。在知识共享和师生相互支持的基础上，通过师生对话、协作、反思等活动，师生之间形成相互影响、相互促进、相互学习、相互改变的人际关系，最终促进师生的共同成长。在社团中，学生与教师是平等、民主的关系，学生尊重老师，老师也应该尊重学生，大家都是社团中的一部分，都是社团成员，大家有着共同的身份认同，同时教师也进行了角色转化，教师从学习的传授者变为学习的促进者。在社团中，师生双方都需要有一定的公共空间，实现思想的碰撞和意识的交流。教师需要去优化自己，在与学生的交流中给予学生更多的关心，帮助学生接受老师的指导，不能滥用话语权威，而学生则需要尊重老师的辛勤劳动。[②]

相较于常规教学而言，学生不再是一个接受知识的容器，学生不再是被动地接受学习，而是在日常学习中与教师共同探究学习问题，排练中教师指导学生，学生也可以提出自己的建议，反作用于教师的思考和设计。一般看法认为在学校只有学生能得到学习，但其实教师也能在教导学生的过程中获得学习，实现常教常新，避免职业倦怠。

《新时代中小学教师职业行为十项准则》提到：教师担负着教书育人的重任，不仅要教会学生知识，更要教会学生做人。小学戏剧社团通过开展社团实践活动，让教师和学生一同融入社团戏剧活动中，共同接受戏剧艺术的积极影响，教师可通过社团戏剧活动实践教导学生为人处世的道理，对学生进行恰如其分的德育教育，教会学生很多做人的道理。第四、五和第七项准则更是提到要潜心教书育人，关心爱护学生，落实立德树人根本任务，严慈相济，诲人不倦，为人师表，以身

① 张玉彬编．师生共同成长的生命场：课堂教与学方式优化研究 [M]. 重庆：西南大学出版社，2020：15-16.

② 杜建军．论新型师生关系的构建——基于哈贝马斯交往行为理论的研究 [J]. 河南大学学报（社会科学版），2018，58（04）：129-135.

作则。同时言行雅正，自重自爱。教师将通过在小学戏剧社团与学生一同参与的实践活动之中时，严格自我要求，以身作则，潜移默化地做到相关准则，注重言传与身教的统一协调，同时也教会学生保护自己，促进师生关系健康发展。

因此，小学戏剧社团不只对于学生，也面向教师开放活动，与常规课堂教学不同，小学戏剧社团具有形式更加丰富、内容更加多元等特点，可以让学生在更加灵活的实践活动中，感受到戏剧的独特魅力，促进师生关系的融洽和发展。教师需要采用多种途径优化师生关系，小学戏剧社团是一种极其有效的途径，在社团活动之中帮助学生开心、快乐地学习和生活，形成正确的人生观和价值观，促使班级管理工作更有实效性，实现教师和学生的双向成长和共同发展，这既是师生关系的和谐发展的结果，也是小学戏剧社团对于构建新型师生关系的价值体现。

第三节　小学戏剧社团有助于推动课程型态变革

2022 年 4 月 21 日，教育部举行新闻发布会，介绍义务教育课程方案和课程标准修订情况，正式发布了《义务教育课程方案和课程标准（2022 年版）》，明确了义务教育阶段培养目标，也指明了义务教育阶段戏剧教育的发展方向。

戏剧是一种综合性的艺术，其实早已受到很多教育工作者的重视。从理论和实践双重维度来看小学戏剧社团能够与课程建设相互促进，共同发展。义务教育阶段学校不仅需要培育学生终身发展和适应社会发展所需要的核心素养，更要提高学生在真实情境中解决问题的能力，小学戏剧社团不只是在社团活动之中锻炼学生的素养和能力，它也将会辅助并促进戏剧课程建设，实现社团与课程相互促进共同发展。活动化、游戏化、生活化的学习设计，知行合一的标准，无一不适配戏剧课程的教学要求，小学戏剧社团也可以加强与学生经验、现实生活、社会实践的联系，推动戏剧课程的建设。新课标将戏剧纳入其中，对义务教育中戏剧部分的目标与要求更加清晰明确，基于课程建设，结合社团活动，学生将接受到更加专业科学的戏剧教育，小学戏剧社团也应在丰富多元的社团活动中，持续协助课程建设的顺利开展，培养顺应国家需要，成长为有理想、有本领、有担当的社会主义现代化建设接班人。

小学戏剧社团，是开展第二课堂实践的重要载体。作为戏剧社团，因为是打散了班级，甚至跨越年级的“新常态组合”。所谓“新”，是指不同于常设班级的崭新团体；所谓“常态组合”，是指剧团成员具有相对稳定性。第二课堂，是第一课堂的有机补充，是开展课外校内实践的重要平台，延时服务、特色活动、校本课程可在延时服务时间得到充分开展。戏剧社团，并不直接作用于第一课堂常规教学，而是立足第二课堂时间开展戏剧创作排演和其他戏剧实践活动。第二课堂是在国家课程、地方课程之外的校本课程建设重要阵地，是彰显学校办学特色和育人理念的重要载体，以戏剧为主要内容，构建第二课堂，是加强校本课程建设和形态变革的重要推力。

同时，一、二课堂的关联是十分紧密的，第一课堂教学是开展第二课堂活动的重要基础，第二课堂实践则能反哺于第一课堂的教育，因此一、二课堂具有双向互动的重要关联，学生在第一课堂中学到的基础性知识可以在第二课堂中得到检验和应用，学生在第二课堂中锻炼的技能和延展的知识能够为第一课堂学习提供有益的补充。重视第二课堂课程建设和活动开展，已成为新时代基础教育发展的重要改革方向，在这方面，教育发达、教育资源优厚的省市区已开展了非常丰富的实践和尝试，如北京市的“高参小”活动以及上海的中小学生戏剧节都已成为立足第二课堂甚至校外第三课堂助力学生实现全面发展的特色品牌活动。

从一、二课堂双向联动的维度来看，小学戏剧社团的建设与发展并非与第一课堂常规教学毫无关联，但这种关联是局部性的、创新性的、补充性的，而非全面性的、普遍性的、代替性的。因为毕竟承担常规教学任务的主要载体是行政班级，而非兴趣社团。常规教学在任何时候，都是不能被代替的，其他任何形式的教学创新都是对常规教学的有机补充和创新，这一点必须要明确。因为戏剧社团的参与面是有限的，不能覆盖到很多行政班级的大部分同学，从某种意义上讲，戏剧社团既具有戏剧先导，又带有精英性质，当这些经由戏剧社团训练和熏陶过的少数人回归到行政班级，参与某些带有戏剧性的教学环节和某些带有故事性的教学内容时，他们所迸发出的创造力、想象力、表达力与合作力可能是其他同学所不能比拟的，在此基础上，他们可能会为教师的第一课堂教学带来新鲜空气，补充新鲜血液。

小学戏剧社团也为戏剧课程在基础教育学段的常规开设提供可能。新课标明确加入戏剧（戏曲）学科课程，提出相关学习任务：1~2 年级学习任务主要依托唱游·音乐实施，任务为“模拟表演”，即对日常生活中熟悉的人、动物、植物进行模拟，培养学生对所表现对象特征的观察和概括能力，鼓励学生运用自己的表情、身体、语言进行表演。3~7 年级学习任务主要依托音乐及语文、外语实施，任务为“课本剧表演”，即选用音乐、语文、外语等教材中的教学素材，进行课本剧编创表演，观看传统戏曲表演，培养学生的舞台表演意识和对表演活动进行评价的能力。这就说明戏剧（戏曲）已经可以正式成为学科课程进行日常开设，目前中小学还未出现只是条件还未成熟，主要包括戏剧师资、教材、资源等原因，还有一个重要原因是社会对戏剧的认识和学校对新事物的认识是缓慢的，一个新事物想要打破传统格局往往都需要一个长期的过程，它需要在实践中去建设课程体系和不断去发现问题并持续完善，而小学戏剧社团就是这一重要的戏剧课程实践平台，戏剧课程不同于学科课程，它是作为学生的课外活动出现，不会与常规课程产生冲突，它减少了常规与实验之间的不适应，让戏剧得以在校园土壤中植根。在日常社团活动中，指导教师就可以依据新课标要求为团员进行戏剧授课，在一节节的实际授课中去构建戏剧课程体系，形成体系化的戏剧课程教案，并在社团剧目排演的实践中去展示戏剧课程的建设成果，为戏剧真正成为常规课程做准备。

目前，各个小学基本都开设有课后延时服务课程，根据学校实际条件和现实需求，延时服务课程有体育类、艺术类、科技类等，戏剧课程也可成为延时服务课程之一。小学戏剧社团日常活动的开展必须遵守不影响学生正常行课的原则，所以其活动包括开展的戏剧课程和剧目排练一般都是会在课后延时服务的时间段进行，所以开设戏剧社团本身就已经将戏剧艺术带入了小学课后延时服务，丰富了其延时服务课程体系。校本课程代表了学校的方向，也是学校展示自身教育特色的重要载体和依托，一般是艺体类课程，如古筝、儿童画、非洲鼓、足球、篮球、轮滑等，校本课程会作为学校的常设特色课程存在，学生一周会学习 1~2 节校本课程，由相关教师进行授课。戏剧也可以成为校本课程，一方面是因为其独特的展示性，可以通过学生戏剧演出直接看到课程学习的成果；另一方面是因为其受众面宽泛，戏剧的综合性就决定了其学生需求的多样性，戏剧课程几乎每位学生都可以参与。小学戏剧社团是小学戏剧的前沿阵地，也是进行戏剧课程实验的重要依托，在小学戏剧社团的日常活动中，指导教师可以进行不同年级的戏剧课程的实验与打磨，探索形成较为完整的小学戏剧课程体系，为戏剧课程成为学校常设校本课程做准备。第二课堂中的小学戏剧社团，通过参与戏剧比赛还可以获取戏剧类奖项，为其戏剧校本课程开设提供成果积淀。一个学校的校本课程选择肯定会与学校的现实基础相关，小学戏剧社团正好可以为戏剧课程提供成果积淀与授课经验。小学戏剧社团有时也能影响其他地方课程的开设，比如地方非物质文化遗产的传承课程等，不过这种影响一般是间接性的，小学戏剧社团可为学校营造戏剧氛围，还可培育区域戏剧氛围。

目前，小学的标准课程为语文、数学、英语、道德与法治、科学、美术、体育、音乐，它们构成了小学的常规学科课程体系。因为戏剧还未能成为学科课程，所以戏剧想要进入课堂还可以通过与其他学科课程相结合的方式，戏剧为课程建设带来的价值，也可以具体体现在常规课程之中。从形式上来讲，将戏剧融入学科教学是一种学科融合的具体实践，学科融合是多门学科的参与和介入，但又不是简单的跨学科教育。

从教育的目的和价值诉求来看，学科融合旨在通过多门学科资源的介入，有效地化解问题，更好地达成教学目标，并在问题探究的过程中全面培养和训练学生的学习能力和综合素养。在学科融合的过程中，主导学科（要学习的学科）是认知的对象和目标，其他学科是方法和手段，这些作为方法和手段的学科是学习上的资源供给和智力支持，目的是为了使学生更好地学好主导学科，丰富和拓展学生的学习资源和认知视野。[①] 如在语文教学中，教育戏剧就能够得到广泛的应用，教育戏剧分别可以在语文课程的现代文教学、文言文教学、古诗文教学、听说读写中得到实践的运用。在语文现代文教学中，学生在学习文章中的语文知识的同时，还应该学习文章中所传递的真善美，学生通过对文章中的真善美主题的学习，树立良好的道德素养，这能为教育戏剧的开展提供相应的融合条件。在部分成语和寓言故事的学习中，教师可以让学生展开相关戏剧表演，也可以让学生在排演中制作部分舞美布景与道具，增加学生的参与感与积极性，如《亡羊补牢》和《拔苗助长》，学生可以利用简单的头套道具获取身份角色认同，在戏剧演出过程中清晰理清语言故事逻辑，深入理解其表达的主题与道理。在演出完后，教师对故事的思想和道理进行总结和升华，让学生加深对故事的印象，除此之外，在语文中加入教育戏剧的相关设计还能增加学生学习的积极性，提高其学习效率。在文言文中的教学中，晦涩的文言文，对于小学生来说，理解起来还是存在较大的困难的，而文言文中所蕴含的中国传统文化和哲学道理十分丰富，这对于学生传承和发扬传统文化是非常重要的．在文言文教学中加入教育戏剧可以让学生将晦涩难懂的文言文桥段表演出来，可以用文言文版和白话文版两个版本进行表演，让学生更加生动形象地理解文言文的内容和道理，也能收获学习的乐趣。在古诗

① 陆启威．学科融合不是简单的跨学科教育[J]．教学与管理，2016（32）：22-23.

文的教学中，古诗文所蕴含的诗人情感和古诗意境是非常抽象的，目前小学生对古诗文的学习大多停留在背诵与默写上面，加入教育戏剧，让学生制作相应道具，打造诗歌意境，去发现诗人对文字语言的运用和诗人当时的情感和心情，更好地理解诗歌。在听说读写教学中，戏剧表演本身就需要听说读，在讲解部分课文时，教师可以让学生扮演文章中的角色，如讲授课文《陶罐与铁罐》时，可以让学生分别扮演陶罐与铁罐，依照课文将两个角色的性格与语言语气表现出来，情景化地体会课文的思想与道理，也训练学生的听说读能力。教育戏剧融入小学语文教学让传统语文课堂变得轻松、变得生动、变得活泼，让学生的学习更加积极，更易达到语文的教学效果。

在数学课教学中，理论性的知识、数学思维、数学思想这类知识相对抽象，学生对其的理解存在困难，特别是部分知识基础较弱的学生，他们无法理解其中的数学符号和思想，所以这就需要借助一种更为具体、生动的形式帮助学生理解与记忆知识，而戏剧就是这一特殊的形式，不过戏剧对数学学习的帮助有限，因为小学数学学习的提升目前仍主要通过练习大量试题来实现，戏剧只能起到一定的辅助作用。在低年级的数学教学中，其数学知识还并未涉及复杂的数理化公式，可以巧妙地将戏剧运用到数学教学中去，比如一年级学生在学习 1~10 阿拉伯数字时，会对数字学习感到枯燥，我们便可以利用教育戏剧的方式在课堂中加入戏剧活动和戏剧游戏，让学生在戏剧活动和戏剧游戏中学习数学，在快乐中记住知识，还可采用课本剧的形式，将知识点融入剧本之中，让学生在对台词、听台词、记台词的过程中将数学知识记住并印象深刻，其中课本剧的排练就可以安排在社团活动中进行。在小学中段年级的数学教学中，其数学知识开始涉及数理知识，包括一些算理知识，在数学中加入戏剧更多的是片段性的特定故事，将数学方法通过戏剧角色之口表达出来，让学生对其学习充满兴趣，也帮助学生记住其原理知识。在高年级的数学教学中，将戏剧融入数学的难度增大，但仍然有戏剧生存的土壤，那就是中国古代数学家的故事，戏剧可以将其发现数学思想的过程展现出来，传承数学精神，增强数学课的人文性。戏剧社团在开展活动中可以进行数学戏剧游戏，在第一课堂中学习知识，在社团的第二课堂中巩固知识，有的社团数学戏剧游戏也可直接移植入数学教学中，让常规课堂充满乐趣，让学生在快乐中学习数学知识。

在英语课教学中，戏剧也具有广泛的应用价值。英语是语言学科，在教学过程中教师应注意学生的英语口语表达与交流能力，而戏剧虽然是一门综合艺术，但尤为突出的是语言艺术，教师可充分利用戏剧的特点训练学生的英语口语，并且在英语新课标中明确指出 3~4 年级“能围绕相关主题，运用所学语言，进行简单的交流，介绍自己和身边熟悉的人或事物，表达情感和喜好等语言达意”，5~6 年级“能围绕相关主题，运用所学语言，与他人进行简单的交流，表演小故事或短剧，语音、语调基本正确”，新课标为戏剧在英语课程当中的应用提供了可能。目前，英语戏剧主要有两种方式，一是排演英语剧目，学生通过扮演戏剧角色，记背说台词，在排演中进行英语学习，同时注重英语词汇在场景中的具体应用，让演员即学生能深入理解英语台词，提升学生的英语表达能力；另外一种方式就是英语戏剧教学法，这种方式并不是单纯利用英语剧目排练表演来达到教学的目的，它并不追求对戏剧艺术的精致化呈现，而更强调学生英语知识的学习，帮助学生加强对英语单词、词汇或句子的理解与运用，在英语课堂中，就可以加入部分戏剧活动，其中最重要的三种课堂游戏方式就是“分角色朗读”“戏剧游戏”“即兴表演”。“分角色朗读”就是利用英语课文中的故事与台词，让学生分别朗读其相应的台词，让学生感受英语对话情境，大胆读出单词，锻炼学生的口语能力；“戏剧游戏”即是通过将戏剧游戏融入英语课堂的方式开展教学，戏剧游戏的形式多种多样，在课堂各个环节中几乎都可以找到合适的戏剧游戏形式，教师们可以根据学生的实际情况和教学需求，选择或设计合适的游戏形式应用于自己的课堂设计中；“即兴表演”即让学生在课堂中即兴扮演角色，用英语对话，同时伴有身体动作的表现，该方法的应用也很广泛，这考验学生的随机应变和英语口语表达能力，让学生利用自身知识进行迁移，能创造性地说出部分英文对话，提升学生的英语应用能力。在小学戏剧社团，当学生初步掌握戏剧舞台技巧之后，指导教师可以尝试排演英语戏剧，特别是英语课上的小故事，加强一、二课堂的融合，为社团的发展开辟新的融合路径。

相较于语文与数学课，道德与法治课更加注重强调促进学生正确世界观、人生观、价值观的形成。在新课标中，道德与法治的核心素养分别为政治认同、道德素养、法治观念、健全人格和责任意识，其中政治认同包括政治方向、价值取向、家国情怀；道德修养包括个人品德、家庭美德、社会公德、职业道德；法制观念包括宪法法律至上、法律面前人人平等、权利义务相统一、守法用法意识和行为、生命安全意识和自我保护能力；健全人格包括自尊自信、理性平和、积极向上、友爱互助；责任意识包括主人翁意识、担当意识、有序参加。新课标对课程建设的指导价值就在于要求课程改变原有的课堂模式，而当下的道德与法治课基本上还是传统的教学方式即教师讲授为主，缺少创新性。将戏剧融入道德与法治课堂，主要有教育戏剧和课本剧两种方式。在道德与法治课上采取教育戏剧的方式，即直接将道德与法治课堂变成教育戏剧课堂，提前做好活动策划，将道德与法治课本中的知识性内容加入其中，其主题符合学科教学要求，在课堂上让学生入戏，以相应的戏剧故事让其在戏剧活动中接受道德与法治教育，体会故事主题情感。另外一种则是排练道德与法治配套课本剧，学生在排练课本剧的过程中，潜移默化地理解课本中的知识、道理和情感。当然排演道德与法治剧并不是说要让学生完整地将剧目排演打造出来，而是只是体验排演的过程即可，因为一部剧目的打造需要漫长的时间，课堂的时间完全不够，并且其目的不在于让学生演出戏剧作品的本身，而是实现课程目标，所以并不用将剧目绝对完整地排演出来。这时也可以借助戏剧社团的力量，让学生在社团活动中排演道德法治剧，精心打造几个优秀的道德与法治剧目。对于小学生而言，他们是非常感性的，他们更在乎和看重生活经历和亲身体验，所以戏剧恰好是改变该课程既有教学方式的重要依托，教师将戏剧带入课堂之中，学生在表演、创编、体验过程中真正理解剧本所传达的主题，让学生产生情感体验，在情感体验的基础上实现精神共振，进而实现课程的育人目标。

小学科学课教育是以教授基本科学知识为基本内容的，科学课的主要目标在于让学生了解一些生活中常见的科学知识，并学以致用，培养学生对周围世界的好奇心与求知欲，激发学生对科学的兴趣，养成创新意识。引导变革教学方式，倡导启发式、探究式、开放式教学，保护学生好奇心，激发其求知欲和想象力。科学知识讲授是枯燥的，这便需要戏剧的形式，使课堂生动活泼起来。科学课中融入戏剧的主要形式包括科普剧和教育戏剧两种，科普剧即科学互动表演剧，它是现在国际上流行的一种全新的独特的科普形式。它将科普知识、科学实验等以表演剧的形式表现出来，让孩子们在观看、演出剧目，跟随人物情节发展的过程中接受科学知识，感受科学精神，参与科学实验，以此激发孩子们对科学的兴趣。例如通过观看《营养小镇》，可以让孩子了解食物，食物与营养之间的关系，促进孩子的动手能力和模仿能力。科普剧能将抽象复杂的科普原理形象化、具体化，使剧目中的科学知识通俗易懂，让学生更易接受，也更易理解。科普剧的内容多种多样，表演形式活泼轻松，以艺术化、舞台化的方式，将科学知识的晦涩难懂、科学实验结果的严谨准确，进行艺术化转换，或以形象化的演示，或以趣味性的揭秘，或设置参与互动环节，活跃气氛，调动情感，增强主动参与性，提升科学知识传播效果。因为面向的主要是小学生，所以更多是以科学课本上的知识内容为主，以生活中的科普知识为辅，但也可增添其他内容的科普。科学课堂中要注重鼓励学生自己解决问题，学生的思维活动总是从问题开始，又在解决问题中得到发展的，学生的学习就是一个不断发现问题和解决问题的过程，问题的提出与解决的过程是发展学生思维的重要方法，同时还可以培养学生的主动探究事物的习惯，提升学生独自面对问题的勇气。立足戏剧社团来做科学与戏剧的融合，学生在趣味性、创造性的戏剧体验中，同步感知戏剧的快乐与科学的魅力。我们可以通过创设良好的学习氛围，激发学生自主解决问题的兴趣；提供解决问题的方法，为学生自主解决问题做铺垫；培养学生创新解决问题的能力；提供学生间交流讨论的机会，互相学习解决问题的方法。总之，在课堂上，要善于利用教材，灵活运用各种有效的教学方法，激发学生解决问题的兴趣，把自主权交给学生，真正达到培养学生自主解决问题的能力，这也是一种科学的教育方式。

戏剧社团在排演科普剧的过程中，要及时巧妙应对突发问题，比如在排练过程中发现舞台地面过于光滑，不利于学生的表演，学生发现了问题，但要如何更好地解决呢？可以直接告诉学生答案，但这是最简单也是最没成效的方法，所以这时可以鼓励学生自己解决问题，激发学生自主解决问题的能力，让学生们当即成立《解决舞台地面过于光滑问题》小组。这个小组成员带着自己的问题上了科学课，在科学课中我们就来研究他们组的问题。教师引导学生猜想，影响摩擦力大小的因素有：物体与接触面、物体的轻重有关系。进而学生进行了对比实验，实验后学生尝试了各种方法来解决问题：如铺地毯、放置防滑垫、更换条纹底的鞋子等多种方式，最终，解决了舞台地面过于光滑这个难题。成立小组的方式，不仅增加了课堂的趣味性，还能增进学生对于课本内容的理解。另一种戏剧进入科学课的方式就是教育戏剧，用教育戏剧的方式上科学课，我们的目的就是让学生尝试将科学知识以丰富多彩的形式表现出来，寓教于乐，既能在这种情境中看到科学就在我们的身边，又能在轻松的参与和体验中，认识科学，亲近科学。戏剧教学可以激发孩子的兴趣，并且戏剧课堂充满活力，让孩子在互动中可以激发孩子的创造力、社交能力、协作能力和领导能力。在教育戏剧的课堂上，孩子还能通过戏剧演绎的方式提高语言表达能力，在不知不觉中，他们的理解力、倾听能力和表达能力都会得到一定程度的提高。如在教学《声音的传播》一课时，每组四名学生制作两个土电话，把两个土电话连接起来，然后学生还需要自己编排出一个《打电话》的情景小剧：一人说话，三人是否听见？两人说话，两人是否听见？学生通过情景小剧，探究声音的传播方式中有固体传声。即便是再枯燥无味的科学知识，一旦经过这样的戏剧教学“外包装”，相信每个人对它的了解都将有所提升，这种表现形式能在学生中容易引发更强的注意力。就像看动画片一样，他们对此印象深刻，甚至还可能会激发他们后续更深入的探索。戏剧教学有独特新颖的形式，为小学科学教育活动提供充足的教学资源，营造出活跃的小学科学教学课堂氛围，使学生在生动形象、有趣的学习环境中学习知识。在科学课堂教学中，可以发展学生思维能力的教学尝试与探索还有很多，只要我们本着“科学教学以探究为核心，科学探究以思维为核心”的教学理念，在课堂教学中全程激发学生的思维，就一定可以收到不一样的效果。戏剧教学只是一种教学方式，借助这种教学方式，为培养学生的思维开辟了一个新的思路。在戏剧活动中，不断树立巩固正确的人生观，从而提高学生的艺术修养和综合素质。但其实无论我们用何种方式，我们的目的就是让学生尝试将科学知识以丰富多彩的形式表现出来，寓教于乐，既能在这种情境中看到科学就在我们的身边，又能在轻松的参与和体验中，认识科学，亲近科学。

在音乐课程教学中，音乐也能与戏剧实现较好的融合，将戏剧融合到音乐教学中，在让学生感受戏剧文化的同时，也能让学生认识到戏剧的融合性与音乐的灵活性。在戏剧表演中，音乐不仅能够传达出人物情感，而且能够推动情节发展，是提高艺术张力的核心要素，在戏剧表演中是不可缺少的一个重要的组成部分，对提高戏剧表演的呈现质感具有重要的补充作用。其次，音乐是戏剧元素中的一部分，音乐不能脱离戏剧内容而存在，而戏剧因为有了音乐才更有魅力，所以将两者进行融合是十分必要的。如果说戏剧是一种综合艺术，那么音乐剧就是一种综合的戏剧。很多音乐作品是具有戏剧情境的，在音乐教学中强化和加深这种情境感，甚至在唱的同时加入表演的元素，会使得音乐课程的教学呈现出更加灵动的质感。立足在戏剧社团，做音乐剧或者是歌舞剧小品的尝试，不仅能够给学生以更加全面多元的艺术普及教育，更能够为校园文化建设提供优秀的作品支持。

相对于分科教学，学科融合除了要解决“为何融”的问题，还要解决“融什么”“怎么融”的问题。戏剧与其他学科的融合可以采取渐进式的方法，从一种学科作为工具向另一种学科渗透，到两种和两种以上学科围绕主题形成融合课程，再到消除学科界限以主题—概念—活动为模式的综合课程[①]。当然，聚焦到一个具体的小学戏剧社团的能量而言，其实很难做到面面俱到，更无法做到全学段、全过程、全学科的嵌入式实践，因此以上所论述的戏剧对于常规学科课程、戏剧社团对于常规课程教学的实验探索，均属于可行性论述、可能性分析和操作性预见。我们虽然要看到戏剧社团在学校课程建设中的功能，但也无意过于夸大，任何团体的能量都不是无限的，所以我们要立足有限能力，充分发挥主观能动性，锐意探索戏剧社团在课程建设中的融合功能与创新价值，有重点、有选择地展开实践与建设。

第四节　小学戏剧社团有助于推进家校协同共育

家庭教育是孩子教育的开端，关乎未成年人的健康成长和家庭的幸福安宁，也关乎国家发展、民族进步、社会稳定。学校教育的介入，晚于家庭教育，但容易被认为是孩子教育的全部，其实当孩子开始接受学校教育后，家庭教育也与之同行，甚至互有交集。学校教育、家庭教育和社会教育都是学生教育的重要组成部分，实现家校共育是两者相结合、融合的结果，也是学校教育与家庭教育发展的必然要求。教育的使命之一，就是在学校与社会的关系中，促进社会的健康发展，这不仅仅可以通过教育学生而实现，更可以通过家校合作而直接实现。[②]所谓家校共育，通常是说，使家庭、学校、社会充分联系起来，构建全新的合作伙伴关系，使教育教学资源得到更大的拓展，使教育主体之间形成多维联动的合力关系，并且可以让家庭家教家风朝良性的方向发展，进一步完善家校社共同体建设，让参与各方能够做好沟通与协调，让孩子、家长、教师都可以一起发展，拥有更大的成长与发展空间。

一直以来，国家对家校共育问题非常重视，近年来，相关部门陆续推出了一系列的政策、法规，其中都提出了学校要切实承担起对于家庭教育的指导责任。2021 年 10 月 23 日第十三届全国人民代表大会常务委员会第三十一次会议通过

① 殷群．学科融合教育：智能时代育人方式新样态 [J]. 上海教育科研，2021（01）：92-96.

② 李家成，王培颖编．家校合作指导手册 [M]. 北京：北京大学出版社，2016：12.

的《中华人民共和国家庭教育促进法》明确提出：“中小学校、幼儿园应当将家庭教育指导服务纳入工作计划，作为教师业务培训的内容。”“中小学校、幼儿园应当根据家长的需求，邀请有关人员传授家庭教育理念、知识和方法，组织开展家庭教育指导服务和实践活动，促进家庭与学校共同教育。”2023 年，教育部等十三部门联合印发《关于健全学校家庭社会协同育人机制的意见》，强调坚持全面贯彻党的教育方针，落实立德树人根本任务，弘扬中华优秀传统文化，坚持科学教育观念，增强协同育人共识，积极构建学校家庭社会协同育人新格局，着力培养德智体美劳全面发展的社会主义建设者和接班人。这进一步强调学校教育与家庭教育的结合，实现家校共育。首先，家校共育有助于家庭发挥其教育功能。把学校的一体承担变为家校携手共育，使得潜在的家庭教育力量得以充分发挥。其次，家校共育有助于建立现代的学校制度。家校共育强调重视学校与家庭、社会的互动过程，通过沟通联动机制的安排协调校内和校外的关系，充分发挥家校社会各方相关者在现代学校制度构建和发展中的作用。再次，家校共育有助于教育教学质量的提升和学校教育满意度的提高。家校共育能够让师生关系变得更加密切，家庭关系也能够更加稳定温馨，更有助于父母孩子的共同成长以及和谐社区的建立，能够增强社区居民的获得感和幸福感。办好教育事业是家庭、学校、社会的共同责任，只有三方共育，才能创造孩子美好的未来。社会各界需要一起行动起来，共同关注和支持家庭教育，为培养德智体美劳全面发展的社会主义建设者和接班人贡献出自己的一份力量。

家校合作不是单向的过程，而是双向的互动。当教师向家长单向传递信息，而没有获得家长的反馈时，这不是合作，而只是“通报”“告知”。当家长对于学校、教师的认识、理解、感受、期待没有清晰地表达出来时，则离“合作”依旧遥远。目前，存在对家校共育的认识不足、沟通机制不畅、缺乏相应的家校共育平台和载体等问题，导致部分家长和学校对家校共育的实施动力不足。一方面部分家长没能认清自身在孩子教育过程中的重要地位，大多认为教育指导应该是学校的责任、教师的责任，他们认为对于学生的教育就应该只是学校的义务，很少参与到对孩子的教育中来。另一方面是部分学校对家校共育的认识也缺乏完整的认识，从教育大背景来看，学生升学的压力、学校发展的压力，让学校对家校共育实践出现心有余而力不足的现象。沟通机制不畅并不是指缺乏沟通的途径，而是片面的沟通内容，家长与教师沟通，更多的只会关注学生的学习成绩，很少去在意学生的家庭教育、人际关系、日常习惯等内容，这就导致家校共育只存在于学习成绩层面，这将不利于家长和教师深入了解学生，很难进行准确的家校共育。然后，家校共育的平台缺失也是很难进行家校共育的重要原因，其实学前阶段的家校共育可能还要做得更扎实些，因为孩子太小，家长需要投入更多的心思，需要进行更密切的关注。亲子运动会等方式，密切了家校共育的机制。然而目前大多小学开展家校共育的方式是家长会，一般为家长与教师的直接沟通，学生则不参与其过程，孩子甚至害怕让家长参加家长会，总觉得老师要向家长告状。这就导致了学生与家长、教师之间不能进行有效沟通，这就迫切需要一种新型的家校沟通方式，更高效地实现家校共育的目标。

回想在学前教育阶段，因为幼儿的生活需要照顾，这在客观上为家庭与学校的沟通提供了很多契机，幼儿园也经常做些亲子活动增进家校共育。但进入小学后，学生更多的时间是在学校接受常规课程学习，家长只在上下学时间有接送，较少直接参与到学生的过程性培养之中，这是客观上影响家校共育推进的壁垒。

儿童戏剧艺术教育的应用模式是要建立在以家庭教育为基础、以学校教育为主体、以社会教育为延伸的三位一体的基础上，只有这样，才能将戏剧艺术教育运用于其他学习领域，营造一个开放式、互动式和引导式的学习环境，在开发儿童个体智力的同时，延伸到自我发展及独立人格的培养[①]。小学戏剧社团依托戏剧，一定程度上可以成为家校沟通的桥梁，成为家校共育的重要载体。一般而言，若学校举办六一儿童节等文艺演出活动时，家长不会直接参与到学校的节目演出中来，更多的时候是从事一些节目的幕后工作，但是小学戏剧社团可以将家长从幕后邀请到台前。在社团中，学生和家长可以共同排练完成一个戏剧剧目，在排练中，学生和家长演绎不同的角色，学生可以演绎家长，家长可以演绎孩子，让他们在戏剧中进行角色转化，体验各自的感受，促进学生与家长的相互理解。通过戏剧表演的方式可以增加孩子的社交能力，锻炼孩子的抗压能力和自信心。家长和孩子同台演出，可以给孩子做榜样，给孩子信心和勇气，家长的表演给孩子最直观的展示，让孩子不怯场。学生和家长共同完成演出，家长与学生共同合作，加强了双方的交流，成为增进双方了解、缓解家庭矛盾的重要方式。小学戏剧社团还可以成为家长了解学生的又一窗口，家长原来从班主任和任课教师口中了解学生，现在从社团指导教师口中了解学生。因为社团指导教师与班主任的差异性，

---

①陈世明，彭怡玢，戴力芳，朱湘云．儿童戏剧的多元透视[M]．上海：复旦大学出版社，2018：138.

学生往往在社团指导教师面前表现得更真实，指导教师也可以从学科课程以外了解学生，更好地与家长沟通，让家长更清晰立体地了解自己的孩子。以小学社团为载体，以戏剧演出为平台，为学校提供一种新型的家校沟通的方式，也为家长与学生提供一个新型的交流平台，推进家校共育。

其实，小学戏剧社团推动家校共育的直接办法，就是成立家庭剧团或家庭剧组，其中成立家庭剧组其实是家庭剧团开展活动的必然要求，家庭剧组可以不依托家庭剧团成立，可直接根据排练剧目需要进行组建。家庭剧团就是由学校学生家庭组成的戏剧社团，由学校根据本校学生家长意愿和实际情况进行剧团成员招募，主要面向有戏剧爱好、有空闲时间且乐于参与戏剧排练和戏剧课程的家庭。作为一个可持续性发展的戏剧团队，家庭剧团的日常活动主要是排练戏剧剧目和参与戏剧课程培训，有着相对清晰的建设与发展目标。家庭剧组则区别于家庭剧团，它不同于剧团，它并不是一个持续性团队，一般以一个剧目为依托进行剧组建设，在剧目演出完成后，若无后续安排，剧组就可以直接解散，一般是以参与一个具体的戏剧演出活动为目的。在实际成立家庭剧团和家庭剧组运行中，小学戏剧社团是其建设的基础，只有学校有了戏剧社团带来的戏剧实践基础，家庭剧团和剧组才有成立建设的可能。同时戏剧社团中的建设经验一定程度上还能够运用到家庭剧团建设中来，社团中的部分团员也可直接参与到家庭剧团之中，确保家庭剧团建设前期的稳固发展。家庭剧团和剧组的指导教师一般由戏剧社团指导教师或学校具有戏剧专业背景的老师担任，并紧密联系学校，开展活动一般服务于学校发展和学生教育。家庭剧团孕育于小学戏剧社团之中，是戏剧在小学实践运用的产物，最终也将服务于学校，服务于学生，服务于家校共育。家长在参与学校戏剧活动时，学校可以通过活动，向家长传递学校的办学理念，打开家长的教育视野，与此同时带动家长对于自身角色的多元认识和队员定位，尤其是在活动中认识到自己孩子成长的丰富性、发展性和多样性[①]。表面上看，家庭剧团可以用戏剧的方式加强家校沟通，并且家庭剧团还可以排练各类戏剧作品服务于学校和区域文艺演出活动，但是实际上家庭剧团最大的影响在于它为家校共育提供了一种全新的组织方式，也是戏剧在家校共育领域的一次突破和应用。

当然，成立家庭剧团其实也存在一定的困难，在成立前，必须考虑学校在此问题上的看法以及是否鼓励支持，还要考虑学生家长的戏剧接受程度和参与积极

① 李家成，王培颖编．家校合作指导手册[M]．北京：北京大学出版社，2016：86.

程度。首先，家庭剧团依托学校成立，所以一定要考虑学校的态度，又因戏剧毕竟普及度并不是很高，所以还是必须要考虑家长的实际情况，为剧团的人员构成做前期准备。

在家庭剧团成立之后，也需要解决一些新的问题，它肯定是有别于小学戏剧社团的建设的，一方面是剧团的可持续发展要求，必将导致活动开展复杂和流程烦琐的问题；另一方面是剧团人员的流动性管理，也是必须面对的问题。因为家庭剧团的成员来自各个不同的学生家庭，各个家庭家长来自社会不同领域，有着不同的工作，有着不同的时间安排，所受教育不同，戏剧素养不同，所以剧团在进行具体活动时可能会造成人员理解上的矛盾与时间上的冲突。以家庭剧团的日常排练为例，一般排练时间至少会安排在学生的空闲时间，比如晚上或周末，但是家长的时间却是不固定的，又因涉及若干家庭，所以会导致排练上的时间不统一和不固定。在剧目排练时，还必然出现角色分配环节，那么这一环节就非常考验指导教师的处事能力，剧目一般都有角色轻重之分，若某一学生的角色戏份过少，那么家长就会存在意见，甚至出现争夺角色和拒绝排练的现象，这也会导致剧团工作的开展困难。家庭剧团不像小学戏剧社团可以随时进行日常的戏剧训练，它的组成人员还有家长，常规的方法肯定不行，所以可以考虑将家长的戏剧课程安排在某一固定的时间，如一个月一节戏剧课，家长与学生共同参与，这样既不会因为剧团的工作而影响到家长的生活工作，又能够以此来连接剧团成员。当然家庭剧团里的学生一般可以加入学校的戏剧社团之中，参与社团的日常工作，但是一定要区分家庭剧团和小学戏剧社团，它们是两个不同的团队，特别是要关注既是家庭剧团成员，又是小学戏剧社团成员的学生，要充分考虑到两个团队工作对学生的影响，不能因为两个戏剧团队而占用学生过多的时间，一般不能同时参与两边剧目的排练。

还有，家庭剧团的排练剧目怎么安排也是一个需要考虑的问题，家庭剧团的主要产出就是家长和孩子共同演出的戏剧剧目，但是这些剧目在哪里演、在什么时候演、在什么活动上演、演出的主题是什么，则是需要考虑到学校实际需求和区域地方活动筹办情况的，否则如果剧团只是简单地排练演出了一个剧目，其价值就不能完全体现，所以其演出需要寻找一定的契机。在家庭剧团人员的流动和管理上也会存在许多问题，家庭剧团毕竟是以学生为主体搭建而成，而学生并不会一直留在学校学习，当学生毕业之后，其实就代表着其家庭退出了家庭剧团，当然其家庭依然可以继续是家庭剧团的一员，但不用参与具体的戏剧活动。如果在家庭剧团建设中有家庭想要退出，这也是应该得到理解的，剧团应该始终保持民主管理的方式，尊重每个家庭的选择。因为家庭剧团的指导教师精力和戏剧活动有限，所以剧团人员应该控制在一个合理的范围之内，不然剧团可能因为人员过多而缺乏有效管理失去凝聚力，也失去剧团建设预期的效果。

在具体操作层面，家庭剧团的建设除了依托学校进行建设，还可以联系当地妇联和教育部门，与他们展开合作，共同打造家庭剧团。家庭剧团建设其实也有助于家庭教育相关目标的实现，而积极开展家庭教育也是各级妇联组织的主要工作之一。重庆第二师范学院戏剧教育专业和山火剧团，就依托重庆市南岸区妇联，先行组建了全国第一个家庭剧团——“南岸她力量”家庭剧团，已在 2022 年 9 月 17 日完成了首场演出，并开展了常态化的建设活动。另一方面，家庭剧团作为实现家校共育的创新方式，可以力争得到相关教育部门的支持。从这个角度来看，与当地政府部门积极接洽，会为家庭剧团建设带来更为便利的资源，毕竟若只是依靠学校，其发展肯定会受制于学校有限的资源。其带来的资源可以是建设资金，也可以是活动支持和宣传报道，其中建设资金能够为剧团解决剧目排练资金问题，为剧目的服化道购买提供帮助，也能提升剧目品质。其中活动支持能够为剧团建设解决剧团剧目演出可持续的问题，保证剧团的可持续发展。其中宣传报道能进一步提升剧团的知名度，让区域家长和学生了解家庭剧团，也能为家庭剧团走向其他地方提供帮助和机会。

成立家庭剧团需要一个合适的契机，当然这也要建立在学校戏剧社团的发展带动下，特别是戏剧在学校已经发展得相对成熟的前提下。这个契机可以很大，也可以很小；可以只是因为学校举办某一文艺活动，也可以是区域的文艺演出如当地春晚；可以是在学校的家校共育的会议上提出，也可以是在地方的家庭教育论坛上发表相关看法。总之，成立并建设家庭剧团不是突发奇想的事情，而是要有一定基础和契机才能够开始实践的。针对如何让各个家庭加入家庭剧团这个问题，有两种解决方式，一种是学校直接征求部分学生家庭的意愿，在得到肯定答复后这些家庭就可以加入剧团；另一种是学校面向全校学生征集招募一定数量的家庭，如果达到数量便可以进行一定的筛选，或者根据实际情况，在招募之初就设定一定的加入门槛，比如有一定的空闲时间等。显然第二种方式更好，因为这样既能体现民主，又能充分考虑学校家庭的实际情况。但第一种方式也有其益处，其作用在于万一报名家庭较少，或者家庭剧团成员招募宣传工作不到位，那么该方法就只能是迫不得已地组建家庭剧团的方式了。在家庭剧团成员招募完成后，最首要的工作就是开展第一个剧目的演出。因为是第一个剧目，所以在剧本设计上应该结合剧团实际人员进行把握，如剧团的男女比例、家长参与度等，在戏份上重点考虑孩子的角色，因为在一定程度上，家长愿意参与家庭剧团其根本目的就是在于让孩子参与到戏剧中来，让孩子有演出锻炼的机会，一切都是为了孩子，所以不用太过考虑家长的戏份。在剧目角色分配上，首先要讲究适配性原则，演员应该尽量符合剧目角色要求，只有选用贴合角色特质的演员才能打造一个优秀的剧目。当然，第一个剧目还是应该照顾到每位孩子的参与度，保护各个家庭的积极性，所以不应该为孩子设计“群众演员”似的角色，不过家长根据实际需要可以适当串演。第一个活动应该以推动家校共育为出发点，如若有机会，可以不在学校内演出，可以到社区、少年宫、文化馆、文化广场等社会场域演出，最大程度上扩大家庭剧团的影响力，借以吸纳更加广泛的关注和参与。在剧目主题设计上尽量安排主旋律剧目，当然如若需要可以结合学校特色进行甄选。在后续的剧团活动设计中，可以将戏剧课程作为日常训练的一种形式，课程的具体内容可以是一些亲子戏剧游戏，让学生和家长感受到戏剧的乐趣，同时这也是为家长多次来校交流创造机会，从而进一步加强老师与家长的沟通联系，让家长与老师更清晰地了解孩子，也是家校共育的具体体现。剧团的剧目排练数量和频次要根据实际情况来制定，一般而言在前期最多一个月排练一个小戏，当然如果剧团逐渐壮大之后，可以尝试安排多个剧组，分别排练不同剧目，提高产出效率。戏剧是一种综合性艺术，所以每排练一个剧目，都需要经历一个非常复杂和劳累的过程，不能让某个家庭持续不断地进行排练，应该适当地进行休息和做家庭排演时间调整，剧目排练和演出时间一般都是在学生上学期间，在寒暑假期间还可以建议各个家庭观看一些优秀的儿童剧剧目和一些关于家庭教育的剧目，保持剧团成员的持续学习状态。

对于发达地区的学校而言，建立家庭剧团或许并没有太大的困难，然而对于部分欠发达区县和乡镇地区，它们没有足够的资源，并且学校有很多留守儿童，父母不在家乡，一般只有过年回家，家中只有爷爷奶奶，家庭剧团在人员组成上就会存在一定困难，所以这些地区想要成立家庭剧团会非常困难，但是成立学校的学生戏剧社团还是比较容易的。在乡镇地区的小学戏剧社团促进家校共育也是通过戏剧的方式实现，不过不能用家庭剧团的方式，而是直接借助小学戏剧社团的力量。依托学校，社团可以专门挑选学校的留守儿童成立一个剧组，进行专项的剧目排练，最终通过视频或直播的方式记录孩子的排练日常和演出作品，让孩子父母能够看到孩子在舞台上的表演，了解孩子的学校生活。在寒假，特别是春节时期，孩子的父母基本回到家乡，这时社团就可以提前排练相应剧目，可以是多个剧组的多个剧目，形成一套完整的文艺演出活动，在春节时期，这些孩子的表演可以展现到父母面前，让在外劳累了一年的父母看到孩子的表演，看到孩子的成长，增加了家长对学校工作的了解，这本身也是家校共育的一部分。特别是对于乡村学校而言，如果能够保持定力、排除万难，在各种限制中完成并做好了家庭剧团的建设，势必会成为乡村学校推动家校共育的典型案例。因为乡村学校的戏剧建设，肯定远远难于城市学校的戏剧建设，也正是由于难，智者和勇者把它做成了，才更值得敬佩。其实在节假日，小学戏剧社团还可以开展“戏剧进乡村”活动，学校或指导教师可以联系当地村庄和附近的村民到指定地点观看孩子演出，一般是在人员聚集地区。这些观众一般大多都是年纪较大的老年人，其中有孩子的爷爷奶奶，也有其他村民，他们有时间，也愿意观看孩子们的表演，这类戏剧活动其实也是一种乡村文化的组成部分，也能够在一定程度上丰富乡村文化生活，助力乡村文化振兴。

在本节中，重点论述了家庭剧团这一新型的社团建设构想，也通过一些具体的操作步骤，论述了家庭剧团对家校共育的功能体现。从某种意义上讲，家庭剧团是小学戏剧社团的延展产物，是以学校为主导、以社团为载体、以推动家校共育为目标的新型组织架构和平台搭建。看似是一件很遥远的事情，但若捋清思路、找准方向，有实际操作的人和团队，即可达成。从家庭剧团的角度，更好助力孩子成长，更好助力家校共育的协同推进。

第五节　小学戏剧社团有助于校园特色文化建设

校园文化，指的是学校所具有特定的精神氛围和文化环境，它既包括校园建筑设计、校园景观、道路规划、绿化美化这种物化形态的内容，也包括学校的传统、校训、校风、学风、教风、人际关系、集体舆论、心理氛围，以及学校的各种规章制度和学校成员在共同活动交往中形成的非明文规范的行为准则。

2022 年教育部发布《关于进一步加强新时代中小学思政课建设的意见》，其中明确指出，要加强校园文化建设。学校要努力创建积极向上、格调高雅、团结友爱、严肃活泼的校园文化，加强校风教风学风建设，严格校规校纪管理，引导教师关爱学生，构建和谐的师生关系。统筹推动文明培育、文明实践、文明创建，大力培育时代新风新貌，努力提高学校精神文明建设水平；深入挖掘、有效彰显校史校训校歌中思政教育内涵，充分发挥校园广播、校刊、板报等阵地宣传引导作用，突出学校党组织、共青团、少先队标识标志。优化校园环境，要使校园内秩序良好、温馨舒适，“一草一木、一砖一石”都体现教育引导和熏陶。积极创建富有特色的班级育人文化，将思政课教学与班级管理、班（团、队）会、社团活动等有机结合。

校园文化是学校的灵魂①。校园文化是一所学校在长期教育实践和校园活动中积累的精神财富和文化氛围，包括在这些精神财富和文化氛围之上开展的活动形式。社团在校园文化建设中的地位和重要性与日俱增，小学戏剧社团是学校社团中的一部分，也是校园文化建设之中重要组成部分。校园文化建设，能够在很大程度上促进学生健康成长和个性化发展。小学戏剧社团也可以成为传播思想文化的重要载体，成为正向思想文化传播和弘扬的重要途径。

校园文化建设主要分为三个部分，分别是物质文化建设、精神文化建设和制度文化建设。这三个方面的建设只有计划全面、协调发展，才能使校园文化的形成与发展更加完善。校园文化建设是学校外在形象的最直观体现，社团更是校园文化建设的摇篮，小学戏剧社团则在摇篮中承担着独具特色的功能。戏剧，让学生在挥洒“喜欢假装、乐于扮演”的天性的同时，实现对自己的认识、教育以及对生活的适应，让学生逐渐成长为思维敏捷、身体灵动、情感丰富的人。在小学，加强校园文化建设对于小学实施素质教育、德育教育等新教育理念有着积极的促进作用，其中小学戏剧社团能够体现其特有的重要价值，社团可以借助多元戏剧实践，打造科普剧、德育剧等不同主题的系列剧目，对社团团员和观演观众进行相应的专项培养与主题教育。因此，戏剧实践练习成了孩子们最自由，也是最能激发表演灵感和表演潜能的活动。在创作及排练过程中，老师与学生的关系更多的是互动式的创作伙伴，而非教与学的关系，在教师的指导下，师生共同完成舞台艺术创作的全过程，借观察、分析、讲授、模仿、讨论、实践、互评等多种方式，增强学生对戏剧艺术的兴趣，培养学生的欣赏、表演、设计、分析、制作、团队协作等各方面的能力。小学戏剧社团将持续发挥建设校园文化的主体作用，

---

①陈虹，何妍．以教育创新造就创新人才——访中国教育学会会长顾远明教授[J]．中小学心理健康教育，2005（1）：159.

在一定程度上助力于学校常规学科课程教育的开展，让学生在轻松快乐的校园环境中学习，更能提高学生的学习积极性，提高学习效率，最终运用第二课堂实践并反哺于第一课堂教学。

小学戏剧社团也能强化社团的育人作用，社团成立的最初目的就是培育人才，提升学生的综合素质和多元能力，社团工作者要以促进学生健康成长为己任，在丰富学生的课外活动的同时，注重发挥社团的育人功能。小学戏剧社团以其独特的艺术承载性，也能够为校园文化建设营造和谐的氛围。同时，小学戏剧社团也为学生提供了发展兴趣爱好、实现价值引领、扩大求知领域、陶冶戏剧艺术情操、展示才华智慧的广阔舞台。让学生在社团的平台中，在戏剧中认识自我，得到心灵的成长。

还应引起注意的是，在学校展开戏剧教育和戏剧社团活动，不仅仅是为了培养学生的艺术修养，还是加强学生人格素质教育的方式之一，戏剧教育用直观性和可视性，使演员和观众的情感产生共鸣，让学生能够切身感受到戏剧艺术的魅力，还能提升学生的审美能力和创造能力。戏剧教育不仅能够丰富校园生活，还能增强学生的艺术修养和文化素养，增强学生的文学修养，在美感中动之以情，在愉悦中晓之以理，在观察中引导学生探寻事物、人物背后的基本逻辑，在表演中激发学生的同理心和共情能力。所以，戏剧社团的孩子们每节课都会有无语言、眼神传情练习。不少孩子已经具备了不必开口，无须多言，即能“哀而不伤”“喜形于色”“无可奈何”“欲哭无泪”“忍俊不禁”。通过戏剧的综合舞台艺术实践，也为学生提供了观看他人、自我反思的机会，让学生在参与创造性实践活动时，树立正确的人生观、价值观以及世界观，最终实现身心健康成长和自我全面发展。

从物质文化建设的维度来看，小学戏剧社团创作的剧目、制作的手工、举办的演出，都可成为直观宣传校园文化建设成果的展品，可以通过戏剧文化走廊、演出海报展览、舞美手工展柜等具体方式予以具体呈现，是对第二课堂实践教学成果的最好例证，也是校园文化景观建设的重要内容。从制度文化建设的维度来看，戏剧社团建设的特殊性，也必将作用到学校顶层制度设计的相关变革，比如第二课堂建设规范、校内社团活动规范等内容都需要有专门的制度保障，因此小学戏剧社团的建设对学校制度文化的建设具有能动的反作用。

校园精神文化建设是校园文化建设的核心内容，小学戏剧社团服务于校园文化建设，更多就是聚焦服务于校园精神文化建设，运用戏剧的形式、手段和方法，在社团实践活动之中传播学校经过长期发展积淀形成共识的价值体系，如价值观念、一训三风、办学思想、群体意识、行为规范等，通过小学戏剧社团的实践有效推进校园精神文化建设。校园戏剧的质朴在于它不依靠金钱和技术的光环，不依靠庞大的制作团队、专业的推广营销、绚烂的舞美奇观以及靓丽的明星演员，而只专注于戏剧活动本身。学生们以无限的热情，用戏剧的手段，来反映今日中国所发生的翻天覆地的变化，做出自己的思考、解读、讴歌与赞美。可以说，校园戏剧作品正是以这样的创作精神，以这样的方式，积极地参与到了现代国家的文化建设之中去。

戏剧以其特有的形象性、故事性有别于其他艺术，让学生能看懂，能理解戏剧故事和戏剧主题，跟随着故事情节的推进、人物的发展了解戏剧内容，从这一层面上来看戏剧能够具有广泛的观众基础，也更容易在校园里生根、发芽、成长、壮大，最终形成独有的校园文化品牌。近年来，校园戏剧的发展焕发出了蓬勃的生命力，小学戏剧社团的主要活动内容就是围绕戏剧开展排练和演出，而戏剧又具有承载精神、传播思想的功能，每当社团公开演出剧目，特别是具有文化内涵的剧目时，其必定发挥了传播文化与思想的作用。当戏剧社团逐步发展成为校园社团的中坚力量，当戏剧社团团员数量、开展的戏剧展演场次、覆盖校园观众达到一定数量时，越来越多的学生就会愿意参与到戏剧中来，戏剧文化的氛围就会越来越浓厚，其必然会在学校形成一种独特的校园戏剧文化，所以社团的建设和发展将促进校园戏剧文化的传播与繁荣，进而带动区域戏剧艺术的发展。

健康的校园文化可以启迪学生心智，陶冶学生的情操，促进学生的全面发展，而消极的校园文化则会影响学生的成长，甚至还会影响学校的发展，所以社团举办的所有排练和演出活动，其内容一定要层层把关，要求符合小学生的身心发展规律。校园戏剧最为可贵的特质，体现在对艺术理想的不懈追求，对现实生活的真诚表达与观照，对先锋戏剧手段的积极探索。小学戏剧社团在校园文化建设发展中体现着它的独特作用与重要价值，推动着校园文化建设多层次丰富发展。小学戏剧社团的发展推动着校园戏剧文化的形成，同时它又是校园文化的重要组成部分，两者相互促进、相互影响，又相互交融，共同推动学校特色校园文化的建设和发展。

小学戏剧社团在推动校园文化的繁荣发展的同时，校园文化的积淀也会为小学戏剧社团的建设发展提供良好的外部环境，两者相辅相成。校园文化反映了学校的办学特色及历史发展情况，小学社团是学生参加第二课堂的重要形式，也是素质教育内在要求的外化体现，它有利于学生健全人格的养成以及综合素质能力的提升。校园文化建设对小学戏剧社团发展具有积极的指导作用，是小学戏剧社团建设发展的重要文化基础。学校应注重小学戏剧社团建设发展，推进学生社团文化建设步伐，学生社团作为校园文化建设发展的重要载体，小学戏剧社团对其更加有着积极的促进作用。

除了打造校园戏剧文化以外，我们还应该关注戏剧本身的特色。随着戏剧的普及，开设戏剧课程和打造戏剧特色的学校越来越多，想要在众多戏剧教育开展学校中保持自己的特色，就需要在庞大的戏剧艺术体系中选择适合自身发展的领域。具体而言就是学校打造戏剧，应该打造什么样的戏剧，什么类型的戏剧，是音乐剧、舞剧、话剧、戏曲、皮影剧？……或是一些应用戏剧？如一人一故事剧场、教育戏剧、论坛戏剧等，又或是打造什么主题的戏剧？是科普剧、童话剧、德育剧、心理剧、课本剧、英语剧等？这些都是需要仔细考量和选择的。一般戏剧社团不会轻易尝试打造音乐剧和舞剧，因为这是需要学生和老师有极其专业的艺术功底才能实现的。以打造教育戏剧特色为例，这一戏剧类型是戏剧与教育的融合产物，主要是以课程的形式呈现，重点聚焦于课程的打造，在实施过程中主要成果不是排练剧目，而是注重过程性和发展性的戏剧创造。从主题上来看，科普剧可以与科学课程相结合，根据科学教材打造科学课本剧；德育剧可以与道德与法治课程相结合，依据教材打造系列道德与法治课本剧。重庆市沙坪坝区截至2022年已经连续举办了11届中小学德育剧比赛，德育剧已成为该区基础教育的重要文化标识。心理剧是又一种不同形式的戏剧，它的主要目的在于让参演学生和观演观众理解心理疾病，进行心理疏导教育。其中，一人一故事剧场也是一种心理治疗的戏剧形式，它于1975年由美国乔纳森·福克斯及乔·萨拉斯等创立，是一种即兴剧场，着重观众与表演者之间的互动。观众于剧场上分享个人经验及感受，演员在聆听后以形体、声音或话剧形式实时呈现，作为礼物回赠观众。在一场演出里，观众会欣赏到不同人士的故事被演绎，故事与故事之间往往存在着一种似互相对话的微妙关系，通过台上演员即兴表演的方式实现观众心理矛盾的疏解。小学戏剧社团如果以一人一故事剧场的形式进行戏剧活动，那么社团活动场所完全可以成为一个学校的学生心理辅导基地，定时组织活动，学生按照名额与意愿报名参与。还有英语戏剧其实在学校中出现的最重要目的，是学生通过参与英语戏剧，提升学生的英语表达能力和水平，想要以英语剧为特色的学校一般要是有一定英语教学基础和成果积淀的小学。不管学校想要打造什么样的戏剧特色，都可以以小学戏剧社团为基石进行顶层设计，最终形成学校专属的校园戏剧文化特色。

小学戏剧社团探索的是一种特殊的育人模式，对校园文化建设具有重要价值。校园戏剧文化的本质意义，是通过自我教育帮助学生学习艺术、锻炼情感、塑造人格，培养以个性化的眼光看待和表现世界的创造力。新时代的小学校园戏剧文化建设，应该积极回应新时代社会发展需求，培养学生的奋斗精神和创新能力。作为思想传播和价值弘扬的重要载体，小学戏剧社团可以融合校园文化内在精神文化和外在物质文化，两者之间密切联系，相互影响、相互促进。小学戏剧社团作为小学社团中的一部分，和其他社团一样都为丰富多彩的学生社团活动增添自己的力量，给校园文化建设带来了生机和活力，能够促进校园文化的深层次、多渠道、高质量发展。

校园是儿童戏剧艺术教育推广和实践的基地，校园戏剧文化是校园推行儿童戏剧教育的产物，是校园文化的艺术呈现，构建校园戏剧文化有很重要的意义[①]。小学戏剧社团可以推动构建小学校园文化建设的顶层设计，促进形成完善的校园文化谱系，小学戏剧社团作为校园文化思想传播的载体和媒介，能够在社团之中充分发挥小学生的主体作用。尤为关键的是，小学戏剧社团可以精准结合戏剧艺术体系中的聚焦领域，在服务校园文化建设的过程中更好实现校园特色文化建设的相关目标和具体要求。

第六节　小学戏剧社团有助于传播地方优秀文化

一般认为，学校就是教学场所，但学校不能只完成教书的工作，而不承担育人的使命。既然要育人，那一定需要育人形式和育人内容。类型丰富、历史悠久、样式独特、意义深厚的优秀的区域文化能够为学校的育人工作提供丰富的涵养。地方文化是指与特定区域相联系的文化，一般来说其范围有限，并可能与整个社会的主流文化不同或为其分支。

地方文化是一片沃土，无论是物质文化还是精神文化都具有其特殊价值，地

① 陈世明，彭怡玢，戴力芳，朱湘云．儿童戏剧的多元透视[M]．上海：复旦大学出版社，2018：116.

方文化不只是历史沉淀和积累，更是一种文化延绵和传承。提升全民族文化自信，应以增强地方文化自信为首要前提，我们应充分认识地方文化的特色与价值，注重将地方文化合理融入社会教育系统之中，引导民众形成文化自觉意识。培养民众对地方文化的认同感、自豪感以及归属感，树立保护、传承以及创新地方文化的理念，引导其深入审视地方文化与中华民族文化之间的递进、交互关系，从而以更为开放、多元、自信的态度去推动文化的传承、创新与发展，使文化自信成为全民共识，释放强劲而持久的精神驱动力。[①]无论是哪种类型的社团都需要以良好的思想文化作为发展引导，小学戏剧社团更是如此，充分挖掘地方文化的思想内涵和育人价值，给予小学戏剧社团建设以内容层面和思想层面的指导。所谓地方特色，是指一个地方文化的集中表现，它蕴含了祖祖辈辈劳动与智慧的精华，在乡土源远流长，生生不息。将地方特色文化融合进校园戏剧文化建设中，坚持继承与发展的原则，精心设计、主题鲜明、内容丰富、形式多样、特色明显，做到硬化、净化、美化、文化。这样，既可以将儿童戏剧教育的优秀理念推广到校园的各个方面，也可以让校园扎根乡土。不搞虚浮的表面文章，而是“接地气”，传承和发扬优秀的民间文学及文艺，有效提升校园文化的内涵。在一个乡土文化气息浓厚的学校里，身处其中的孩子得到了真、善、美传统道德文化的滋养，不但能从小培养“原乡”意识，爱家乡，爱祖国，更可以增强民族的文化认同感和凝聚力。[②]在这方面，广大的农村乡镇学校其实能够结合所在区域的文化特色，大有作为。相对于城市而言，农村发展相对缓慢，但同时也最大程度地保留了传统，从农村文化中可以看出当地特色传统文化的留痕。乡村学校如能结合乡村文化特色进行戏剧创排活动，也会很快成为社团特色。

通过在小学开展地方文化与戏剧教育的融合实践，让地方文化走进校园、走进课堂、走进学生内心，运用剧目编选、课堂微剧、课后剧目排练等，推开美育之窗，让学生们真正感受、体验地方文化的魅力之处，并且观赏到戏剧艺术之花的绚丽光彩；在小学戏剧社团建设发展过程中，将会推动对地方文化的传承和传播，小学戏剧社团将结合自身优势，甚至是挖掘地方文化的内在价值，扩大优秀地方文化的影响力，凝练地方文化的特色展开戏剧宣传。小学戏剧社团将坚定地方文化的自信、促进地方文化资源挖掘及地方文化的建设发展，推动地方文化的

---

① 吕健．地方文化的传承和创新[J]. 人民论坛，2018（12）：138-139.

② 陈世明，彭怡玢，戴力芳，朱湘云．儿童戏剧的多元透视[M]. 上海：复旦大学出版社，2018：117.

传承与创新发展。戏剧的实践较为综合，其直观性和可视性更容易激发观众的情感共鸣和精神共振，因此，与传统的教育手段相比，校园戏剧寓教于乐的教育方式更受学生的欢迎，促使学生在潜移默化中接受新的文化知识，戏剧的综合性特质会拓宽学生的学习知识面，促使学生得到全方位的感悟，加深学生对地方优秀文化的热爱。

地方文化，能够有效促进校园社团活动的发展。丰富多彩的地方文化也将吸引学生社团的关注。学校如果能高度重视并充分利用地方文化资源，把学生喜闻乐见的地方文化作为人文素质教育的重要素材和巧妙切入点，不仅有利于小学戏剧社团积极主动地开展小学生人文素质教育，也能够很大程度上增强小学生人文素质教育的实效性。戏剧教育还可以实现中国文化的世界性表达，在创新中实现地方优秀文化传承。同时宏观来看，这也为孩子们提供了展示课本知识以外的机会和提升自信、放飞自我的机会。一次次的展演、交流、比赛，让更多的孩子了解戏剧、喜欢戏剧、享受戏剧，用青少年自己的方式讲述并传承地方文化。

同时，学校如能立足自身优势，充分发挥师生极富创造性的智力条件和人力资源条件，对区域优秀文化的搜集、整理、反映、再创作和展示，也是学校积极服务区域经济社会发展和优秀文化传承传播的责任担当的有力体现。而戏剧社团，正是完成对优秀区域文化创造性转化和创新性发展的重要载体，假以时日，它兴许还能成为推动和弘扬当地优秀地方文化的中坚力量。

学校，不光是区域教育的中心，也应是区域文化的中心，更应是区域精神的中心。从这一高度来理解和设计学校的工作，就会具有更高的站位，学校的教书育人工作也会随之产生新的变革。学校是当地教育、文化和精神的中心，而社团是学校校园文化极其重要的一部分，戏剧社团尤其能够发挥得天独厚的优胜条件，须知戏剧本身就具有“承载精神，传播思想”的社会功能。戏剧艺术可以给戏剧受众传播思想，所以小学戏剧社团是传承和弘扬地方文化的重要载体，对传承和弘扬地方文化具有重要价值。

一所小学，无论处于发达地区，还是位于偏远地区；无论属于城区小学，还是属于农村小学，都总有固定的区域归属。而每个区域，基于地理的、历史的、民俗的、民族的、工业的、文化的、时代的等多种因素，必然会形成一些独特的区域文化。学校的建设与发展，必然是带有区域基因的，它是一个地区文化的突出表现，特别是农村小学，它是这一地区文化的中心，学校就应当承担起区域文化挖掘、传承和传播的重要使命，学校弘扬本土文化，也是在保护本土文化，这对增强文化自信是有极大助益的。

中国是一个幅员辽阔的国家，也是一个多民族的国家，虽然各地区都属于中华民族的文化圈内，但受不同地理环境、历史背景等因素的影响各地的文化仍然大同小异。若以区域文化详细划分中国文化的话，可以划分出很多，主要类型有燕赵文化、三秦文化、三晋文化、吴越文化、齐鲁文化、关东文化、荆楚文化、草原文化、岭南文化、青藏文化、巴蜀文化、滇云文化、西域文化、台湾文化等。就南北方文化差异而言，北方喜欢吃面食，而南方喜欢吃米，北方人过年吃饺子，南方人过年吃汤圆，北方建筑强调光照，一般坐南朝北，南方则强调通风；北方人质朴直率，南方人含蓄委婉。各地的文化有时也可以从区域的民俗文化看出其文化的差异。作为中国首都的北京，在民俗文化上最显著的特点就是四合院、相声和京剧。作为中国古建筑之都的山西，最为人熟知的就是面食之乡、威风锣鼓和醋文化。作为中国游牧文化的代表内蒙古自治区，最突出的则是“天苍苍，野茫茫，风吹草低见牛羊”的大草原景象和独有的蒙古包建筑。还有丝绸之路的必经之路甘肃，有着 1000 多处人文、自然景观，其中敦煌莫高窟、嘉峪关、兰州拉面等都是其重要文化代表。异域文化的新疆最有名的文化代表则有烤羊肉串、维吾尔族的新疆舞、葡萄干、哈密瓜等。历史文化底蕴丰厚的陕西，有省会十三朝古都西安，境内的 72 座帝王陵也诉说着悠久沧桑的历史，为人们熟知的文化代表还有西安城墙、陕西历史博物馆、秦始皇陵、肉夹馍等。有着天府之国之称的四川，位于四川盆地，是巴蜀文化的发源地，其中有代表饮食文化的火锅、川菜，代表艺术文化的川剧、蜀锦，代表历史文化的广汉三星堆遗址、都江堰、乐山大佛，代表自然景观的有九寨沟、峨眉山等。有着彩云之南之称的云南是中国拥有最多少数民族的省份，共有二十五个少数民族，这是由云南沟壑交错的地理环境所导致的，其中最具代表的少数民族有彝族、白族、傣族、布依族、独龙族等，每个民族都有着独特的文化标识，彝族的火把节、傣族的泼水节、布依族的五色糯米饭、独龙族的文面女，这些都是云南各少数民族文化的代表，也是云南的文化代表。全国各地区有着不同的文化，但随着现代社会的发展，部分传统文化随着时间的脚步正在慢慢地消失，这些优秀文化都是中华民族智慧的结晶，对优秀地方文化的保护具有重要的意义与价值。

小学戏剧社团并不能完全承担传承某一具体地方文化的重任，但它的作用更多的是将这些文化以戏剧的方式传播出去，让更多人了解与关注到这些传统文化，让学生学习区域的优秀文化，为地方文化发声，这样才能让更多的人来保护和传承这些文化。小学戏剧社团的具体实践方式往往是以戏剧演出的方式展现区域文化，充分挖掘文化背后的独特故事、历史或传说人物，将其打造成剧本，由社团学生排演这类剧本，或展现具体的物品生产过程，或呈现某一文化的风俗习惯，或展示代表性文化事件。各地文化或许有差异，但艺术是具有包容性的，以戏剧艺术的方式传递、保护区域文化是可行的，也是具有可实施性的。

小学戏剧社团可成为某些具体地方文化的传承和传播载体，社团完全可以将具体的传统文化和地方文化作为某一时间段内的重点打造主题和方向。当然小学戏剧社团对传统文化的传播与传承，要立足于地区的地方文化特色，在设计社团的戏剧课程和演出活动时都可结合相应的传统文化和地方文化时间节点，学生在社团可以去感受和了解当地的传统文化，这是对传统文化的传承。当戏剧社团参与校内或校外的戏剧演出时，若是有以传统文化为背景的戏剧剧目，这就是对传统文化的传播。小学戏剧社团可以弘扬和宣传当地的地方文化，任何形式的文化和各种独特的思想要走出去，被别人了解和接受，都必须要运用合适且易为人接受的传播渠道促进和外界的沟通，提高传播和理解的有效性。

故事、演员、剧场和观众，是戏剧的四大构成要素。其中“观众”又是最容易被忽略的要素，但其实，没有观众，就没有戏剧。戏剧本身作为一种舞台艺术，大量的观众群体是维持其生存和发展的重要保证。数千年来，若无观众喜欢和追捧戏剧，戏剧不可能延续发展至今，因此，观众决定了戏剧存在的意义。作为小学戏剧社团的观众而言，通常会认为，这些观众无非就是学校的师生，顶多再加上学生家长，仅此而已。学校戏剧的观众群体，始终不会走出学校有关的范畴。但其实，学校也是生存在社会中的学校，学校作为一个单位也与社区和其他单位存在着方方面面的联系。在这些千丝万缕的联系中，学校可以创造条件、把握机遇，为校园剧团的校外推广多做些工作。比如排演垃圾分类环保剧进入社区开展环保宣传，比如排演防诈骗题材的戏剧面向老年群体演出，比如排演科普戏剧在农村开展演出进行科学知识宣传。其实这些思路和做法，都是在为校园戏剧的向外拓展做尝试。如果上述这些都能顺利做好并成功达成目标，那以校园戏剧社团为载体，以在地师生为原创力量，来对优秀的地方文化进行创作和巡演，未尝就不能成为地方文化工作的一大亮点。

戏剧作为我国最古老的文化艺术瑰宝之一，历经了时代和岁月的沉淀与积累，是反映文化底蕴，彰显艺术内涵的文化存在形式，更是文化传播的重要途径和载体，是地方文化弘扬和发展的有力推动者。小学戏剧社团要获得发展，就必须充分认识到研究和传承地方文化的重要性，积极参与地方文化建设和宣传，助力地方文化的繁荣发展，为地方文化开发和传承提供自身的一份价值和力量。小学戏剧社团对当地地方文化的传承与发展有着极其重要的价值和作用。校园戏剧是校园文化建设的重要内容和载体，具有悠久的历史传统，因此，校园戏剧在传统文化传承方面有着先天的优势。校园戏剧可以促使学生建立民族自信，强化学生精神，提高学生创新能力，促进学生全面发展，也让传统文化得以更好传承，由此可见，承担着发展校园戏剧使命的戏剧社团，不仅对传统文化的继承和发扬有着重大意义，还能帮助学生树立正确的人生观、价值观以及世界观，促使学生得到健康全面的发展，为传承和发展地方文化贡献一份力量。文化，是文而化之。文化的传承与传播，固然要依靠典型人物的全力推动，但更为广大的力量便蕴藏在民众之间。驻区学校拥有常态化的智慧群体和创造性群体，如能借助戏剧的展示性优势，对优秀地方文化加以反映和传播，这对于地方文化建设而言，也是大有益处的。

小学戏剧社团所属的办学层次在小学，所拥有的主要团员是小学生，所能做的戏剧主要是小戏。但小学戏剧社团的能量不小，不仅能够更好助力儿童全面发展和健康成长，而且还能够有效推动课程建设和型态变革，能够在一定程度上推进家校共育。同时，小学戏剧社团的责任不小，不仅承担着促进校园文化建设的重要职能，还肩负有一定的地方优秀文化的传承与传播使命。因此，建设和发展小学戏剧社团，能够为实现个人、家庭、学校和社会的融合发展提供新的契机与平台。着力推动小学戏剧社团建设和发展，不仅十分重要，而且十分必要。

第三章　小学戏剧社团建设指南

很多事情其实没有想象中那么难，有时候是因为不熟悉，所以把困难想得太多，而对可行性想得太少。很多距离我们很遥远的事情，很多距离我们很遥远的地方，只要迈开脚步开始行走，再远的地方也会一点点地靠近。很多人看到“戏剧”二字就会感到是很困难的事情，是距离很遥远的事情，但真的有那么困难吗？真的有那么遥远吗？可能只是缺少面对困难的勇气，可能只是缺少走向远方的毅力，当学校的管理者和美育工作者读到这里时，请深呼一口气，放轻松，因为我们会把小学戏剧社团建设指南讲得很清楚。本章既可提供给没有任何戏剧基础的学校做建设参考，对具有一定戏剧基础但力量比较薄弱的学校而言，应该也具有一定的建设实践指导价值。

在小学戏剧社团的建设过程中，会遇到大大小小的问题，通过阅读小学戏剧建设指南，可以明确指导教师职责、聚焦社团建设定位、启发剧团名称选取、建构社团内部框架、拟定成员遴选办法、完善社团规章制定、争取剧团活动经费、选定剧团活动场地以及剧团首场活动举办等九大维度的内容，相信能够有效帮助学校剧团建设者理清思路，加快社团建设进度。

第一节　关于剧团指导老师

在推动事物向前发展的过程中，人的作用，很多时候是决定性的。只要有人，事物就有发展的可能；只要充分发挥人的主观能动性，事物就能得到更快更好的发展。对于学校剧团的建设而言，最关键的当然是要发挥人的主体作用，特别是要注重发挥指导教师作为剧团建设核心的主体作用。首先，是要明确指导教师在剧团建设中的身份定位。

（一）关于学生社团指导教师的身份地位

学生社团，是以学生为主体组成的具有共同兴趣爱好的群众性组织。虽是以学生为主要群体，但学生社团的建设和指导工作通常都需要指导教师来承担。即便是大学里的学生社团，都需要指导教师做顶层设计和具体指导，就更不用说小学学生社团了。小学生或多或少都存在经验不足、情绪不可控、时间观念淡薄、管理能力较弱等具体问题，所以就需要老师为社团工作和社团活动指明方向，开展有效管理。这既有利于加强对社团的管理，更好发挥社团服务校园文化建设的功能，又有利于学校教师履行育人职责，在课外活动中实现全过程育人。

在戏剧社团的建设过程中，指导教师就是定心丸，就是主心骨。教师不仅承担指导和管理剧团的职能，教师还以自身的言传身教引领着学生，还以自身的资源能力扩大社团的影响力。由于学生社团是以学生为主体的，指导教师在社团的建设过程中，需结合学生具体情况，找准社团发展定位，确定社团发展目标，做好社团发展的顶层设计。

对于一个社团的发展来说，方向必然是最重要的，指导教师只有把握好社团发展方向，打下牢固的基础，才会使社团迅速发展。指导教师应坚守自己的指导地位，做好剧团的风向标。指导教师应对社团的日常排演及活动进行有效管理，而不是全然放手让学生去组织活动。处于小学阶段的学生没有更多的组织经验，在一场活动中，负责人缺少有效的交流与管理能力，成员没有较强的配合意识与合作习惯，这就需要指导老师来整体管理学生活动，使活动更有序、更高效地进行下去。且当社团成员在活动中出现分歧时，指导老师通常需要发挥主导和协调的作用，缓解矛盾，化解分歧。

指导教师在戏剧社团的重要性，不只是指在社团建设的某个阶段，而是贯穿于剧团建设的全过程。在社团建设前期，社团肯定必须要有创团教师，其一般为指导教师，指导教师的建团初衷决定了社团的发展方向与团队建设风格。在社团发展中，指导教师是戏剧创作和戏剧活动的核心，不仅表现在剧目的排演上，更表现在剧本的创作上，还表现在活动的组织上，同时指导教师也可利用自身所能接触的资源以及平台，为社团发展带来更多可能。随着社团的不断发展，指导教师会逐渐成为社团团队精神与情感的核心，大部分学生留在社团并不只是对戏剧的热爱，也有一部分原因是指导教师，因为指导教师已成为团队的核心凝聚力所在，已成为社团的重要标识。指导教师在大部分学生心中更像是一个长辈的角色，当指导教师在场，大家的积极性和认真程度会大大提高，社团团队在展示成品的时候，若是能得到教师的夸赞和建议，社团的发展就会更进一步。

张金梅曾从教师对于戏剧教育态度、工作状态以及教师与儿童的关系视角，将戏剧教师看作是“无知者、戏剧工作中的一员、研究者”[①]。亦有学者认为戏剧教师应该是——与儿童情投意合的“游戏者”、儿童戏剧活动中的“洞察者”、戏剧创作征途中的“探险者”和对戏剧专业知识的“钻研者”[②]。在此基础上，有研究从后现代课程观视角下分析戏剧教师的角色为——拓荒的“玩家”、变换的“角色丛”和冲突的“抛锚者”[③]。香港戏剧教育学者大都将戏剧教师称为“戏剧导师”。黄婉萍（2004）指出一个近乎完美的戏剧导师是集教师、社工、戏剧艺术工作者的所有角色于一身的——他要在顾及艺术性和个人身心发展之余，在进行活动时又具备良好的小组带领和课室管理的技巧。关于戏剧导师的角色，她认为最重要的是负责营造及保持一个良好的创作环境。[④]结合我们的工作实际与实践体验，剧团指导教师更像是一个“成长的陪伴者”，陪伴剧团的成长，陪伴团员的成长，也陪伴自己的成长。剧团建设当然要花心思，指导团员发展当然会耗心神，但如果一切都源于热爱，一切都源于对孩子成长的真诚关注，就不会觉得累，因为只要心不累，身体的累不算累。当指导教师用戏剧的方式，陪伴了孩子们的成长，也实现了自己的成长，那将会是一件十分值得发自内心高兴的事情。

（二）指导教师的主要职能

（1）培养学生健全人格

小学阶段是学生人格发展的关键时期，学校教育对于学生的人格养成有着至关重要的作用。众所周知，作为一个人，没有健全的人格是无法成为一个完整的个体、无法有机融入所在社会群体的。学生在第一课堂所接受的教育大多是关于知识技能方面的学习，而在人格发展方面也还需要利用常规课堂以外的时间进行培育。指导教师在和剧团成员的日常相处过程中，只有在深入了解学生个性特征的基础上，才能充分挖掘学生的潜能。因材施教，通过一次次的遇到问题，与学生共同解决，以良好的思想、道德、品质和人格给学生以潜移默化的影响，使学

---

① 张金梅．幼儿园戏剧教育综合课程[M]．南京：江苏教育出版社，2005：256-274.

② 杨娟．大班幼儿戏剧工作坊的行动研究[D]．南京：南京师范大学硕士学位论文，2012：77-79.

③ 杨静．后现代课程观视野下儿童戏剧教育的教师角色研究[D]．南京：南京师范大学硕士学位论文，2014：16-27.

④ 黄婉萍．有关“戏剧教育”的四个问号[OL].http：/www.edb.org.hk/schact/drama/handbook/ch31.pdf.

生在此过程中锻炼自我、突破自我，展现并提升自身人格魅力。如在戏剧社团的日常排练过程中，学生可能不太能够快速适应剧中角色需要的语气语调，甚至走上排练场后连怎么走路都不知道了，逐渐失去对表演的信心，也开始怀疑自己的能力。而戏剧是给人自信的，指导教师不能因为学生一时的表演不佳而进行批评，而应该适当鼓励学生，当看到学生饰演角色有一定提升时，指导教师应及时地予以鼓励，学生在获得肯定后，才更有动力去更好地演好角色。或者在学生无法找到角色感的时候，指导教师可以对其饰演的角色进行分析、挖掘，让学生更加清楚地了解角色的性格特征和行为习惯，从而突破原先的瓶颈，进一步更好地演好角色，必要时教师还要进行适当的示范，给学生以更加直观的指导。

指导教师需要循循善诱，有耐心地去指导学生一步步地突破自我，以自身的人格魅力去影响学生的人格发展。排戏本就是一个漫长的过程，戏剧也教会人坚持，在这个过程中，将极其考验指导教师的耐心，同时也考验学生的耐心，教师如能以身作则，学生在排练过程中就逐渐学会耐心地面对问题、解决难题。这不仅能培养学生的信心与决心，也能够增强学生对自己的把握度和应对难题的从容度。从剧目的主题层面来看，指导教师创作的剧目，主题、事件、台词等一般会体现出传递真善美的原则，学生在排演过程中就能在一定程度上将剧目中的正向思想，落实到日常学习生活之中，在实际行动中不断健全自身人格。

（2）主体把控团队建设

在小学戏剧社团的建设过程中，指导教师的思路与设计决定着剧团未来发展的方向。指导教师需要给戏剧社团制订一个中长期的发展规划，使成员们朝着既定目标一直前进。社团指导教师也应密切关注社团的发展，社团发展的过程中如果出现问题，指导教师需与社团负责人和广大团员一起交流协调解决问题，以此锻炼大家解决问题的能力。指导教师应对所指导学生社团的工作计划、实施方案、阶段总结等进行全过程检查、监督，认真指导学生每次开展的社团活动。通过指导监督戏剧社团的组织管理工作，指导学生负责人制订本社团的每学期工作计划，在此基础上明确目标、合理规划和落实举措。关于社团活动的设计编排、岗位设置等具体工作，可充分激发学生的主动参与性，注意收集社团成员的有关意见或想法，将其融入社团管理和活动开展过程中，以此来促进学生自我意识的现实转化，提高学生的自我教育和自我管理能力。还要定期检查，做好查阅记录，整理并保留活动相关资料，并及时将活动上传学校宣传媒介（如公众号）进行宣传。

社团指导老师需定期与社团负责人开会进行交流沟通，督促指导学生社团参加校内外各项竞赛活动。指导教师也可以结合自身教学科研，指导戏剧社团开展内容健康、形式多样、主题鲜明的，有意义、有创意、可延续并具有较高影响力的品牌活动。举办高品质的社团活动，不仅可以提升社团在学校和学生心中的晓誉度，还能在参与活动的学生中发现更多适合参与戏剧并热爱戏剧的人才。戏剧是活人演活人、给活人看的艺术，常态化地举办关于戏剧的活动，更能大大增加戏剧传播的力度。

在每个学期末，指导教师应该做好回顾总结工作，主动关心社团干部的成长，注意加强与学生社团干部的联系沟通和实践培养，推荐并考核学生社团负责人，并及时给在社团活动中表现突出的学生加分，协助做好学期末社团优秀干部和优秀团员评选，对不负责任的社团负责人诫勉谈话。此外，还要注重社团继任负责人的前置性培养和过程性督促，以此保证社团建设团队的稳定过渡和持续发展。

（3）剧目排演技术指导

在学校戏剧社团的建设中，离不开演出活动的开展，演出活动的完成效果是检验戏剧社团发展的重要指标。指导教师在参与学生的日常排练、技术指导的过程中发挥着重要作用，首先需要指导教师进行排演阐释，说明剧目主题、创作背景、剧组构成等基本信息，然后带领学生通读剧本，整体感知故事情节的发展，使学生能够有意识地去触碰剧中人物个性特征、语言特色、情绪变化等。初读剧本过后，接着让学生对于剧中角色个性特征进行自我判断，指导教师根据学生判断结果进行分析，从而师生共同探讨出剧中人物性格特征，引导学生通过语音语调的层次变化再次通读剧本，加强学生对于角色的语言把握能力。而后，指导教师可以让学生进入走排阶段，让学生拿着剧本在排练舞台上一边对台词、一边相应地做出表演动作，培养学生的创造性。在排演过程中，不必要在刚开始时就对学生的动作和语气进行严格纠正，这样就可以让学生根据剧情发展实现对角色的认识和自我理解，这对于形成表演者独特的“形象种子”是有益的。接着，指导教师根据剧情发展、人物个性、道具摆放位置等多种因素综合考虑学生的舞台调度和肢体语言，保留学生部分有效动作，引导学生改变部分不合适的动作，通过重复锻炼，培养学生突破自我的能力。

一部优秀的剧目总是要经过不断的修改、完善，再修改、再完善等过程之后才能将精彩的表演展现在观众面前。在学生的日常排练中，指导教师可根据学生的个性表现进行二度创作，适当地修改剧本，不断地调整调度，以达到更出色的演出效果。例如在排练的过程中，学生通常会以他们的视角无意识地创造出更多有趣的笑点，指导教师需合理地采纳有意义的点子，在不影响剧情发展的情况下对剧目表演设计加以润色以期达到更好的演出效果。这就要求指导教师以聆听者、观察者和创作者的三重身份来介入剧目排演过程，聆听学生有意义的发声、观察学生有价值的行动，将其有机融入剧目排演之中。

（4）主导社团剧本创作

剧本为剧目之本，一个优秀的演出剧目必然有一个优秀的剧本作为支撑。小学戏剧社团在建设前期，可以适当地采用经典剧本进行日常训练。经典剧本之所以成为经典，就是因为经受住了时间的沉淀，经历了很多团队的排演，依然能够在当代产生现实意义。戏剧社团排演经典剧目，可以快速捕捉立体人物的形象感和情节发展的节奏感。但一个戏剧社团想要获得长足的发展，就需要有自身的代表性剧目，需要发挥自身的创作能量来开展原创剧目的排演工作，可以说，打造原创剧目是社团发展的必经之路。

剧本创作并不是一件容易的事情，需要考虑多方面的因素，包括前期的资料搜集、故事梳理、台词设计、设备限制、调度安排等一系列因素，有时甚至还应该考虑到社团演出人员的实际情况，为学生们打造专属角色。剧本创作本身就是一件系统工程，大部分小学生难以胜任，那就只能交给指导教师，所以指导教师也就担任了社团编剧一职。毕竟是一个戏剧社团，指导教师打造的剧本并不局限于参与戏剧比赛和戏剧展演，其剧本也可作为社团日常练习的重要材料，比如社团在招入新成员后，团员对戏剧可能还并不了解，这时就可以让新团员演出教师创作的成熟剧本，为团员提供排演指导，保持社团的可持续发展。

从另一方面来说，就指导团队发展的维度而言，团员不仅需要演戏，也需要试着写剧本，这不仅锻炼他们在演出时的自信心，还能锻炼他们的写作能力。可以交由有了一定戏剧经验的同学做剧本初稿，然后再由教师来修改完善。做剧本，既能够锻炼学生更为全面的戏剧能力，也能够帮助学生用另外的视角看待表演，看待生活，形成比较全面的戏剧观。如若教师能够适当地培养出能完成小型剧本写作的同学，也是剧团建设的成效之一，也能更好助力学生写作能力的提升。

（5）开拓发展资源

小学戏剧社团建设得再完善，社团的剧目再优秀，没有展示的平台，就只能局限于社团内部的小圈子，不能真正地走出去，不能让更多人了解社团，这对于小学戏剧社团的建设而言，是有较大限制的。剧团建设成果的体现往往是具体化的，不能单单说戏剧为学生的成长带来了什么，这是没法测量的、是抽象的，是无法被关注和审视的，社团的建设成果一般需要从参与文艺活动、参与戏剧比赛获取奖项、获得小学优秀社团称号等这些实实在在的数据或奖项来证明。

指导教师就兼具为社团寻求展示平台的责任，应该不断地去关注戏剧类活动，让社团能够有展示的机会，当然做这些的前提是获得学校的支持，为社团争取学校的支持也是指导教师的任务。其实，最关键的资源首先是学校内的资源，教师要盘活利用校内有关资源，在校内树立起响亮的戏剧品牌，而后再图校外拓展。指导教师不仅要为社团寻求展示平台，也要为社团寻求部分建设资源，如仪器设备、演出服装、演出场地等这类可衡量的物质资源，这将为提升剧目质量提供条件。除此之外，还可以争取专家指导、作品支持等软资源，提升剧团发展的质量。

（三）指导教师的主要类型

这个世界之所以会丰富多彩，是因为形态各异的事物有不一样的色彩。世界上没有两片完全相同的叶子，也没有两个完全相同的人。但这句话也可以从另外一个维度来看，事物之间也不尽然全是差异，也会存有相同。人与人之间也不会截然不同，而基于自身所处的位置、环境与发展，形成一些群体性特征。戏剧社团的指导教师，基于自身的性格特点、身份定位的不同，也会有不一样的类型呈现，主要可分为以下几种：

（1）幽默活泼型

这一类型的指导教师一般都能与社团成员相处融洽，这样的风格也是众多学生喜爱的。老师幽默诙谐，在社团的日常活动中，学生也会觉得非常有趣，就会加深他们学习剧目的印象，在不知不觉中就能够掌握戏剧知识，让学生爱上戏剧，在快乐中思考和感受戏剧的重要意义。

指导教师发挥自身幽默风趣的个性特点，会使得整个戏剧社团的氛围变得欢快轻松，无论是日常排练，还是演出活动，都可以极大地减轻学生的心理负担，让学生能够大胆地在舞台上展现自己的艺术魅力，进而增强学生的自信心，最终更好地达到戏剧社团育人的目的。再者，幽默的老师通常还有随机应变的即兴能力，在一些情况下，能随机地根据学生提出的要求即兴发挥，在常态化活动开展过程中，提供可变的、灵活的实施方案。

但是，由于小学生情绪自控能力较弱，自我行为规范意识不够，如果指导教师在社团建设的过程中没有坚持自己的原则，过分专注于和学生打成一片，就可能造成消极面向的事件发生。如排练过程中学生打闹一片、缺乏组织意识等，就会极大地降低排演效率。况且，部分学生较为敏感，也许在常人眼里是一个平平无奇的玩笑，但在这类敏感的小学生眼中可能就会变成另一种意思，因为无法理解玩笑话背后的含义，只能运用已有的经验去揣测，可能导致误读，导致向着错误的方向理解发展，最终形成师生间或同学间的误会。所以，指导教师应该适度把控与社团成员之间的玩笑嬉戏，既让学生在幽默活泼的氛围中感到轻松，又不至于在排演活动中过于放纵而失了分寸。既要发挥自身个性优势，又要注意辩证地看待自身优势带来的客观问题，掌握并运用幽默与规则二者之间的辩证关系，这样的老师才兼具威信和亲近感，引导学生既有组织意识，又能大胆展现自我，从而使社团得到高效发展。

（2）严谨严厉型

这一类型的指导教师通常会以自身过硬的职业能力获得学生的敬佩，在指导社团的建设过程中思路清晰，层层递进，做事具有逻辑性，这样的指导方式对培养学生勇于思考、善于总结、做事严谨的能力有着很重要的作用。由于小学生的自我管控能力较弱，指导教师以严谨的态度要求学生，用一只无形的手推着学生前进，在一定程度上能够避免学生懒散和糊弄的现象出现，极大地提升了排演效率。指导教师严格一点，不仅可以确立正常的排演秩序，还能提升老师的威信，有利于社团学生积极性养成和主动性导向，社团行事风格渐趋朝着高效、规范、严密等方向发展，社团成员在其中也能养成认真、担当、严谨的做事习惯。

然而，过于严格的管理方式给社团发展也会带来一定的抑制影响。学生长期处于一个高度紧张的学习生活环境中，会感受到很强的压迫感，从而产生恐惧与厌倦，很大程度上限制了学生个性的发展空间，戏剧社团的氛围也会变得愈加压抑。例如我们经常说的“棍棒底下出孝子”这句话其实并不完全正确，若父母长时间对孩子进行打击式严格训练，就可能培养出性格孤僻、无法融入社会的孩子。通常来讲，孩子对父母的感情是更加深于老师的，而且父母也是深爱着自己孩子的，但当严谨严厉式的教育方式触及了孩子或是家长的逆鳞，则会引来很多麻烦。所以，指导教师在有自身原则的同时，也要注重学生的个性发展，小学生的心灵很脆弱，需要在严格要求的同时送上真挚的关怀。这就要求严谨严厉类型的老师，在坚持育人原则的同时，增加一些灵活性和生动性，严中有爱，充满关怀，让学生在规则之中感到温暖，让社团在严谨活泼的氛围中健康发展。

（3）温柔体贴型

这一类型的指导教师通常会让学生感到亲切，在社团活动中，指导教师会用比较温和的语气和处理方法去对待学生，让学生们感觉社团是一个很有温度的地方，即便是在遇到困难和挑战时，也总是可以从老师温柔的话语中感受到力量。指导教师能够用心用情地对待学生，给予他们以帮助与关心，让大家在乐于接受老师的同时，将社团视为一个轻松快乐的所在，让学生在社团中感到被爱、被关怀，从而不断汇聚社团发展向心力。

在戏剧社团的日常活动中，指导教师一般用比较温和的方式去帮助学生攻克排演过程中的难题，让学生一步步理解其中所存在的技巧。对于指导教师的这种指导方式，学生通常不会感到厌烦，而是感觉到戏剧其实也是一种有温度的艺术形式，从而增强学生对戏剧的热爱程度，强化对戏剧社团的认同感、归属感和团队意识。同时，在指导教师的带领下，社团的同学也能更好体验到集体生活的喜悦，在进行一些活动时候可以拥有更好的共情能力。

但从另一方面而言，若指导老师太过温柔，就有可能在学生中没有威信，因为这种老师大多不严格、不严厉，就算是犯了什么错误，老师也不会怎么追究，但在一定程度上会扰乱社团内部秩序，学生在犯错后可能变本加厉，没有承担责任的意识，使得社团变得难以管理。关怀不能代替管理，特别是在一线的教学育人工作当中，面对孩子爱玩、注意力不集中等问题，不能过于温柔对待而疏于管理，更不能认为社团只是第二课堂组成部分而不管理，那样会使社团建设效果大打折扣。因此，当指导教师发现因自己过于温柔而导致管理上出了问题时，应及时地予以调整，采取更为恰当的方式陪伴团员成长。

（4）多元复合型

这一类型的指导教师在各方面都比较优秀，为人处世也比较得体，这自然对指导教师自身的要求非常高，因为这种类的指导教师等于是兼具了以上几种类型的特点，甚至还具有其他的一些特质，是理想型指导教师。

在戏剧社团建设过程中，理想型指导教师能够很快找准社团定位，充分利用多方资源和合理处理师生关系，以专业能力为核心体现，以个性品质为辅助性条件，推进戏剧社团的建设发展，使社团内部分工明确，社团成员做事效率高，社团氛围温馨和谐。

理想型教师能够充分发掘学生的能力与长处，让学生在参与社团工作中迅速找到自己的定位，在社团中全面发展自己。教师实际上是创设了一个自由自在的空间，让学生在其中自然而然生长，最终师生凝结为“师生成长共同体”，在实现双方双向成长的过程中，实现剧团的可持续发展。

多元复合型教师的素养与能力不是与生俱来的，而是在相当长时间内通过充分实践不断得到完善的。想要朝着多元复合型方向发展的教师，要紧紧依靠自身的原有优势，适当调整、优化和补充，阶段性更新自身“人设”，让自己不断发现新的自己，让学生经常看到老师的灵活性与可变性。从而能够在社团发展的各项事宜中游刃有余，带领社团成员快乐成长。

（四）指导教师的选聘路径

（1）选聘在地学校全职教师

戏剧艺术是综合艺术，从一度文本创作到二度排演创作到三度演出创作，既需要高度密切的团队协作力，又需要足够量的时间保证。而小学戏剧社团中的成员多是6~12岁儿童，缺少对戏剧创作全过程的把握能力和较为高效有力的团队管理能力。因此，剧团指导教师在小学戏剧社团建设和发展过程中的重要性不言而喻。在为小学戏剧社团选择指导老师的时候，不仅仅要从教师是否具备戏剧相关技能出发，更应该考察该老师是否具有一定的学生活动组织能力和学生管理能力。

全职教师是学校事业发展的中坚力量，承担着教书育人的主体工作，推动着学校各项工作的向前发展。选聘社团指导教师，应优先从全职教师中择优选择，全职教师的工作具有相对稳定性，能够使得社团指导工作具有较强的延续性。从社团的长远建设上来说，在地学校全职教师也有着天然的优势，他们非常了解学校日常事宜，便于制定剧团排演计划；非常熟悉学校各部门的工作和相关人员，便于协调场地、设施以及其他资源；比较了解学校的学生，便于准确吸纳成员和指导团员发展。在学校内部选聘的教师在学生面前也有一定的号召力和吸引力，他们也更熟悉和了解每一位学生擅长的领域和长处。故而，从学校内部选聘指导教师，有助于实现剧团的长足发展。

从具体操作层面而言，从学校内部选聘剧团指导教师，可以顺次考虑语文教师、美育教师、英语教师等。首先语文学科与戏剧艺术有着天然的紧密关联，语文当中的故事、诗歌、寓言等文体中都带有丰富的戏剧性，从语文学科的文学性出发，进行戏剧性探索，具有一定的基础及可行性。在中国本土首创并使用课本剧形式开展语文教学的吴亚芬老师，便是一位语文教育工作者和研究者。其次美育教师一般具有绘画、音乐或舞蹈方面的学科背景，具备灵动启蒙的素养和能力，可以从自己擅长的角度出发，对综合性戏剧艺术进行某一要素的突出和强化，如音乐老师，完全可以运用音乐剧小品的方式来建设剧团，在唱段中加入表演；再如舞蹈老师，完全可以用舞剧小品的方式来建设剧团，在舞蹈中加入情境；还有美术老师，也可以从布景制作、手工道具制作、简易服装制作的角度切入戏剧创作，甚至还可以充分发挥专业特长，在剧团做纸偶戏剧、皮影戏剧、布偶戏剧的尝试与探索。

戏剧，指以语言、动作、舞蹈、音乐、木偶等形式达到叙事目的的舞台表演艺术的总称。编剧、导演、演员、舞台美术……协同创作才能产生好的戏剧作品，一部剧作的演出，总是一次集体劳动的成果，剧作家提供演出脚本即戏剧文学文本，美术家、化妆师、灯光师通力合作完成舞台布景的设计、人物的造型等，音乐家（乐师）完成戏剧音乐、唱腔的创作，而演员则通过自己的形体表演来展示整个剧情。在这里，文学、美术、音乐、舞蹈、表演等艺术类型相互融会，既取消了各自的独立性，又通过它们自身具有的不可为其他艺术所替代的独特作用的发挥，综合为一种独立的艺术样式。但从另一方面来说，很少有人能够把综合性的戏剧艺术中的各种元素和技能都了然于心，往往都是从其中的某一个或某几个领域着手，参与到戏剧创作的过程中。因此，在小学戏剧社团指导教师的选聘上，也无须要求面面俱到，无论是从哪个维度切入，只要能够对剧团的指导起到实质性的作用，便可以不拘一格。

从这个意义上讲，选聘指导教师还可以进一步解放思想，放开眼界，从更广阔的选择空间中进行选聘：如承担道德与法治课程教学的教师也可以从德育剧的角度，来带领剧团发展；承担科学课程教学的教师还可以从科普剧的角度，来指导剧团建设；承担英语课程教学的教师，还可以探索在剧团中用戏剧的方式增进学生口语表达能力和识记能力的提升策略。当然并不是说相应学科背景教师就应该做相应的课本剧，在社团发展前期，社团的建设还未完备，社团成果还未有太多积累，指导教师可以借助一个学科为突破口打造戏剧社团，但在社团发展壮大后就要考虑多维度发展，不然就会限制社团更好发展。

如学校具有较好的基础，若干学科背景的教师均可指导戏剧排演工作，那么指导教师的数量可以不局限于一个，可以选聘一位核心指导教师，负责剧团日常事务的处理和协调，同时聘任其他几名教师为业务指导教师，承担具体的专项指导工作。所谓“众人拾柴火焰高”，不同专业和学科背景的老师共同合作，一同建设的剧团，综合性更强，剧团也会因此发展得更加迅速。

兴趣，是顺利开展工作和持续投入工作的前提与保障。兴趣是我们做事的助力，它会让我们在做事情的时候更加地专注，能够坚持得更久。无论是学习还是工作，我们都需要培养我们的兴趣，这样才能更好地工作与生活。主动总是要比被动的效率更高，所以在任何时候都要去发现兴趣并保持，提高自己的兴趣，做起事来就会更快更好。要相信戏剧是与人有关的学科，只要有兴趣，无论是基于什么学科背景和工作内容，都可以找到灵活的方式与戏剧产生关联，进而指导剧团。所以，有意愿成立戏剧社团的学校，学校领导、德育主任、少先队大队辅导员可根据学校教师的具体情况，进行重点动员，实质性地开展剧团建设工作。

但其实还有另外一种可能性，就是教师自下而上地成立社团。这种情况，往往是普通教师经由不同渠道获知可以建设剧团的消息，从而主动提出要开启戏剧社团建设的工作。这种情况下，学校要予以积极的回应，并给予一定的支持。无论是谁担当社团指导教师，都应该对戏剧有一定了解，曾经参与过戏剧创作，有一定的戏剧基础，能够指导基本的戏剧剧目排练，若没有相对专业的戏剧排演知识，社团的基本社团活动剧目排演将无法进行或最终作品质量较低，这将会在根本上制约社团发展。

包括戏剧社团在内的社团指导教师，同时也是在为自己的事业发展构筑另一条通道，这条通道与走承担常规课程教学的通道是并行不悖的，甚至还可能会多获得一些支撑性成果，在职务晋升、职称评定等方面多一些材料。同时，学校也要充分尊重和高度重视社团指导教师的工作。最起码，应向承担第二课堂实践的社团指导教师正式颁发聘书。买几个聘书，花不了多少钱，但这种仪式感和物化了的东西，能够给戏剧社团教师以强大的精神支撑，他们可以从中感受到自己的工作是被承认和肯定的，也便于他们持续深入地把社团工作开展下去。

如有可能，学校还可以将社团指导教师的工作纳入特殊工作量进行管理，可以按照一定标准，纳入工作量计算，并适当地予以绩效考虑，在评优评先、案例推送等方面适当倾斜，这样更加可以提高包括戏剧社团指导教师在内的承担第二课堂实践指导工作教师的工作积极性。可以借由社团指导教师管理办法与激励措施的制定与和修改，探索构建学校第二课堂建设与发展规划，形成较为完备又独有特色的实施方案。

（2）邀请校外行业兼职教师

任何一个专业领域，其实都或多或少地存在专业门槛，只不过有些领域的门槛低，有些领域的门槛高。但既不要过高地估计专业领域的难度，同时也不能过于低估专业领域的难度。戏剧艺术拥有漫长的发展历史，编剧、导演、表演、舞美等专业领域已然形成了体系化的行业规范，具备成熟戏剧实践经验的教师，和没有任何戏剧基础的教师相比，是有着明显的差别的。

因此，有条件的学校，一般为市区学校，可以面向社会公开招募专业戏剧教师，向社会招募不仅可以给学校灌输新的、鲜活的血液，还是提高指导教师队伍质量、帮助学生社团制订长远有效的规划、解决师资不足等问题的有效办法。尤其是学校内部缺乏具有戏剧专业背景的老师时，应努力争取与社会其他相关组织展开合作，及时招募有丰富的专业知识、有相关的工作背景、有较强责任心的优秀指导教师。如邀请戏剧研究和创作机构的专家、行业一线教师等进行授课和讲座，虚心向他们请教社团建设、社团专业发展方向等问题。

从具体操作层面而言，可以从省市戏剧院团、戏剧创作工作室、文化艺术中心、艺术研究院、文化馆、驻区高校、兄弟学校等单位，以及民营戏剧团体和相关行业机构，聘请戏剧社团校外指导教师。即便是农村学校，也可以从乡镇文化站、农村演艺团体和民间戏剧艺人当中进行筛选聘任。这也能体现出校地合作、校企合作、校校合作等开放式办学的理念。从校外聘请指导教师的话，数量不在多，但要进行充分的酝酿和考察，一方面要尊重校外指导教师的工作，提供自由空间和便利条件；另一方面又要加强督查，毕竟单位性质不同，话语体系、工作方式和沟通模式都可能存在或大或小的差异，在这种情况下，建立起校内教师与校外教师的沟通联动机制就十分必要了，可以及时有效地解决问题，扎实推进戏剧社团建设。在聘请校外兼职教师时，不仅可以考虑专业剧团的人员，有条件的学校还可以考虑具有戏剧专业素质的高校学生，特别是师范院校的学生，他们一方面具备相对专业的戏剧知识，又具备教育学相关知识，在为社团学生上课或开展剧目排练时能够更好关注到学生的需要，提高排练的质量，另一方面是师范高校的学生有学校实习的需要，他们更愿意来到学校指导戏剧社团排练，并且相对于社会上的戏剧老师，其成本较低，学校一般都能够承担。

即便聘请了校外指导教师，并不意味着校内指导教师就不重要、可有可无了。需要强调的是，校外指导教师主体承担艺术创作和排演方面的事务，而剧团的日常管理事宜、团员跟踪指导、排练协助事项等一般是由校内指导教师配合完成的。因为校内指导教师更加清楚学校对戏剧社团建设的态度和要求，更清楚戏剧社团建设和戏剧社团团员的具体情况。特别是具体到小学生而言，校内指导教师肯定比校外指导教师更加了解学生的心理、生理、家庭、学业等方面的情况，与校外指导教师及时沟通，定能最大程度地发挥剧团成员的主观能动性，把剧团的剧目创作工作做到最好。其实一个学校戏剧教育的发展和戏剧社团的发展，最终还是要依靠本校在地教师，因为一项事业的发展，最关键的还是要依靠相对稳定的主体力量去坚持不懈地予以建设，特别是对于戏剧艺术而言，尤其需要能够长期扎根、持续发力的人在其中起主导作用。

校内外指导教师联动机制的建立，其实还有另外一重用意，那就是通过对校外指导教师授课模式的学习、排演方法的记录、创作经验的借鉴，校内指导教师及时补课和充电，以能早日获得较为丰富的戏剧指导经验，最终实现独立指导剧团发展的目的。但这并不意味着校外指导教师的聘任机制就是临时性的，反而应该是长期性的。即便是校内指导教师可以独立指导剧团发展，即便是一些戏剧社团基础比较好的学校，开放性地聘任校外指导教师，都是对剧团发展的莫大助力和有益补充，这样能够持续性地调动更加广泛的专业力量加持校内戏剧活动的建设与发展，同时，也可经由校外指导教师的推介，积极引进更多更好的戏剧资源进入校园，通过引进来和走出去，切实扩大学校戏剧社团的影响力。

但同时，校外指导教师的聘任，必然涉及专项经费支持的问题。这方面，学校可根据自身具体的实际情况，进行接洽和对谈。有时，可以采用双向聘任的方式，做一些资源置换；有时，可以采用公益或半公益的方式，以“情怀至上”的理念展开合作也未尝就不可行。总之，办法总比困难多，只要敢想敢做。多渠道、多路径、多模式地加强指导教师队伍建设，就能为社团建设与发展提供强有力的人力支持，才能最终达到建好建强学生社团的目的。

（五）指导教师的素养要求

教师的素养，是指教师在其职业生活中，调节和处理与他人、社会、集体、职业工作关系所应遵守的基本行为规范或行为准则，以及在此基础上所表现出来的观念意识和行为品质。指导教师的素养影响着对学生的培养，因此，从小学戏剧社团团员发展的维度来看，指导教师的素养要求主要包含以下内容：

（1）技能涵养

社团建设是一个长期、复杂的过程。小学戏剧社团是依托戏剧艺术开展戏剧活动，在社团日常建设过程中，必不可少的就是戏剧排演和戏剧课程活动，这就要求社团指导教师具备戏剧素养，一方面是戏剧表演技巧，一方面是戏剧排演技巧，还有一方面是戏剧剧本创作能力。

戏剧表演技巧是指角色表演能力，因为在排演过程中学生可能对某一环节的表演不清楚、不理解，无法表演出来，这就需要指导教师进行示范，让学生尝试学习模仿。有时候练习一个动作或者技巧时，首先要找到它的核心要点，如怎样在表演过程中发力使劲，怎样使动作看上去流畅优美，只有找到了表演的规律和窍门，才能将这一技巧传授给学生。这就需要在日常排演过程中进行反思，在不断的实践中找到方法窍门，提升自身的专业素质。有时候其实也并不是需要教师自己演得多好，事实上自己演得好的也并不见得一定会教，关键是要把相关的表演要求用孩子能够接受的方式准确地传递给孩子，给孩子以启发，从而通过不断的练习启发学生，最终实现角色的靠近和演绎的完成。

戏剧排演技巧是指导演剧目的能力，每一个剧目都需要导演，导演负责把控剧目布景、道具、音乐、舞台设计以及排练进度等各个环节，每一个环节对于戏剧呈现而言都必不可少，在排练过程中，演员都在台上，只有导演能够及时发现演出中出现的问题，并做及时调整，在排练中不断提升剧目质量，这就需要指导教师掌握一定的戏剧排演技巧。小学戏剧社团的指导教师更像是学生的一面镜子，能够及时观照学生的进步与成长，以及缺点与不足，在完成自己导演作品的同时，能够同步助力学生发展并遇见更好的自己。

戏剧剧本创作能力是指剧本写作能力，剧本是戏剧之本，剧本是排演的前提，只有有了精彩的故事，才能排演出一个精彩的剧目，一个好的剧本也能降低剧目排演的难度，所以剧本创作能力是指导教师必须具备的重要能力。原创性剧本，是戏剧社团的核心竞争力之一。写戏，当然需要有戏剧才华。戏剧才华的来源，自然有先天的因素，但更有后天对生活深入细致的体察和对创作持之以恒的练习，可以先从小戏、片段练习写起，不断地写，不断地排，不断地改，这应该就是获得编剧技能的重要路径。其实，做戏剧社团的指导教师还是很幸福的，这种幸福程度甚至要比纯粹的编剧、导演和演员更幸福，因为自己的每一次尝试、每一个念头，都可以在剧团里面得到验证和检验，可以和孩子们一同在此过程中实现自己的不断成长和事业的向前发展。指导教师若能以一个戏剧创作者的自我要求和学习自觉来建设自己，不仅能够发现并发展自己的戏剧能力，也能够发现并发展更好的自己，还能够得心应手地带领戏剧社团向着更好的方向发展。

（2）育人素养

育人，是教育的重要使命，也是学校的工作重点，更是社团的建设目标，所以指导教师必须要明确社团的根本目的在于育人。社团指导教师不仅仅是一个社团建设者，在本质上更是一名人民教师，所有活动都要以育人为目的。在社团建设过程中，指导教师不能因为追求社团的发展而忽略了团员的发展，社团的发展永远是建立在团员的发展基础之上的。育人素养是指导教师从事小学戏剧社团活动和指导学生排演的必要素养。指导教师只有先具备育人素养，才有合理管理社团和指导学生发展的能力。

指导教师应具备上进心、责任感、爱心以及耐心等内在优良品性，教师只有严格要求自己，以身作则，才能成为学生的榜样。指导教师与学生的相处模式，会直接影响小学戏剧社团的整体氛围，在社团活动中，既要对学生进行严格要求，同时又要时刻关爱学生、尊重学生，与学生形成亦师亦友的状态，营造一个温馨和谐的戏剧社团氛围。

提升育人能力是新时代加强教师专业素养建设的重中之重。树立面向人人的育人观，是提升育人能力的前提。“更加注重面向人人”是中国教育现代化基本理念之一，是以学生为中心教育思想的体现，也是教育公平的价值表现。当今教育不再是选拔式的精英教育，而是普及化的国民素养教育。教师必须树立面向人人的育人观，服务并促进每个学生成长成人成才，这是新时代教师提升育人能力的必备前提。由于以往戏剧教育在小学阶段的重视度不高，导致基础教育阶段的戏剧的接受度不高，因此，小学戏剧社团的建设是一个长期且艰巨的任务，指导教师应保持强有力的耐心，才能持续指导和带领小学戏剧社团的发展。

（3）信息素养

什么是信息素养呢？简单地说，我们可以把现代信息素养归纳为有强烈的获取新信息的意识，知道如何能迅速、准确地获取新信息，对信息有较强的敏感性，能有效地对信息进行选择，能高效地利用新信息去解决实际问题，具有良好的信息道德和信息安全意识。进一步来说，信息能力是进行信息处理和搜集的能力，作为社团指导教师，信息能力是处理日常事务的基本能力。

新一轮基础教育课程改革要求实现信息技术与课程的整合，一方面要求把信息技术融入课程内容之中，加强信息技术教育，提高学生的现代信息技术修养；另一方面，要求以现代信息技术作为课程的载体，改革传统教学，以生动直观的多媒体手段向学生展示教学材料，实现人机交互。

而实现这一整合的关键是教师，教师的信息素养、教师对现代信息技术的运用能力决定着整合的程度与效果。在小学戏剧社团的建设过程中，必然要使用到经典剧目视频资源作为剧团集体观摩的内容，这就涉及剧目视频的信息搜集以及简单的视频处理技能，选择恰切的视频时长、视频段落和演出录像，为社团剧目的排演提供参照。还有就是关于戏剧文本的信息搜集与整理，也是指导教师的工作内容之一，要广泛地搜集有助于社团排演工作开展的剧本材料，并使之成为剧团的资源库。指导教师还要掌握新媒体、自媒体等信息素养，广泛搜集所在区域和戏剧领域的最新信息，包括赛事信息和其他活动信息，为剧团的发展谋求广泛的社会资源。

同时，小学戏剧社团指导教师还要充分地运用自己的信息素养，来及时保存剧团建设过程中的文字、图片、视频、案例等材料，作为剧团建设的过程性材料予以妥善保存。久而久之，就能成为剧团的成果积淀，稍加提炼，也许就具备某种展示性，并能选择适当的方式予以转化。

（4）创新素养

中国教育学会名誉会长、北京师范大学资深教授顾明远长期关注中国教师群体建设，他认为“如今整个世界进入了新的时代，进入到信息时代、人工智能时代。教师要顺应时代的要求，要有创新的精神，要培养创新的人才”。培养学生的创新精神和创新能力，是学生成长的重要目标之一。我们很难想象一个本身缺乏创新意识和创新能力的教师能够培养出具有创新精神和创新能力的学生。

创新是指以现有的思维模式提出有别于常规或常人思路的见解为导向，利用现有的知识和物质，在特定的环境中，本着理想化需要或为满足社会需求，而改进或创造新的事物（包括产品、方法、元素、路径、环境），并能获得一定有益效果的行为。教师的创新能力一般是指教学创新能力，是指教师在具备一般教学能力的基础上，能更新教学内容、创造优质高效的新方法、建立符合教学规律的新理论的能力，这也是教师教学能力的最高境界。课堂教学的创新，需要教师具备一定的创新能力，前提是要求教师从更新教学理念入手来进行教学实践。教师为顺应时代的要求，逐渐成为开拓型教师。检验真理的唯一标准就是实践，课堂教学创新关键取决于教师自身在教学中能否不断创新。[①] 作为社团的指导教师，其创新力主要体现在社团的建设上，其中最主要的是社团建设上的创新，指导教师以创新的思维打造发展社团，采用创新型的建设方法，走创新型发展道路，这样才能打造一个独具特色的小学戏剧社团，提升社团的竞争力。因而，戏剧社团指导教师也必须具备创新意识和创新能力。

首先，这是学生自身发展的需要。中小学生是一个充满活力、想象力和好奇心的群体，在他们身上，蕴涵着巨大的创造潜能。而创造精神的培养，创造潜能的开发，迫切要求教师抛弃那种“一刀切”“满堂灌”的教学模式，能够针对每个学生的个性特点，灵活运用各种教学方法，并能在实践中不断摸索新的方法，培养学生的创新精神和创新能力。特别是在第二课堂教学中，有更加便利的条件

① 王明玥．小学音乐教师创新能力的研究[J]. 黄河之声，2016（05）：82-83.

来关注学生的发展，探索激发学生想象力和创造力的新方法和新模式。灵活运用戏剧的方式和手段，为学生搭建成长平台和展示舞台。

其次，这是课程实施的需要。学生在改变，时代在进步，戏剧课程就不能一成不变，这既对教师提出了要进行创造的新要求，也为教师创新才能的施展提供了广阔的舞台。新课程要求教师由课程的“忠实执行者”转变为“课程的创新者”，这就需要教师创造性地对已有的教材进行加工，使课程成为一种动态的存在，同时，也使课程能与本校学生的实际相吻合，而校本课程的开发则实现了课程的“个性化”。每个学校的课程都有所不同，因而仍然通过机械照搬的方法实施课程已不可能，唯一的办法就是立足本校实际，积极探索，大胆创新，不断提高自身实施课程的能力。

再次，这也是教师自身职业发展与能力提高的需要。新课程改革把课程由“静态”变为“动态”，同时也把优秀合格教师变成了一种动态的存在。教师只有不断地充电、不断地提高自身水平，才能适应课程动态发展的需要。教师只有具有创新的意识和能力，不断探索新知，反思自身教育实践，探索新的教学方法，才能继续胜任自己的工作。教师要做学生锤炼品格的引路人，做学生学习知识的引路人，做学生创新思维的引路人，做学生奉献祖国的引路人。

创新，是思维与行动的辩证与互动。可以先从一个具体的创意想法起步，也可以先从一个具体的创意行动起步。在有想法后展开行动，或者在开展行动后总结创意。在思维与行动的不断辩证过程中，养成创新的意识与习惯。随着戏剧特色和表演方式的不断变化，指导教师在进行社团建设的过程中，就必须要具备创新精神和创新意识，必须要能够独立地完成创造性活动，要具备独特的思想意识，要站在发展视角来看待问题并进行解决。在小学戏剧社团活动中，没有指导教师的持续创新，就没有学生的创新能力发展。指导教师创新能力的高低影响着学生创新能力的发展。在日常排练中，指导教师必须改变注重台词传授和再现的行为，不能把台词的照搬照做作为学生最终呈现的目标，而要切实将日常排练视为持续创新的过程，把每一次排练都当作创新教育。

小学戏剧社团的指导工作，并不是小学教师的主流工作和常规工作，很多时候，面对很多具体的问题，其实没有成熟的经验可循，这就需要指导教师拥有创新的意识，去锐意探索，去大胆开拓，去披荆斩棘。

（5）实践素养

实践素养，是指导教师在小学戏剧社团工作中面临实际问题时所展现出来的能力。指导教师的实践素养在相当程度上影响着社团戏剧实践活动的效果和质量。具体而言，实践指导教师的实践素养包括实践性知识、实践意识、实践经验以及指导能力等。

具体来说，实践性知识是指指导教师在具体排演中，为解决实际问题而产生的知识。实践意识是其独具的素养，体现了实践智慧，指导教师不断为社团发展寻求机会，让团员的学习和活动场域不局限于学校，而是面向更广阔的社会空间，为团员寻求更多社会实践的机会，一般为戏剧演出活动或观看戏剧表演。实践经验在社团建设的过程中产生，它来源于指导教师解决社团的具体问题之中，来源于指导教师指导团员的具体排练之中，来源于指导教师开展戏剧创作的各类事务之中，它是指导教师的宝贵财富，它为指导教师解决社团问题提供了借鉴，也为指导教师带领团队发展提供了丰富的经验。实践经验还源于实践指导教师对教育教学实践的反思、总结和升华，让教师不断丰富教学经验，掌握教学方法，提高教学质量，在实践素养维度中占据着重要地位。指导能力是指导教师实践素养的基础部分，主要包括排演指导、剧目创造力、戏剧科研探究力以及活动成果分析力等四个方面，这一能力代表着指导教师是否有能力打造优秀剧目，它是指导教师的个人戏剧素养的体现，也是社团正常建设的重要保证。

简而言之就是，指导教师自身要注重实践，既要注重常规教育教学活动的创新实践，又要注重戏剧社团建设的探索实践，更要注重为团员发展搭建多元的实践平台，在师生协同创新实践中，实现教师、学生和剧团的多向发展。

（6）沟通素养

沟通素养的一大重要组成部分就是协调能力，协调能力是指导教师在小学戏剧社团日常工作中处理与学校领导、同事、学生及其家长等全方位关系、调控自我情绪以及管理社团活动的能力。协调能力主要表现为自我协调能力以及人际协调能力。

自我协调能力又涵盖情绪调节能力、心理辅导能力以及自我监控能力三方面。情绪调节能力要求指导教师能控制自我情绪，能以最佳状态面对剧团学生，不会因为自身原因而干扰到社团活动，这需要指导教师注意控制自己的情绪，即便面临极端情况也不轻易将消极情绪表露出来。自我监控能力要求指导教师能对自己的实践指导活动进行有意识的计划、调整及控制，在行动之前总是需要制订相应的计划和预案，一方面这会时刻提示指导教师完成的时间节点，适当加快效率；另一方面是可以让指导教师合理安排时间，依据计划制订阶段性任务，一步一步达到最终目标，完美实现计划。心理辅导能力是指指导教师运用一定的心理辅导方法，解决各种心理不适的能力。指导教师可能既是学校学科老师，又是社团指导教师，其一定会有相当大的工作压力，这还只是工作带来的压力，还有指导教师的自身生活压力以及处理各种矛盾的实际压力，这就要求指导教师能够具备较好的心理辅导能力，学会为自己排解情绪，同时当社团学生出现心理问题时，指导教师也可运用心理辅导知识帮助学生走出心理困境。

人际协调能力，是指指导教师积极处理工作中的各种关系、调动工作积极性的能力。社团指导教师，需要处理好与学校领导的关系，因为社团的建设必须得到学校的支持，指导教师要结合学校的办学定位和发展需求来规划社团发展，及时向学校领导汇报剧团建设进展与思路，积极向学校领导争取必要的支持与帮助；指导教师还应处理好与同事的关系，因为社团的团员可能来自学校的各个年级、各个班级，这就需要指导教师与其班主任或任课教师保持良好关系，在社团开展活动时还能获取相应的支持。社团指导教师还可以及时向团员的班主任和任课教师反馈团员成长信息，实现全方位协同育人；指导教师还应处理好与社团团员的关系：在社团，指导教师面对最多的人就是团员，不好的师生关系可能导致学生离团，甚至影响社团的招新，所以指导教师与团员的友好关系至关重要。前面已经论述过很多，再强调一遍，指导教师陪伴团员的成长，关心团员的生活与学习，支持团员的全面发展，是新时代的师生关系；指导教师还应处理好与团员家长的关系，积极反馈团员在剧团中的表现和成长，取得家长的理解与支持，形成家校共育的合力，共同助力学生健康成长；指导教师还应处理与校外相关人员的关系，校外相关人员能为社团发展带来一定的社会资源，但指导教师在处理与他们的关系时要相当谨慎，避免发生矛盾，同时又要适时维护学校，维护社团的利益，特别是要保护和维护学生的健康成长。大量的人员交际活动就将预示着要求教师具备一定的人际交往能力、沟通交流能力以及团结协作能力等。

这么多的沟通面向与需求，倒也不是常态化的工作要求，只是在提醒指导教师留心注意以上沟通对象，及时记录相关沟通情况。但其实很难达到方方面面、完全有效的沟通，也不尽然全都要依靠指导教师一个人完成，有条件的学校可以安排不同指导教师予以分工解决，缺少条件的学校可以有选择性地、阶段性地完成一定量的沟通即可。

（7）发展素养

发展素养，是指导教师从事小学戏剧社团工作的不竭动力，是助推个人专业化发展的加速器。发展素养即专业持续发展的能力，指教师为了适应主体素质的持续发展，以及教育和社会可持续发展的需要所具备的能力。其主要表现除了前面谈到的信息素养和创新素养以外，还需要具备反思能力以及终身学习能力。

反思能力是指以自己为思考对象，对自己的决策、行为、方法以及由此产生的结果进行审视、分析、调整的能力。它是每个人都应具备的能力，作为教师，更应该具备反思能力，学会反思是当好一位好教师的基础。每个人都会犯错，指导教师每当完成某事或者遭遇失败时，事后就应该不断审视自己，发现失败的原因，从自己身上寻找原因。每件事都有不完美的时候，即使顺利完成了某事，也不应该骄傲，也要从事情中发现自己的不足和可改进的地方。具体到社团建设中，每完成一个剧目作品，每主办一个活动，事后指导教师都应该自我反思，思考剧目可以改进的空间，思考演出过程中出现的问题，思考活动举办的瑕疵，思考这些实践对社团团员的成长，思考下一步社团的计划与准备。

终身学习是贯穿人的一生的包括一切学习类别、学习形式、学习方式和学习内容的旨在不断发展个人潜能以满足自身发展和社会发展需要的过程[①]。即我们所常说的“活到老学到老”或者“学无止境”。作为教师，具备终身学习的观念是必不可少的，是教师不断成长的根本动力。在社团建设中，指导教师指导学生，学生也会在一定程度上启发老师，这是一个相互学习的过程，并且随着社会的发展，时代在逐渐变化，现有的知识很难满足需求，社团的不断向前也促使着指导教师必须加强自身学习，形成终身学习的观念并付诸实践。

一个有发展性的社团，必然需要一位有发展性的指导教师。同样地，一位有发展性的指导教师，也能带领社团向着有发展性的方向发展。因此，让自己成为一个具有发展性的人，让自己具备较强的发展素养，对于指导教师自身发展和戏剧社团发展而言，至关重要。

（六）指导教师的工作范畴

（1）发展规划

社团建设的前提是需要有一个基础规划，一个科学的基础规划可以提升社团的发展速率。社团规划需要制订各种小目标和时间节点，一步一步完成小目标而达成阶段目标。在进行社团规划建设时，指导教师要充分考虑到学校的戏剧基础、戏剧氛围、戏剧接受程度等校园人文环境，同时也应预防社团建设过程中出现的

① 王建勤．终身学习：教师专业化的根本要求[J]．中国成人教育，2009（12）：74-75.

问题，提前做好准备。做好社团的发展定位、管理制度、评价办法等基础规划，在社团建设的过程中做好总结、不断完善。

社团要想长期稳定发展，真正发挥育人功能，必须关注制度建构与章程完善，其中最重要的是建设社团管理制度即社团章程，以制度化的标准管理社团。除了基础规划外，指导教师还应该建立健全戏剧社团的建设激励机制，定期举办不同系列的比赛活动，如戏剧绘画比赛、戏剧表演比赛、戏剧书法比赛、沉浸式戏剧体验活动等，并鼓励和引导戏剧社团成员积极参与各项比赛活动，以展示个人或社团风采，以戏剧社团活动为载体，促进学生不断提高审美意识和能力，从而使其形成高尚的道德情操。

除了社团的发展规划外，指导教师还应关注社团团员的发展，为团员制订发展规划。对于日常社团活动，并不会占用学生过多的时间，并不会增加学生压力，但若社团即将参加某个重要比赛或演出，那么社团的工作量就将会加大，排练强度也会加大，这必然会占用演员即学生相对较多的时间，可能对学生的课程学习造成影响，所以指导教师就应该时刻督促学生认真学习，及时完成课程任务，在学生未完成第一课堂学业任务的情况下，教师应当尽量拒绝学生参与社团活动，要求其在完成基本的课堂学习任务后再参与戏剧排演活动，力求减少社团活动对学科课程学习的影响。还可以不断地让学生尝试社团内各部门的实践，通过学习和了解，让学生知道自己擅长的地方，在提高学生参与社团活动和实践积极性的同时，也学习和了解社团各个部门所管理的部分，提升学生的综合能力。

在日常的排练规划之外，指导教师还应选择性地为学生制订学习计划及目标，戏剧社团是使人进步的垫脚石，而不是学习路上的绊脚石，所以指导教师要着重关注团员成绩，为学生制订成绩提升计划，确定成绩目标，使学生在社团接受戏剧教育的同时又关注自身学习成绩，得到全面发展。但这项工作的前提是有“选择性地”，因为承担学生学科课程教学的载体是行政班级，承担授课任务的主体是学科教师，如果社团指导教师过于关注学生的学业成绩，有时也有“喧宾夺主”之嫌。但若本着协同育人的宗旨，心中怀有对学生真切的关心与爱护，社团指导教师就能与学科任课教师形成有效的育人合力，共同助力学生学业进步和健康成长。

（2）人员指导

由于学生社团是以学生为主体的，指导教师需要确保社团负责人在开展工作时有一定的独立性和自由性，从组织机构设置到规章制度建立，再到活动开展等环节都充分尊重学生意愿，让学生社团具有较强的民主性和自主性。所以指导教师应履行对社团成员思想的指导工作，重视和社团负责人沟通，周期性地在社团内部进行知识讲授或者实践指导。对学生社团的所有资源进行优化配置，促进戏剧社团与其他社团的组织联盟，提高学生社团协同合作能力，以此来强化社团的育人作用。

比如在一部剧目的排演过程中，指导教师要能够快速地凝结剧团内的人员，让大家快速熟悉了解并团结起来，凝聚在一起，共同创作排演出一部戏剧作品。在社团建设过程中，指导教师需时刻关注学生的身心发展，重视对学生的思想教育，定期地与社团成员交流谈心，耐心倾听学生内心的声音，做好学生的思想指导工作。社团并不仅仅只是一个培养学生兴趣爱好的地方，它更像是学生的另一个班级，甚至是另一个家庭，所以对于部分喜欢在社团的同学而言，指导教师应该培养他们的归属感，甚至可以将一些较为重要的工作交给这些同学，因为有着归属感的同学通常会认真完成老师交代的工作。

在人员指导方面，最考验指导教师的就是根据团员的工作能力分配和安排具体工作，这就要求指导教师熟悉团员，既要知道团员的优点，又要看到团员的潜力，还要看到团员的不足与缺点。这样有针对性、有差异化地开展人员指导工作。社团在实现人员分工合理优化的同时，也需要注意这些人或者这个同学能否完成，是否有能力完成，是否有着动力去完成，只有具备这样的慧眼才能识别出对社团发展有用之人。同时在培养人员时需要注意他们的心理健康状态，因为是在培养中，必定会有重要且多的任务交给他们完成，过多的压力在尚未成熟的同学身上时，他们的心理状况是肯定会有变化的，作为指导老师需要及时辨别并抓住这种变化，判断其是否为良性的，并及时引导其向好的方面发展。

（3）活动管理

戏剧社团的建设，离不开指导老师的细心规划和整理把控，指导学生社团活动对指导教师自身发展也有积极意义，它可以促使指导教师加强相关领域内容的自我学习，不断丰富自己的专业知识和指导经验，获得专业进步的愉悦体验，这种愉悦体验能成为指导教师指导社团活动的持久动力。

在开展社团活动前，指导教师必须明确活动开办的目的以及要达到的预期效果，减少不必要的无意义的社团活动开展，将时间运用在更有价值的地方。若为社团内部活动，指导教师可以适当让学生参与到活动的组织和策划中来，锻炼学生的统筹能力。若是学校活动，指导教师就要联合多个部门，联系各个相应老师，做好活动支持工作，协调各个部门的工作任务。这样不仅能将学生们尽可能多地照顾到，让他们参与到具体的工作之中，还可以在每个部门，给每个同学分配不同的任务，让他们担任不同的人物角色，并且尽量使其担任的角色或是接受的任务尽量与之前不同，这样不仅使同学感到自己得到了重视，有一种责任感，在完成任务时有自豪感和自信，还能使他们得到多方面的锻炼。

在活动创设方面，作为小学戏剧社团，其活动大多与戏剧相关。所以，指导教师可以从戏剧的角度出发，举办各种形式丰富的活动，更多是以社团内部活动为主。指导教师也应关注到活动的现实意义，应确保创设的戏剧社团活动能与学生的生活、学习和对现实社会产生一定的联系，能让学生学到多种新知识，能丰富学生的精神生活，陶冶学生的情操，能给学生提供展示自我的舞台，使社团具备生动的、广泛的、深刻的教育功能，只有这样，才能激发学生参加戏剧社团活动的兴趣，促进学生在轻松愉悦的活动氛围中潜移默化地受到戏剧艺术的熏陶。

在活动过程中，指导教师应合理分配人员及布置分工，社团内部活动可将任务交给社团高年级团员，在此之前要对学生进行活动培训，教授一些活动流程等相应活动策划技巧，并且教师同时也要全程做好监督工作，遇到突发情况要及时参与解决，与学生共同制订解决方案，实现活动的成功举办。

活动结束后，指导教师应采取多元化的评价视角对活动展开总结，如通过活动开展情况和意见反馈相结合的评价模式进行活动总结，及时发现过程中的问题，找到解决办法，使每一次活动质量都能够获得提升，并且这种多元评价模式不仅能对学生个人或社团成员产生良好的激励作用，还能为戏剧社团的发展注入活力。

最关键的是，指导教师要以服务的心态来做活动管理，要引导社团学生以服务者的行动和意识要求自己，为社团内部活动服好务，也要为社团主办的其他活动服好务，而不要用常规的管理思维，那样既显得强硬，又会引导学生形成“官僚”思维，那就不是一种恰当的活动管理思维和模式。

（4）项目研发

在社团建设过程中，会逐渐积累丰富的实践成果。指导教师需要保留过程性材料和总结性材料，并以戏剧社团为基础，以实践成果为支撑材料，带领学生共同研发具有创新意义的戏剧项目，经过项目的策划以及书写后参加相关创新创业大赛萌芽赛道的比赛。一方面通过比赛的形式找到社团的不足之处，并向专家咨询解决方法，从而完善社团规章制度，使社团能够稳步发展；另一方面通过比赛获得的经费支撑社团后续发展，扩大社团的影响力，提高社团的发展速度。

比如在戏剧社团的建设过程中，会进行大大小小的戏剧展演，指导教师可以根据小学课本中的内容进行课本剧的创作与演出，收集成册后可以往“课本剧助力小学课程学习”方向进行教学项目研发。如此，不仅可以培养学生的戏剧表演能力，而且有助于学生在其他学科课程中的学习与理解，还能助力教师职业发展。

又如戏剧社团组织策划并开展各种有关戏剧的活动，指导教师可以将所有活动进行梳理并细化，通过活动意义、举办说明和效果呈现等内容的阐述，制定“小学活动开展指导手册”，不仅有利于打响戏剧社团的名声，而且给各个小学活动开展提供了思路与方法，可以强化戏剧社团建设的辐射引领作用。

通过对演出剧目的场景进行绘本制作，不仅能起到剧目的宣传作用，而且对于市场而言，系列戏剧绘本集具有丰富文化产品市场的多样性的作用，在保证产品质量本身的同时，可以带来文化产品市场的经济利益，这在地区文化市场主旋律产品匮乏的市场环境下具有独特的优势。

关于戏剧社团的指导教师，本节做了全方位、多维度的论述，因为指导教师在很大程度上决定了戏剧社团的发展，也决定了戏剧教育在基础教育学段的开展。必须要群策群力，选聘好指导教师，积极为指导教师的技能成长和素养提升提供切实有效的实践指导。“纸上得来终觉浅，绝知此事要躬行”。上述论述仅能作为对指导教师实践的基础性参照，指导教师要在实际工作中不断总结、不断学习、不断创新，形成自己指导戏剧社团的新经验、新方法、新方案。

第二节　关于剧团建设定位

定位，就是在横向和纵向当中精准地找到自己的位置。定位，是一个能够给我们内心安稳与内在宁静的所在。定位确定，意味着目标锁定，意味着方向马上就会清晰，意味着准备齐心协力达成目标。我们的每段旅途在准备启程时，都应该先寻找到自己正确的定位，只有定位确定后，在行动的途中才能发现这件事情的美好，才能较为容易地找到行动的意义，而不会在启程很长时间后，回过头却看不清楚自己曾经做过什么，所做的意义在哪里。而当我们成功找到定位后，我们所做的一切将会有很强的目的性，使劲向着这个目的发展、前行，从而对于启程后的一些困难，我们就有足够的理由和动力去克服、去完成。就如同当我们驾车去往一个陌生的地方，首先就是先确定好目的地位置，然后导航开启方向，才能上路出发，不必再瞻前顾后，而是用心感受旅途。个人做事如此，团体实践更是如此。如果定位不准确、不明确，众人各有各的理解，各有各的行动目标，那势必会各行其是，团体的聚合力下降，最终就会不得不走向分裂。

学校戏剧社团，说小也小，说大也大。小，可能是因为基础弱、人数少、底子薄、设施差。大，则是因为影响大、意义深、传播广、效果好。就如20世纪处南开新剧团就曾成功培养出曹禺等戏剧大家，就是因为南开新剧团自1914年建立之始，就确立了培养人才和改良社会的宗旨定位。从剧目生产到活动组织到团员培养，无不朝着这一定位稳步前进。学校社团虽然起始于学校，但绝不止步于学校。之所以成立学校戏剧社团，是为了培养学生快乐学习的意识和习惯，是为了给学生提供第一课堂以外的充实的校内生活，是为了与常规课程学习形成良性的互补与互动。同时还能有效培育校园戏剧的文化氛围，让师生了解戏剧这种形式，改变大家对戏剧的既有认知，以此启发大家结合戏剧来开展创新和融合实践。同时，学校戏剧社团还能到学校外进行演出，这样就能更直接地向外界、向社会介绍学校戏剧社团，更好地宣传戏剧，宣传学校。

但定位问题，也不是一件很简单的事情，更不能操之过急，随意确立，需要在实践中不断摸索，不断探寻。既需要指导教师结合区情、校情、学情等多方面因素综合考量，又需要与学校同事、学校领导和校外专家切磋碰撞，考虑多方面因素才能清晰地找准定位。与学校同事和学校领导沟通，更能够准确把握学校发展方向，适应学校发展需求，满足学校特色凝练，从而统一认识，在剧团建设上获得更加广泛和强有力的支持。向校外专家请教，则是听取“局外人”的建议和意见，有时候距离远一些，反而能够看得更清楚一些，从而另辟蹊径地为剧团建设确立定位。总之，兼听则明，广泛听取意见，虽是有益的，但也要注意“以我为主”。每个人基于自己的工作需要、既往经验和兴趣爱好，会提出丰富多样的思考与设计，这时作为剧团指导教师，更要定住心神，不能被东一句、西一句的意见干扰到不知所措，这就需要指导教师在前期、中期和后期加以辩证思索和创新设计。本节将就一般性的、入门级的戏剧社团定位取舍问题进行阐释。

（一）扎实立足学校发展定位

所谓学校发展定位，指确定本学校发展的、与众不同的竞争优势及与此相联系的在社会公众心目中的独特地位，以此使社会公众理解和正确识别某学校有别于其他学校的特征。

小学戏剧社团的开展离不开学校的发展定位，社团想要在学校内立足，首先要顺着学校发展的大方向前进，与学校定位相结合，充分发挥戏剧的独特作用。如学校是以“以德立校，依法治校”作为发展定位，戏剧社团可以结合学校道德与法治课程进行课本剧的创编与排演，或贴近学校发展定位自主创编道德法治题材剧目进行展演，以戏剧的形式传递道德精神，宣传法律知识，从而推进戏剧社团的高效发展。

社团是学校的社团，它因学校而成立又受到学校管理，社团的一切建设都是在为学校服务，同时社团立足学校发展定位能够与学校的未来发展相契合，避免社团发展与学校发展之间的不协调，还能一定程度上补充学校发展，得到学校的重视与支持。

其实，立足学校发展定位应该注意学校的办学目的。对小学而言，应该去着重关注小学的办学理念、办学宗旨、办学方针，甚至是学校的校名，它们都是学校办学定位的体现，社团就可以以学校定位为基准，确定自己社团的建设定位。但毋庸讳言的是，并非所有的学校都有清晰稳定的发展定位，一些新举办的学校，还有一些既往发展比较滞后的学校，可能还尚未确立自身的发展定位，再者就是有一些具备一定发展基础的学校，在新形势下需要对发展定位进行适当调整，在这种契机下，戏剧社团的发展定位还可以紧紧抓住机会，争取成为学校的特色发展方向。

（二）切实服务学校特色发展

学校特色是在长期办学过程中积淀形成的、本校特有的、优于其他学校的独特优质风貌，其应该对支撑办学目标、优化人才培养、提高教学质量起到重要作用，并在校内外得到公认，产生了一定的影响[①]。学校特色发展，不仅能够改变办学千篇一律的弊端，还能够在一定程度上强化学校的竞争优势，为学生打造个性化的校园学习氛围，促进校风校训校规与时俱进，为区域教育事业增添活力。打造学校特色是中国式现代化教育的现实要求，也是促进学生全面发展和素质教育的重要举措，特色学校的打造方式通常也会以小学社团和特色校本课程为载体进行具体体现，逐渐在学校里形成独特氛围，形成社会对学校的特色认知。

社团作为学校精神文明建设的重要组成部分，是推进学校特色发展的有效载体，而戏剧作为一种具有极强感染力的艺术形式，是服务学校特色发展的重要力量，戏剧社团可以成为学校特色打造的重点项目。若学校已存在相应特色项目，

---

① 胡永新．学校特色评价的基本属性、功能与评价内容[J]. 教育评论，2003（01）：20-23.

指导教师可结合学校特色发展，让戏剧社团组织活动类型逐渐趋于品牌化，通过增强社团活动品牌效应来提高社团本身的吸引力，逐步将戏剧推向全校，形成自己的戏剧特色。若学校还未形成自己的特色，那么戏剧就是一个非常值得考虑的选项，想要打造学校特色必定得从各方面进行考量，指导教师就必须借助戏剧社团力量，依托社团打造高质量的戏剧作品，开展多样的戏剧活动，开设精彩的戏剧课程，逐步打造校园戏剧文化，同时向校外寻求发展机会。还要主张学校教师参加戏剧师资培训，为学校培养更多戏剧人才，让更多教师参与到戏剧中来，为学校成为戏剧特色小学提供师资支撑。

校本课程即以学校为本位、由学校自己确定的课程，它一般体现着学校的办学特色和办学定位。校本课程一般依据学校自身特点而建设，与主课相脱离，但有所联系，它在一定程度上丰富了学校的教学内容和教学体系，是学生素质教育的重要组成部分。目前，校本课程开发是基础教育的重要趋势，不管是市区小学还是乡村小学都希望能够打造自己的校本课程，小学戏剧社团正好能为戏剧校本课程的建设提供前期基础和成果积淀，指导教师可在戏剧社团里开展戏剧课程教学，不断地进行戏剧教育实践，逐渐获得戏剧教学经验，尝试编写戏剧教案或教材，为校本课程的打造提供经验支撑和理论指导。

（三）高度结合学校优势基础

学校优势基础是学校相较于其他学校的制胜法宝，学校对于这部分的投入也相对比较大。在社团建设前期，毕竟基础薄弱，不能和学校优势发展项目相比，只能通过与其他项目相结合，提升自身竞争力，同时还能借助其相应的前期基础。社团的发展紧密融合学校优势基础，在一定程度上还能得到学校的大力支持，这对于社团的发展有着强有力的推进作用。

如学校体育方面比较有优势，就可以从体育育人这一关键点入手，结合名人事迹进行创作演出，以戏剧的形式有效宣传学校体育优势基础，壮大学校优势项目。若学校在英语教学方面具备优势，则可恰当让戏剧与英语结合，打造英语戏剧，让学生在戏剧中学习英语，找准社团定位，打造英语戏剧社团。若学校的优势项目是舞蹈，那么则可将戏剧与舞蹈结合，打造适合儿童的舞剧小品，让学生在学习舞蹈的同时，以舞蹈的方式展示故事，注重学生的形体训练。这种做法的实质就是“借力”，常言道“大树底下好乘凉”就是这个道理。当自身力量薄弱时，就要考虑适当借助强有力的主体力量，实现优势力量的“锦上添花”，同步实现自身的快速发展。这并不是投机取巧，而是要敏锐地联动一切可联动的优势资源，加持戏剧社团建设和发展。

（四）有效服务区域社会发展

区域文化是各区域区别于其他地区的显著特征，是地区的宝贵文化资源，是学校教育的重要教学资源。基于各个区域的不同背景和文化特色，强调各地要在深入研究和分析的基础上，充分挖掘自然条件、社区经济文化和民族传统文化等教学资源，开发具有地方特色的课程资源，将地方文化资源同戏剧相结合，打造特色戏剧课程。

区域资源充分彰显了一个地方的历史积淀和文化内涵，是天然的戏剧素材。区域资源是学生和教师熟悉而又陌生的资源，挖掘区域资源的戏剧内涵，既能够激发教师与学生对区域资源的好奇心，又能全方位地实现区域资源的利用价值。将区域文化资源融入戏剧社团建设中，可以最大限度地实现区域资源的传承与发展，依托区域资源的人文特色，制作具有地区文化特色的戏剧文本，有利于为戏剧社团建设注入丰富的开发性素材。挖掘区域资源的戏剧元素，构建区域文化体系，有助于深化区域资源在具体生活中的实践应用价值。例如，充分挖掘地区红色文化，以戏剧的形式构建一系列红色剧目，体现地区红色文化精神内涵，传承红色精神。

区域社会发展离不开精神文化的滋养，结合地区社会背景进行戏剧创作并实地演出，以戏剧这一极具感染的表现形式传播精神文化，营造浓厚的地区文化氛围，带动区域其他产业发展，最终形成独具特色的产业链，从而形成区域社会迅速发展的有利局面。例如，以“垃圾分类乡村剧”的形式助力乡村振兴发展环保公益项目，体现乡村特色、贴合乡村受众、发挥戏剧优势、聚焦环保主题。旨在以戏剧这样一种直观且形象的宣传方式，让生活在乡村的人们像城市的人一样得以享受和参与当代戏剧艺术，同时聚焦环保主题，用垃圾分类的方式参与乡村振兴建设。

总之，小学戏剧社团的建设定位，一方面不必好高骛远，因为毕竟立足在小学的规定情境，资源、基础、人力、物力、财力都相对有限，若定位过高，未免会显得曲高和寡；另一方面也不必妄自菲薄，只要是能切实开展实际活动，只要是能切实助力学生成长，只要是能切实服务学校发展，就应当准确且大胆地提出定位设想，并付诸持之以恒的建设行动与发展实践。

第三节　关于剧团名称选取

名字，是一个符号、一个代号或者一个人的标识；名字，还是一种归属。我们每个人的名字，已经成为我们展开学习、工作和生活的重要组成部分。无论我们是否非常喜欢我们的名字，但当听到那几个字时，都会本能地做出回应，这就是因为，名字已然烙印在我们的内心深处，根植成为最牢固的记忆。

名字，具有相对固定性。一个人的名字，一般是不会轻易多次更改的，因为会很麻烦，银行卡、各类证件都是绑定姓名信息的，一旦更改，还需要做专门的一一处理。一个团体的名字，一般也是不会轻易多次更改的，那会让人产生不信任感，三天两头换名字，总给人不牢固、不稳定的感觉，从而造成他人的不信任，最终影响团体发展。

一个团体，也会有一个团体的名字，这是团体内所有个体的共同归属。大到一个国家，就像是我们五十六个民族的兄弟姐妹，都有一个共同的团体归属——中国。“中国”二字，对我们而言，意味着温暖，父爱母爱般的温暖；还意味着力量，家人朋友的力量；更意味着责任，建设祖国的担当。小到一个集体，就像是我们现在正在讨论的剧团，应该也必须要有一个自己的名字。对外，可以便于宣传；对内，可以强化归属。

小学戏剧社团，怎么取名呢？谁来取名呢？这主要还是剧团指导教师的事儿。就此事，指导教师固然可以征求领导和同学的意见，博采众长，从众多设想中加以挑选或融合，但意见多了以后，也难免会众口难调。比较恰当的方法是，指导教师可以先酝酿几个名字，以供大家选择，听取大伙儿意见，如大部分都觉得没有满意的名字，再扩大征集剧团名字的范围。接下来，我们会提供一些剧团命名思路，希望能够给剧团指导教师一定的启发与思考。

（一）与地名结合

地名，是人们对具有特定方位和地域范围的地理实体赋予的专有名称。从地名的定义来看，地名是人类为了便利自己的生产和生活，对特定空间位置上的自然或人文地理实体进行命名。地名的选取是有很大的讲究的，我们现在听到的各地区地名大多是经过数百年甚至上千年的时间积淀所产生的，其中蕴含着深远的意义。如由两个或两个以上地名合并构成新地名的，福建省，唐代取福州之“福”和建州之“建”，始有福建之名。清康熙六年（1667 年），将江南省分置江苏、安徽两省，江苏省由江宁、苏州二府之首字得名，安徽省由安庆、徽州二府之首字得名。清置甘肃省，以甘州（今张掖）、肃州（今酒泉）两地首字而得名。又如以本地不同历史时期的几个地名的首字组成新地名的。德平为山东省旧县名，此地汉朝为平昌县，魏属安德郡，五代后唐时从郡、县名中各取一字，名曰“德平”。全国还很多带有“阳”字的地名，多与山水有关，“山南水北为阳”，如：洛阳在洛水之北、贵阳在贵山之南，汉阳在汉水之北，绵阳在绵山之南。

不难看出地名的得来归于各种因素的综合作用，但是各种因素都支撑着地名的建立。所以说地名是一个地区的门面，具有很强的代表性，结合当地地名特点能够高效提升剧团宣传力度。譬如“秀山花灯歌舞剧团”名称的由来，就是结合了秀山地名和戏剧类型所组成的。剧团创编了大小花灯戏 20 余出，花灯歌舞剧《洞房花烛夜》、花灯戏《银河会》等都是该团的代表作品。再如河洛剧社成立于 1994 年 1 月，是洛阳师范学院成立较早的社团之一。迄今为止，它已经走过了近三十个年头，多年的风雨经历使它渐渐成长为一个相当专业的演剧团，它渐渐发展壮大，成为洛阳师范学院的招牌社团，在学校有很大的影响力，在洛阳市乃至全河南省也有一定的影响。这些剧团名称都合理结合了当地地名特点，从直观上起到了一定的代表作用和宣传作用。从这些剧团所获得的成就来看，在一定程度上映证了结合地名命名这一独特的优势。

（二）与地域特色结合

地域通常是指一定的地域空间，是自然要素与人文因素作用形成的综合体。不同的地域就像是一面面镜子，反射出不同的地域文化，形成别具一格的地域景观，这就是地域特色。

地域特色往往最能被人所熟知，例如北京的四合院、胡同、京剧、涮羊肉等；新疆的哈密瓜、葡萄干、戈壁等；重庆的火锅、吊脚楼、小面等。结合当地地域特色选取剧团名称，不仅能有效地起到宣传作用，而且还能使剧团附有一定的文化底蕴。例如山火剧团就是结合了重庆“山城”和“火锅”这两大地域特点来进行命名的。山火剧团自 2018 年创团以来，一直秉承“打造红色儿童戏剧创演阵地”的理念，共有原创红色剧目十余部，完成演出 100 余场，累计观演人次达到 8 万人次，其中《大国小兵》成为庆祝新中国成立 70 周年献礼剧目，《孩子剧团》成为庆祝中国共产党成立 100 周年献礼剧目并成功入选第七届重庆大学生戏剧节优秀剧目，《少年王朴》荣获第八届武汉大学生戏剧节剧目金奖，其余大大小小的演出均获得成功，在重庆市具有一定的影响力，“山火”已初步在山城

“火”了起来。

（三）与山川结合

一方水土养一方人，一座山，一条河，一个湖往往就能代表一座城市，代表一个区域。如人们对故土有着深厚的情感，结合山川选取剧团名称，具有浓厚的文化底蕴；如学校附近山川名称为缙云山，则剧团名称可以命名为缙云剧团；学校附近山川名称为云潭山，则剧团名称可以为云潭剧团等。

（四）与校训结合

校训是一所学校里广大师生共同遵守的基本行为准则与道德规范，它既是一个学校办学理念、治校精神的反映，也是校园文化建设的重要内容，是一所学校教风、学风、校风的集中表现，体现学校文化精神的核心内容。可以看出校训是一个学校立足的根本，从根本出发选取剧团名称，能结合学校办学特色有力地发展剧团。

如海棠剧社成立于 2005 年 6 月 14 日，是挂靠在海南大学人文传播学院名下的校级精品文艺社团。剧社始终坚持“两为”的立会宗旨：为广大戏剧爱好者提供相关的戏剧理论知识、剧本创作与表演培训等方面的服务；为具有戏剧创作与表演能力的同学们提供一个锻炼自己、提高自己、展示自己的舞台。其实，海棠剧社的名称是借鉴了海南大学的校训“海纳百川大道致远”而得来的，从中既反映社团的博大胸怀和气魄，蕴涵了社团兼容并包、活动自由的理念与精神，又昭示着社团成员在追求真理大道上的宏大志向和矢志不移的抱负，同时也描绘出社团的发展蓝图。所以剧团的命名与校训结合汲取了校训中所蕴含的深刻道理，对剧团的发展理念、对社团宗旨的提出与建立有着很大的积极影响。

（五）与校名结合

校名是一个学校的门面，结合校名选取剧团名称，有着代表作用，能得到学校大力支持。例如北京大学戏剧社简称北大剧社，由英达创立于 1982 年。北大剧社秉承北大勤于思考和创造的特点，以其富有特色的社团文化和影响力，在北京大学号称“百团大战”的学生社团活动中占据着独特的位置，连获北京大学“十佳社团”称号。这样的成就与团员自身的付出肯定是息息相关的，但是也不能忽略的剧团名称所带来的便利与支持。

文理越剧社成立于 1991 年，是绍兴文理学院成立最早、前景最被看好的社团之一。它是一个由全校戏曲爱好者组成的群众性娱乐团体。社团多次受邀参加各学院的迎新晚会、毕业生欢送晚会、寝室文化节等活动，同时也积极参加校内外各种表演活动。在历年的“社团文化节”及校社联工作考核中，文理越剧社屡屡被评为“最佳文艺社团”“校十佳社团”“校优秀社团”等。文理越剧社的指导老师是国家一级演员周柳萍老师，社团还聘请到了国家一级导演陈伟龙先生作为艺术顾问，他们经常对社团排演的节目予以指导。另外，历届社员还得到过陈飞、胡国美、陈筱珍等越剧名家的指点。文理越剧社之所以有如此大的成就与知名度，它本身的努力是决定性的因素，但是在社团建设初期，社团的名称为文理越剧社起到了不少的宣传作用。

（六）与名人结合

文化名人是一片地区的精神支柱，结合名人选取剧团名称，会使剧团拥有强大的精神支持。如楚魂戏剧社是由《雷雨》的作者——著名戏剧大师曹禺先生于1992年亲笔题名成立的。它是湖南省第一个成立的高校戏剧社，更是湖南师范大学历史最悠久、内容最丰富的学生社团。为湖南师范大学成立时间最早，同时也是最富盛名的学生社团之一。“楚魂人”一直秉承着对民族精髓的汲取和发扬，以源远流长的湘楚文化为基石，它的命名就是借鉴民族舞剧《楚魂》而诞生的。《楚魂》是以独舞、双人舞、群舞为基本手段，采用篇章式的结构形式来展开剧情、塑造屈原这位伟大爱国主义诗人形象的。舞剧基本上体现了屈原的伟大气魄和忧国忧民的强烈感情。所以说楚魂戏剧社本身就带有屈原这一著名的人物形象和他具备的爱国情怀、民族气概。

成立于2001年的逸雪话剧社，在河海大学是绝无仅有的一个社团，表演话剧、舞台剧，立足于这个水利类的理工科院校，他们以逸雪命名，立志在河海打造“逸雪”的品牌：“好话剧，逸雪造”。这个戏剧社团的命名就是结合了当地名人蒋逸雪。蒋逸雪（1902—1985），江苏建湖人，又名连城，文史研究专家。蒋先生家道孤贫，笃志励学，学有所成。应聘执教于江苏省立第九中学，旋又至国史馆任编审，主要致力于经学、文学、小学研究。1956年来苏北师专中文科任教，历任讲师、副教授、古代文学硕导。著有《国学概论》《张天如先生年谱》《刘鹗年谱》《南谷类稿》等，《南谷类稿》曾获江苏省哲学社会科学优秀成果奖。逸雪话剧社就是通过联系当地名人进行命名的，剧团成立后，在实践中不断进取，努力打造“逸雪”这块招牌。在本节的例举中，我们之所以大量选择高校戏剧社团的命名案例，是因为有记载的小学戏剧社团数量并不多，比较典型的就更少。究其原因，是因为小学戏剧社团数量原本就少了，更缺少规范的社团建设章程，也就没有叫得响、留得住的社团名称。这是一个值得注意的问题，一个能够保证剧团建设持续发展的关键性问题，应该得到剧团建设者的高度重视。

第四节　关于剧团组织架构

剧团的发展定位是灵魂，剧团的组织架构是血肉。灵魂引领着肢体行走的方向，血肉左右着灵魂呈现的形式。也就是说，剧团组织架构是基于剧团发展定位所进行的机构化设定和队伍化建设，是支撑和凸显剧团定位的重要依托。选择搭建怎样的团队、配备什么样的人员，关键是取决于选择达到什么样的目标。一个剧团下设部门应有几个，这样无论是从工作分配，还是人际交往方面来讲，给行业内的人看，就会觉得这个剧团有明确的分工；给行业外的人看，就会显得这个剧团还不够专业。所以，作为一个剧团，在剧团下面的每个部门应当做到较为全面但不复杂，每个不同的部门都有相应所负责的事情，例如设立表演团，主要就是进行演出的人员分配和剧目的人员安排；设立舞美团，主要就是进行舞台上部分布景道具的制作；设立后台团队，主要就是进行一些剧目的统筹和后台时间的处理等，但具体设立几个部门，设立哪几个部门，这都取决于所要达到的目的。如果只是简单地演出一个剧目，那当然简单最好，不需要特别复杂的设计，但如果是有着长期的发展，那就有必要好好设计一下团队的组成了。这个话也可以反过来说，要想实现什么样的目标，要想突出什么样的定位，就必须选择搭建与之相适应的平台、与之相匹配的团队、与之相支撑的人员。

剧团定位具有较强的稳定性，但这并不意味着剧团的组织架构一旦确立后就是一成不变的了，因为这还存在着因时间推移、时代发展而带来的对发展定位的崭新解读和优化设计，那样也必然会带来剧团组织架构的革新和变化。在时代的发展中，会涌现很多更为科学的结构划分方式，或者更简单但更全面的结构方式。这时候，剧团可能就需要进行一些内部的变动，寻找比现在更好的剧团组织架构。因此，在进行剧团组织架构框定时，要充分地考虑到这一可能性和发展性，并预留有足够的发展余地和空间。

从实际操作的层面来看，本节在阐述组织架构建设时，拟分为三个阶段，即剧团建设初期的保障性阶段架构设想、剧团建设中期的调整性架构设想和剧团建设完成期的稳固性阶段架构设想。

（一）初期架构

在剧团建设初期，更多的是处于关注自身生存的阶段，由于各项事务还处于探索阶段，即初步探索社团定位、立足校园场地阶段。所以剧团初期架构不宜复杂，而应趋于简单化。这一简单化的架构是指以指导教师为主要负责人，全面主持剧团工作，团长与副团长起到任务的执行和活动的配合作用。

其中团长主要负责剧团内务管理，包括人员安排，会议组织、剧团材料递交等，副团长主要负责日常排练及活动的组织。在剧团建设初期，内部成员之间不够熟悉，通过指导教师直接的管理模式，能使剧团快速扎根校园，这一简单的组织架构不仅能够方便指导教师与学生之间的沟通交流，快速地分配任务，而且能够有效培养师生关系，营造温馨和谐的剧团氛围。

在剧团成立初期，不应设立过多的下设部门，也不应吸纳过多的学生加入。过多的团队成员反而会导致指导老师压力的提升。新团建立，不要追逐大的声势，要大处着眼、小处着手。不要一下子吸纳很多同学加入，因为剧目需要选择、排练需要时间、平台需要搭建、经费需要保障，要不然很多同学名义上加入进来，没有实质性的锻炼机会，也会导致人心浮动，影响剧团建设成效。

（二）中期架构

在剧团建设中期，随着剧团的不断发展，规模的不断扩大，社团内部各项事务日益增多，简单的组织架构已经不能承担相对复杂的任务工作，此时需对剧团内部组织架构进行更加细化的完善，以满足日益繁多的事务性工作。对剧团中期架构可以参考以下模式执行：

剧团总团：由指导教师指导，总团长和副团长带领各分团长组成的管理部门，主要负责剧团成员管理、活动的策划及安排、对外交流等。

剧团团部：主要负责组织协调排演事务、对接活动工作和管理剧团服装道具，相当于剧团办公室。

表演分团：主要负责各类剧目的排演工作。

舞美分团：主要负责演出剧目中小道具及舞台布景的制作。

总团，相当于是整个剧团的中枢结构，把控着整个剧团的发展方向。通过指导教师的方向性指导，由总团长和副团长带领各分团团长进行任务调整和分配，再由各分团团长到各自分管部门实际执行，在任务的开展过程中，遇到问题可向总团长或者直接向指导教师汇报，经总团开会后合力探究出解决方案。

团部，是整个剧团的剧务部门，由团部团长带领各团员服务剧团演出活动，锻炼团员协调能力和资产管理能力。在剧团的建设过程中，日常排演是必不可少的，人员的通知作为排演中关键的环节，需由团部派人专门完成，使排演事务能够顺利有序地进行下去。对于演出活动过程中的人员对接、道具摆放等都需要团部人员协助解决，演出活动开展过后所留下的道具，也需由团部人员进行合理的归纳与管理。

表演分团，由表演分团团长主要管理，负责剧团各类剧目的演出活动。剧团的发展在很大程度上取决于剧目演出的效果，一个剧团的内在理念很难被他人所关注，一个优秀的剧本也只有以具象的形式，将人物和故事情节展现在观众面前，才会被更多人所熟知。所以表演分团所承担的表演任务是极其重要且极其艰巨的。在日常排练中，学生需要经历辛苦的排演，包括台词对话、舞台调度、情感把控等。在正式演出时，学生还需承担一定的心理压力，因为在舞台上的一举一动都是暴露在每个观众眼里的，稍不留神就会变成舞台事故。这就很能说明表演分团的建立在很大程度上是为了减少学生所承担的工作量，有效缓解学生压力，将更多的精力和时间运用到排演任务的完成当中，使得演出活动能够顺利开展。

舞美分团，是由舞美分团团长主要管理，负责剧团各种剧目演出活动中所需要的小道具及舞台布景的设计制作。一部剧的呈现不仅仅只有演员的对话和动作，还需要合理添加舞台布景和演出道具，只有将演员嵌入到舞台空间中，灵活运用舞台道具，才能使剧情更加生动，演出效果更加深入人心。从整体呈现来看，道具的精致程度也可以直接影响观众对整部剧的观演体验。但是由于小学生认知能力不够全面，舞美分团的工作常常被学生忽视，大多数学生认为只有上台表演才是最光彩的，所以指导教师应明确舞美分团在剧团中的定位，对舞美分团成员的工作表示极大认可，并大力支持更多的学生参与其中，培养学生勇于动手、善于动手、乐于动手的劳动价值观。

（三）成熟架构

在剧团建设成熟阶段，应分清剧团的常规任务和专项任务，所谓常规任务是指剧团成员都需要完成的，比如学习戏剧知识、锻炼戏剧技能等；专项任务指的是具有一定完成条件，需由专门的人员在特定条件下完成的，比如剧团资产管理、演出设备操作、剧本创作等。在处理完常规事务的同时，需对剧团内部各项事务进行更细致的划分，每个部分应有专门的学生负责，使得剧团的整个管理体系更具系统性，更能增加办事效率。

除此之外，剧团应尝试承担创造性任务的开发，不断跟随时代潮流而进步，这样才能使剧团在各个阶段都有自己的拿手本领。在剧团建设过程中，应时刻关注国家政策和地方发展，从而不断积淀相关知识。当剧团发展到成熟阶段后，结合理论知识和实践经验等多种因素开发新类型的剧本，例如国际理解观念剧、乡村垃圾分类剧、民俗儿童剧、神话题材儿童剧、皮影儿童剧等多种形式的剧目，将各种形式的剧目整理成册，通过创新项目的形式在剧团以及学校开展试点运行，在实践中不断完善，以实践的形式稳固剧团内部架构。现有如下架构作为参考：

总团：由总团长、副团长、分团长和各分团主要负责人组成，主要负责剧团事务的安排、活动的策划和活动总结，并定期召开团员大会，收集成员反馈，并做出规划方案。

团部：主要负责组织协调排演事务、对接活动工作。

表演分团：主要负责各类剧目的演出工作和各种活动的主持工作。

舞美中心：主要负责各类演出剧目中小道具的制作和文创产品的开发。

实验分团：主要负责剧目文本的初步创作。

剧务部：主要负责管理剧团服装道具和演出布景的摆放。

从结构上看，成熟架构相较于中期架构增加了实验分团和剧务部两个下设部门。其中，实验分团的设定可以扩大剧团后续发展空间，对于剧团的发展来说具有开创性意义。剧务部的创立则是将剧团的工作任务更加细化，减小学生压力，增加工作效率。

从内容上看，总团的人员组成更加丰富，不仅仅只限于团干部，而是把目光投向整个剧团，使得所有成员都有机会参与其中，体现了剧团极具包容性的特点。这样的转变能够有效地扩大剧团发展空间，让更多有能力、有想法的学生积极投入进来，成为建设和发展剧团的稳固力量。团部的工作由以前各类繁杂事务减轻为更加具有专项特点的对接任务，这样做是为了让学生有更多的精力去认真细致地完成专项任务。表演分团的主要任务不仅仅限于戏剧演出，而且是通过各种活动锻炼语言表达能力和舞台把控能力。舞美分团提升为舞美中心，以更加庞大的规模满足剧团日益增长的道具需求，通过文创产品的开发，一方面培养学生乐于创新的精神，另一方面也对剧团起到很好的宣传作用。

之所以创立实验分团，是因为此时的剧团已经有了一定的实力基础和学校的支持，在进行日常剧团活动时，有这样一个团队进行着剧目文本的创作，直接体现出剧团的创造能力，侧面展现剧团的创新能力。这样一来，剧团就能够不只是开展那些被人熟知的、已经较为成熟的剧目展演，而是可以选择来自本剧团的作品进行二次加工，无论是在版权问题上面，还是演出效果方面，剧团都能够建立起充分的自信。尤为关键的是，在指导教师的指导下，实验分团的同学可以更加全方位地锻炼戏剧创作的能力，特别是剧本写作的能力，这在“大语文”观念背景下，对于语文学科的学习是有极大帮助的。

从整体来看，成熟架构相较于中期架构更具全面性和创新性，对培养学生思想道德、提高学生能力水平以及剧团发展有着至关重要的作用。辩证地来看，成熟与不成熟是相对而言的，对于剧团建设而言，没有完成时和标准化，只有进行时和探索中。成熟的剧团架构如若不能适应教育形势的新变化，不能顺应戏剧教育发展的新潮流，也将会影响制约剧团的发展。并不那么成熟的剧团架构，但能够真正服务团员又好又快成长，也是能够适应剧团发展阶段的好架构。因此，关于剧团组织架构的设置问题，需要指导教师根据自身工作实际情况予以考量。各戏剧社团还可以根据实际工作的需要和学校发展的需求，结合已有优势基础，设立相应的组织架构和内部构成，那些也可能会成为本校戏剧社团的优势特色和核心竞争力所在。

第五节　关于剧团成员遴选

剧团，是“铁打的营盘流水的兵”。流动性，是剧团团队建设的基本团情和基本特点，更是剧团团队建设面临的困难与挑战。小学戏剧社团的成员，受到学业、家庭、心理、情绪、同学关系、师生关系等方面的制约因素很多，更加呈现出不稳定、不贯穿、不连续的特点。在这方面，剧团指导教师要做好充分的思想和行动准备。当出现团队成员变动时，不必患得患失，耐心且有智慧地应对解决即可。学生作为戏剧社团的主体，指导老师要引导团干部及时关注团员在剧团的言谈举止，仔细体察学生的心理健康状况。

学生，是戏剧社团的主体，是承担剧团工作和排演创作的主体。对建设初期的团队成员遴选工作而言，其是非常重要的，因为这意味着第一拨“种子选手”的诞生。后面剧团能否实现稳步发展，这第一拨人需要起到关键性的基础作用。如果第一拨人成长快、表现好，就能起到很好的示范效应，剧团的后备储存力量就会得到保障。

（一）基本要求

剧团的发展离不开源源不断的人员输入，要进一步推进剧团健康发展，剧团成员的遴选是剧团发展的关键环节。剧团成员遴选条件如下：

1. 本校在校学生；
2. 有一定的故事创编能力；
3. 有较强的交流与组织能力；
4. 语言表达能力较强；
5. 具有绘画、手工方面基础；
6. 有较强的耐心；
7. 对戏剧有着浓厚的兴趣。

指导教师根据学生实际情况进行遴选，应结合学生个性特点分板块培养，完成相应章程任务。

（二）遴选程序

1. 校大队委及剧团根据实际需要，确定学生需求类型；
2. 在全校开展社团招新活动，并根据剧团基本条件进行遴选；
3. 剧团成员遴选可以由在校学生自由申报，也可由相关部门组织、任课教师以及学生家长推荐；
4. 申报学生经过剧团指导教师和相关人员面试后，符合要求者将被纳入社团招新名单；
5. 经过归纳整理后将纳新名单递送相关管理部门备案；
6. 在社团活动期间，剧团成员应按照剧团章程完成相应的任务，通过指导教师与总团的认定后方能成为正式成员；
7. 由指导教师和总团对剧团成员进行测评，测评结果将作为年度社团优秀学生评选的重要依据。

（三）面试考题参考

1. 加入剧团的初衷；
2. 询问学生特长；
3. 可以问一些和戏剧有关的知识，最好是主观题。例如：你有没有接触过戏剧？印象最深的戏剧是什么？

3. 可以准备一些简单的绕口令和一些戏剧节选对白来即兴朗读；

4. 可以用肢体语言即兴表演心情变化；

5. 询问学生对于剧团长期的排演工作有没有信心坚持下去。

面试考题仅供参考，指导教师需根据学生各自条件、社团实际情况、学校要求等对学生进行面试考核。

第六节　关于剧团章程拟定

章程，是组织、社团经特定的程序制定的关于组织规程和办事规则的规范性文书，是一种根本性的规章制度。剧团秩序的建立与章程的拟定二者间的关系是密不可分的，正如凯尔森所言：“说社团是一个联合或一个共同体，只不过是表示秩序的统一体的另一种方式而已。”人们只是在他们的行为受联合的秩序所调整时，才“属于”这一联合或组成这一联合。所以章程的制定，对于剧团的建设和发展起到必要的规范作用。

第一，章程能保证剧团内部的思想统一。每个社团都有自己特有的理念、性质、宗旨、活动开展方式等，正因为章程将这些特性以文字的形式展现出来，才能使整个剧团成员明确共同的目标。

第二，章程的制定能有效建设剧团管理制度。随着剧团的不断发展，内部结构的不断壮大，需有详细的准则来规范学生的行为方式，使得整个剧团的管理模式更具系统性和规范性，稳固剧团的发展。

第三，章程能有效保障剧团成员权利。参加任何一个组织、团体，都要承担这个组织交给的工作并承担义务，但同时也都享有这个组织所规定的权利。章程必须明确剧团成员的权利和义务，并对剧团成员的权利起到保障作用。

章程内容的核心是建立内部的组织机构、规定社员的权利义务，以最终实现社团设立的宗旨，其中可以大致分为总则、社团框架、成员资格、权利和义务、组织管理制度、财务制度、负责人产生程序、章程修改程序、社团终止程序、附则十个章节。

（一）总则

总则主要是记载剧团的人文要素，其中包括社团名称、社团性质、社团宗旨、社团目标四项。通过明文条例对社团基本情况进行说明，旨在使剧团成员能够清晰了解社团的内部情况，明确剧团的发展目标和主要追求。

（二）社团框架

本章程主要是厘清剧团内部的整体框架，更准确地把握剧团定位及各部门的分工情况。例如整个剧团由指导教师负责方向指导，由总团进行整体管理，各分团负责任务的执行并反馈。其中，总团是由指导教师指导，总团长和副团长带领各分团长及剧团骨干成员所组成的管理机构。

（三）成员资格

本章程的主要内容是对剧团成员的认定标准进行制定，根据剧团任务要求和剧团成员个性特征制定相符合的系列标准。每学期末，社团成员需完成相应的任务标准才能被认定为合格的成员，否则将不被认定。对于成员资格的制定，可分板块制定特色任务，在完成常规任务的基础上，制定各下设部门的专项任务。例如团部的专项任务：

1. 参加活动次数达到剧团总活动次数的百分之六十；

2. 有两次及以上幕后工作给予证明；

3. 参与演出服装和道具的整理与归纳；

4. 社团的团员大会无故缺席 1 次者不给予证明。

（注：1、2、3 三条章程完成一条即认定成员资格）

（四）权利和义务

本章程主要是对剧团成员所具有的权利和义务进行规范，剧团成员能够明确地知道自己的权利与义务。在剧团的活动中，剧团成员能够很清晰知道自己的义务与权利所在，遇到特殊情况时也可以用来保障自己的权利不受侵害。

权利：

1. 无论有无戏剧相关基础，所有团员均可获得剧团提供的戏剧实践内容及相关的多元化训练；

2. 剧团成员在遵守法律、校规校纪的前提下，以丰富充实校园生活为目的，可按照社团管理条例规定开展活动；

3. 团员有退出剧团的权利，无须退团申请，无相关申请流程；

4. 拥有社团内部的发言权、选举权、被选举权和表决权；

5. 有本社团所举办的活动的参与权；

6. 拥有对本社团工作的批评建议权和监督的权利。

7. 获得接受社团学习发展、拓展自我的权利。

义务：

1. 在遵守法律、校规校纪、本社章程的基础上，进行一切活动；

2. 积极宣传本社团，维护其他团员利益，维护本团的整体荣誉；

3. 积极完成相关的戏剧训练任务；

4. 所有团员一经注册即有一年的团员资格，这期间不得转让团员资格。

（五）组织管理制度

本章程是对社团整体的服务面向，以及各下设部门的管理范围做出明确规定的条例，使剧团成员能够明确社团各部分任务目标，清晰把握剧团定位。例如：

团部平时负责耳麦、灯光等演出设备的管理与应用，以及演出活动的筹备。作为一个与其他分团相互交流、互相促进的中心部门，团员在此可学习耳麦、音乐、灯光、PPT 等多项技能，锻炼团员协调处事的能力与活动筹办能力；舞美分团为戏剧社团所涉及的活动制作舞美道具，锻炼团员手工技能，提升动手创造能力；表演分团主要的工作为排练剧目，负责团员表演能力的训练；实验分团主要是为剧团创新发展服务，在实验中讨论剧团接下来的发展方向的可行性，着力于锻炼团员的创新思维与开拓性思维。

（六）财务制度

本章程主要是对社团的经费来源进行公示、对社团开支做出明确的规定。例如：

1. 捐赠、赞助；

2. 在核准的活动范围内开展活动或服务的收入；

3. 其他合法收入；

4. 本社团经费必须用于本章程规定的业务范围和事业的发展，不得挪作他用，不得在会员中分配；

5. 本社团建立严格的财务管理制度，保证财务资料合法，真实，准确，完整；

6. 本社团具有专门的财务人员。财务人员变动时，必须与接管人员办理好交接手续；

7. 本社团资产管理必须执行学校规定的财务管理制度，接受团员大会和各级指导单位的监督；

8. 本社团资产，任何单位、个人不得侵占、私分和挪用。

（七）负责人产生程序

本章程主要是对社团的总团负责人和分团负责人的评选进行系统明确的规定。

如总团长与副团长的选举需填写《社团负责人换届申请表》，经指导老师、相关部门同意或通过后，由负责人递交书面辞职申请，并对以前的工作及社团经费的运用作出总结；

各部门的负责人由团长和副团长提名申请，由团员大会决定；社团负责人任职期限为一年，社团组织机构主要负责人任职期限为一年；新任干部有一个月的实习时间，在此期间，上任干部不得退任，要对新任干部进行培养，帮助其熟悉工作环节。各部门负责人学期工作报告在社员大会接受审核，未经三分之二以上社员赞成通过者，通过团员大会给以罢免、降职。

（八）章程修改程序

本章程是对社团章程的修改流程做出明确的要求和提示。如对本社团章程的修改程序，由本社团执行机构或一半以上本社团成员联名提出，并交经本社团会员大会审议；本社团修改的章程，须在会员大会上通过后 7 日内，上报学校有关部门审核。

（九）社团终止程序

本章程是对社团的注销做出明确的规定和解释。例如：

1. 本社团完成宗旨或自行解散或由之分立、合并等原因需要注销的，由团员大会提出终止动议；

2. 本社团终止动议须报指导单位审查同意；

3. 本社团经学校办理注销登记手续后即为终止。

（十）附则

本章程主要明确本章程版权方。例如：

1. 本章程修改权由剧团全体团员大会所有；

2. 本章程以《学生社团建设管理办法》为制定依据，两者如有不一致之处，皆以后者为准。

第七节　关于剧团活动场地

在学校开展戏剧实践活动，能培育独特的文化氛围，扎实立足校园场地开展实践是戏剧社团发展的根本依托。明确戏剧社团建设与校园文化建设间的关联性，将社团建设当作校园文化建设发展的重要载体和导向力量，借助多样化的社团活动促进校园文化建设高质量发展。学校作为一个较为大型的场域，里面的主要群体又较为特殊，所以如何正确地将戏剧带进校园是所有戏剧社团都要面临的一大挑战。戏剧社团需要通过戏剧进校园的活动，培养学校里学生们对戏剧的兴趣，同时充分发挥校园文化的激励引导作用，促进校园内戏剧社团活动的有序开展，凭借学生社团在人员、资源等方面的优势促进校园文化创新建设，将丰富多彩的校园文化融入社团活动中，以此来促进学生综合素质的全面提升。

戏剧社团扎根学校开展活动，对于渲染浓郁的校园文化氛围，加强校园精神文明建设，打造特色校园文化有着积极的促进作用。通过戏剧社团的建设，培养学生对戏剧艺术的兴趣，了解戏剧艺术的相关知识，进一步传承、弘扬优秀的民族文化和传统文化。通过逐步推进的方式，使全校师生在潜移默化中获取一些与戏剧相关的基本知识，在全校范围内形成比较浓厚的戏剧文化氛围和一定的戏剧教育基础。开设戏剧教育课程，将戏剧融入学校第一课堂教学中。而在校园里展开戏剧社团活动也有着一个先天的优势，那就是大部分受众群体为学生，而学生刚好是生活在学校，且处于兴趣爱好最丰富的年龄阶段，这个阶段的学生，是最容易培养出兴趣的，刚好戏剧又不同于学科课程的常规教育，学生能在戏剧里找到自己感兴趣的部分，这样一来，戏剧不仅融入了课堂，也成了学校艺术教育课程的一部分。

在学校开展戏剧活动的场地，可根据学校条件、活动性质、活动规模等因素进行选择。通常剧团活动场地应选择空间宽敞、光线较好的地方，因为这样才能增强观众的观演体验感，同时也能丰富舞台调度。当然其他地方也能进行戏剧演出活动，例如选择背景丰富的地点作为沉浸式戏剧的演出活动的场地。具体而言，可以有以下场地选择：

（一）学校报告厅

报告厅作为学校举办学术报告、讲座、各种工作会议以及文艺演出的场所，是开展戏剧演出活动的绝佳地点。在戏剧演出过程中，周围的环境，在很大程度上影响着演员情感的流露和观众对于故事情境的体验感。通常在开放的场地进行戏剧演出活动，观众感受到的剧场仪式不够强烈，导致台下人员的流动性很强，各种嘈杂的声音混合在一起，使得戏剧演出效果大打折扣。报告厅不仅是一个封闭的空间，而且还配备了演出所需的音响和多媒体设备，从客观的角度来看，可以极大地提升戏剧演出效果，增强观众的观演体验感。

报告厅作为学校学术交流的重要场所，对于全校师生来说，本身沉淀着丰厚的精神文化。再加上学校里大部分观赏性和比赛性的活动不出意外的话都是在报告厅举行，所以在学生眼里，报告厅是有着一定“权威性”的，对于在报告厅举行的活动，无论是小型还是大型，学生通常都会认真地进行准备和协调。剧团长期立足报告厅进行戏剧演出活动，不仅能够提升剧团在学校的影响力，更会对整个学校戏剧文化氛围的渲染起到极其重要的作用。

（二）学校操场

学校操场是整个校园最大的活动场地，具有视野开阔的特性，在此举办戏剧演出活动很容易受到学校师生的关注，活动影响也能够大大增强。在学校，操场常常是学生们体育运动和休闲玩乐的场所，大多数学生没有接触过露天的戏剧演出，对于在操场上观看的戏剧表演更是一种前所未有的体验。在操场进行戏剧演出活动更能吸引全校师生的参与，在课后时间，通过戏剧演出活动可以有效缓解学生学习压力，丰富学生课余生活，对整个校园戏剧文化的建设有着至关重要的作用。

从某种程度而言，操场作为开放式戏剧演出空间，也能体现出戏剧具有的广阔的包容性和灵动的可变性，可以吸纳受众随机观看，可以展开更加丰富的调度和设计。但同时，在操场上演出，对于演出收声和扩声设备也会提出相应的高标准要求，不然就会影响受众的观剧体验。再者就是由于操场属于较大的演出空间，观演距离较远，需要演员用更加夸张的行动和表演，才能让观众准确捕捉到剧目信息。

（三）学校标志性地点

所谓标志性地点，就是学校拥有的一些标志性的建筑。它们经过时间的推移，久而久之便成了学校标志性的地点。这些标志性的地点通常会作为学校宣传图片向外展示，所以在大众的心中来说，这些地点无疑是学校向外展示最好的形象体现。并且，因为是学校的标志性地点，也就证明这是学校引以为傲的场所，如果有机会在标志性地点进行演出，那么也就意味着剧团活动是与学校标识进行了有机融合的。剧团的演出活动选在这些地方举办，通过网络媒体发布后，对于剧团对外的宣传，有一定的促进作用。比如学校的名人雕像，在合川草街镇育才小学，其学校广场上就矗立着一尊陶行知先生的雕像，在雕像前有一块具有舞台特质的平台，只要稍加打造便可以成为剧团日常排练和演出的场所。还有的学校教学楼前一般会有一块宽阔的空地或平台，这里也可以是戏剧“生存”的场域。

（四）学校教室

对于一般的小学而言，大多没有专业的戏剧剧场，那么教室就是其重要的社团活动场所，在教室中展开社团戏剧排练，方便指导教师进行学生管理的同时也能方便进行排演指导。作为戏剧活动的教室，其用法不同于传统教室，其布局具有灵活性，可以没有传统教室里的讲台和学生座位，在这种戏剧活动教室中，我们可以进行特殊化的打造和专项化的设计，营造规定情境，使教室带有剧场性，在这个“剧场化教室”，指导教师就可以与学生一起进行戏剧排演。甚至我们可以将传统的授课教室打造成专属的戏剧表演教室，类似于小剧场的那种模式，有着表演区和观众区，观众们能够在台下进行演出的观赏，表演者们能够在台上顺利进行表演。总之就是要充分利用教室资源，运用有限条件对现有场地进行适当改造，以适应戏剧社团建设的实际需要。但若学校空间本就非常紧张，也不必单纯为了想要一块专属场地而加重学校的负担，可以在常规教室中展开灵活排演，待条件成熟再行争取。

（五）社会剧场

社会剧场，主要是指学校以外的专业性舞台演出场馆或场地，大部分剧场都具有专业的灯光和音响设备，有些只是具备场馆舞台的形式，缺少相应的设备支持，但都能满足戏剧活动与演出的需要，能够为戏剧社团提供活动场地。对于小学戏剧社团而言，社会剧场并不能作为其主要的活动场域，一般只能作为社团的外联演出场地。如果戏剧社团拥有一块社会剧场活动场地，这将有利于社团的向外开拓，有利于学生走出学校进行社会实践，也可成为学生进行戏剧研学的场地。不过在社会剧场进行演出一般都会受到一定限制，有些社会剧场演出是需要付费的，而且在使用上也需要有一定剧场管理经验的人员调控剧场设备。作为一个小学戏剧社团，除非举办或参与大型的戏剧活动，一般并不会使用到社会剧场。但若能够受邀或自行争取参加区域大型活动，对于剧团活动场域的拓展而言也是有很大好处的。

（六）街道社区

小学社团可以与学校附近的街道社区或村委会进行合作，将其作为社团戏剧排练成果展示的平台，由街道提供场地，社团提供演出，邀请附近居民进行观看，实现共赢。街道社区提供的场地一般是居民聚居区的空地上，既可以进行简单的戏剧演出，又能容纳足够多的现场观众。在现场观众中，可能就有演出学生的家长，他们能够直观地观看自己孩子的演出，一定程度上他们就会支持社团与社区的合作，并且还能看到戏剧社团的成果，也能更好支持小学戏剧社团的发展。在农村地区，这类场所可以是在村民活动中心，随着乡村振兴战略的实施，很多村庄都建设有篮球场、村民活动广场等场所，这就为剧团的演出提供了宽阔的场地。并且这种在社区进行演出的方式也可以成为家校沟通的一种方式，促进家校共育。

（七）少年宫、文化馆

有些地方的少年宫和文化馆本身就配有剧场，并且也承担着青少年文化教育的职责，学校可以与其进行合作，社团可以定期在场馆内进行戏剧演出，在展现社团成果的同时，也为其他小朋友带去有趣的演出节目。在这类场所进行戏剧活动，一般要以学校的名义进行联络，为常态化的演出活动奠定基础。

（八）其他地点

可以就校内其他地点的实地情况，进行沉浸式戏剧的展演。“沉浸式戏剧”最重要的是创造一个类似真实世界的环境，艺术家们运用这种切实的、可感知的环境产生的“迷失感”，鼓励观众相信自己是就是戏剧本身的一部分。随着人类生活质量的日益提高，观众们对戏剧产生了更多期待和需求，沉浸式戏剧在过去的 20 年间从表演艺术的一种新趋势，逐渐发展到今日成为主流。例如纽约每年夏季的文化盛事 Shakespeare in the Park，整个剧目都会发生在中央公园中间的 Delacorte Theater，观众们可以披着中央公园的晚霞看完整场演出。对于沉浸式戏剧的创作是剧团应当去探寻的，虽有难度，但是对于整个剧团能力的提升和校园文化的发展都有极大的作用。

第八节　关于剧团经费管理

经费是一个组织和团体开展活动的必要保障，对于小学戏剧社团而言，无论是开展戏剧演出还是日常社团活动，都需要有一定的社团经费来进行支撑，并且戏剧因其综合性的特点，在经费的需求上也偏高。一台完整的戏剧剧目在经费的需求上，主要包括服装、道具、布景、化妆、设备等一系列的开支，而戏剧社团的经费来源又有限，这就要求我们在剧团的经费使用上必须遵守节俭性、合规性、适切性原则。其中节俭性原则在经费开支上尽量做到物尽其用，花钱花在刀刃上，比如对于剧目中的小型道具，若学生有能力自行制作，那么就不用直接购买，这样既能节省经费开支，又能锻炼学生的动手能力，同时在进行物资购买时做到货比三家，选取价格低廉的货品购买，其货物以满足剧目呈现效果为最终目的，不必追求过分的布景、服装等方面的华丽，而且社团的所有物品都是可以重复使用的，包括服装和道具，可以最大限度减少浪费。合规性即社团经费的使用必须合乎规定，甚至需要有人进行监督，特别是指导教师一定要遵守学校的报账流程，依程序办事。

适切性是指使用经费购买的服务或物品能够具有社团使用价值，每一个物品对于社团而言都有“用武之地”，社团不允许购买一些没有实用价值的物品。至于社团的经费来源，主要有以下几个方面：

学校支持，对于剧团的建设来说，多数的资金来源于学校拨款。学校每年有部分经费是用来开展校园文化活动的，而戏剧作为一种具有较强感染力的艺术形式，能够活跃校园文化氛围，对于学校本身的建设有着重要的作用，学校应会大力支持校内戏剧社团的创建与发展。

项目经费，指导教师可依托社团建设申报相关教育部门和社会组织的科研项目，为社团建设提供部分资金支持。

社会赞助，社会赞助主要分为商业赞助和校友支持，其中商业赞助即指导教师联系校外商家，与其进行合作，社团在开办活动时结合商家的需要进行剧目的设计，由商家赞助社团活动的开展经费。校友支持有两种群体的支持，一种是学生的支持，一种是家长的支持。学生的支持是指毕业学生在有一定经济实力后愿意出资帮助社团建设，家长的支持是指学生家长看到孩子在社团中获得成长，愿意以各种方式支持剧团发展，其中就包括向学校做专项捐赠的方式。经费有限，经费获取渠道有限，需要指导教师努力争取“开源”，多方筹措剧团建设经费。但若一时之间做不到“开源”，那便唯有“节流”，节省不必要的经费支出，对有限经费进行科学管理与使用，发挥聪明才智，力求用较少的钱办较多的事。

第九节　关于剧团首场活动

当我们以历史的线性时间逻辑回顾一个人、一个团体、一个领域的成长和发展历程时，会发现有些关键性的“第一次”会载入成长史册，纳入发展轨迹的难忘节点和重要起点，只不过当事人身在其中不自知而已。而当他有机会、有时间、有需要做过往回首和全面梳理时，也许会后知后觉地发现那些关键性的“第一次”有可能是带有缺憾的，有可能是仓促、粗糙的，甚至有可能是漏洞百出、令人不堪回首的，但这些都不可惜，最为可惜的是那些与至关重要的“第一次”有关的弥足珍贵的过程性材料，没有被很好的保存而导致“第一次”的记忆残缺不全、模糊不清，甚至支离破碎。然而，幸运的是，在戏剧和电影成长和发展过程当中的重要佐证——诸多“第一”，大多都能够被较好的保存下来，比如1905年中国本土第一部原创影片《定军山》的剧照依然清晰可见，身着古代戎装的“伶界大王”谭鑫培跨越百余年的时光跃入眼前时，依然能令当代人感到容光焕发、英姿飒爽。

我们再来打开中国现代话剧的历史书卷，会看到关于中国第一个现代话剧团体——春柳社的详尽史料，李叔同、曾孝谷、欧阳予倩等话剧先驱在日本东京举办募捐演出，改编创作排演《茶花女》《黑奴吁天录》的有关细节和剧照材料都有比较完备的记录，这为我们回顾、认识、学习、研究春柳社的戏剧艺术创作提供了极好的史料保障。只不过无论是谭鑫培，还是李叔同，他们在参与艺术创作的那时那刻，并不能敏锐地感知到他们做的事情是那么有意义、那么有开创性、那么值得被记录，而他们无一例外都是普普通通、平平凡凡的人，我们也是普罗大众中不甚出众的普通个体，我们所带领的剧团也只是戏剧教育星空中不甚夺目的那一颗平凡的星，但我们平凡并不平庸，我们也有我们微弱的光亮和并不刺眼的光芒。从这个意义上讲，剧团的首个剧目会成为奠定剧团发展的重要基石。对此，我们既不要妄自菲薄，也不必过分紧张，在情感上重视，在投入上竭力，为剧团的系列创作开好头，引好路，打好基础。

作为戏剧社团的首场活动，活动的形式是多样的，可以是一个演出活动，也可以是一个戏剧体验活动，前者强调戏剧的呈现展示，后者强调学生对戏剧的体验感受。社团可以根据实际需要进行活动形式选择。若剧团的首场活动是戏剧演出，要考虑活动是社团主导、是专项活动，还是只是参与某个文艺活动。一般在社团成立前期，主要以辅助学校演出为主，所以社团肯定是协助某一整体活动的开展，那么剧团的首场活动肯定是戏剧演出活动。戏剧体验活动包括教育戏剧、一人一故事剧场等形式，其中教育戏剧是以指导教师为主导，开设特定的教育戏剧体验课，让学生感受到戏剧的乐趣，一人一故事则是一种基于心理健康教育的戏剧形式。社团的首场活动并不一定要定义为社团外部活动，也可以是开展社团内部活动，比如社团内部剧目展演，以该次展演为契机，将该活动设计为社团面向学校的常规戏剧普及教育活动。

对于如何展开剧目排练这一具体问题，指导教师在确定排演剧目后，首先是对剧目文本进行结构性解读，清晰梳理剧本的逻辑关系，如有几幕，有几场，几个场景，几个事件，几个主要矛盾，几个主要人物……进而分析阐释剧本的主题，找到排演本剧的现实意义和教育价值，而后根据学生实际和排演需求确定剧组构成。在敲定剧组成员时，指导教师可根据既往了解和经验判断对主要角色进行初步分配，根据分配结果开展入戏试演，再进行适当微调，最终敲定剧组人员分工安排表。紧接着就要展开第一阶段的排练，这个阶段的主要目标是通过通读剧本，帮助学生建立对戏剧的完整性认知，这个过程至少需要通读三至五遍剧本，指导教师务必要注重第一阶段的剧本通读，因为这是剧组同学对剧本的初次认识，是建立良好准确的“内心形象种子”的最佳时机，因此务必要求剧组同学认真对待。

在首场演出的内容选择上，主要有以下几个方向需要考虑：

根据当地名人事迹进行的剧目创演。历史名人在各地区具有一定的精神文化符号作用，是一个地区精神文化的突出代表。戏剧社团需深度挖掘区域名人背后的故事，把握名人主体思想并加以主观润色，传播名人精神。如重庆第二师范学院山火剧团根据革命烈士王朴的故事，讲述了他虽身为富家子弟，但毅然投身革命，最后英勇牺牲的悲壮事迹，并进行剧本创作，随后进行实地演出，最后成功获得武汉市第八届大学生戏剧节剧目金奖；结合教育家陶行知的“生活即教育”的教育思想以及其背后所发生的故事，进行剧本创作后进行实地演出并参加重庆市第八届大学生戏剧演出季。再如山东省济南市高新区稼轩小学英语戏剧社老师和同学们因地制宜，选取南宋著名武将词人辛弃疾的故事作为出发点，对戏剧剧本进行了原创设计。戏剧通过描述辛弃疾少年、中年和老年的不同画卷展现爱国情怀，同时戏剧中穿插的舞蹈、服饰等多种形式进一步展现中国传统文化的博大精深。这既为提高同学的英语口语水平提供载体，同时也为爱好表演的同学们提供了更好的舞台。又如清华附小学生戏剧社团，由学校师生共同编创的校史剧《丁香花开》荣获 2018 第九届“希望中国”青少年教育戏剧全国年度展评特等奖，并且在 2018 年 12 月 3 日为庆祝改革开放 40 周年举行的晚会上，清华附小的大型英文校史剧《丁香花开》全剧公演。该剧由 300 多名学生出演，其中原创歌曲 18 首，英文单词近 7000 个，成为全国第一部原创英文歌舞校史剧。

根据节日习俗进行剧目创演。中华传统节日具有悠久的历史，其中蕴含着深厚的历史文化积淀，传统节日对于人们来说具有重要仪式价值和特别意义。抓住各大节日传统故事、习俗、文化等，以戏剧的形式在节日当天淋漓尽致地展现在人们面前，能够引起更多人的关注与支持。与节日有关的剧目数量众多，如《打草娃》《十八扯》《喜哥接妹》《夫妻观灯》《龙凤呈祥》等。湖北省演艺集团所属省戏曲艺术剧院、大冶市楚剧团、云梦黄香楚剧艺术团等都曾组织了《蝴蝶杯》《风筝姻缘》《白蛇传》《巡按审母》等经典节日大戏深入广场和社区演出。剧团还可以根据端午佳节的历史故事，进行屈原题材系列剧目的原创编排。重阳、中秋等传统中国节的相关创作，通常也都能收获到较好的演出效果。

根据民间故事进行剧目创演。各个地区都有一定的民间传统故事，在当地，大多数人都只是从他人的口中听说过故事的大概内容，而没有一个具体化的形象展现在人们眼前。以戏剧这一立体、形象的表现形式将抽象的民间故事展现在舞台上，促进当地文化特色发展，从而带动区域经济发展。这一类型的戏剧相对来说比较传统，有着丰厚的积淀。中国古代四大民间传说《牛郎织女》《孟姜女》《梁山伯与祝英台》《白蛇传》都能够通过戏剧的形式在各地进行演出。

根据民俗文化自定 IP，各地区都具有独特的地理与人文环境，在这独特的大环境下，戏剧社团可以自主制定与地区民俗文化相融合的 IP，将地区的独特形象落在自定 IP 上，从而达到地区文化宣传的目的。这一类型的戏剧对于 IP 的选择极其重要，在自定 IP 类型的戏剧问世初期，需要做好宣传方面的工作，通过逐渐的积淀，使自定 IP 在观众心中留下深刻的印象。相信大家都看过开心麻花出品的舞台剧和电视剧，例如舞台剧《驴得水》，电影《夏洛特烦恼》《西红市首富》等。该公司于 2003 年首创“贺岁舞台剧”概念，并在此后 13 年时间里，陆续推出了 26 部舞台剧，在这期间设计出了非常多的 IP 形象，比如小爆哥、梅友家族、88 弟弟等，都赢得了非常多的观众和支持者。

至于首场活动的时间安排，一般是一些重大的时间节点或节日，如全国科普日、全国交通安全日、儿童节、某某纪念日等，也可以结合校庆进行活动开展。首场活动的开展，需要遵循实事求是、服务学校、贴合地方、凸显特色的原则。实事求是是指社团开展的活动必须是依据社团发展需要和实际情况进行开展，切忌开展一些无法实现的活动。服务学校，强调社团是学校的社团，其活动必定带有一定的学校特点。贴合地方，是指活动的内容可以和地方特色相结合，凸显地域特点。凸显特色，是指社团开展活动，最终还是要落脚在社团本身的发展上，尽可能地彰显社团自身的特点，提升知名度和影响力，为社团的未来发展打好基石。首场活动的仪式化意义，更多是需要指导教师去设计和体验的。这意味着从无到有的突破，意味着校园戏剧文化的生根发芽，首场活动成功举办后，代表着戏剧社团的建设取得了阶段性进展，需要及时总结建设经验和教训，为剧团的进一步发展再谋新篇。

第四章　小学戏剧社团的发展指南

本章旨在对具有一定建设基础和成效的学校戏剧社团进行发展性指导，特别是对其顶层设计、特色路径、发展模式加以重点观照。当学校戏剧社团历经了一定时间的建设和锤炼之后，必然会具备一定的实践基础，这些基础既包括指导教师和剧团成员的基础，也包括成果积淀和经验教训的基础，甚至具备了一定的知名度和影响力基础。在这种情况下，剧团的建设者和指导教师更应该冷静沉着，加强学习、创新发展，力求实现剧团发展的可持续性和特色化。本章将从八大维度具体展开论述，力图为小学戏剧社团的可持续发展和特色化建设提供实践指南。学校剧团工作的管理者和美育工作的实施者可依据所在学校的办学定位、已有基础和发展方向，加以个性化的选择和思辨性的打磨，并在持续化的建设过程中加以验证和不断完善。

第一节　扎实立足学校定位

所谓学校定位，指确定本学校发展的、与众不同的竞争优势以及与此相联系的在社会公众心目中的独特地位，以此使社会公众理解和正确识别某学校有别于其他学校的特征。而学校发展定位的设计，是指在分析学校所具有的相对的竞争优势的基础上，审时度势，提出学校发展定位策略与具体定位，并制定相应的措施，以凸显学校发展定位的创造性活动。

学校都应该有自身的发展定位，学校开展的活动、论坛、比赛等在一定程度上都是学校发展定位的具体体现。例如重庆巴蜀小学以“儿童思维、文化建校、团队精神、有效服务”为学校的治校战略；以“本的探索、质的追求，为孩子的梦想而创新”为学校的治教战略；以“巴蜀孩童，世界眼光。培养会读书、会合作、会创造、有修养、有鲜明个性的学生”为学校的治学战略。所以巴蜀小学在学校教学和活动实践上也紧扣学校治校理念、发展定位，在特色课程体系构建上，学校在“激活生命梦想”的宗旨下，构建了巴蜀课程，它由三个课程板块和一个空间构成。三个课程板块是学科基础课程、综合实践课程、校本特色化课程，一个空间就是学生广阔的生活空间。巴蜀有“自主八分钟”“巴蜀大舞台”“大单元综合实践活动”“乐派英语节”“时尚运动节”“巴蜀嘉年华”冬令营、夏令营等校本活动课程。同时巴蜀小学还有游学课程，适时开展国际游学和来自国际其他学校的学生的回访，使学生在活动中加强国际交流，开拓学生的国际视野，这有效体现了学校的治学战略。

再如北京史家小学建于1939年，经过多年的发展，已跻身北京市乃至全国名校行列。“和谐教育”是该校的办学特色，在多年的教育教学实践中形成了“人与社会、人与人、人与知识、人与自身、人与自然”为框架的和谐育人体系。学校的办学指导思想是“一切为了孩子，一切为了明天”。“三全三爱三服务”是学校的办学宗旨。学校的愿景是“把学校办成让家长放心地把孩子和孩子的未来托付给我们的学校”。作为一所示范性学校，以自身丰富的教育资源努力实现学校的全面发展，为此学校依托全国首家小学生“阳光公益社”开展志愿者行动，培养学生公民意识。学校艺术活动以北京市金帆舞蹈艺术团为龙头，在世界各地展示史家学生的风采。

重庆黔江白石小学，是一所比较典型的乡村学校，以“百年老校，礼仪乐园”为主要办学特色，礼仪文化元素遍布校园各处，如若在此开展戏剧活动，则可充分地结合学校礼仪文化的特点进行戏剧实践。重庆合川育才小学的前身是著名教育家陶行知先生创办的育才学校，育才学校的办学宗旨是“教导学生团结起来，做追求真理的小学生、自觉觉人的小先生、手脑双挥的小工人、反抗侵略的小战士”。今天的育才小学充分继承陶行知先生的生活教育思想，在学校外开设农耕文化体验基地，让学生手脑并用，充分体验农耕生活，感受“生活即教育”。同时学校的建筑行知楼和满池的荷花仿佛也在讲述着行知先生的故事。重庆南坪实验小学集团以“责立南小，任当世界”为办学理念，将校园责任文化作为学校不懈追求的德育目标，同时又将英语教学和教育戏剧作为学校的办学特色。在2002年，学校就与英国格兰奇小学缔结为国际友好学校，而戏剧成了两校交流的媒介。学校还成立了英语剧团，引进英国原版的儿童剧剧本进行排练打造，充分突出了学校办学特色。在戏剧活动中孩子们通过全过程的参与和主导，对自我有了更深的认识，变得更加自信、更有责任感，实现了学校一直追求的“培养具有中国灵魂、世界眼光的南小小公民”这一培养目标。

重庆第二师范学院山火剧团成立于2018年。自成立以来，始终立足于学校“服务0~12岁儿童的”的特色定位，截至2022年，先后打造《孩子剧团》《大国小兵》《少年王朴》等红色儿童剧三部曲，仅用两年时间便成为学校的五星级社团。不难看出除了小学的活动开展要立足于学校定位，中学甚至是大学在社团发展和活动开展上都必须充分立足学校发展定位，这样才能使社团的发展和活动的开展更加顺利，也能更好地服务于学校发展。

小学戏剧社团是学校的社团，它不同于社会剧团可以自由排演剧目或出于商业目的进行的市场化演出，而是要充分考虑学校需求，既便于获取学校的支持，又能够围绕学校办学定位和特色形成系列化的社团实践成果。在得到学校的支持后，社团的发展会减少阻力，部分活动的开展会更加顺利，排演的合理需求会得到支持，人员协调会得到配合。立足学校定位，社团对内演出时，是对学校办学定位和特色的阐释，对外演出时，是对学校办学理念和育人成效的宣传，社团能够利用戏剧的文化传播功能，探索学校宣传和形象打造的新形式。

办学理念是学校发展的基础和灵魂，对学校发展具有渗透性的指导价值。办学理念对学校办学所起的引领与导向作用至关重要，缺乏办学理念指引的办学实践，很难摆脱盲目办学的标签。因此，学校所提炼出来的办学理念，需要通过在实践中予以贯彻，并做出修正，实现办学理念与办学实践的良性互动。[①]学校办学理念的践行离不开准确有效的表达活动，戏剧就是对办学理念的具体表达活动之一。指导教师在指导剧团建设和作品创排时，要准确解读学校的办学理念。理念可能是一段话，也可能是几个词语，如“为学校可持续发展创造条件，为学生终身发展奠定基础”“夯实基础、强化德育、精致管理、促进和谐”等，指导教师可以从理念中明确学校办学方向，找准剧团的根本定位，明确剧目排演目标，以学校的理念为核心主题或思想引领，创作出符合学校办学理念的优质戏剧作品。

校风是学校师生在长期的教育实践中形成的整体思想行为和精神风貌的综合反映，具有强大的凝聚力、向心力和号召力，能激发师生开拓进取、奋发向上。校训是高度凝练的办学思想与办学理念的符号表征，是全体师生的共同追求和努

---

① 汪明帅，夏田豪．办学理念的“诞生”：一项质性研究[J]．全球教育展望，2017（05）：104-112.

力方向。[①]校训校风都是校园精神文化建设的核心内容，展现学校精神面貌，具体体现在教师的教风、学校干部的作风、各班级的班风、学生的学风上，还蕴含于学校的各种事物和环境之中，所以校风校训非常适合作为戏剧作品的主题。小学学校校风校训往往由几个关键词语组成，如“尚德、启智、砺行”“文明、活泼、诚信、乐学”等，其中每个具体的词语都可以进行专属的戏剧作品打造，最终形成戏剧集，作为展示学校文化的重要载体。在具体的戏剧创作上，指导教师可以创造和挖掘校园中的小事，尽量以学校发生的故事为创作素材，以校园为戏剧的发生空间，紧扣校风校训关键词，以学生为演出主体，创作中小型儿童剧目，在学校重大活动庆典或学校对外交流时，可以进行展示演出。

有的小学具有非常悠久的办学历史，曾培育出许多的各界精英。他们的事迹可以作为剧目创作的故事原素材，以戏剧的方式向本校学生传播精神，让学生以优秀校友为榜样，学习其事迹与精神。还有的学校由著名教育家或其他知名人士创办，如晓庄小学由著名教育家陶行知先生创办，戏剧社团便可以打造关于陶行知先生事迹的剧目；又如著名教育家张伯苓先生创办的南开学校，社团便可以将张伯苓先生创办南开小学的经历打造成剧目。还有部分学校是以名人为学校校名的，如钱学森小学，指导教师也可从学校名字上寻找名人关联，创作戏剧作品。除了名人之外，学校可能也发生过某些著名事件，如我国著名科学家袁隆平院士在得知沧州育红小学在科技教育方面的努力后，为学校题写“沧州市育红小学”校名，表示对学校重视科技教育的鼓励，同时还派学生来到育红小学，了解科技校园创建情况，并为孩子们进行了一场精彩的科普讲座。每年，学校举办科技运动会和科技节之前，会将方案在网上传给袁隆平，袁隆平都会进行仔细修改和远程指导，这也是戏剧可以借鉴的故事素材，是学校宝贵的精神财富，是值得以戏剧的方式将其展现和传承下来的。

扎实立足学校定位也是在助力学校办学特色的打造。目前而言，越来越多的学校开始关注学校特色的打造，特别是广大普通小学，相较于重点小学而言，存在设施、环境、师资方面的差距，所以他们需要通过特色项目的打造脱颖而出，而戏剧艺术就是一个很好的突破口。要树立社团品牌评比意识，想要将戏剧作为学校的特色项目进行打造，自然就得立足学校办学定位，一方面在戏剧成果展示

---

①洪庆根，李世改，马天翼．试论办学理念、办学特色、校风、校训之间的关系[J]．高等教育研究学报，2009.32（04）：4-6+9.

时能够凸显学校的特色，另一方面相较于其他学校戏剧社团而言，更能够显示本校的戏剧特色。

同时，小学戏剧社团需要扎实立足学校定位，并不是说社团只能打造相关校园剧目，社团在巩固原有相关剧目和成绩的前提下，也可向外探索，积极探寻社团发展的其他可能，打造多元立体的剧目格局，让学生在社团中获得更多成长。

校园戏剧社团，是枝叶；学校办学定位，是根茎。校园戏剧，从来都不是只有艺术维度的纯粹指向，而是都有立足于所处生存环境的融合属性。在小学校园这一物理环境和规定情境之中开展和发展戏剧，结合学校办学定位，既能够比较准确地找到戏剧实践主题的突破口，又能够凸显学校办学定位，便于争取学校支持。

第二节　支持培养指导教师

从权利和义务关系的角度来看，小学教师有接受继续教育的权利，学校也有支持教师参与学习培训的义务。从促进基础教育高质量发展的维度来看，教师参加培训和学习，能够及时扩充知识、放开眼界、提升技能、延展格局。从助力学生全面发展方面而言，参加培训学习后的教师能够运用新知识、新技能、新思维开展教学育人，也能更好助力儿童健康成长。从教师自身发展的角度而言，及时充电，不断地有“输入”，才能更好地“输出”，才能避免职业倦怠，实现“常教常新”，保持对教师职业的持续认同和长久热爱。批量的基础教育学段在职小学教师大多没有戏剧专业的学习背景，戏剧理论和实践基础较弱，所以小学戏剧社团指导教师应该进行系统化的戏剧学习，特别是侧重儿童戏剧领域的学习，接受相关专家的建设性指导。指导教师接受培训，接受专业的戏剧知识和技能教育，才能为戏剧社团提供科学正确的戏剧指导。因此，综合来看，学校应该支持培养戏剧社团的指导教师。

教师是社团活动的引领者，只有建设一支综合能力健全的师资团队，才能确保社团活动的正常运行，才能确保社团活动的质量。强化戏剧教育师资队伍，提高教师的整体素质，才能让戏剧教育真正进入小学[①]。一方面，从教师角色和戏剧角色之间的关系来看，戏剧教师是“双面人”。另一方面，从戏剧创作中教师和儿童的关系来看，戏剧教师是“合作者”。曾经，教师作为知识的掌握者，面对儿童这一“无知者”，通过教育行为把知识传递给儿童。现在，儿童教育界一致呼吁教师应成为儿童学习的“观察者”“协助者”“推动者”和“引导者”等，教师和儿童之间应该建立平等的、合作的、共同成长的关系。戏剧教师与其他领域教师最大的不同在于，既要以教师身份与儿童互动，还要入戏扮演各种角色。教师既有真实的一面，也有虚构的一面，如此“双面人”的身份转换是戏剧教育师生互动的特性所在。戏剧冲突最终的解决是由儿童思考、探索和找到合适方案。但是在整个过程中，教师要能够熟悉戏剧教育的创作过程，能够根据教学目标设计戏剧教学方案，教师在戏剧创作过程中需要全面掌握儿童戏剧的改编与创作、儿童戏剧的导演、儿童戏剧的表演及舞台灯光美术的综合能力。

基于以上对戏剧指导教师的角色定位可以得出，培训指导教师的内容是丰富多样的，因为指导教师不仅仅是一个戏剧排练老师，也是一个社团建设工作者，所以培训内容可以是小学社团建设指南培训，即指导教师学习小学社团建设相关经验与知识，了解社团建设方法、社团团队建设经验、社团向外发展渠道等，让指导教师掌握社团建设的基本方法和经验。小学戏剧教育基础较为薄弱，大多数指导教师也不会进行专业的戏剧排练，所以培训内容可以是表演技巧和儿童戏剧排练方法，即：一是训练指导教师自己的表演能力，掌握表演技巧，自己会演，才能更好地指导学生表演；二是学习剧目排练的技巧，掌握戏剧导演的相关知识，知道剧目的创作流程和创作所需要的准备，让教师能更清晰地制订排练计划，提高排练质量，这其实可以理解为是导演技巧的学习；三是戏剧文本创作的基本能力，也就是写剧本的能力，因为戏剧剧本是剧目排演的基础，而打造原创剧目才能将社团推向更高的平台，所以指导教师还应学习编剧，即学习戏剧剧本写作的基本技能，掌握其基本方法，知道剧本的基本要求，指导教师才能够初步创作戏剧剧本并逐步提升。除了以上培训内容之外，还应该对指导教师进行思想政治教育，加强方向引导，作为社团老师，无论是言行举止，还是排练内容，都会影响学生，进行思想政治学习，既是作为老师的内在要求，也是社团建设者的重要任

① 韩涛，唐华军．小学戏剧教育的必要性及对策[J]. 文艺生活（艺术中国），2020（11）：124-126.

务，更是落实立德树人根本任务的重要保障。

指导教师学习的方式是多种多样的，既可以紧密关注区域戏剧培训或美育培训，也可以积极参与线上戏剧学习。目前国内有许多线上戏剧师资培训的渠道，其中免费的戏剧课程有中国大学 MOOC（慕课）优质在线课程学习平台，在慕课平台，里面有大量专业的、免费的戏剧与影视类课程，包括“影响力从语言开始——上戏台词课”“从表演开始——杨佳教你演戏”“戏剧表演艺术十二讲”等优质戏剧课程，这些课程都是由上海戏剧学院、中央戏剧学院等专业艺术院校教师打造开设的开放性课程。另外还有智慧树学习平台，里面也有许多各高校开发的戏剧类课程，包括“戏剧表演艺术十二讲”“表演基础训练”“教育戏剧”“儿童英语戏剧进阶训练营”等优质课程。这些免费课程对于广大普通学校的教师而言有着重要的作用，不仅可以起到自我戏剧普及的效果，而且学习时间还很灵活，可以反复加强学习。

作为中国教育戏剧的先行者，抓马教育每年也会进行“认证教育戏剧师资培训招募”活动，进行线上的教育戏剧师资培训，特邀一线儿童剧导演、编剧、心理咨询师、戏剧教育教师担任主讲人，指导学员基本戏剧能力的提升、剖析青少儿心理特征、传授“OK 教学体系”实操与使用方法。中国儿童文学学会儿童剧委员会开设有多期的儿童戏剧教育教师实操工作坊，指导教师可以在其中掌握戏剧教育的教学内容和方法，用正确的方式引导儿童学习戏剧、享受戏剧。中国戏剧文学学会也有戏剧编剧培训项目，指导教师可以提交申请参与培训。

中国剧协的全国中小学戏剧教育推广计划也为培养指导教师提供了更多学习的机会，其中“全国中小学戏剧教育推广计划——中国剧协 2022 年福建省戏剧教育专业人才培训班”在厦门成功举办，该培训班根据人才结构分析和考量，主办方精心设置了名家讲座，剧目表演、实践训练、交流研讨等课程，由国内顶尖专家、学者向学员进行全面、系统的戏剧技能传授，通过理论与实践有机结合，使学员们对戏剧艺术有了新的领悟，有效提升了对戏剧艺术规律的认识和把握的能力。2022 年 11 月 20—27 日，由中国戏剧家协会、上海戏剧学院主办，中国文联戏剧艺术中心、上海市戏剧家协会、上海戏剧学院戏剧文学系承办的“全国中小学戏剧教育推广计划”——中国剧协 2022 年戏剧教育专业人才培训班如期进行。该次培训在思政与艺术、理论与实践、创作与排演、展现与运营等方面，多维度、多形式安排课程，更好地发挥了文化艺术的教育功能，让参加培训的教师们深刻体悟到戏剧教育温润心灵、陶冶情操、升华理想、愉悦精神的巨大魅力。

指导教师还可以随时关注当地的戏剧师资培训项目，当地文化馆或大剧场会有相应的戏剧师资培训，也可以关注相关戏剧艺术培训机构，其可能也会开设培训项目。除了一些戏剧师资课程的学习，指导教师也可以购买部分关于戏剧的书籍进行学习，如《演员艺术语言基本技巧》《戏剧表演基础》《表演片段教程》《表演训练法》《60个舞台表演入门实用训练》《表演教学手册》等。教师不仅可以通过书籍获得相应的知识，不少讲戏剧实践的书，也有很丰富的案例，能够为教师的戏剧技能学习提供比较清晰具体的参照。

学校支持培养指导教师的具体举措，还可以邀请校外专家对校内老师进行戏剧培训或开展戏剧相关讲座、工作坊。校外专家包括高校戏剧教师、地方戏剧院团从业者、当地剧协专家、戏剧教育行业资深专家等，其中高校教师即学校附近高校的从事戏剧教学或小学戏剧研究的专业人才。地方戏剧院团是指部分地方有自己的专业戏剧团体，如话剧院、川剧院、京剧院、儿童艺术剧院、花灯剧院、歌舞剧院等，他们有着丰富的戏剧实践经验，可以为指导教师提供戏剧技术和艺术提升方面的指导，同时还能为指导教师提供社团建设方面的建议。当地剧协专家是指地方戏剧家协会的专家老师，也能为指导教师提供指导。戏剧教育行业资深专家是指社会上的从事戏剧教育行业的人员，他们一般从事商业性的戏剧教育多年，有着丰富的戏剧教学经验和案例，能为指导教师带来实用的戏剧课程建议。一边“走出去学习”，一边“引进来教学”，更倡导教师自学，这样就构建起了全方位的戏剧教师能力提升路径，切实有效地加强戏剧社团指导教师的实践技能训练。

教师，是学校事业发展的坚强基石。一个有好教师的学校，学校是幸运的，学生是幸福的。因此，学校要积极助力好教师的养成。戏剧社团指导教师无论是在线上学习还是线下进行学习，其实都离不开学校的支持，学校除了鼓励指导教师参与学习提升自己以外，还应该出台相应的政策进行支持，包括资金上的支持，以及职称评审、评优评先方面的支持，将教师参与戏剧学习纳入继续教育学时，将教师经由培训获得的技能提升与资格认定纳入各类评优评先参考指标。对于指导教师而言，学习更是自身的事，指导教师应该主动参与相关培训，不断提升自己，在加强理论学习的同时也要注重戏剧社团的建设实践，将相应知识应用到社团建设中来，用“师生成长共同体”的思维引领自己的工作、学习和实践。

第三节　注重沉淀代表成果

一个创作型团队，在注重作品创作数量与质量的同时，也需要注重成果沉淀，这不仅仅是为了记录团队的发展历程，而是利用这些成果积淀为团队争取更高、更远的展示平台，推动团队不断地向前发展。小学戏剧社团也是如此，它是一个创作型团队，随着社团的长期发展，其必然会留下大量的代表性成果，指导教师要时刻留意搜集这些成果，将他们保存下来，在未来社团的发展上必定会起到推动性的作用。因为成果不仅可以对外进行公开展示，对剧团内部成员的团队自信和团体归属也具有重要的潜在价值。

小学戏剧社团，应该着重体现戏剧社团的育人性，而不是仅仅体现社团的艺术性，思想性与艺术性融合的最佳体现就是社团的戏剧作品，特别是代表剧目。社团定位由代表剧目具体体现，所以剧团打造的代表剧目必须体现其育人性，体现其教育价值，这里说的教育价值并不是指剧目内容体现教育的观念，而是指的剧目对学生的教育意义。例如，科普剧让学生知道科普小知识，红色剧让学生学习爱国的精神，课本剧让学生深入体会课本内容，历史剧让学生体验优秀传统文化，增强文化自信，并在此过程中实现增量提质。实现量的提升，这里提到的“量”即是指剧目的质量和数量。以山火剧团为例，自 2018 年以来打造的剧目有《群猴》《阿杜安的手》《桃花源》《4315 的日记》《谁在打劫》《心中的师范》《新生的“新声”》《高考一九七七》《谁是主角》《乘风破浪》《一路同行》等各类剧目数十部，在大量作品中，逐渐凝结《孩子剧团》《大国小兵》《少年王朴》等“红色儿童剧三部曲”，和《行知先生》《伯苓先生》《作孚先生》等“示范教育剧三部曲”，还有《屈原大夫》《张骞大行》《王维大人》等“传统中国节三部曲”，以及《有一种爱，叫作离开》《一个艾滋病患者的独白》《11·11·11》等“防艾宣传剧三部曲”。剧目成果渐趋丰厚，品牌效果逐渐凸显。这是因为自创团之初就确立的“致力戏剧创作”的办团宗旨，一直坚持做原创，在增量的基础上不断实现提质。

最难的还在于第一部，因为在第一部的基础上，会积累很多经验，对后续的作品创作具有借鉴作用，也将加快剧本创作和戏剧排演的速度，提高创作效率，实现剧目量的提升。所谓代表剧目，必定是能够体现剧团宗旨，代表社团发展和创作质量的剧目，所以每当剧团排练新的作品时，剧团肯定是以代表剧目为标准进行创作，并且还可能会在代表剧目的基础上，实现更多的突破。代表剧目肯定会经历多场的演出，在每一次的演出中，就会新发现剧目存在的问题，并想出解决对策，不断打磨剧目品质，提升剧目质量。在作品成长阶段，资金、时间、精力会不断供给，但即使如此也未必能创造出好的作品，这也是艺术创作本身的不确定性使然。我们就需要在每一次演出结束后，总结问题，对剧本进行合理的更改和纠正，而纠正的过程贯穿于创作的各个过程：在排练场排戏的时候、联排的时候、演出的时候，这时我们可以作为观众去观看。这时的看就与审阅剧本不同，更直接、鲜活、快捷，也更容易形成直观的判断，往往这时的修改建议会更准确，更有说服力。我们要牢牢记住的一点是：剧本是为演出而产生的。

此外，音乐、乐器与灯光，三者对整个戏剧时间的控制及气氛的烘托有重要的影响。教师可利用教室中现成的灯光或窗帘来表示情境的转换或日夜晴雨的变化，让学生更能表现出内心的感觉。而音乐则是全世界共通的语言，它能烘托戏剧的气氛，也是一项很好的戏剧媒介。有时候，加入一些小乐器当作“控制器”或由学生自己为戏剧制作背景音效，对于鼓励学生的创意有很大的帮助。借着戏剧气氛的增加，学生在不知不觉中更能专注地进入戏剧的情境。教室中若能设置一个小小的舞台，可加上幕帘及简单的灯光装置，可让学生亲身感受舞台的效果。在进行课程前，也要留意一些小细节如电源有无插头、机器有无故障、道具是否在手边等问题，以保障教学的顺利。

适当的音乐背景可用来增加气氛及想象空间，也可以用来当成开始或结束的信号，甚至可作为角色或情节转换的提示工具。但在运用时必须考虑音乐的恰当性，研究中就发现，有时若配乐的部分盖过教师口述内容、音乐的条件或曲式与故事不符，将影响故事及学生创意的发展。另外，应把将要使用的音乐器材放在教师随手可及之处，以方便使用。灯光和音乐一样，若使用得体，都是增加戏剧气氛及想象空间的最佳媒介。它也可以用来作为开始、结束或转换衔接的工具。在研究中发现，灯光的运用须考虑教室客观的环境（如教室太亮、灯光效果不好）、参与者对灯光使用的了解与配合默契、教师位置与灯源的距离、切换灯光的频率等相关问题。另外，一般在教室中，除了运用教室原来日光灯的效果（白天需配合窗帘），也可考虑手电筒、台灯或圣诞灯等来加以变化。无论对人物的模仿或剧情的呈现，教师若能适当地提供一些具体、半具体的实物或非具体的替代物，就能增加学生对戏剧内容的兴趣，甚至引发更多的创意空间。例如：在人物模仿上，加上一些配件、衣物或头套；在剧情中，加上一些真实的东西（如饼干）。但必须留意道具的透彻性、运用的时机及对道具操作的熟练度等问题，否则会弄巧成拙，反而妨碍戏剧的进行。

聚焦来看，戏剧社团最重要的就是创造剧本和剧目成果，它们是社团发展的核心。剧本成果大多是以文本的方式保存下来，不仅包括指导老师创作剧本，还囊括了学生创作剧本，当然更多的是以老师剧本为主。作为一个戏剧社团，专注于打造原创戏剧剧目是社团必须坚持的原则，也是社团向前发展的重要推力。就戏剧比赛而言，在内容要求上大多都要求剧目为原创，并且禁止抄袭，所以打造原创剧目既是社团自身发展的要求，也是社团参与各类戏剧比赛的重要条件。剧目成果的保留方式也是多样的，可以是照片，照片可以分为演出照片、排演照片、观众照片，演出照片即为演出现场的剧照，排演照片即为剧组排练的过程性照片，它可以记录社团的排练过程，观众照片即为演出当天现场观众的照片。保留形式也可以是视频，视频分为最终演出视频和剧组工作视频，最终演出视频即录制的现场演出，该视频并不只是在于保留视频，而是如果有机会，可以用演出视频参加部分线上戏剧比赛或活动，剧组工作视频即为记录为剧目演出努力工作的幕后人员和排练过程中的欢乐瞬间，该视频可以最后做成 Vlog，打造专属于剧组的视频，这可以让幕后工作者看到自己的努力最后有了成效，收获肯定，让演员觉得自己的表演能力有了提升，收获自信，最后有助于整个剧团氛围建设的和谐巩固。当演员在演完剧目之后，回过头来观看该视频中记录的花絮，一些欢乐，一些一起共同完成的事情，会有一种自豪和成就感，从而能够增强对剧团的归属感和对指导教师的亲近感，会让大家强化“剧目成果是大家共有”的意识。还要特别注意结合当前的自媒体手段传播，将剧目成果加以碎片化的剪辑，呈现出若干短视频结为一个系列，投放至学校经营的自媒体平台或视频号，既是学校特色文化的一种展示，又是戏剧文化的一种普及。

要立足“师生成长共同体”，致力于实现剧团的可持续发展。可持续发展，即社团的建设既能满足现今社团团员的成长需要，又能为后续加入团员的发展预留空间。既要保证当前的社团发展稳步推进，又要开拓新领域、开辟新阵地来实现剧团的壮大发展。戏剧社团最主要的活动形式就是剧目排练，倾心打造社团代表剧目，既能为团员提供排练剧本，也能为团员提供排演技巧借鉴，使社团随时都有剧目可排，不至于无戏可演，这样才有助于加强社团的团队建设。在社团发展到一定程度之后，得到了各方的关注，其中代表剧目便是小学戏剧社团建设成果的重要展示，每当有需要展示建设成果时，社团就可以快速组织学生进行恢复性排练，保证演出效果，同时也能更便于获取多方支持，为社团的后续发展提供保障。一个小学戏剧社团中非常重要的人员就是指导老师，一个指导老师不可能一直指导社团发展，当原指导老师离开，更换老师之后，社团又该怎样发展下去，这是影响社团可持续发展的关键性问题。但当一个戏剧社团有了一定的代表性剧目之后，即便是更换了指导老师，那社团也可以依照代表剧目进行常态化的排练训练，至少能够稳固住社团的常态化建设。

在社团排练剧目中，有些剧目的排练是有很强的目的性的，参赛便是其中之一，参赛获奖也是社团提升知名度和得到重视的最好途径。赛事奖状是对社团工作以及学生努力排练的肯定，也是社团建设成效的见证，这些奖状便是社团的代表性成果。在社团建设中，这些奖状既可以勉励新老团员继续为社团的发展而努力，也能成为社团向外部展示社团建设的重要材料支撑。必要时，还可以设置社团荣誉墙，将相关代表性成果进行集中展示，总结过去，激励未来。

在代表剧目的类型选择上，应该更倾向于儿童剧和课本剧，因为演员群体主要为小学生，这两个类型的剧目更能贴合学生的现实需要，演员的第一自我和角色的第二自我有着比较近的距离，容易达到较好的表演效果。且从视觉形象上看，小学生演儿童，比较真实，小学生演大人，从演出观感上不是很具有艺术美。在排演过程中学生也更能理解剧目剧情，更能演绎戏剧角色。在代表剧目内容的选择上，应该更多关注到学生的课本知识，如语文课本上的小故事、道德与法治上的德育和法律知识等，如课本剧《小英雄雨来》《金色的鱼钩》，它们都是对课文的戏剧化创作的体现。除了课本内容，我们还可以关注到当地的区域文化、历史的著名人物、重要的传统节日、著名的正能量事迹等，当然也可以是戏剧创作者根据自身经历，创造出一个全新的故事。在代表剧目主题的选择上，应该更多体现符合学生身心发展的价值观，二十四字社会主义核心价值观便是重要的主题选项。在所有题材当中，红色题材是最为突出的选择，因为排演红色题材剧目，这不仅能得到主流价值观的认同，还是小学思政教育的重要体现。但要特别注意创作和选择贴近小学生身心特点的红色题材剧目，避免粗制滥造的作品，因其会导致对英雄人物的亵渎；也避免“小孩说大人话”的口号式的作品，因其非但起不到红色精神教育的效果，还显得不严肃。

小学戏剧社团总是向前发展的，社团每年都会有团员离开，也会有新团员加入。应该关注社团团队的变化，包括从社团成立以来团员的人数、核心成员人数、团员的成绩和获奖、团员加入社团对其成长的帮助等，这些都是需要去观察、去记录的，这是社团的团队建设成果。将团队建设成果进行记录、收集、整理，从整体上分析社团存在的问题及其应对措施，维护社团的正常运行。

我们打造的团队并不只是一个学校社团，而更应该是一个家庭，除了关注社团的日常排练，还应该去关心各个团员的现实发展和未来发展，尽可能地去帮助他们。社团之所以能得以发展就是因为当下社团里的团员，是大家一起构成了这个社团，缺一不可，他们共同构成了社团这一大集体，所以要去关心他们的发展，应该随时关心学生的学习成绩、心理状况。若成绩下滑，教师可督促学生学习并减少学生参与社团活动；若出现情绪低落等情况，教师也应及时进行心理指导。这其中更应该关注社团团员的学习成绩，在学生成绩出现下滑时，要及时为学生排忧解难，寻找退步的原因；在学生成绩出现进步时，指导教师要及时进行鼓励引导，让其继续保持。小学生的心理健康教育也是十分重要的，指导教师应及时关注学生心理状况，必要时进行心理疏导。在关心团员的同时要注意不要偏心，特别是对于社团里的核心成员，指导教师更是要平等地关心他们，这会有助于团队的团结。一个优秀的社团必定有一群优秀的团员，一群优秀的团员才能打造一个优秀的社团，这是相辅相成的关系。离任团员即是指原社团团员，他们因为各种原因退出社团，或学业、或毕业、或转学等，特别是有 2~4 年团龄的老团员，他们是接受戏剧美育最扎实的一群人，不仅要关注他们在社团中的成长，还应该去关注他们未来离开社团后的发展，关注他们未来的学习和生活，去发现戏剧为他们带来的变化和作用。若社团有条件可以专门制作团员成长信息表，每年记录离任团员的发展，形成团员成长档案，某些学生的成长经历还可能成为社团戏剧美育的典型案例，成为社团宝贵的财富。

想要实现社团的可持续发展必定离不开社团的招新，为社团补充新鲜血液，也可以让学生更多地接触剧团的活动，遇见各种各样的人，在社团中学会处理各种各样的事，也能使社团蓬勃发展。作为社团的代表剧目，其文本质量和排演设计已经非常成熟，完全可以将其作为新加入团员的练习剧目，让新团员在排练代表剧目的过程中了解戏剧、热爱戏剧、学习戏剧，在一部戏中锻炼戏剧的综合能力，为社团的人才队伍建设提供保障。

优秀的社团团员，是一个社团最大的成果体现。能够让团员们越来越优秀，能够持续健康成长和全面发展，是指导教师和社团建设者的重要追求，也是社团建设成效的最好例证。因此，社团一切发展要立足和服务于学生成长，要落实立德树人根本任务。

当社团已经在平稳发展阶段，其实指导教师可以社团为研究对象，申报教育主管部门的相关教研课题，从第二课堂、美育、课后延时服务、学科融合等角度开展课题设计。这样说来，社团也能反哺指导教师的职业发展。若成功申请教研课题，那么社团的建设既能为课题的研究提供实践基础，课题项目的经费又能辅助社团的发展。课题项目依托于社团进行研究，同时课题的结项又将成为社团建设成效的例证成果之一。

戏剧社团不仅仅是帮助学生学习、成长，教师也会在教学生的过程中获得学习。在社团中，学生学习戏剧课程，排练戏剧剧目，接受戏剧教育，在这一过程中，戏剧发挥其重要的教育功能，让学生在课程中训练语言表达能力、想象力、自信力、表现力等，在演出中培养学生的集体意识、合作意识、责任意识等，在综合戏剧的整合性活动中，辅助其他学科课程的学习。在戏剧课堂中，教师对学生进行戏剧训练，孩子的思想往往超过成人的想象，教师能听取孩子的想法，观看学生关于戏剧的独特想象，给教师独特的启示，在排练过程中不仅学生得到表演的突破，指导教师也能在每一部剧目中不断提升自己对戏剧的理解。从这个意义上讲，通过戏剧社团活动，教师能够发现学生不一样的面向，教师也能学习学生的创造和想象，师生关系更为融洽，双向交流更为灵动。

戏剧，让学生在尽情挥洒“喜欢假装、乐于扮演”的天性的同时，实现对自己的认识、教育以及对生活的适应，让学生有机会成为思维敏捷、身体灵动、情感丰富的人。因此，戏剧实践练习成了孩子们最自由，也是最能激发表演灵感和表演潜能的活动。在创作及排练过程中，老师与学生的关系更多的是互动式的创作伙伴，而非教与学的关系，在教师的指导下，师生共同完成舞台艺术创作的全过程，借观察、分析、讲授、模仿、讨论、实践、互评等多种方式，增强学生对戏剧艺术的兴趣，培养学生的欣赏、表演、设计、分析、团队协作等各方面的能力。戏剧社团在丰富校园文化、提高学生素质的同时，充分发挥艺术教育在素质教育中的功能，以艺术教育为引线，以美启发学生心灵，最大限度开发学生潜能，培养其全面素质，促进其个性发展。成立小学戏剧社团，建设小学戏剧社团，发展小学戏剧社团，既能让学生获得成长，教师也能从中获得教育，获得成长，整个社团就是一个“师生成长共同体”。

社团的代表性成果，应以剧目成果为主体，囊括相关研究性和实践类课题、育人实践案例、特色活动集等多种方式。在发展戏剧社团的过程中，既要注重成果导向和成果预期谋划，又要注重过程性材料的收集、保存、整理和归纳，形成本校戏剧社团发展特色成果库。但一切成果，都应是立足于服务学生成长和发展而进行的沉淀和凝练，务必强化“剧团服务学生健康成长和全面发展”的使命感和责任感。

第四节　积极参与各类赛事

就小学戏剧社团而言，若只专注于学校戏剧课程或各类文艺活动，如元旦晚会、六一文艺演出等，则其只能依托学校自身资源发展自己，并且学校对戏剧社团的支持力度相当有限，这将导致社团发展效率不高。特别是大部分普通小学，其本身影响力与资源掌控力有限，无法给予社团以强有力的持续帮助，所以小学戏剧社团想要谋求更好发展，需要借助校外资源或平台，而校外戏剧资源往往通过参与各类戏剧赛事平台更易获得。

再者，一个社团想要快速发展，必将不断扩大自身影响力，这也对社团提出更高要求，要求其不断完善自己。积极参与各类赛事能够迅速扩大社团知名度，让更多人认识社团，从而提升自身影响力和辐射力。如何参与各类赛事这个问题，以线下为例，第一步，扎实扩大戏剧在学校的影响力，社团立足学校，就必须参与学校各类文艺演出，在实践中不断发展自己。第二步，逐步扩大在区域的影响力，社团不仅立足于学校，还应该关注与服务所处区域的经济社会发展，密切关注区域举办的文艺比赛或展演活动，第一时间与学校沟通，在得到学校支持的前提下，社团以学校名义，代表学校参与区域展演活动。以区域为跳板，参与省市各类戏剧比赛或活动，如省市中小学文艺展演活动等，提升社团的知名度，争取获得奖项，让更多的教育界和戏剧界的专家、学者认识学校，认识社团，从而快速地提升社团影响力。第三步，参与国家级戏剧比赛，如全国中小学生艺术展演、科学表演大赛等，参与国家级比赛一般是省市举办方推荐为主，能够参与国家级戏剧比赛，一般是在社团有一定比赛经验与成果基础的前提下方能进行。但小学戏剧社团要有这样的远见卓识和目标愿景，然后为之锲而不舍。特别是三年一届的全国中小学艺术展演，里面专设的戏剧组展演，是绝佳的展示平台，能够与全国最优秀的小学戏剧剧目团队同台竞技，对于扩大戏剧社团同学的视野和格局，有很大帮助。

参与各类戏剧赛事，能让社团有更多的演出机会与实践，这是一个戏剧社团团队发展的重要条件。在准备与参与比赛的过程中，学生获得了更多的排练与演出的机会，不仅能够更快地提升学生的戏剧素养和技能，获得赛事经验，还能达到推广社团的作用。在校外参与演出比赛的过程中，可以结识更多发展小学戏剧的团队，从而相互沟通，相互交流。如有机会，还可以到其他学校开展戏剧巡演，也可邀请其他团队到本校演出。在此过程中与其他指导老师交流社团建设经验，相互借鉴，优势互补，从而不断完善自身社团建设。教师带领学生参与官方组织的各类比赛，这是锻炼学生，也是培养教师的重要方式。学生参与戏剧比赛，这是学校展现戏剧美育的重要方式，比赛中，学生获得比赛经验，经历准备过程，收获戏剧的教育；指导老师通过组织规划，排练剧目，也获得专业成长，并且参与比赛还可为学校赢得荣誉，实现学校、学生、教师的一体化发展。

在社团发展前期，社团需要依托其他社会组织打造的各类比赛发展壮大自身力量。当社团有一定成果积淀与赛事荣誉之后，社团也可以牵头打造属于自己的戏剧文化活动，如：校园戏剧社团成果展、校园戏剧文化节、校园课本剧比赛等。当然，戏剧展演类活动的演出空间可以不只局限于学校内，若条件支持，可向校外空间拓展，如所处区域的文化馆、大中小型剧场、其他小学以及行业机构组织等。当小学戏剧社团发展成熟，区域的整体戏剧力量有一定发展时，社团可依托学校承办区域性的戏剧联谊活动，从而丰富自身的发展资源，不过这是建立在学校有一定的演出场地和设备的前提下。当学校有一定的比赛举办经验之后，学校可向当地教育部门申请举办小学戏剧演出类比赛，打造独特的戏剧交流平台，更好地发展区域基础教育戏剧教育，宣传学校办学特色。

广泛参与戏剧赛事，有助于学校特色的打造。中共中央办公厅、国务院办公厅印发的《关于全面加强和改进新时代学校美育工作的意见》中指出，要“整体推进各级各类学校美育发展，加强分类指导，鼓励特色发展，形成‘一校一品’‘一校多品’的学校美育发展新局面”，这反映了学校打造学校特色的重要性。学校可以将建设戏剧社团作为重要的特色打造方式，并辅以戏剧美育课程、延时服务课程和戏剧文艺演出活动等形式协同打造校园文化，形成独特的校园文化品牌，从而实现“一校一品”学校校园文化品牌的打造。特别是对于部分还未确立特色打造方向的学校，戏剧以其成果的输出导向，很快便能实现学校的美育品牌建设。各类戏剧实践活动为学校美育特色的展示提供了合适的平台，在比赛中，社团既可以依托戏剧演出展示实践成果，又可以用戏剧独特的方式传递宣传学校的办学特色和校园文化。在赛事现场的观众在观看社团演出后，他们会形成对学校独特的戏剧品牌印象，明确学校的办学特色方向。因此，学校可以通过参与各种戏剧类比赛，展示戏剧社团建设成果，形成独特的学校文化，起到助力学校办学特色打造的作用。

参与戏剧赛事，非常有助于学校影响力的提升。对于一所学校来说，影响力是一种软实力，是学校建设的重要领域，学校的软实力就是学校的文化影响力，学校软实力的建设就是学校文化的建设。在剧团参与比赛的过程中，不断获得家长、其他学校、社会的关注，自然而然就扩大了学校的影响力。小学戏剧社团创作出大量的剧目，最终的呈现方式就是参与戏剧活动和比赛，其中社团的获奖成果将是对小学戏剧社团建设成效的有力证明。每当参加一个戏剧活动或比赛，社团都应该有所记录，这是社团的演出经验证明，也是对创作能力的证明。社团获奖成果更应该得到妥善保管，因为这不只是社团的获奖，也更是代表了学校的荣誉。

参与戏剧赛事，有助于戏剧艺术的发展。各地区举办的中小学戏剧类比赛，最重要的目的就是在于向各个学校和家长普及戏剧，让更多人意识到戏剧美育的重要性，共同推动戏剧教育的发展，同步助力整个区域戏剧艺术格局的健康可持续发展。特别是对于戏剧普及度较低的地区而言，中小学戏剧类比赛可作为区域发展戏剧教育事业的重要手段与方式。就学校社团参与戏剧类赛事而言，这既是对戏剧比赛的支持，也是向其他学校展示社团建设的重要机会。若有学校询问戏剧社团建设方法，在本校戏剧社团建设完善的前提下，可以为其他学校建设戏剧社团提供参考与借鉴，从而实现更多小学戏剧社团的建立。越来越多的小学社团建立则意味着区域的戏剧力量得到增强，这将推动相关戏剧类比赛的多元化开展，也进一步助力区域戏剧艺术的发展。

戏剧作为一种综合艺术，剧目所使用的道具、布景、音乐、灯光等，都需要在排练的过程中不断地去磨合，去完善。打造一个优质剧目，无论是从剧本写作到排练，还是从排练到演出也都需要一个漫长的打磨过程，所以作为小学戏剧社团而言，团员拥有充足的排练时间是打造优质剧目的前提条件。而小学戏剧社团的团员组成大多由小学生构成，所以学生有充裕的时间与精力参与到排练过程中来，这也是成功创作出一个优质剧目和参与戏剧比赛的关键。2021 年 7 月 24 日，中共中央办公厅、国务院办公厅印发《关于进一步减轻义务教育阶段学生作业负担和校外培训负担的意见》，随着该政策的落实，各个小学陆续开展课后延时服务，广泛开设艺术、体育类课程，发展学生兴趣特长。延时服务的开展，减轻了学生的学业负担，让他们有更多时间与精力投入到培养兴趣爱好中来，当然也可以参与到戏剧课程中来，小学戏剧社团正好可以利用延时服务开展社团团员戏剧技能训练或剧目排练活动。所以课后延时服务为参与戏剧比赛提供了充足的剧目创作时间，社团就能够更好地打磨剧目，以便取得更好的成绩。在延时服务时间，开展包括剧目排演在内的戏剧活动，一方面是落实国家戏剧美育政策的具体体现，另一方面也是创新延时服务形式与内容的重要切入点，值得予以广泛关注和深入实施。

从实际来看，各地区已举办形式丰富的各类戏剧活动，包括大中小学生艺术展演、戏剧大赛、中小学生戏剧节等。目前，虽说戏剧在各中小学常规课程、兴趣活动中的实践与应用并不广泛，但是作为戏剧文化呈现和传播载体的戏剧活动或比赛仍然在各个地区广泛开展，甚至有些戏剧比赛已经形成了较大文化影响力。并且，目前全国每个省份都开展了相关的戏剧活动，我们将部分开展活动整理如下：

各地区开展戏剧类比赛统计表

省区市	比赛名称
全　国	“致敬英雄”全国青少年文化艺术创作主题教育竞赛
	全国戏剧文本征稿比赛
	“金画眉”原创儿童剧本征集活动
	老舍戏剧节
北京市	北京市青少年戏剧短剧作品大赛
	“小十月戏剧节”儿童剧展演
	北京·朝阳中小学生云上戏剧节
	东城区青少年戏剧节
	灯市口小学优质教育资源带校园戏剧节

续表

各地区开展戏剧类比赛统计表	
省区市	比赛名称
上海市	上海市中小学生戏剧节
	上海国际儿童戏剧展演
	上海市民文化节 · 静安现代戏剧谷“市民剧场”中外家庭戏剧大赛
	“礼赞祖国　演绎梦想”杨浦区学生艺术节戏剧专场比赛
	上海少儿戏剧小白玉兰颁奖展演活动
	上海校园戏剧节
天津市	天津市河东区学生戏剧节
	天津市学校文艺展演
	天津市青少年优秀传统文化艺术展演
	神探贝妮戏剧大赛
重庆市	（金州小学）“童年有戏　奋进新时代”第五届戏剧艺术节
	“金画眉”儿童戏剧教育成果展演
	石油路小学戏剧节
	重庆中小学艺术展演戏剧专场
	重庆中小学生戏曲小梅花展演
	重庆大剧院少儿戏剧艺术节
	重庆市中小学生才艺大赛
	“青苗工程”重庆大剧院少儿戏剧艺术节
	喜迎党的二十大，争当好少年——重庆市深化“小萝卜头”进校园活动
	重庆儿童戏剧节

续表

各地区开展戏剧类比赛统计表	
省区市	比赛名称
浙江省	杭州市中小学生戏剧、舞蹈比赛
	浙江儿童戏剧节
	浙江省中小学生艺术节
	浙江省少儿戏曲小金桂比赛（桐乡）
	慈溪市中小学生戏剧比赛
辽宁省	辽宁中小学生艺术展演
吉林省	吉林中小学生艺术展演
黑龙江省	黑龙江戏剧大赛·“小梅花奖”评选活动
	黑龙江中小学生艺术展演
河北省	秦皇岛海港区“海洋杯”中小学生戏剧节
	莲池区联盟西路小学文化戏剧节
	石家庄市北高营小学戏剧展演
	长安区都市新城小学校园戏剧节
	桥西区中小学庆祝建党 100 周年戏剧展演
	长安区“共创美好未来”中小学校园艺术节活动
山西省	“创意戏剧　魅力校园”青年路小学戏剧节
	迎泽区双语实验小学戏剧节
	大同大学附属小学课本剧展演
	太原市少儿艺术展演大赛
	太原市迎泽区起凤街小学校园戏剧节课本剧比赛

续表

各地区开展戏剧类比赛统计表	
省区市	比赛名称
陕西省	陕西省校园戏剧节
	陕西省校园艺术节
	西安国际儿童戏剧展演
	陕西省中小学生艺术展演
	西安高新区中小学教育戏剧艺术展演
	陕西省“春芽杯”中小学生艺术比赛舞蹈、戏剧、戏曲与曲艺项目比赛
	陕西少儿戏曲小梅花荟萃
甘肃省	兰州市城关区水车园小学校园戏剧节
	甘肃省中小学生艺术展演
	甘肃戏剧红梅奖大赛
青海省	周家泉小学戏剧成果展
	青海省儿童剧展演
	青海青少年儿童戏曲大赛
	城东小学校园文化艺术节
	西宁市学生戏曲大赛
山东省	济南高新区凤凰路小学第四届戏剧节
	山东省栖霞市桃村中心小学校园艺术节
	山东省中小学生校园艺术节合唱、戏剧专项展示活动
	宝通街小学校园戏剧节展演
	山东省校园戏剧大赛
	青岛贵州路小学戏剧节

续表

各地区开展戏剧类比赛统计表	
省区市	比赛名称
安徽省	庐阳区中小学戏剧大赛
	华东六省一市戏剧小品大赛
	安徽省少儿戏曲小梅花荟萃推优展演
	合肥市中小学文化艺术节戏剧展演
	安徽省中小学生艺术展演
河南省	河南学生戏剧节
	郑州金水区文源小学“红色记忆”戏剧节
	河南省中小学生艺术展演
	河南少儿戏曲“小梅花”大赛
	郑州市中小学戏曲课本剧大赛
江苏省	江苏省中小学生艺术节
	江苏省中小学生艺术展演
	江苏省少儿戏曲小梅花展演
湖北省	湖北少儿戏曲小梅花荟萃
	武汉新洲中小学艺术节优秀戏曲节目展演
	湖北校园戏曲优秀节目展演
湖南省	长沙校园戏剧文化节
	娄底“小陀螺”少儿戏剧节
	芙蓉区实验小学戏剧节
	湖南省少儿戏曲“小梅花”展演
	湖南省中小学生艺术展演
	“莲花杯”青少年戏剧教育教学优秀成果汇报展演
	岳麓区中小学戏曲比赛

续表

各地区开展戏剧类比赛统计表	
省区市	比赛名称
江西省	江西省中小学生戏剧节
	江西玉茗花戏剧节
	江西省中小学生幼儿艺术展演
	江西省小学合唱节、戏剧节
	江西省少儿戏曲小梅花大赛
广东省	珠海市斗门区小学生英语戏剧节
	百岛儿童戏剧节
	广东省佛山市高明区中小学生戏剧节
	广东省中小学生戏曲艺术展演
	粤港澳大湾区亲子戏剧交流展演
	广东省少儿戏曲小梅花荟萃活动
	珠海市中小学生戏剧大赛
	珠海市斗门区小学生中华思想文化英语创意戏剧节
云南省	云南省中小学生艺术展演
	双牌小学举行校园戏曲操比赛
福建省	福建省中小学生（少儿）戏剧展演
	福州市中小学戏剧戏曲大赛
	福建省中小学生艺术节
海南省	海南海淀外国语实验小学戏剧节
	海南中小学生艺术展演活动

续表

各地区开展戏剧类比赛统计表	
省区市	比赛名称
四川省	成都鼓楼小学戏曲广播操比赛
	成都高新区中小学戏剧节
	四川省中小学生艺术展演活动
	大凉山国际戏剧节
贵州省	开阳县中小学生“戏曲进校园”展演活动
	六盘水市学生戏曲展演
	贵州省中小学生艺术展演
	贵阳市南明区中小学生戏剧、戏曲比赛
广西壮族自治区	广西中小学生戏剧展演活动
	广西校园课本剧展演活动
内蒙古自治区	内蒙古第七届中小学生艺术展演
西藏自治区	西藏文化艺术节
新疆维吾尔自治区	为爱闪耀——儿童戏剧公益展演
	新疆洛浦县中华戏曲文化进校园展演
宁夏回族自治区	宁夏路第二小学校园戏剧节
香港特别行政区	香港学校戏剧节
	大埔区中小学戏剧比赛
	香港圣经公会全港第一届圣经故事戏剧比赛

续表

各地区开展戏剧类比赛统计表	
省区市	**比赛名称**
台湾省	高雄春天艺术节
	台北传统戏剧演出季
	台南文化艺术节
澳门特别行政区	澳门科普剧剧本及演出征集

想要参与戏剧比赛，那么就必须了解参与比赛的方式方法与具体要求。一般而言是需要剧团指导老师自己去密切关注的，联系相关戏剧比赛，掌握有关信息。具体如何获取相关比赛信息，可以从三个方面来搜集；第一是搜集所在省市区所举办戏剧比赛信息，制作成表格方便阅览比赛信息，并且关注其相关公众号或是官方比赛网站，保证随时都能获取最新比赛通知；第二是主办方主动联系参与，这种情况一般是在比赛参与团队较少，并且社团已经获取部分荣誉，有一定知名度才会发生；第三是社团所在学校举办区域戏剧比赛，这需要社团取得较好发展，并且学校具备举办戏剧比赛的能力，包括剧场、人员、资金以及学校的位置等，当然这一般为市区学校。

剧团参与比赛的方式具有多样性，分为参与形式的多样性和参与渠道的多样性。其中参与形式的多样性，是指戏剧社团参与比赛并不是只能通过演出这一常见的比赛方式，还可以通过剧本参与戏剧创作比赛。当然，剧本可以是指导教师所写，也可以是学生创作、教师指导。参与渠道的多样性，是指参与戏剧比赛既可以线下参加，也可以线上参加。线下参与很好理解，那就是到指定地点进行比赛。线上参与则是指部分比赛因特殊原因，比赛团队无法到达现场的或原本就是线上比赛的，参赛团队可以通过制作视频上传相应网站的方式参与比赛。随着互联网的普及与广泛应用，获取比赛信息的方式增多，参与比赛的方式多样，参与戏剧比赛更加便捷，这为小学戏剧社团参与相应比赛提供可能，特别是部分乡镇小学也无须妄自菲薄，更应该紧密关注相关赛事，发挥乡镇学校独有的优势和特色进行剧目创编和努力创排，以期待能够获得比赛名次，助力学校办学影响力的提升。

在社团发展阶段，若参与戏剧比赛单依靠社团指导老师一人的力量，很难推动项目的顺利开展，社团要努力争取并获得学校的帮助。一方面社团立足于学校，当社团参与校外比赛时，社团代表的不是社团自身，而是学校形象；另一方面，学校参与比赛所需的资金，以及相关统筹人员需要学校安排。指导教师要向学校校长及时展示社团戏剧成果，表明社团有能力参与该类比赛，也有一定能力争取获得比赛奖项。同时在参与比赛时应该考虑学校实际情况，部分学校资金有限，无法投入大量资金打造剧目参与比赛，所以指导老师应该从所在学校实际情况出发，在剧目选择和设计上考虑成本因素，这样才容易获取学校的支持。

还可以联络校外专家获取支持。校外专家一般由学校或指导老师进行联系，是社团十分重要的人才资源。一方面校外专家能够为参赛剧目提供意见指导，提升剧目质量；另一方面校外专家能为指导老师进行比赛要求解读，帮助社团指导老师找准比赛定位，打造符合比赛要求的作品。

当社团达到一定影响力和一定规模时，社团还可以利用其影响力，向学校申请举办戏剧比赛。在校内主办的戏剧比赛的参赛对象并不局限于社团成员，而是面向全校学生，不过这类比赛就不再仅仅是社团主导的活动了，应该由学校牵头进行活动宣传和参赛动员。关于社团如何参与到戏剧比赛中来，在活动策划组织工作方面，一般由指导教师负责安排，主要是负责制定活动的主题、活动的时间、活动的地点、活动的形式、活动的参与人员、活动的工作人员等活动开展的必要元素。其中活动主题可以围绕学校特色或地域民俗文化，也可以响应相关政策要求做专项设计。活动的时间可以安排在一个有重要纪念意义的日子，也可以根据学校校历安排自行选择活动时间。活动地点一般是在学校内进行，一般为学校的剧场、操场、主席台，有条件的学校也可以租借校外的场馆开展活动，完备的演出设施将更利于活动的开展。活动的形式首选以排演剧目的形式参与比赛，在戏剧类型上可以选择音乐剧、舞剧、话剧以及戏曲，不过就小学阶段而言，儿童剧、课本剧和戏曲是重点选择对象。活动的参与人员一般为学校每个班级，以班级为单位参与比赛，班级的任课老师可指导班级剧组排练，也可以是戏剧社团的指导教师进行剧目排练指导。活动的工作人员一般是学校的教师，有些工作可以交由学生，比如主持人，让学生担任主持人，锻炼学生的舞台感与语言表达能力。就具体的活动形式而言有以下几个方向可以进行选择。

第一，课本剧，它是一种立足舞台的故事表现形式，把课文中叙事性的文章改编为戏剧形式，以戏剧语言来表达文章主题。课本剧表演可以充分调动学生学习的积极性，有力地促进学生的主体参与、合作学习、整体发展及反思，是“全面提高学生语文核心素养”的有效途径之一。剧本不像小说、散文那样可以不受时间和空间的限制，它要求时间、人物、情节、场景高度集中在舞台范围内。活动可以要求各班以学期行课的各科教材为基础，将课文改编为课本剧的形式参与比赛。

第二，儿童剧题材，内容符合儿童经验，而且受到儿童喜爱的戏剧称为儿童剧，儿童剧可取材于现实社会生活，也可以取材于童话、神话。在有些国家，又把不同年龄层儿童演出的剧目加以区分。活动可以为每个班级提供具体的故事内容参考，如中国的寓言故事“鹬蚌相争，渔翁得利”“守株待兔”“完璧归赵”“三顾茅庐”“亡羊补牢”“龟兔赛跑”等；也可以是西方的童话故事如“三只小猪”“小红帽”“卖火柴的小女孩”“穿靴子的猫”“小王子”“青蛙王子”“灰姑娘”“小猫钓鱼”“木偶奇遇记”等，各班剧目指导教师可以根据故事进行剧本改编。

第三，科普剧，科普剧即科学互动表演剧，是现在国际上流行的一种全新的独特的科普形式。它将科普知识、科学实验等以表演剧的形式表现出来，让孩子们在观看表演、跟随人物情节发展的过程中接受科学知识，感受科学精神，参与科学实验，以此激发孩子们对科学的兴趣。各个参赛队伍可以用生活中的科普知识作为创作内容，创作出戏剧剧本，排演戏剧剧目参加比赛。

第四，德育剧，德育剧指具有道德教育意义的表演剧，是小学开展德育工作的重要形式之一，目前越来越受到各地小学的关注，部分地区还开展了中小学德育剧比赛。各班参赛队可依据道德与法治教材进行德育剧创作，也可自行创作。

第五，国际理解教育剧，国际理解教育是指世界各国在联合国教科文组织的倡导下，以“国际理解”为教育理念而开展的教育活动。其目的是使青少年在对本民族文化认同的基础上，了解别国历史、文化、社会习俗的产生、发展和现状；学习与其他国家人民交往的技能、行为规范和建立人类共同的基本价值观；学习正确分析和预见别国政治、经济发展状况及其对本国发展的影响；正确认识和处理经济竞争与合作、生态环境、多元文化共存、和平与发展等方面的国际问题；培养善良、无私、公正、民主、聪颖、热爱和平、关心人类的共同发展的情操；担负起“全球公民”的责任和义务，国际理解教育强调真正的文化对话，动态的文化理解，提倡切入异域文化的生活世界，提倡可持续发展的教育理念。国际理解教育剧就是用戏剧的方式开展国际理解教育。

对于小学而言，一个全校性的活动的开展离不开校内各部门和全体老师的支持，指导教师还应该协调好学校的各个部门和各个班级，组织策划好整个活动，最终形成学校专有的戏剧文化节。在学校开展戏剧活动的目的不仅仅是对学校戏剧特色文化的体现，更要在学校以小学戏剧社团为核心向外辐射形成戏剧艺术氛围，在活动过程中还能发现更多优秀的小演员，为社团增添人才，同时戏剧比赛还能为学校沉淀和打磨戏剧作品，为参加校外的相关戏剧比赛取得好成绩做准备。在未来，可以学校戏剧比赛为跳板，学校联合周边小学，形成自己的小学戏剧艺术节，打造属于自己的戏剧比赛和交流的平台。

第五节　用情挖掘区域文化

各地区都在深入挖掘自身的文化传统，强化本地区独有文化所产生的多元效应。区域文化是在长期的历史进程中，在自然环境和人文环境的双重影响下，逐渐形成的与区位条件关系密切的文化。地域文化的内涵也应当由三个层次构成，即：物质层面的、制度层面的和哲学层面的。物质层面的文化包括特定地域内人的语言、饮食、建筑、服饰、器物等；制度层面包括特定地域人们的风俗、礼仪、制度、法律、宗教、艺术等；而哲学层面的文化则指特定地域人们的价值取向、审美情趣、群体人格等。[①] 由于古代交通不便和行政区域的相对独立性，使各地的文化形态也具有了各自不同的风格，也使得中华文化呈现出丰富多元的型态。区域文化往往具备其独特的文化特性，不同区域之间存在明显的差异，但相邻区域之间，甚至相隔较远的区域之间也有着一些相似之处。一方水土养一方人，每个区域都有着不同的群体，不同的群体发生着不同的故事，这将为戏剧提供丰富的创作材料。小学戏剧社团以戏剧这一综合艺术为支撑，不仅能够讲述故事，还能够表达情感，更能够传播精神。

无论是音乐舞蹈，还是戏剧影视，这些艺术形式都会有其主线内容贯穿其中，这些内容或多或少直接反映了作品所要承载的故事、传承的精神、弘扬的文化。而创作戏剧，特别是创作出一个优秀的戏剧剧目，必定有一个优质的故事作为支

① 张凤琦．“地域文化”概念及其研究路径探析［J］．浙江社会科学，2008（04）：65—66.

撑，剧目故事是戏剧的核心与价值体现的所在。剧目故事的形成，标志着戏剧作品一度创作的成熟，是导演和演员二度创作的出发点。当我们去学习和挖掘区域文化时，我们会发现区域文化里独特的东西，它可能是人物，可能是物件，可能是故事，也可能只是一句简单的俗语。戏剧创作需要将这些独特的事物构成作品的主体或主线，这样才能创作出独特的戏剧作品。当我们用情去挖掘这些文化时，当我们将自身情感带入其中用心体会和感受时，便更能激发我们的戏剧创作灵感，也能为剧目排练提供源源不断的创作动力。挖掘区域文化，探寻区域故事，编写专属剧本，打造文化剧目，这将是一段独特的戏剧创作经历。

有时当我们看见某一个作品时，总会觉得似曾相识但又并不相同，这就是因为两个作品之间都缺乏自身的特色、存在着较低的辨识度所导致的。创作者不愿意了解区域文化，不愿意真正走近区域文化，那么视野和题材上的雷同就是不可避免的。戏剧是创造性的产物，它不同于流水线上各种雷同的货品，只用跟随创作流程就能得到相同的作品，而是需要融入创作者创新的思考、特殊的故事视角、独特的生活体验，甚至是巧妙的创作灵感，只有充分结合各个因素，才能创作出一个特色鲜明的戏剧作品。前面我们讲到，区域文化往往具有独特的文化特性，这就导致当我们以区域文化作为戏剧创作内核时，那么最后呈现的戏剧作品，必将有别于其他作品，它将带有浓厚的区域文化色彩，这也为打造戏剧特色提供帮助与方向指引。当然，除了对区域文化的细致了解和深入体察之外，还需要创作者用独特的视角予以表现。有时候一些戏剧作品之所以呈现得一般，不是因为作品的内容本身有缺陷，而是因为缺少巧妙恰当的表现手段和切入视角。

戏剧是文化的载体，也是呈现文化的载体。区域特色文化往往是当地的重点宣传对象，区域特色剧目是用戏剧的方式传承、传播区域文化，在一定程度上会得到官方的支持和推广。这既是推广区域文化的路径之一，也是地方支持学校戏剧美育的具体体现。戏剧社团创作的以区域文化为主要表现内容的剧目，在参与区域戏剧比赛和各类艺术展演时，也往往能够得到赛事方和主办方的欢迎和支持。若在学校开展戏剧展演，则能够将学校的发展融入区域文化的发展格局，有助于学校形象的对外展开。

作为区域内的小学戏剧社团，其团员和指导老师大多是本地人员，对本土文化有着基本的了解。但同时，也容易身在其中“灯下黑”。有时候需要跳出区域本身，站在更高的位置和更远的地方，来观照自己所在的区域文化。这样也许会看得更清楚，想得更透彻，表现得最独特。总之，其实是需要区域戏剧的创作者用更加敏锐的眼光和更加巧妙的方式，予以恰当的表现。在创作剧目时，指导老师一般会作为剧目的编剧和排演导演，在剧本创作前期，需要更加细致地探索区域各类文化，加深对所创作内容的了解，用一个研究者的视角来看待戏剧，则更利于剧本的创作。作为演出主体的团员即学生，当得知自己将要参与演出弘扬家乡文化的剧目时，他们将会更加愿意演出，也会重视本次戏剧排演的质量，从而高标准要求自己，提高排练效率，提升排练质量。本地学生对于自己当地文化的熟悉度和自豪感，更有助于提高所要创演的剧目质量。尤为重要的是，戏剧创作非常需要团队合作与团队团结，将区域文化作为戏剧创作的核心内容，这恰好能凝聚剧组成员将其拧成一股绳，以戏剧为文化线索和情感纽带，提升成员的凝聚力，为着共同的目标携手前进。从创作思路而言，可以从以下几个维度展开创作实践：

第一，用戏剧传承民俗文化。民俗就是民间的风俗习惯，它是一个国家或民族中广大民众所创造、享用和传承的生活文化，一般以特定活动或生活习惯呈现出来。民俗文化，它是由广大农民及其他劳动人民所创造和传承的文化。民俗文化是区域文化的重要组成部分，内容十分丰富，其中有些还是人类文化宝库中的优秀部分，传承区域民俗文化即是对区域优秀文化的传播，也是对优秀传统文化的保护。挖掘民俗文化主要是要关注区域内的民俗活动和生活特点，比如重庆的火锅文化、铜梁舞龙、接龙吹灯；西安的城隍庙民俗、西安鼓乐、城墙赏灯会；江西的求子、弋阳腔、六月六晒龙袍；广西的三月三和歌圩、牛魂节、壮姑夏装等。在呈现区域民俗文化的同时，还可以去了解和挖掘每一种文化背后的历史渊源、代表人物以及标志性事件。部分以民俗文化为创意基础打造的戏剧作品，如歌舞剧《高山情韵》展示陇南市武都民俗及高山文化，陕北秧歌剧《米脂婆姨绥德汉》展现陕北民俗风情，都是以区域民俗文化为内容支撑进行戏剧创作的。同时需要关注到的是，我们已经步入工业信息化的新时代，与现代文明相适应的新民俗正逐渐形成。在传承传统民俗的同时，我们应积极研究戏剧与新民俗的关联，探究恰当的表现形式。努力探索戏剧如何更好地反映和传承民俗文化，使得民俗文化得到更好的传承与发展。

第二，用戏剧传播红色文化。红色文化是革命战争年代由中国共产党人、先进分子和人民群众共同创造并极具中国特色的优秀文化，蕴含着丰富的革命精神和厚重的历史文化内涵。挖掘红色文化需要以当地区域的革命历史史实为基础，切实探索当地的革命传统，探寻红色基因，追忆革命先烈，传承红色精神。尤其应该重点结合关注中国共产党的部分精神谱系如：伟大建党精神、井冈山精神、苏区精神、伟大长征精神、延安精神、抗战精神、遵义会议精神、红岩精神、西柏坡精神、照金精神、东北抗联精神、太行精神、吕梁精神、大别山精神、沂蒙精神、老区精神。想要探索更为细致的区域红色文化，需要从几个维度进行探索。首先是找到区域的革命烈士、红色典型历史人物等，从人物的视角出发，找寻革命英雄背后的故事；其次是实地调研区域的红色纪念馆，从实践的视角出发，挖掘区域具有代表性的红色文化；最后是进入当地图书馆，翻阅更为细致的红色故事和英雄人物细节，探寻更为真实的红色文化。其中，红色文化的代表戏剧作品有大型舞台剧《重庆·1949》、大型话剧《幸存者》、大型红色儿童剧《少年王朴》、中华民族歌剧《江姐》、大型舞剧《永不消逝的电波》、红色题材粤剧《红魂》等，这些剧目都是区域红色文化的代表性戏剧作品，他们展现了区域红色文化的戏剧可能性与创作多元性。戏剧长于抒情，善于以接地气的艺术手法塑造质朴的人物形象，以细腻的语言和动作展现人物内心，以情动人。因而，红色的革命历史题材创作可以将重心放在人物心路历程上，贴着人情人性表现信仰的力量，通过塑造有温度、令人信服的人物形象，让红色文化鲜活可感。特别是小学戏剧社团，从儿童的视角进行红色戏剧创作，更具有赓续红色血脉的寓意在内，更容易引起广泛关注，鼓舞本土文化自信，并以红色基因滋养祖国的花朵和未来。

第三，用戏剧展示少数民族文化。文化是民族的重要特征，是民族凝聚力、生命力、创造力的重要源泉。我国是一个多民族、多元文化并存的国度，中华文化博大精深、多彩绚丽，每一个民族不论大小，都对中华文化的形成和发展作出了独特贡献。每一个民族的文化，都是中华民族的共有精神财富。少数民族文化最主要的呈现形式就是少数民族风俗习惯，而少数民族风俗习惯各具特色，这为戏剧作品的创作提供了多种可能。其少数民族的文化特色主要集中表现在服饰、饮食、居住、礼仪、节日及婚丧嫁娶等方面。各具特色的少数民族风俗习惯，或源于民族发展历史，或源于生产实践，或源于重大历史事件，或源于居住环境。以少数民族文化作为戏剧创作作品的主体内容，充分挖掘少数民族的独特文化，传承传播少数民族优秀风俗习惯。当然，若将少数民族文化作为创作内容，则需要区域有少数民族聚居区，有明显的少数民族生活传统。在挖掘少数民族文化的过程中，创作者必要时可以生活在民族村落、小镇，着重关注其传统节日的重要习俗，如彝族的火把节、傣族的泼水节、回族开斋节、鄂伦春族篝火节、苗族的苗年等，在这类的戏剧创作作品中，著名的剧目有白剧《数西调》、彝剧小戏《古锅新唱》、大型民族舞台剧《马可·波罗传奇》、吉林省戏曲剧院吉剧团的吉剧

《贵妃还乡》、云南曲靖市滇剧花灯剧非物质文化遗产保护传承展演中心的滇剧《大唐公主》等。少数民族戏剧能够在剧场展演，为少数民族戏剧工作者提供了一个展示、交流和推广的平台，更进一步挖掘了少数民族剧种的潜力，是民族文化的交流凝聚起民族团结的精神力量。从小学戏剧社团的角度来进行少数民族题材戏剧的创作，一般是民族地区小学发展戏剧的必由之路，这既是民族地区学校开展戏剧教育的特色体现，也是民族观教育的重要载体，更是少数民族文化展示和传播的平台之一。

第四，用戏剧继承优秀传统文化。传统文化就是文明演化而汇集成的一种反映民族特质和风貌的文化，是各民族历史上各种思想文化、观念形态的总体表现。传统文化有优秀与糟粕之分，在选择传统文化之前一定要仔细甄别，对待传统文化的正确态度是“取其精华，去其糟粕”。具体到某一传统文化，可以是当地的非物质文化遗产，也可以是传统文化节日，还可以是彰显当地特色的历史。在具体实践中，社团可以打造传统文化剧目，比如可以结合传统节日：春节、元宵节、端午节、中秋节、重阳节……打造传统节日系列剧目，如果当地具有深厚的历史文化底蕴，也可打造呈现历史事件和人物传记的剧目，比如西安依照古都历史进行大量的戏剧创作，著名儿童剧《我们是秦俑》、历史剧《昭君行》、历史舞剧《长恨歌》都是著名的剧目代表，还有许多著名的人物传记剧目，如大型歌剧《司马迁》、大型话剧《李白》等都是历史人物传记剧目的代表。这类剧目都饱含着丰富的历史文化知识，想要创作这些剧目必须进行大量的历史资料调查和文献搜索，避免历史虚无和历史观错乱。小学戏剧社团可以采用适合学生表演的方式创作这类剧目，继承优秀中华传统文化。学生表演不仅可以让孩子们也了解学习优秀的传统文化，也能使优秀的传统文化更加顺利地得以流传。儿童通过参与传统文化题材戏剧的表演，能身临其境地回顾中华民族走过的历史，从而自觉传承优秀传统文化。

第五，用戏剧传播社会主义先进文化。二十四字社会主义核心价值观，是当下应该弘扬的社会主义先进文化，即富强、民主、文明、和谐、自由、平等、公正、法治、爱国、敬业、诚信、友善。其实戏剧能够传承至今，都在于它能够紧跟时代脉搏，在每一个特定的时期，戏剧都发挥着它特定的作用。一个戏剧作品，若缺少了现实意义，那么这个戏剧作品就将会是一个没有意义的作品。优秀的作品总是承载一些时代命题和文化特质，如大型话剧《柳青》、京剧《焦裕禄》、曲艺音乐剧《山高水长》、民族歌剧《三把锁》、话剧《桂梅老师》等，这些作品他们无不立足于区域文化，打造区域故事，创作优质剧目，传播社会先进文化。

我们在创作戏剧剧目时，无论是神话系列的剧目，抑或家风系列的剧目，不能只抓住故事内容本身的意思，而是应该联系现实，与社会的现实意义联系起来，找到剧目真正的价值体现，即其究竟想要给受众传达什么价值观。少年儿童是祖国的未来，是社会主义现代化建设的接班人，用戏剧的方式，让少年儿童接受社会主义先进文化教育，让社会主义核心价值观在少年儿童中外化于行、内化于心，作用到其思想上和行动上，他们未来才能担负起实现中华民族伟大复兴梦的重任。

以上是观念性说明，是选择和开展创作题材的理念性指导。然而戏剧是想和做的结合体，从具体的实践方法上，主要把握以下操作要领。

第一，分清主次，进行系列挖掘。万事没有十全十美，在追求完美结果的时候，总会遇到主次、先后的问题。一般而言，只要搜集区域文化的相关资料就会发现，其涵盖的事件、人物、故事数量巨大，根本不是一个人，甚至一个小学戏剧团队能够完成的，这个时候我们就需要深入探寻区域的代表性文化，即被当地普遍认同和广为了解的文化，虽然它并不能代替该区域的文化，而只是其中的一个重要部分。代表性文化可以具体为区域最具代表性的人物、最具代表性的故事、最具代表性的习俗等。以代表性文化为抓手、以其故事为创作内容，重点创作几个代表性戏剧作品，并通过一次次的演出实践，不断精心打磨作品质量，达到以戏剧的方式完美呈现代表性文化的效果。好戏是需要打磨的：不断地演出，吸取意见建议；不断更改剧本，与时俱进，才能打造出一部好戏。在代表性文化作品创作打磨积淀后，便可去挖掘弘扬更多知名度不高的文化，如地区性的风俗、区域的历史、区域的饮食等，当创作的作品达到一定数量之后，便可以将其作为区域文化的系列戏剧作品，以整合的逻辑充分挖掘区域文化，从而使之成为小学戏剧社团建设的品牌性输出剧目。

第二，逻辑探寻，是指或以人物为线索，或以时间为线索，或以主题为线索。区域文化是一个非常庞大的概念，它是该区域人文价值的体现，具体便是某一明确的事物。在寻找区域创作素材的前期，创作者往往不知道从何开始、从何探寻，其实只需要抓住线索逻辑，便很容易寻找到适合创作的原始素材。以人物为线索，即找到区域内历史上的著名人物代表，当然，这个人物在历史上必须具有积极和正面评价定论。当确定人物之后，便可去搜集关于人物的书籍、作品、事迹等。以时间为线索，以从该区域的历史出发，查阅当地史志，从历史中去发现、去挖掘、去整理区域的历史事件、人物，以其为线索创作戏剧作品。以主题为线索，即从创作作品的主题出发，比如红色题材、少数民族题材、科普题材、传统文化题材等，当确定主题后便可开始搜集与之相关的创作素材。以理性逻辑探寻创作素材，以情感逻辑激发创作灵感，最终充分挖掘区域优质文化。

第三，明确途径：线上调研，书籍搜寻，实地走访。千里之行，始于足下，想要真正挖掘区域文化，必须从实践出发，行动起来，在行动中出成果。在正式调研之前，我们明确获取区域文化的途径：线上调研，书籍搜寻，实地走访。线上调研——利用如今互联网查询信息方便快捷的优势，初步了解该区域的地理和人文文化，对该区域有一个整体认知；书籍搜寻——购买并阅读关于该区域的书籍，包括人物传记、地方史志、地方文化解读等；实地走访——在获取部分人物或事件信息后，创作者可以实地探访相关博物馆、纪念馆、故居等，若故事或人物距离现今较近，便可以实地探访部分相关人员，特别是事件亲历者，从中获取更多有用的细节信息。真正走进地方文化，代入自身情感才能更好地创作戏剧。

其实，无论我们采取何种方式去挖掘区域文化，最重要的还是提前准备，早列计划，所以我们搜寻区域文化信息前，可以列出工作方案计划，确认工作方式、安排工作人员、明确工作时间节点，这样不仅可以提高工作效率，还能敦促自己完成既定计划，确保创作素材搜集工作的完成。特别需要注意的是，我们创作的区域戏剧作品，是立足在小学戏剧社团的平台上展开的，因此要注意区域文化选择的适切性，要贴近儿童的表现特点和接受能力，太超越其年龄认知和学识水平的作品对于孩子而言，会成为文化负担和思想包袱，会影响大家参与戏剧的积极性和主动性，也会影响戏剧创作的快乐体验。

戏剧是一门综合性艺术，它具有承载精神，传播思想的重要社会功能，我们用情挖掘区域文化，其实最大的意义与价值便体现在对区域文化的宣传上。我们以区域文化为主要创作内容，其作品包含的文化与精神便充分体现了当地文化。当其剧目被小学戏剧社团演出时，这不仅是在对排演学生开展区域文化教育，也对台下的观众进行了文化熏陶。观众可能是当地人，也可能来自外地，其实无论是谁，只要观看演出，那就是当地对区域文化的一种宣传，这会是一种很好的文化传播方式。然而，前提是要“用情”，要发自内心地去认同区域文化的优秀元素，才能做出好的作品，才能以好作品打动人，传承传播好区域文化。

第六节　锐意争取剧场建设

剧场，是一个含义颇为广泛的名词，所包括者有戏剧、剧团、舞台、客座，以及其他关于戏剧的方面，换言之，便是戏剧的全部，但其在中国却只被表述为演剧的场所[①]。对于现代演剧空间而言，剧场并不只是意味着存在于固定建筑物中的剧院，剧场的概念已经大大扩展，戏剧演出群体所占有的空间就是演出空间，其演出场所亦可为之剧场。从古希腊的露天式剧场到中国戏曲的戏台，再到如今封闭式专业剧场，都是为戏剧的演出呈现提供空间场所。戏剧被称为最接近人生并直接具有社会性的艺术，其原因之一就在于此。

戏剧的“场”，在物理上是封闭的，在心理上却是开放的。观众被限制在极小的空间之内，一面在物理之场观看舞台演出，一面在自己的心理之场，展开各种联想。当然，时空上所理应展现的现实生活，在心理上却深受限制的那种不自由的“场”，也为数不少。不同的剧场布局，决定了不同的观演关系，也就是说剧场的物理空间决定着观演的心理空间，坐在第一排的观众和坐在最后一排的观众，楼下的观众和楼上的观众，由于物理空间的远近，观众所接收到的视觉和听觉信息不同，这里说的不同并非指接受到的内容信息不同，而是指同样的内容信息因为距离的远近差异而导致观众受到的信息刺激程度不同，其观剧心理体验也是有所区别的。另一方面来说，观演的心理空间也反作用于剧场物理空间的构建，没有哪个剧场的哪个座位是完全看不到表演的，无论剧场观众席有几层楼，能容纳多少座位，都需要满足能够观看到表演这一基础要素，因为有内容可被观看是产生心理感受的前提条件，创造特别的观演心理体验是剧场物理空间构建和革新的目的及意义所在。在中小学，戏剧常常会以晚会节目和课本剧的形式出现在中小学生的生活中，承载着相应演出功能的空间也是大礼堂或教室。教室也可作为一种特殊的剧场，是一种非专业表演的剧场空间，虽然不具备专业剧场的演出设施，但却是小学戏剧社团开展戏剧演出最为简便的场域，对于缺乏场地的学校而言，也是最合适的场所。

制造幻觉曾经是戏剧剧场的重要任务之一。舞台技巧、灯光操作、配乐、服装、布景等元素一同致力于为观众制造出种种幻觉。不管这些元素的运用是否真的有价值，但在上几个世纪中，观众还是以各种方式、在各种程度上陷入了剧场的幻

① 周贻白．中国剧场史：外二种［M］．北京：中国戏剧出版社，2016：2.

觉世界。戏剧剧场力图营造出一个虚构的宇宙。木板制作的布景尽管可以是抽象的，但仍然旨在同观众的想象和移情一起制造幻象。对于制造幻象这个目的而言，表现的完整性甚至连续性都是不必要的，但是，以下这个原则却是必不可少的——在剧场里，被感知的东西必须相互联系，构成一个世界，一个整体。[①] 剧场也不应该只是一个“观看”的地方，它还应该让人在这里思考。而当代剧场，最令人玩味并乐此不疲的，便是置身其中的创作者，如何不断地对剧场元素进行各种可能性的探索、挑战与颠覆。当代剧场不断提示我们，在剧场空间里，我们可以利用任何素材，也可以创造任何架构；空间是被人造就的，它是一种文化，是无穷的想象。戏剧一直向前发展，当代剧场的空间意义正处于探索和实验中。剧场是一种没有完成式的剧场美学，我们作为创作者，要重燃想象灯火，对剧场空间进行无限的创造。

教育的目的是使人对所存在的社会与世界，有一个共通的经验，而某些知识来自经验的积累，这种经验知识无法靠强记硬背来学习，而是透过自我体验与分享的历程来获得。剧场的进行过程就与上述的境况不谋而合。剧场元素包括文本、对白、角色、事件、主题、冲突、时空、演出者和观众。剧场中所有内、外在经验都通过语言和肢体行为来表现，就如同我们常说“听其言，观其行”。剧场是一个相当客观的艺术，它运用的是一种参与式的过程，包括演出者、各类型艺术工作者（音乐、舞蹈、美术、美工等）及观众的参与。[②] 剧场是戏剧艺术的重要呈现空间，无论是排练还是演出，都离不开剧场。当然，戏剧发生的空间并不只局限于剧场之中，操场、教室、走廊、宽阔的空地等都可以存在戏剧。作为观众，剧院舞台通过多角度刻画，向我们展示人生百态，让我们看到了不同的心理、动机，冲突和解决方案。作为艺术家，他们则把自己置于个人生活中可能永远不会出现的情感和智力环境中。这种体验对我们双方的格局和个人发展都是一种深化和拓展。

我们在本书里说的剧场建设并不是指剧院建设，它不需要建设成五六百平方米的大型剧院，而可以只是一个几十平方米的、能够满足中小型剧目演出的小型剧场即可。但即使只是建设一个小型剧场，也不是一件容易的事。因为剧场的建设涉及场地、音响设备、灯光设备等一系列的资金投入，对于一般的小学而言，很难承担昂贵的费用开支，所以能拥有校内剧场的学校，大多是一些市区重点小学或是部分条件较好的私立小学。若学校有建设剧场的经济实力，作为社团的指

---

①[德]汉斯-蒂斯·雷曼.后戏剧剧场[M].李亦男译.北京：北京大学出版社，2016：10.

②容淑华.另类的教育：教育剧场实践[M].台北：台北艺术大学，2013：22—23.

导老师，就应该尽力去争取剧场建设，为小学戏剧社团的高质量发展提供条件。对于部分没有条件建设专业剧场的学校，主要是没有资金支持的学校，就可以不用急于建设专业剧场，而是变换思路对学校内部可以改造为简易剧场的场地进行剧场化改造。比如学校操场上的主席台，一般是学校举行升旗仪式或文艺汇演的场所，其主要的特点就是平台面积较大，位置开阔，台下可容纳足够多的观众，一般而言，只要稍微添加一些音箱等设备就可以组成一个简单的“戏台子”。在中国古代，特别是农村的戏台就是由一个简单的平台组成的，甚至到今天都可以在一些旅游景区看到一些小小的古楼阳台，它们随时可能成为一个戏曲表演的场所。除了操场主席台，还可以选择舞蹈室、废弃的空旷的教室等场域。在其中，提前在空旷的地方框定演出区域和观众区域，演员就在区域内演出，观众可提前带上板凳过来观看，这种小规模形式的演出既能节省剧场打造的成本，又能拉近演员与观众的距离，让观众近距离感受戏剧的魅力。拥有一个专业的剧场当然能够大大助力社团的发展，不过专业剧场建设需要大量的资金投入，并不是每个小学都能够承担的。不过戏剧有时可以不依赖专业的设备、专业的场地，就几位演员、一点简单的道具也能呈现出一个精彩的作品。

重庆市巴南巴蜀小学剧场

河北省石家庄市显现国际学校剧场

创新打造排练场地，是提高排练质量的空间保障。剧场是戏剧排练的一个重要场地，它具有专业的剧目演出设备和场地条件。在剧目排演前期，剧组对排演场地的需求并不迫切，而在剧目合成阶段，则需要使用专业的演出剧场：一是可以让演员提前熟悉演出舞台，适应演出环境，加快演员的环境适应速度，提高演出质量；二是可以加快剧目合成速度与质量，戏剧是综合性艺术，它包含了音乐、灯光、舞蹈等多个其他艺术，需要每个岗位通力合作完成。更重要的是，艺术最迷人的地方就在于它独特的、难以预测的原创性。欣赏一部优秀的舞台作品，观众也是它创造力的一部分，创作一部优秀的戏剧作品，我们拥有无限的想象空间，任何人都可以给予任何形式的解读和情感反馈，对创作者本身的创造性思维是一种鼓励。

积极打造演出场地，举办演出活动，把握空间支持。剧场除了可以进行戏剧排练和演出外，也可以举办各类的文艺活动或学术讲座。对于学校而言，当有了一个标准的演出剧场，学校的文艺活动和专家讲座就可以在剧场内开展，活动环境的提升，必将提升活动的开展质量。对社团的发展和学校的未来发展而言，学校也可能会承办区域性文艺比赛或者文艺展示活动，学校剧场将为活动的开展提供演出空间，也为学校常态化承办高规格活动提供可能。

但同时不应忽视的是，义务教育阶段存在城乡教育资源不均衡等问题，大多数小学并没有足够的经济实力来进行剧场建设，即便是一些办学历史比较悠久的城区小学，也会因为办学空间等限制导致无法启动剧场建设，更遑论办学条件较弱的广大乡村学校了。但这并不意味着这些学校就不能有戏剧活动，更不意味着这些学校的孩子就没有参与戏剧的机会。要相信戏剧是可以拥抱所有人的，要相信戏剧是可以发生在任何空的空间的，但这毕竟是一种戏剧发展理念，在很多时候，空间是起到决定性作用的。对于缺乏经济实力的小学，应该结合现有条件，用更有创意的方式来进行剧场建构。

首先，即便是条件再差的学校，都会有操场。操场作为一种户外空间，非常适合做开放式戏剧练习，在开阔的视野和格局中，老师带着同学做戏剧训练，不必担心打扰到隔壁班级，也能够以更加灵活自由的训练帮助孩子们找到角色感。另外，操场上的主席台等设施，还可以为举行学校内的展演活动提供基本场地保障。因为主席台是加高了的，坐在运动场中的观众可以直观清晰地看到主席台上的表演，这就为观看提供了基础条件。但戏剧作为视听综合艺术，并不仅仅是被观看，还要被聆听，因此需要学校在演出时，安设扩声设备，便于观众能够基本听到表演时的台词内容。若想要结合这样的场地条件呈现出更好的演出效果，则需要在主席台两侧安装屏风，为演员的上下场和换衣服提供“安全空间”。也可以在台口和后方做些简单的舞台布景和演出布置，以增强视觉效果，便于理解和说明场景。在操场开展户外戏剧实践，还要注意的是团员的纪律管理问题，因为户外空间相对较大，若缺少了一定的活动范围限制，小学生自控能力又弱，就会给戏剧实践活动带来管理上的困扰，这也是指导教师在考虑实践空间时应该考量的问题。

陕西省铜川市耀州区中国工农红军照金北梁红军小学

其次，学校的会议室、活动室、报告厅等室内场所，也可以作为开展戏剧训练和剧目演出的“临时剧场”。这些学校场地并非全天候被使用，甚至有可能是常态化闲置的。而且这些场地一般还有配套的音响设施，对于演出扩音而言十分方便。即便这些场地面积有限，不能容纳很多人同时观看演出，但作为过渡性质的演出场地而言，已十分难能可贵。既可以作为校园戏剧建设成果展演和巡演的小型场地，以供学校分年级分班级组织同学观看，又可以为迎接教育管理部门相关检查提供比较恰当的观演场地。

浙江省衢州市开化县城东小学学生活动室

再次，学校的常规教室，在承担戏剧活动和戏剧训练时，其实已经不是常规教室了，而是“带有剧场性的教室”，这是因为从物理空间来说，这里依然是常态课程授课所在的那个空间，但又不同于那个空间的格局设置，同时这种带有特殊性的格局设置，是为了戏剧排练和活动的需要服务的，故带有剧场性。[①] 常规教室的讲台也略高于同学们坐的听讲区，这也为戏剧观看提供了基础性条件，再加上现在的很多学校教室都安装了多媒体设备，可以为戏剧演出的场景说明提供背景支撑。在教室做戏剧活动、训练和演出时，还可以将教室内的桌椅进行适当移动，以留出足够的空间供训练和演出所用。“带有剧场性的教室”，为学校开展戏剧活动提供了基础性、常规性的承载空间，为小学戏剧教育的落地实施提供了场地可能，也为小学戏剧社团的建设与发展提供了基础保障。

四川省成都市青羊区草堂小学

① 丁付禄．教育戏剧概论[M]．北京：九州出版社，2022：168.

总之，无论是在什么学校发展戏剧，都要立足于现有剧场条件，同时积极争取持续改善。现在已有设施齐全剧场的学校，要倍加珍惜并合理运用，让好的剧场更好服务于孩子的全面发展。当下尚无条件较好剧场的学校，要扎实立足自身实际，运用和发挥自己的聪明才智，去结合和表现灵活多变的戏剧艺术，只要戏剧社团的建设力量在，就一定能找到和争取到适合自己生存发展的有机空间。

第七节　敏锐联动校外资源

小学社团所在学校和指导教师的资源整合能力往往是有限的，这将会在一定程度上限制社团的发展，也是制约社团向更高更好平台发展的关键因素，所以，联动校外资源是社团发展的必经之路。首先，学校与学校之间的交流相对紧密，合作也相对较多，其他学校资源是社团更易接触到的资源，也是更易获取的资源。在自身建设完善的情况下，社团可以创作戏剧剧目到其它学校进行演出，以演出的方式加强本校与其他学校的交流，还可以以戏剧的方式邀请他校与本校联合打造一台剧目，增强学校间的合作，这是联动其他学校的主要方式。其次，两学校还可以进行社团指导老师的交流学习，加强双方老师之间的沟通。通过开展演出的方式、增强教育交流合作，实现优势互补，加快高度融合，共同发展，持续共赢，携手共创美好未来。

各个学校规模不同、办学实力不同，这也导致了各个学校资源占有的差异，在寻求校外资源时，应当更注重与资源较为雄厚的学校合作。首先，可以与区域内小学合作，小学之间经常开展课程交流、学校建设等多种交流活动，各小学之间的关系较为紧密，合作更易顺利开展。其次，可以与区域内中学合作，因为小学与中学之间的交流与合作较少，且中学对学生学业成绩更为看重，戏剧活动较难开展，所以与中学合作较为困难，但也是一种可能。再次，可以与区域内大学合作，与大学合作特别是师范学校合作是联动校外学校资源的重要途径。

长期以来，高校与小学作为教育领域的不同阶段，承担着各自的教育任务，采用不同的教育方式，两者在不同的“轨道”上独立运转，各自推进。如北京“高参小”项目的推出，将高校与小学紧紧联系在了一起。“高参小”是“北京市高校、社会力量参与小学体育美育发展”项目的简称，是近几年来北京市教育工作的一项举措。首都师范大学与北京市第二实验小学白云路分校，充分借助“高参小”项目，深入探索，逐渐形成了可持续发展的局面，并有望实现多赢的愿景。首都师范大学与白云路分校的“高参小”项目一开始即着眼于让每个孩子在各个方面都能够全面发展的普惠式教育。2014 年 9 月起，其高校首先在新入学的一年级开设美术、书法、舞蹈社团 17 个，社团活动已形成规模效应。2015 年上半年，一至六年级书法课在首都师范大学书法院的支持下全面推进，同时与“城宫计划”相结合，广泛开展了一至六年级美术、舞蹈、书法、声乐、棋类等社团活动，每周惠及学生近 2000 人次。首都师范大学中国书法文化研究院作为白云路分校的对口联系单位，形成了“作字行文，文以载道，以书焕采，切时如需”的教学理念，重视文化传统的传承，强调书法教育要为社会发展服务。高校需要利用体育、美育等方面的优势资源，对小学的课外活动、校园文化建设提供专业的支持，但在大学师生直接进入小学课堂的同时，更需要重视小学戏剧建设的可持续问题。基于此，“高参小”项目充分重视小学师资技能和理念的提升。在书法课中，书法专业的研究生充当主讲，辅以小学的语文教师、班主任做助教，既与低年级语文教学中的识字、写字做好了“对接”，又解决了写字教师的培训和提高。在美术、舞蹈等社团活动中，小学教师与大学教授同时进入课堂，相互配合。“高参小”项目还重视小学的课程建设，邀请课程研究的专家团队对现有的课程设置进行全面评估。围绕课程建设，老师们逐渐打破学科的局限，全方位地提升教育和教学的理念，更好地实现育人的总体目标。

闽江学院物理与电子信息工程学院与宁化县实验小学联合举办“大手拉小手・科技进校园”暑期训练营，训练营课程包括 3D 打印、3D 设计、智能小车、模型组装等科技实践课程和趣味物理、科幻画等通识课程，已在学员们的心里埋下“爱科学、学科学、用科学”的种子。为全面贯彻落实“双减”政策，南京理工大学实验小学举行“兰小杉”快乐课后科技游园会，由南京理工大学学生会和研究生会工作人员组成的“兰小衫”志愿者团队为小朋友们带来了一场场别开生面的课外课堂，引导小朋友们在观察中思考，在动手中探索。这场科技游园会中，一个个生动有趣的项目，迅速点燃了小朋友们的参与热情。现场分为科技展示区和互动体验区两个区域：在科技展示区，展示的是在全国“挑战杯”竞赛中获得高奖次的黑科技，向小朋友们普及科学知识，激发他们对科学的兴趣；在互动体验区，工作人员精心设计了水火箭、无人机、电动小船、跳舞机器人等互动项目，让小朋友们动手操作、亲身体验，在快乐中学习了解现象背后的科学小知识。

南京理工大学学生会组织工作人员和志愿者们还在实小承担了 6 个班级、90

个课时的课后服务课程，课程涵盖了思政、美育、实践、科学、国学等内容，后续还将不定期将大学生优秀的科技活动、社团活动、多彩实践故事会、优秀学生事迹报告会等精品活动送进小学，让小朋友们得到更多更好的教育资源。这些都是小学联动高校的典型案例，有的甚至成为高校与小学联合教育的典范，这是高校支持小学建设发展的具体体现。当然从合作基础上来看，师范院校有着大量的教师人才，这也为小学与大学的合作提供了合作前提，小学为大学提供实践基地，师范院校师范生可在小学开展实习，因此小学与师范院校之间的联系较为紧密。

大多数高校都有着自己的戏剧社团，这也是小学与高校合作的又一突破口。小学戏剧社团和高校戏剧社团可共同完成戏剧剧目打造，实现小学生与大学生的同台演出，这也是当下推动大中小思政一体化建设的一种新思路。从资源基础上来看，高校整合资源的能力往往强于小学，能为社团带来的并不只是平台的打造，部分学校还开设有戏剧表演类专业，能够为剧团提供专业性的排演指导，提升社团剧目的质量。特别是一些师范院校所做的教育戏剧实践，对于孩子而言，也很有积极作用。教育戏剧，着眼点主要并不在于培养戏剧家。教育戏剧的课程，是让孩子扮演各种戏剧角色，演绎人生百态，是对人生的一种体验，可以帮助孩子进一步认识社会。在戏剧排演的过程中，老师可以引导孩子们充分发挥想象力与创造力，结合肢体动作与语言表达进行模仿与创作，开拓孩子的想象思维空间，培养孩子的同理心、自信心和换位思考能力，锻炼孩子的团队协作力与解决问题能力等软实力，助力孩子性格成长、习惯养成和价值观塑造等孩子终身受益的能力。

部分小学本就是当地师范院校的附属学校，一般而言，高校会积极地在其小学开展教育实践活动，也会对学校的重大事务提供相关建议和指导。如附属师范学校本身就有戏剧类专业或其师范专业有相应的表演类课程体系建设，那么在小学开展戏剧社团活动，在一定程度上将会得到高校及其专业教师的常态化支持，因此学校也不必担忧戏剧课程师资缺乏的问题，高校部分学生可以直接到小学进行教育实习。在举办相应的戏剧活动的时候，也会得到高校专业教师的帮助，还可以巧妙利用其师范高校资源，获取部分比赛或活动通道，不断提升自身戏剧品牌打造的知名度，也能更快地推动小学戏剧社团的发展。以重庆香溪小学为例，它是重庆第二师范学院的附属小学，在小学特色建设上，其敏锐地发现并利用高校的专业资源，打造戏剧特色学校，形成一系列的戏剧教育成果，包括各类的教育戏剧实践课程和区域戏剧比赛奖项。

除各级各类学校以外，若社团所处学校位于市区，那么就可与市区少年宫、文化馆等机构组织开展合作。少年宫是少年儿童在校外进行集体活动的场所，是青少年发展特长、展示才华、丰富生活的专设机构。全国 90% 以上的县（市）至少有一所青少年宫或活动中心等青少年学生校外活动场所，这为学校与少年宫合作提供了前提条件。小学与少年宫的合作是可行的，例如汕头市少年宫承办的 2020 年汕头市“流动少年宫”暨中华优秀传统文化公益课堂进校园活动，走进龙湖区诒铭小学。活动中，主办方为学生们精心设置了国画、智能科技、传统剪纸、篆刻、武术、心理健康、舞蹈、声乐等课堂，为学生们带来了一场以“我们的中国梦”为主题的艺术盛宴。学校与少年宫开展合作后，社团可在少年宫开展排练与演出，向更多的家长与孩子展示戏剧社团的风采，展示戏剧教育的魅力，也能借助少年宫的力量将社团剧目向更多学校、地方推广。文化馆具有提供基本公共文化服务，满足基本公共文化需求的职能，大多数文化馆都具有专业的演出剧场，社团与文化馆合作可以借助文化馆的场地开展戏剧演出活动。

若社团所处学校位于乡镇农村，那么就可以与当地乡镇文化站合作。乡镇文化站是服务于当地群众的综合性公共文化机构，是乡村文化振兴的重要推动力量，乡村小学社团可以与其展开合作，联合打造地方文化剧目，传播推广乡村文化，为乡村文化振兴添一分力。社团也可借助乡镇文化站向区县相关部门推广社团乡村文化剧目，推广社团。地方文化可以得此发展起来，乡村振兴也能深入实施，提高当地的影响力。

其他组织机构，主要是指当地的戏剧家协会以及部分文艺组织。学校社团与戏剧家协会合作，借助戏剧家协会的资源，社团能快速获取当地戏剧比赛的信息，提前准备，如若可以，还可邀请协会的专家对社团团员进行专业指导。学校也可通过区域的戏剧活动不断拓宽自身的资源，如重庆的“脸谱中国 · 戏传万里”中外青少年戏剧交流活动，该活动由重庆市政府港澳办、市政府新闻办、市教委、市城市管理局、市文化和旅游委、市林业局主办，重庆国际文化交流中心等单位承办，重庆市诺林巴蜀外籍人员子女学校协办。该活动计划用一年的时间，在重庆 50 所学校开设“星雨戏剧工作室”，并结对海外 50 所学校互动开展文化推广，让更多的川剧经典作品走进青少年的生活中，在不同的文化环境中融合共生。学校参与这类活动能够得到活动方技术、平台等支持，参加这类活动就是学校借助其他平台资源的很好机会。

在联动校外资源这方面，上海市第三女子中学戏剧社就做得很好。戏剧社一路走到今天，一是因为传统积淀，二是因为百年女中良好的国际交流氛围，总是有源源不断的灵感来源和合作资源。从2010年起，就和新加坡南洋女子中学建立了长期合作关系，南洋女子中学的中英文戏剧教师黄俊鹏先生不仅到女三中指导课程，也带领戏剧社学生排演戏剧。近几年也邀请从事戏剧专业的毕业生来学校指导戏剧社，如2004届毕业生王天楚，现在是年轻的专业导演，曾指导过舞台剧、音乐剧。[①]

其实，只要学校致力于校外资源的联络和挖掘，教育相关部门也会予以相应的支持，攀枝花市东区教育和体育局副局长许莉就认为：应组织成立校级戏剧社团，帮助学生建立戏剧社的有关章程和具体结构，帮助顺利开展戏剧活动，让学生在戏剧活动中体会戏剧的魅力。不定时组织戏剧表演活动，邀请戏剧艺术团体、戏剧艺术家指导戏剧的排练，指导教育工作。利用戏曲进校园活动组织学生全体观看戏剧类的节目，耳濡目染，让学生在观看节目的同时体会戏剧中蕴含的哲理和情感，达到美育的目的。建议学校以戏剧为切入点开展相关课题研究，有机地整合相关学科的内容，推进戏剧教学、社会实践和校园文化建设深度融合，大力开展以戏剧为主题的跨学科教育教学和课外校外实践活动。戏剧与德育深度融合，通过德育平台，以点带面，润德无声。除此之外，戏剧还可以跨学科开展戏剧教育，深度融合。还表示区教体局会建立面向人人的常态化展演机制，每年开展一次戏剧专场展演；学校每年至少开展一次戏剧节或展示活动，保证每个学生都能够参与进来。区教体局还将积极建设校内戏剧实践基地，推选优秀的学生戏剧社团参加省、市各级各类的展演及演出活动。

综上来看，学校戏剧社团需要积极开拓的校外资源主要包括：其他学校的优势办学资源、当地的公益性场地资源、区域的行业组织人力资源，甚至国际化的智力资源，其实最关键的还是校外的财力资源。在小学戏剧社团建设初期，所需的主要经费一般由所在学校拨付，但随着社团发展规模越来越大，平台越来越高，所需要的建设经费就越来越多。这时，普通学校的财力也许就不足以支撑剧团的发展，就需要校外资金的注入。既要用戏剧特色持续争取教育部门的专项经费投入，又要针对所在区域其他单位、机构、组织的工作需要，为其打造专属剧目，获取这些单位和组织的经费拨款，这样就能使社团的发展与学校的特色、区域文化发展的需要紧密结合起来，从而使得社团的发展得到更加稳固的保障。

① 徐永初编．教育剧场：女中的创新课程[M]. 上海：上海教育出版社，2017：166-167.

第八节 创新探索课程融合

戏剧教学（DramainEducation）起源于20世纪60年代至70年代，由英国戏剧教育学者桃乐丝·希斯考特倡导，是对传统的、呆板的灌输式教育教学方法的一种改革，也可以视为“新教育运动”的延续。[①]

大多数学者将“dramain education”译为“教育戏剧”，张金梅译为“戏剧教学”，马利文和徐俊译为“戏剧教学法”，我国台湾戏剧教育学者黄美序则译为“教学戏剧”。”

在西方的儿童教育体系中，不论是在学前教育阶段，还是在基础教育阶段，“戏剧”以其独有的教育价值，已经成为一股重要的教育力量，给儿童教育和学校教育带来了鲜活的生命力。

早在古希腊时期，戏剧开始进入到民众教育中，西方儿童教育中直到20世纪初，随着“新教育运动”的发展，为了打破原有的知识中心、课本中心和教师中心的旧教育模式，戏剧才真正地成为西方儿童教育的一个组成部分；经过近100年来的发展和变化，西方儿童戏剧教育形成了创造性戏剧、戏剧教学和剧场教等多种流派，并且呈现出各种流派相互吸收、相互渗透、相互融合的态势。这标志着西方儿童戏剧教育已经从单一走向多元，从片面走向整合，从幼稚走向成熟。

在我国台湾地区学校艺术教育中，“戏剧”与教育的连结早在20世纪70年代就产生了，最初由李曼瑰、胡宝林等将西方的“创造性戏剧”引进台湾。李曼瑰在《儿童戏剧教育运动及儿童剧的征选与出版》（1983）一文中认为“创造性戏剧”将儿童戏剧纳为儿童教育的一环，是未来教学的趋势，它不仅能突破传统学科的限制，亦能将儿童戏剧从单纯的娱乐或艺术，拓展为教育，与生活连结，使儿童工作、学习、游戏同时并行，着重引导儿童对各种艺术的兴趣与欣赏，充实生命的丰富性。[②]

胡宝林于1975年起在台湾地区推行儿童戏剧相关活动，在其著作《戏剧与行为表现力》中，阐述了儿童戏剧教育和儿童创造力养成的理念。他借鉴了西方

---

① [英] 桃乐丝·希斯考特，盖文·伯顿. 戏剧教学——桃乐丝·希斯考特的“专家外衣”教育模式 [M]. 郑黛琼，郑黛君，译. 台北：心理出版社，2006：38.

② 转引自陈晞如. 话说从头：翻开台湾儿童戏剧教育史（1945—1986）[J]. 美育（台北）.2002（186）：89-90.

的“creative drama”的戏剧教育理念，提出“创作的儿童戏剧”，又称“创作性戏剧”，其特质可归类为：（1）是游戏，不是表演；（2）象征和虚拟的自觉；（3）愿望的表白与模仿；（4）是自我创作表现的，不是矫装的；（5）无固定道德价值的剧情。①

进入21世纪以来，我国大力推行基础教育课程改革，为调整基础教育课程结构和内容，建构符合素质教育要求的课程体系颁布了一系列的政策文件。2001年，教育部印发《基础教育课程改革纲要（试行）》，要求：改进学科教学的育人功能，全面落实以学生为本的教育理念；各地组织开展育人思想和方法研讨活动，将教育教学的行为统一到育人目标上来；发挥各学科独特育人、综合育人功能。2014年，教育部印发的《关于全面深化课程改革落实立德树人根本任务的意见》明确指出：要进一步加强学科课程的渗透，改进学科教学的育人功能，加强学科间的相互配合，发挥综合育人、融合育人功能，开展跨学科主题教育，将学校的相关教育内容有机融合，提高学生综合分析问题、解决问题的能力，让学生在受教育的过程中学有所长，全面发展，德智双全，身心两健。2017年，教育部印发《中小学德育工作指南》，明确了将课程育人作为中小学德育工作的重要途径，要求将中小学德育内容细化落实到各学科课程的教学目标之中，融入教育教学的全过程，充分发挥课堂教学的主渠道作用。这些政策文件进一步凸显了课程的育人功能和价值，明确了课堂教学是育人的主阵地，也明确了各学科课程的有机融合是课程育人价值得以实现的重要途径。

2018年9月，习近平总书记在全国教育大会上提出，要培养德智体美劳全面发展的社会主义建设者和接班人。从这之后，相继出台了如教育部《大中小学劳动教育指导纲要（试行）》，中共中央、国务院《关于全面加强新时代大中小学劳动教育的意见》，中共中央办公厅、国务院办公厅《关于全面加强和改进新时代学校体育工作的意见》以及《关于全面加强和改进新时代学校美育工作的意见》，这表明我国已经总体上构建起德智体美劳全面发展的培养体系和育人格局，但如何实现五育并举，就需要具体进行课程、活动、教研等方面的仔细考量与规划。而实现五育融合的一个重要途径便是探索课程融合新方式，目前戏剧课程对于中国大部分小学而言还是一个新型艺术课程，正因为如此，便可以成为部分拥有一定戏剧基础的小学实现课程融合的新方式。小学戏剧社团在推动戏剧课程融合方面起到的是奠基的

① 胡宝林．戏剧与行为表现力[M]．台北：远流出版社，1994：76-79.

作用，它是小学实现戏剧课程形成和戏剧教学方式形成的基础，小学戏剧社团的实践在一定程度上能够促进小学戏剧氛围的形成。先得到学校层面的支持，获取戏剧融入课程的新尝试的机会，为小学戏剧社团探索课程融合提供可能。课程融合是指将当前基础教育体系中已有课程进行整体性构建，可以作为一种教育思想指导小学课程改革建设，也是目前课程改革的一个重要方向，但“融合”并不意味着学科之间的简单相加，在操作层面我们绝不能采取简单的“学科 + 学科”模式。

小学戏剧社团将助力学校戏剧课程的建设。在 2022 年发布的义务教育课程方案中，戏剧（戏曲）课程被列为小学正式课程，这为戏剧课程的探索和实践提供了迅速发展的政策前提。在以前，戏剧课程在基础教育阶段发展缓慢，有些小学很少了解戏剧课程，甚至都不知道戏剧课程，而对于一些想要开设戏剧课程的小学而言，在实际开展中又出现了众多的困难。一方面是戏剧认识和专业师资的缺乏；另一方面是戏剧课程体系空白。有些学校虽然想要开展一些戏剧课程或者是一些戏剧活动，但是他们对于戏剧的认识并不清晰，“戏剧就是演戏”这是很多人的普遍认识，但是戏剧背后对学生产生的影响和作用便很少有人探究。表演只是学生接受戏剧教育的一个重要形式，而不是最终教育成果，其成果包含对学生德智体美劳等多方面的影响，这些成果往往是不可量化的，也往往是不易评测的，但它们都是真实存在的。作为一种综合的教育，它不仅能够提升孩子的语言能力，还能够培养他们自我认知的能力、换位思考能力、想象力、创造力、领导力和自信心。戏剧表演可以让孩子成为一个更全面、更完整的人。专业的戏剧老师将带领孩子们一起去寻找故事发展的可能性，去探索解决问题的可能性。每一个情景都需要孩子们去动脑筋，想办法，并在戏剧中表现它。孩子们在戏剧中不断地磨合、表演、尝试，这种预演会让他们在未来真正面对生活的时候，表现得更加游刃有余。

戏剧课程建设面临最大的问题，其实就是戏剧师资的缺少，从整个戏剧人才培养的大环境上来看，其实戏剧专业大学生甚至是研究生的人数都不在少数，但是专业的小学戏剧教师的培养则还在起步阶段，这也必然导致小学戏剧老师的稀少，当然最重要的原因是小学戏剧教师的吸引力不够。目前小学的戏剧教师大多都是兼任或者外聘，兼任的戏剧教师并不是专职的戏剧老师，一般是其他主课或者是音乐美术课程教师，因为单从教师资格证考取而言，并没有专门设置小学戏剧教师这一选择，学校也不会专门招聘一位戏剧教师。外聘戏剧教师一般是戏剧方面的专业人士，但是他们的流动性太强，而且在职业认同上老师也不会有学校的归属感，所以并不适合学校戏剧课程的长期发展。

以上其实只是戏剧课程建设的问题，而戏剧课程体系便是下一阶段面临的发展问题，虽然在新发布的《义务教育课程方案和标准（2022 年版）》中，有提及戏剧课程的儿童学习的阶段性问题，但是具体如何在小学开展体系化的戏剧课程还是一个难题。目前国家或地方并没有发布相关的戏剧教材，更没有教学大纲和教学目标，在一线的戏剧教师很难把握戏剧课上的目标达成标准。在戏剧教案设计上，老师们也很难根据学生的年龄身心发展需要进行指向性设计，这就导致老师即使知道每节戏剧课该如何进行授课，但是最终的结果就是戏剧课程授课的混乱和课程设计的零散，这将非常不利于戏剧课程的体系化建设。

小学戏剧社团对于学校戏剧课程建设的作用是多方面的，戏剧社团是戏剧在学校发展前期的主要阵地，而社团正可以戏剧艺术为载体，取得相应的比赛荣誉，让学校看到戏剧的价值，从而让学校能够持续支持校园戏剧的发展，更能为戏剧课程在学校的建设提供可能。前面已经提到小学戏剧社团其实可以作为小学戏剧课程建设的“试验田”和“前沿阵地”，指导教师可以依托社团在内进行各系列的戏剧课程实验，比如戏剧教案的打磨、戏剧课程教学模式的创新、探索各年龄段学生对戏剧的需求，以及课程目标可实现性的验证等，其中最重要的一点便是能够为指导教师打造戏剧课程体系提供实践基地，最终直接助力小学戏剧课程体系的搭建，不过这可能需要漫长的时间与实践。

戏剧课程的教学方法是对常规教学方法的有益补充。许多学科中一些抽象的文本或概念通过运用戏剧表演，使学生在参与与体验中，对这些抽象的文本或概念有了清晰的认识和理解。戏剧课程所独具的教学方法，在具体教学中所起到的作用和效果是常规教学方法难以企及的。在某些方面，其实小学戏剧社团也是戏剧教师的“培养基地”，这时候小学戏剧社团就不再仅仅承担一个学生社团的功能，更是为教师提供一个可以进行戏剧课程实践的机会，让教师在不断的教学当中持续提升自己的戏剧课程授课能力，为学校戏剧课程的全面开设提供人才储备。

小学戏剧社团究竟能不能促进戏剧课程的建设，这一切都要看对社团功能的挖掘和利用，其中最大的原因在于剧目排演与戏剧课程之间的区分。剧目排演并不等同于戏剧课程，它可能只是戏剧课程中的一部分，有时当社团的中心工作是聚焦剧目排演时，容易使外人误会戏剧课程就是剧目排演，在一定程度上影响课程建设的全面性。可以说，戏剧表演课的重点不全在表演，戏剧教育不等同于舞台表演。戏剧课程对于学生的发展具有综合价值，戏剧课程把多种学生成长要素有机结合，使学生在语言运用、能力表达、组织协调、文本理解、个人认知等多个方面有所学习锻炼，这也应该是基础教育综合素质课程的最佳选择。戏剧课程还有利于学生潜能开发和自我认知的提升。戏剧具有综合性，一台戏剧的排练演出，需要剧本、导演、演员、舞美、配乐、舞蹈、灯光设计等的配合，它涵盖广泛，可以充分发挥和调动学生的各种潜能，使学生的知识能力、思维能力、组织能力、表达能力、动手能力、执行能力、创造能力等得到有效的开发和锻炼，也会使学生的自我认知水平有新的提高。戏剧课程也有利于学生人际关系的提升。学生参与戏剧的学习与排练，在老师、同学的陪伴、沟通、观察、等待、调整和完善中以及学生在演练中对于角色意识、合作意识的培养与锻炼，都会使师生和生生关系变得亲密和信任，从而促成和谐师生共同体的建设。

探究戏剧课程改革的前提就是戏剧课程本身的建设，只有自身建设完善才有学科融合的可能。戏剧课程融合一共有两种路径，其一是将戏剧的技巧或方法融入其他课程之中，其二是将其他学科的内容融入戏剧课程之中。将戏剧融入其他课程的现象，其实已经是一种非常常见的教学设计。有时恰到好处地引用戏剧，还能为课例进行加分，如在语文课堂中的扮演课文角色进行表演的方式，俗称课本剧。还有语文中的分角色朗读等，都是戏剧融入语文学科的一种方式。在数学课堂中，部分教师会采用游戏闯关的方式，让学生积极参与到数学计算的训练中来，这也是一种戏剧方法在学科教学上的实际运用，并且都在一定程度上丰富了相应学科的教学内容，同时又能便于学生理解知识和提高学生的学习积极性。

将其他学科内容融入戏剧课程中，这种形式的课程融合，是建立在学校戏剧课程建设相对完善，并且有丰富的戏剧成果积淀的基础上的。在戏剧课堂中，可以将语文课文内容作为其中戏剧活动的主线故事，也可在戏剧活动设计中加入数学元素，包括数字、时间、几何图形等让学生在戏剧中学习学科知识，同时戏剧与部分学科的契合度非常高，比如英语、道德与法治、科学等，将英语元素融入戏剧的方式可以是英语单词的简单设计，也可以是打造英语剧，既让学生学习了英语单词，又锻炼了英语口语，同时也达到了戏剧目标。目前，部分学校在戏剧课程融合方面的建设已初具成效，以南坪实验小学（正街校区）的心理健康教育融入戏剧课程为例，探索课程融合并不是为“融合”而融合，而是根据课程实际情况与学生成长需要而设计。

当前，在素质教育的大环境下，在基础教育中开展戏剧的学习与实践是很有必要的。由于戏剧集语言、形体、音乐、美术等多元智能于一体，可以综合提升学生的感受力、表现力、理解力、创造力以及动手能力和团队合作精神等，这种课程在现行基础教育课程体系中是欠缺的，戏剧课程的参与必将对于基础教育课程体系起到补充和完善的作用。戏剧课程有利于助力基础教育的课程与教学改革。新高考改革的“分类考试、综合评价、多元录取”考试招生模式所引领的个性化、多元化、选择性的教育，需要得到像戏剧课程这类综合性强的课程支持，在高等教育“两依据，一参考”的选拔机制下，在高等学校自主招生、综合评价招生成为重要选拔方式的改革中，戏剧课程进入基础教育的课程体系中，对学生综合素质的提升有所帮助，对于基础教育课程与教学的发展，意义重大。

第五章　小学戏剧社团的实践案例

第一节　义务教育学段戏剧社团信息一览表（部分）

义务教育学段戏剧社团信息一览表（部分）

序号	社团名称	所在学校	所在区域	指导教师
1	西宁剧团	西宁初级中学校	重庆市巫溪县	李林桔
2	永久剧团	綦江区永久小学	重庆市綦江区	王浩宇
3	精灵社团	南坪实验小学	重庆市南岸区	谭　璐
4	叮咚戏剧社团	香溪小学	重庆市南岸区	蹇　玥
5	“小红豆”粤剧社团	荔城街中心小学（原广远小学）	广东省广州增城市	赖惠兴 林海宇
6	校儿童剧社	园岭小学	广东省深圳市	黄燕妮
7	蒲公英戏剧社团	威海市第七中学	山东省威海市	邵红超 刘芳君 邹雨宏
8	梦想儿童戏剧社团 “金话筒”戏剧社团	青岛第五十三中学	山东省青岛市	王丽杰
9	戏剧社团	青岛宁安路小学	山东省青岛市	于　慧

续表

序号	社团名称	所在学校	所在区域	指导教师
10	“三角戏”社团	实验小学水北分校	福建省邵武市	王淑英 朱雯薏
11	戏曲社团	北师大海沧附校蓝海豚小学	福建省厦门市	陈伟顺
12	崇文小学戏剧社	崇文小学	北京市东城区	张　莹
13	慧心“阅”世界之英语戏剧社团	花家地实验小学	北京市朝阳区	陆　雨
14	花儿戏剧社	河南省实验小学	河南省郑州市	—
15	“花雨”戏曲社团	栾川县第三实验小学	河南省洛阳市	—
16	县直二小小梅花戏曲社团	伊川县直第二小学	河南省洛阳市	—
17	“小戏迷”戏曲社团	上街区曙光小学	河南省郑州市	—
18	集美戏剧工作坊	郑州市二七区艺术小学	河南省郑州市	—
19	粉墨梨园小剧社	殷都区水冶镇东北街小学	河南省安阳市	—
20	“梨园花开”戏曲社团	殷都区伦掌镇孙家岗小学	河南省安阳市	—
21	梨园花蕾戏曲表演社团	殷都区水冶镇小东关学校	河南省安阳市	—
22	“隆咚呛”戏曲社团	渭南市临渭区五里铺小学	陕西省渭南市临渭区	—
23	星光戏剧社团	西安高新第二小学	陕西省西安市高新区	—
24	绍兴小百花越剧团	陕西省周至县侯家村乡三联小学	陕西省周至县	—
25	天坪小学文琴戏社团	贵州省毕节市黔西县莲城街道天坪小学	贵州省毕节市黔西县	—

续表

序号	社团名称	所在学校	所在区域	指导教师
26	临澧实验小学戏曲社团	湖南省临澧实验小学	湖南省临澧县	—
27	成都市草堂小学西区分校戏剧表演社团	成都市草堂小学西区分校	四川省成都市	—
28	英语戏剧社	广州市协和小学	广东省广州市	—
29	粤剧社	桂城街道中心小学	广东省佛山市	—
30	戏曲社团	文边小学	广东省广州市	—
31	郁水红豆粤剧团	里水小学	广东省佛山市	—
32	“小主角语言艺术团”	莞城实验小学	广东省东莞市	—
33	粤剧社团	道滘镇中心小学	广东省东莞市	—
34	校粤剧社团	夏园小学	广州市黄埔区	—
35	“和曦粤韵”曲艺社	和顺中心小学	广东省佛山市	—
36	粤剧社团 皮影社团	荷城街道第一小学	广东省佛山市	—
37	粤曲社团	沛明实验小学	广东省佛山市	—
38	戏剧社	荔园小学	广东省深圳市	—
39	音乐剧社团	容桂瑞英小学	广东省佛山市	—
40	少年粤剧团	顺德区龙江镇华东小学	广东省佛山市	—
41	少儿戏曲社团	文边小学	广东省广州市	—
42	戏剧社团	高明区杨和镇中心小学	广东省佛山市	—
43	戏曲社团	阴平镇白山前小学	山东省枣庄市	—
44	京剧艺术社团	龙口市实验小学	山东省烟台龙口市	—
45	吕剧社团	润新小学	山东省烟台市	—
46	戏剧表演社团	莱山区第九小学	山东省烟台市	—
47	小梅花京剧社团	芝罘区潇翔小学	山东省烟台市	—

续表

序号	社团名称	所在学校	所在区域	指导教师
48	雨露戏剧社	龙口市第一中学	山东省烟台市	—
49	校园京剧社团	莱州市双语学校	山东省烟台市	—
50	筑梦戏剧社	烟台三中	山东省烟台市	—
51	萤火戏剧社	莱山一中	山东省烟台市	—
52	逐梦戏剧社团	牟平一中	山东省烟台市	—
53	京剧社团	山东省金乡县实验小学	山东省济宁市	—
54	京剧社团	济南春晖小学	山东省济南市	—
55	戏剧社团	济南燕山学校	山东省济南市	—
56	“福娃戏剧社团”	淄博市临淄区齐都花园小学	山东省淄博市	—
57	“五音戏娃娃剧社”	淄博师专附小	山东省淄博市	—
58	雅韵戏剧社团	潍州麓台学校小学部	山东省潍坊市	—
59	小梨园戏曲社团	淄博柳泉艺术学校	山东省淄博市	—
60	大语文剧社	济阳区曲堤镇姜集小学	山东省济南市	—
61	京剧社团	青岛广饶路小学	山东省青岛市	—
62	戏剧社	青岛三成中小学	山东省青岛市	—
63	戏曲社团	沾化区古城镇文峰小学	山东省滨州市	—
64	戏剧社	济南燕山学校	山东省济南市	—
65	戏剧社团	青岛西海岸新区香江路第二小学	山东省青岛市	—
66	戏剧社团	威海市南山小学	山东省青岛市	—
67	儿童戏剧社	福建省泉州市通政中心小学	福建省泉州市	—
68	闽剧社团	福州市鼓楼实验小学	福建省福州市	—
69	戏剧社团	厦门五中小学部	福建省厦门市	—
70	童话剧社团	建瓯市通济中心小学	福建省南平市	—

续表

序号	社团名称	所在学校	所在区域	指导教师
71	北路戏兴趣班 北路戏社团	寿宁县实验小学	福建省宁德市	—
72	戏剧社团	龙海区石码中心小学	福建省漳州市	—
73	木偶小社团	通政中心小学	福建省泉州市	—
74	闽剧社团	福州教育学院附属第一小学	福建省福州市	—
75	莆仙戏社团	莆田市第二实验小学	福建省莆田市	—
76	高甲戏团	泉州市实验小学	福建省泉州市	—
77	莆仙戏社团	涵江区实验小学	福建省莆田市	—
78	戏剧社团	平潭第二实验小学	福建省福州市	—
79	课后服务戏剧社	昆明龙翔小学	云南省昆明市	—
80	戏剧社	昆明市西山区芳草地国际学校	云南省昆明市	—
81	“小小马兰花”戏剧社	灯市口小学	北京市东城区	—
82	“能说会道”社团	西城区实验小学	北京市西城区	—
83	皮影社团	东城区回民实验小学	北京市东城区	—
84	北京外国语大学附属外国语学校戏曲社团	北京外国语大学附属外国语学校	北京市海淀区	—
85	北京十五中 戏剧社	北京十五中	北京市西城区	—
86	英语戏剧社	上海外国语大学附属外语学校	上海市虹口区	—
87	桃园春戏剧社	实验小学	湖北省宜昌市	—
88	前川二小戏曲社团	黄陂区前川街道第二小学	湖北省武汉市	—

续表

序号	社团名称	所在学校	所在区域	指导教师
89	楚剧社团	武汉市育才第二小学	湖北省武汉市	—
90	汉剧社团	武昌区白鹭街小学	湖北省武汉市	—
91	汉剧社团	武汉市青山区钢城第一小学	湖北省武汉市	—
92	五行戏曲社团	光谷第五小学	湖北省武汉市	—
93	娃娃戏曲社团	硚口区实验小学	湖北省武汉市	—
94	戏曲社团	武汉新洲向东小学	湖北省武汉市	—
95	城厢小学戏曲社团	城厢小学	江西省萍乡市	—
96	辛家地小学戏曲社团	辛家地小学	湖北省武汉市	—
97	春天京剧社团	武汉长春街小学	湖北省武汉市	—
98	京剧团	襄阳昭明小学	湖北省襄阳市	—
99	山二黄剧社	十堰郧阳中学	湖北省十堰市	—
100	黄梅戏社团	复兴路小学	湖北省武汉市	—
101	铁路二小戏曲社团	青山湖区铁路第二小学	江西省南昌市	—
102	京剧社团	哈尔滨市继红小学	黑龙江省哈尔滨市	—
103	吉剧社团	丰满区第二实验小学	吉林省吉林市	—
104	京剧社团	吉林市万达实验小学	吉林省吉林市	—
105	孙可黄梅戏工作室	安庆市四照园小学	安徽省安庆市	—
106	“小梅花”戏曲社团	安庆市德宽路第二小学	安徽省安庆市	—
107	绿韵黄梅戏学生社团	安庆市公园小学	安徽省安庆市	—
108	戏伢子黄梅戏社团	安庆市宜秀区大桥街道办事处叶祠小学	安徽省安庆市	—

续表

序号	社团名称	所在学校	所在区域	指导教师
109	细伢子黄梅戏社团	安庆市宜秀区圣埠小学	安徽省安庆市	—
110	秀蕾黄梅戏社团	安庆市宜秀区杨桥镇中心学校	安徽省安庆市	—
111	“小小黄梅”戏曲基地	安庆市中兴小学	安徽省安庆市	—
112	“小花神”戏曲社团	潜山市黄泥中心小学	安徽省潜山市	—
113	秦腔社团	城东小学	青海省海东市	—
114	点点戏剧社团	文化路小学	辽宁省沈阳市	—
115	滨河小学戏剧社团	滨河小学	山西省济南市	—
116	大禹小学戏曲社团	大禹小学	山西省运城市	—
117	西港路小学戏剧社团	西港路小学	河北省秦皇岛市	—
118	马兰花话剧社团	北大街小学	河北省石家庄市	—
119	英语戏剧社	博雅小学校	重庆市渝北区	—
120	巴蜀戏剧社	巴蜀小学	重庆市渝北区	—

第二节　剧团章程及活动参考模板

×× 剧团章程

第一章　总则

第一条：本社团名称为“×× 剧团”；

第二条：×× 剧团性质：本剧团为非营利性文学艺术类社团，由各项目指导老师在学校、法律规定范围内组成的学生社团；

第三条：×× 剧团宗旨：致力于戏剧创作，服务课程教学，深入社会实践，锤炼多元技能，全心全意为同学们服务；

第四条：×× 剧团目标：丰富同学们的业余生活，帮助同学们学习多元技能，构建多元化社团服务平台，提高同学综合素质。

第二章　社团架构

第五条：×× 剧团指导单位为 ×× 小学，×× 为社团指导教师。

第六条：部门设立及各部门职务

×× 剧团二级组织部门有：团部，舞美分团，表演分团，实验分团。

×× 剧团各部门以建设 ×× 剧团为宗旨，立足 ×× 剧团的发展需要。详情见下表：

部门名称	组成成员	各部门职务
团部	团部团员	负责各分团的人员协调，主要由高年级学生组成
舞美分团	舞美分团团员	舞美分团为剧团活动制作舞美道具，锻炼团员手工技能，提高动手能力
表演分团	表演分团团员	表演分团主要的工作为排练剧目，参加原创剧目的排演等
实验分团	实验分团团员	实验分团主要就是为剧团创新发展服务，其中重要的一个学习就是撰写剧本，为学生提供一个发挥想象力的平台，主要由高年级学生组成

第三章　成员资格认定

第七条：×× 剧团成员资格认定前提：遵守宪法、法律、法规，遵守公民道德规范，遵守学校管理制度，具有良好的道德品质，且注重依据各分团章程进行社团活动。

（一）团部

×× 剧团团部章程以建设和管理 ×× 剧团团部为宗旨，立足 ×× 剧团发展需要，为展现团员和剧团的风姿，并以认真负责为团员主要要求；为保证留团标准和学期团员认证，特此作出团部团员的考核条件：

1. 社团公共活动无故请假，或者不请假并且也不参与者，超过两次取消团员认证；

2. 参加社团活动（戏剧课程、演出等）次数达到 × 次及以上给予会员认定证明；

3. 团部成员需要积极配合剧团具体工作安排，积极落实社团的工作要求。

（注：1、2 条章程完成一条即视为达标，第 3 条章程不作为团员认证标准，但需团员作为内在要求，完成章程要求才给予团员认证）

（二）舞美分团

×× 剧团舞美分团章程以建设和发展舞美分团为宗旨，立足 ×× 剧团发展需要，制作演出及活动所需舞美道具，探索舞美道具设计的更多可能性，并以认真负责为团员主要要求；为保证留团标准和学期团员认证，特此作出舞美分团团员的考核条件：

1. 舞美分团团员需定期参与部门会议，接受阶段任务和工作安排，每学期的工作部署会需参与两次及以上，并完成相关部署工作的总结；

2. 舞美分团团员需在第 12 周左右进行技能考核；

3. 舞美分团团员参与舞美活动次数需达到活动总次数的 60%，即大型戏剧的道具制作和文创产品制作或设计；

4. 舞美分团团员需配合演出剧目中服化道筹备工作，响应各团安排；

5. 舞美分团团员需要积极配合剧团具体工作安排，积极落实团级干部的工作指令。

（注：第 3 条章程完成即视为达标，第 4、5 条章程不作为团员认证标准，但需部员作为内在要求，完成章程要求才给予团员认证）

（三）表演分团

××剧团表演分团以建设和管理××剧团表演分团为宗旨，立足××剧团发展需要，并以认真负责为团员主要要求；为保证留团标准和学期团员认证，特此作出表演分团团员的考核条件：

1. 社团戏剧课程无故请假，或者不请假并且也不参与者，超过两次取消团员认证；

2. 社团内部展演活动每位成员必须参与才能给予团员认证资格；

3. 如果没有参与内部公演和戏剧课程，但多次参加剧团排演且态度良好者酌情给予团员认证资格；

4. 表演团团员需要积极配合剧团具体工作安排，积极落实团级干部的工作要求。

（注：1、2、3 条章程完成一条即视为达标，第 4 条章程不作为团员认证标准，但需团员作为内在要求，完成章程要求才给予团员认证）

（四）实验分团

××剧团实验分团章程以建设和管理××剧团实验分团为宗旨，为保证留团标准和学期团员认证，特此作出实验分团团员的考核条件：

1. 实验分团团员对确定的主题进行思考，并与分团团长讨论想法，即为参与 1 次分团活动，每个团员一学期至少参加 1 次；

2. 实验分团团员需要定期参加分团会议，允许以身体不适、课程冲突为由请假 2 次，其余无故请假者、不请假且也不参与者，超过 2 次则取消团员认证资格；

3. 每位实验分团团员每学期期末应提供一份较为完善的剧本；

4. 实验分团团员时时刻刻需要积极配合 ×× 剧团具体工作安排，积极落实团级干部的工作要求。

（注：1、2 条章程完成即视为达标；第 3 条章程为团员自我要求，如实在有无法创作出剧本的团员，也不作强行要求；第 4 条章程不作为团员认证标准，但需团员将其作为内在要求）

此致，望各位团员秉承剧团认真负责的工作精神和宗旨，为 ×× 剧团的发展尽职尽责。

第四章　团员的权利和义务

第八条：根据《学生社团建设管理办法》的相关规定，通过《×× 剧团章程》资格认定的团员，享有以下权利：

1. 无论有无戏剧相关基础，所有团员均可获得剧团提供的戏剧实践内容及相关的多元化技能训练；

2. ×× 剧团团员在遵守法律、校纪的前提下，以丰富充实在校生活为目的，可按照社团管理条例规定开展活动；

3. 团员有退出剧团的权利，无需退团申请，无相关申请流程；

4. 拥有社团内部的发言权、选举权、被选举权和表决权；

5. 有本社团所举办的活动的参与权；

6. 拥有对本社团工作的批评建议权和监督的权利；

7. 获得接受社团学习发展、拓展自我的权利。

第九条：根据《学生社团建设管理办法》的相关规定，通过《×× 剧团章程》资格认定的团员，必需履行的义务：

1. 遵守法律、校纪、本社章程，进行一切活动；

2. 积极宣传本社团，维护其他团员利益和团团的整体荣誉；

3. 积极完成相关的戏剧训练任务；

4. 所有社员一经注册即有一年的社员资格，这期间不得转让社员资格。

第五章　××剧团团员代表大会制度

第十条：团员代表大会行使的职权

（一）制定或修改会员代表产生办法和程序；

（二）制定或修改章程；

（三）选举和罢免社团执行机构；

（四）社团大型活动的知情权与主办权；

（五）决定其他重大事务。

第六章　××剧团临时大队部会议制度

第十一条：临时团支部会议的作用

（一）拥护党的领导，加强理论学习；

（二）引领社团发展，提升活动品质；

（三）团员培养教育，发挥育人作用；

（四）做好管理监督，守好底线红线。

第七章　财务制度

第十三条：本社团经费来源与开支

（一）捐赠、赞助；

（二）在核准的活动范围内开展活动或服务的收入；

（三）其他合法收入；

（四）本社团经费必须用于本章程规定的业务范围和事业的发展，不得挪作他用，不得在团员中分配；

（五）本社团建立严格的财务管理制度，保证财务资料合法，真实，准确，完整；

（六）本社团应有专门的财务人员。财务人员变动时，必须与接管人员办清交接手续；

（七）本社团资产管理必须执行学校规定的财务管理制度，接受团员大会和各级指导单位的监督；

（八）本社团资产，任何单位、个人不得侵占、私分和挪用。

第八章　负责人产生程序

第十四条：负责人产生程序

（一）社团团长与副团长的选举需填写《社团负责人换届申请表》，经指导老师、挂靠单位和学校同意通过后，由负责人递交书面辞职申请，并对以前的工作及社团经费的运用作出总结；

（二）各部门的负责人由团长和副团长提名申请，由团员大会决定；

（三）社团负责人任职期限为一年，社团组织机构主要负责人任职期限为一年；

（四）新任干部有一个月的实习时间，在此期间，上一任干部不得退任，要对新任干部进行培养，熟悉工作环节。

（五）各部门负责人学期工作报告在社员大会接受审核，未经三分之二以上社员赞成通过者，通过团员大会给以罢免、降职。

第九章　章程修改程序

第十五条：章程修改程序

（一）对本社团章程的修改程序，由本社团执行机构或一半以上本社团成员联名提出，并交经本社团会员大会审议；

（二）本社团修改的章程，须在会员大会上通过后 7 日内，上报社团管理中心审核。

第十章　社团终止程序

第十二条：社团终止程序

（一）本社团完成宗旨或自行解散或由之分立、合并等原因需要注销的，由团员大会提出终止动议；

（二）本社团终止动议须报指导单位审查同意；

（三）本社团经校团委办理注销登记手续后即为终止。

第十一章　附则

第十三条：附则

（一）本章程修改权由 ×× 小学 ×× 剧团全体团员大会所有；

（二）本章程以 ×× 小学《学生社团建设管理办法》为制定依据，两者如有不一致之处，皆以后者为准。

×× 剧团团员登记表

序号	分团	姓名	班级
1	团部		
2			
3			
4			
5			
6	表演分团		
7			
8			
9			
10	舞美分团		
11			
12			
13			
14	实验分团		
15			
16			
17			
18			

××剧团××活动签到表

序号	姓名	班级	签字	备注
1				
2				
3				
4				
5				
6				
7				
8				
9				
10				
11				
12				
13				
14				
15				
16				
17				
18				

×× 社团招新表

序号	姓名	班级	加入分团	备注
1				
2				
3				
4				
5				
6				
7				
8				
9				
10				
11				
12				
13				
14				
15				
16				
17				
18				

××社团团员考核表

序号	姓名	班级	加入分团	开展工作	是否认定
1					
2					
3					
4					
5					
6					
7					
8					
9					
10					
11					
12					
13					
14					
15					
16					
17					

× × 剧团《× ×》剧目演出排期表

时间	排练场次	涉及人员	既定目标	备注

× × 剧团《 × × 》剧目导演计划表

时间	达成目标	备注

×× 小学

第五届“童心、童梦”经典动画改编排演大赛

策

划

书

主办方：×× 小学

承办方：×× 剧团

一、活动背景

习近平总书记在党的二十大报告中指出：推进文化自信自强，铸就社会主义文化新辉煌。传承中华优秀传统文化，满足人民日益增长的精神文化需求，巩固全党全国各族人民团结奋斗的共同思想基础，不断提升国家文化软实力和中华文化影响力。

中国最早的动画影片主要包含手绘、剪纸、水墨、木偶四大表现形式，汲取古代神话、民俗传说、绘画、雕塑、玩具、戏曲等各种艺术元素精华，全部从中国传统文化艺术取材，具有鲜明的中华艺术特点和鲜明的民族特色。此次比赛“致敬童年经典，回顾美学巅峰”从音乐、道具、人物等多个方面重现经典。为了提升各专业学生的技能水平和创新能力，展示学习成果，有利于让儿童了解中国的早期优秀动画，引导儿童传承中华民族的气质和博大精深的文化，特此开展第四届“童心·童梦”经典动画改编排演大赛。

二、活动目的

（一）锻炼表演能力，选拔优秀表演人才；

（二）增强专业能力，普及中国儿童对中国动画的认识；

（三）普及戏剧教育，传播戏剧文化，锻炼学生从剧本改编到排演到公演的综合能力；

（四）努力营造积极向上、健康文明的校园文化氛围，提高学生整体素质，进而推进校园精神文明建设，传承中华传统美德。

三、活动主题

“致敬童年经典，回顾美学巅峰”——根据中国经典动画影片进行改编排演

四、比赛时间

初赛：202× 年 10 月 27 日

决赛：202× 年 11 月 1 日

五、比赛地点

学校操场或礼堂

六、活动对象

×× 小学全体学生

七、活动流程

（一）宣传报名阶段（10月18日—10月26日）

1.10月18日—10月26日进行活动宣传，以学校为主导将活动告知各班班主任，同时告知本次活动的目的和意义，号召大家积极参与；

2.报名团队需借助经典动画影片进行改编排演录制成5~10分钟的视频；可选取上海美术电影制片厂经典动画进行改编排演，也可自行选取其他优秀中国动画影片；可节选片段改编，也可改编整个故事；改编形式不限；

3.10月26日18：00前有参赛意愿的同学加入比赛群并提交参赛材料到社团相关负责老师处，具体流程如下：各班班主任组织收集报名表（年级班级＋童心童梦报名表）以及参赛视频、剧本（年级班级＋团队名称）整合成压缩包（年级班级）提交到指定工作人员；

4.10月27日选出进入决赛的团队并在初赛群或校园内进行公示；

5.10月28日—31日邀请决赛评委和观众；

6.11月1日举行决赛。

（二）初赛阶段

1.确定评委人数(8人左右)；社团联系相关部门进行协助；

2.根据参赛团队提交的表演视频，记分员根据“去掉一个最高分，去掉一个最低分，取平均分”的原则为每位参赛者算出最后得分（算分表见附件4）；

3.根据分数排名，选出10支（根据人数条件可能有所调整）队伍进入决赛；

4.初赛群宣布进入决赛的组别；

5.决赛组别抽签时间和地点等候通知；

6. 邀请评委老师。

（三）决赛阶段

1.活动前社团选出主持人1人；选出记分人员（2人）、计时人员（2人）、负责媒体人员（2人）、确定评委（5人左右）、道具组（4人）申请并布置好决赛场地；社团联系相关部门进行协助；

2.主持人介绍参赛规则；

3.参赛队伍依次上台表演，评委根据评分标准（见附件2）给每一位参赛者打分（评分表见附件3）；

4.表演的同时，记分员根据“去掉一个最高分和一个最低分，再取平均分的原则”为每位参赛者算出最后得分（算分表见附件4），表演结束后，评委老师作点评，同时记分人员根据分数排名统计获奖结果；

5. 评委老师对选手进行点评；

6. 为获奖选手颁发奖状，所有参赛选手合影留念；

7. 工作人员合影留念；

8. 清理场地。

八、奖项设置

一等奖：1 名

二等奖：2 名

三等奖：3 名

优秀奖：若干

九、注意事项

本活动所有解释权归 ×× 社团所有。

十、经费预算

物品名称	单价 / 元	件数 / 件	合计 / 元
文印费	—	—	140
会场布置	—	—	280
证书奖状	15	10	150
横幅	120	1	120
矿泉水	48	2	96
海报宣传	30	2	60
其他	—	—	140

附件一：报名表

附件二：评分标准表

附件三：评分表

附件四：算分表

附件五：改编排演篇目

附件一：

<table>
<tr><th colspan="4">“童心、童梦”经典动画改编排演大赛报名表</th></tr>
<tr><td>年级班级</td><td>姓名（负责人标红）</td><td>团队名称</td><td>表演剧目</td></tr>
<tr><td rowspan="8"></td><td></td><td rowspan="8"></td><td rowspan="8"></td></tr>
<tr><td></td></tr>
<tr><td></td></tr>
<tr><td></td></tr>
<tr><td></td></tr>
<tr><td></td></tr>
<tr><td></td></tr>
<tr><td></td></tr>
</table>

附件二：

<table>
<tr><th colspan="4">“童心、童梦”经典动画改编排演大赛评分标准</th></tr>
<tr><th colspan="2">内容</th><th>评分标准</th><th>分数</th></tr>
<tr><td colspan="2" rowspan="3">剧本内容</td><td>（1）剧本片段主题正确，健康向上。(15 分)</td><td rowspan="3">30 分</td></tr>
<tr><td>（2）剧情有适当改编，且剧情连贯。(10 分)</td></tr>
<tr><td>（3）剧本片段有相对完整性，开端、发展、结尾齐备。(5 分)</td></tr>
<tr><td rowspan="2">表演状态</td><td>台词表达</td><td>（1)表达流畅，语速适当；节奏变化符合情感变化。发音标准流利，吐字清晰；声音洪亮，语气自然，有交流感。（5 分）
（2）台词符合角色要求，有一定的个性化呈现 (10 分)</td><td rowspan="2">35 分</td></tr>
<tr><td>肢体状态</td><td>（1）动作表现自如，具有舞台剧表演的夸张特点和源于生活但高于生活的特质，表演结束，礼貌答谢，下场迅速。（10 分）
（2）舞台调度合理有目标性。（10 分）</td></tr>
<tr><td rowspan="2">舞美设计</td><td>舞美道具</td><td>（1）舞台美术制作精美，对场景说明起重要作用。（5 分）
（2）道具真实恰当，对人物塑造起作用。（5 分）</td><td rowspan="2">20 分</td></tr>
<tr><td>服装造型</td><td>（1）服装符合角色要求，能够体现人物形象。（5 分）
（2）妆发鲜明，对人物塑造起辅助作用。（5 分）</td></tr>
<tr><td colspan="2">音乐</td><td>（1）音乐自然恰当，对说明时间空间、表现人物、主题起作用。（5 分）</td><td>5 分</td></tr>
<tr><td colspan="2">其他</td><td>（1）剧组表演随机应变能力强。（5 分）
（2）根据演出现场的氛围酌情考虑本项得分。（5 分）</td><td>10 分</td></tr>
</table>

附件三：

“童心、童梦”经典动画改编排演大赛评分表				
编号	剧目	评分内容	表演得分	备注
		剧本 内容		
		表演状态		
		舞美设计		
		音乐 灯光		
		其他		

附件四：

“童心、童梦”经典动画改编排演大赛计分表								
编号	1评	2评	3评	4评	5评	6评	7评	最后得分

第三节　戏剧教育课程设计的要素

戏剧游戏的目的在于梳理 1~6 年级融入姊妹艺术及语文、外语等课程中的戏剧表演的学习内容，通过戏剧游戏重点学习声音、肢体、情感的表现方法和技能。同时，通过完成相对完整的戏剧剧目演出活动，培养学生理解剧本、扮演角色、初步运用舞台艺术手段实现演出效果等方面的综合能力，并使学生体会、理解戏剧演出的趣味和意义。最终，引导学生通过阅读或观摩经典剧作，初步了解戏剧情境设置、剧本结构安排的方法，通过编演戏剧小品或短剧，表达自己的思想情感，进而在创作实践中积累经验，形成一定的审美判断能力和综合创作能力。

一、戏剧游戏

[内容要求]

分小组、分主题完成系列戏剧游戏，树立正确的表演观念。在戏剧游戏过程中，从舞台表现要求、作品内容和形式、角色情感体验等角度进行语言表达训练，体验气息、字音、语气、腔调的基本运用。

在戏剧游戏过程中，体会“以假当真”的艺术特性，通过无实物表演，进行肢体动作表现训练，体验肢体动作表现的形象性、协调性、准确性等。

[学业要求]

具备团队合作意识，能积极主动、认真热情地投入表演。能声音洪亮、字音准确、富有感情地完成语言表现，并具有初步的气息运用意识。

初步建立表演的信念感、表现的真实感和审美价值意识。

1. 教学策略建议

引导学生积极参与戏剧游戏活动，既要鼓励个人表现，又要注重小组合作，强调服从角色分配与演出秩序。

在表演过程中，既要激发学生的积极性，又要使学生端正态度。引导学生体会、理解生活真实与艺术真实的差异，树立表达艺术美的意识。

2. 情境素材建议

戏剧游戏方面，可结合生活场景或其他学科知识进行设计，如植物生长、动物大会、家务劳动、地理位置、历史故事等。

语言表达方面，可从基础的绕口令入手，逐步向诗歌、散文、寓言等有情感、有趣味、有形象的文学作品过渡。

感受表现方面，可结合生活实践、知识学习，自主设定情境，以模拟动物、植物或人物的形式完成表演。

3. 学习活动建议

鼓励全体学生参与活动，可通过分小组、分角色等方式进行。声音、肢体、情感方面的训练可分时段安排在“戏剧游戏”学习任务的每一次课堂教学之中。

强调真实表演，引导学生观察生活、表现生活；注重审美趣味，使学生树立正确的审美价值观，表达真善美，使学生体会、理解戏剧演出的趣味和意义。

二、演出舞台剧目

[内容要求]

分小组、分角色进行剧本诵读，体验角色的内心情感与表达方式；找形象、对台词、摆造型，完成角色扮演的准备工作。

了解舞台表现的基本规则（如不可笑场、不可背台等），以及候场、离场时的注意事项；了解与舞台空间有关的要素，包括表演环境、表演角度、位置距离等；分小组、分角色进行剧目片段排练。

小组分工、协作配合，运用多种舞台艺术手段，完成剧目的整体呈现。

对剧目演出进行阐释和评价，如创作意图、艺术追求、演出效果等。

[学业要求]

理解作品所表达的主题思想，能对所扮演角色的情感进行想象与体验；能初步捕捉所扮演角色的典型外部特征，并进行动作表现和角色交流。

初步认识舞台表演对演员声音、体态、位置、配合等方面的要求，并形成规范的舞台意识，具有团队精神。

初步认识并运用布景、灯光、道具、音乐、音响等综合手段，让演出达到较好的效果。

能运用恰当的术语进行创作阐述，并对作品的创作构想和演出的目的、意义，以及存在的问题进行反思和评述。

1.[教学提示]

（1）教学策略建议

注重引导学生观察生活、体验生活，挖掘自身生活情感经验，寻找角色与生活中真实的“人”的联系。

按照由浅入深、从简到繁的思路，从模拟表演、角色扮演到舞台演出，逐步引导学生完成剧目舞台演出活动。

鼓励学生积极表达感受，释放表演天性，促进学生认识、理解生活，培养热情、乐观、进取、向上的生活态度。

（2）情境素材建议

可从古今中外的丰富作品中选择演出剧目，尤其是选择反映社会主义先进文化、革命文化、中华优秀传统文化的作品。

可选择与作品情境相似、贴近学生生活经验的素材进行表演训练，启发、引导学生逐步进入角色。例如，要表现紧张情绪时，可通过发布临时考试通知的方式，让学生体验紧张的心情。

（3）学习活动建议

可从多方面为学生进行角色扮演做准备。例如，让学生就饰演的角色进行口头或书面的外部形象描述，并在规定时间内完成熟悉台词的任务，引导学生揣摩、理解角色的心理活动，并进行情绪准备。注重引导学生进行反思和评价活动，激发学生主动分析、探究的热情，培养学生的注意力、观察力和总结能力。可组织多种生动、有趣的活动，如教师扮演主持人，学生扮演专家、评委等。

三、编演故事脚本

[内容要求]

阅读或观摩经典剧作，在赏析的基础上，了解与戏剧创作相关的若干概念，如情境、动作、结构、场面、冲突等。

分小组集体进行编演活动，按照“构思讨论——人物小传——故事大纲一场面呈现”的程序，完成一部戏剧小品或短剧的创作。

针对作品成果进行学生自评、小组互评和教师点评，归纳总结创作方法。

[学业要求]

理解与戏剧创作相关的基本概念，能将它们与自己具体的创作经验相联系；能合乎体例规范地将所编演的小品或短剧以文本形式呈现。

初步形成舞台思维，能通过戏剧动作、场面等进行艺术表达。

能运用恰当的专业术语进行创作阐述，尝试从结构、场面、事件、台词等角度对作品成果进行评价和表达。

[教学提示]

（1）教学策略建议

编演生活小品，应强调从日常生活感受出发，从熟悉的生活中寻找和发现素材，发现普通人行为背后的内心情感。

在讲解戏剧理论概念时，应结合具体创作进行介绍阐释、归纳和总结。

（2）情境素材建议

应遵循学生身心发展特点，精心选择阅读或观摩的经典剧作。建议选择反映青少年成长主题的剧作。

编演短剧，其素材可从学生的课内外阅读材料中选择，如对语文教材中既有的散文、小说等进行短剧改编。

（3）学习活动建议

可进行充分的编演准备活动，采取多种方式进行编演创作训练。例如，进行"观察生活"练习、"故事接龙"游戏、"想象对话"练习等，引导学生逐步提炼故事、形成结构、捕捉动作和细节。

应通过排演活动，不断打磨所编创的作品。在作品反思和评价过程中，可采取多种生动、有趣的活动形式。例如，模拟"行业剧本推荐交流大会"，在假定情境中进行游戏化的相关教学活动。

四、记录观剧心得

引导学生条理清晰地表达对某部戏剧（含戏曲）作品（剧作 / 演出）的理解和判断，在了解戏剧（含戏曲）的历史及文化背景知识的基础上，通过记录观剧心得，锻炼和提升感知、体验、理解和评价戏剧（含戏曲）的能力。

[内容要求]

在作品赏析的基础上，了解阐释、评价戏剧（含戏曲）作品的不同角度，尝试表达观剧的感受和见解。

阅读、观摩经典戏曲作品，了解与剧目相关的背景知识和戏曲的历史文化传统，并记录观剧心得。

阅读、观摩经典话剧作品，了解与剧目相关的背景知识和中外戏剧的历史文化传统，并记录观剧心得。

[学业要求]

学会从人物、情节、主题等角度理解作品的内涵，从舞台艺术构思和处理的角度体会演出的特色，能条理清晰地表达观剧的感受和见解。

初步了解戏曲知识、历史传统、文化背景，如剧种历史、角色行当、表演程式、脸谱艺术等；完成 1 篇及以上的戏曲观剧心得笔记。

初步了解中外戏剧知识、历史传统、文化背景，如古希腊戏剧、文艺复兴时期的戏剧、中国话剧的历史发展情况等；完成 1 篇戏剧观剧心得笔记。

[教学提示]

（1）教学策略建议

从题材、主题、人物、情节、结构、演出方式等方面，以及历史、文化的角度，引导学生进行多方面、多层次的戏剧理解和欣赏活动。

鼓励学生主动思考，注重过程而不是结论，引导学生进行自主学习、探索，进而更好地体验、认识、理解和欣赏戏剧（含戏曲）作品。

（2）情境素材建议

“演出舞台剧目”“编演故事脚本”“记录观剧心得”三者既相互区别，又紧密联系。其中，创作为欣赏提供感性经验，欣赏又为创作带来理解和反思。因此，这三个学习任务的教学素材可贯通使用。在教学素材的选择上，尽量选择各重要历史时期的经典作品和著名艺术家的代表作。另外，戏曲作品及其欣赏活动应在教学内容中占有较大比重。

（3）学习活动建议

可采取创设情境的方式进行知识讲解。例如，教师通过扮演剧作家或剧中人物等方式，进行相关背景介绍。

欣赏戏剧（含戏曲）作品应与表演活动紧密结合，让学生从中获得感性体验和审美感悟，再通过分享和讨论加以提炼和总结。

引导学生通过多种形式交流和分享观剧心得，如图文并茂的演讲、评审团点评等。

第四节　戏剧工作坊方案

如果说戏剧游戏在戏剧教育内容上是以戏剧表达为主，那么戏剧工作坊就是在戏剧表达的基础上，以戏剧创作为主，是教师和儿童共同创作他们自己的戏剧作品。

一、戏剧工作坊的含义

戏剧工作坊作为一种小组学习形态，是指在专门的戏剧空间（教室）中，教师带领儿童（8~10 名左右）以小组的形式围绕特定主题，经由肢体、声音、语言等身体资源共同创作戏剧的角色、情节和情境，并在创作过程中反映自身独特经历，发展想象力、创造力以及解决问题能力的一种儿童戏剧教育的组织形式。戏剧工作坊是教师依据一定的教育目标，有计划、有组织地设计与实施的。在活动前，教师需要对戏剧工作坊的创作主题、故事线索、情节冲突等进行构思，并做好相应的环境与经验准备；在活动过程中，教师通过使用一定的戏剧技巧与策略，引导儿童对故事的角色关系、情节发展、故事场景等进行想象与即兴创作，并在协商讨论中共同解决戏剧冲突，从而不断丰富与发展预设的主题框架。在戏剧工作坊中，教师与儿童共同成为戏剧创作的主体。

二、戏剧工作坊的流程

在遵循儿童创作戏剧“角色为先，情节在后”的一般规律基础上，戏剧工作坊依次按照暖身活动、角色塑造、情节创作、分享与交流四个流程进行。这里以戏剧工作坊“盒子里的猫”为例予以说明。

1. 暖身活动

暖身活动，也就是引起动机，包含肢体的放松和激发扮演的兴趣。引导者依据戏剧工作坊的主题，准备相关的戏剧游戏（具体见本书中的“戏剧游戏”部分），进行热身；或通过观看视频、图像等，以问答的方式调动儿童已有的经验，刺激儿童对戏剧主题的思考与表现。

戏剧工作坊“盒子里的猫”，暖身活动“我们都是猫”：

（1）欣赏音乐剧《猫》的片段（教师和孩子们围坐在屏幕前）。

T：“现在我们来看一段视频，看看视频中有谁？它们在做什么？它们是怎么做动作的？”

C：“孙悟空、妖怪、狮子、人、狼、猫……”（一边投入地观看，一边模仿视频中各种猫的动作）

（2）我们都是猫。孩子们围成半圆站立。

T：“现在你们都是小白猫，想一想小白猫的动作是什么样子的呢？”

C（“喵喵”地叫着，在地上爬）

T：“除了爬，还有什么动作呢？小白猫还会做些什么事呢？”

B1（跪在地上，用一只手使劲地在地上刨）

B2（张开五指，洗脸）

G1（跪在地上，歪着脖子，用两只手交替挠下巴）：“噢，可以挠挠脸，挠挠身上。大家一起做。”

T：“小白猫还会做什么啊？”

C2（摇摇尾巴）：“嗅，我们一起来摇摇尾巴。”B3：“捉老鼠。”

C（所有的孩子都跪在地上往前爬）：“小白猫，你们的声音太响了，会把老鼠吓跑的，我们轻轻地走。”

2. 角色塑造

角色塑造，主要指通过身体造型、装扮及道具使用等扮演特定情境中各种虚拟的角色。通过“假想”对角色静态的身份、外形，以及动态的行动、语言或声音等进行塑造，在认同所扮角色的同时，观照角色的内心，为创作情节做好准备。

（1）教师入戏扮演“丑丑猫”，孩子们呈一字坐下。

T：“小白猫们快来！一会儿有一只和你们不一样的猫咪要来，你们注意看它是谁。你们在家看，不要乱跑噢。”

教师扮演丑丑猫，戴上头饰，披上脏脏的布，从一个脏兮兮的盒子里钻出来。

丑丑猫：“我是丑丑猫，天气凉了，我觉得特别的冷，我都感冒了，阿嚏，阿嚏。”

（丑丑猫随地擤鼻涕，对着儿童打喷嚏，并依次往儿童身上擦）

C（专注地听教师自述，并笑着躲开丑丑猫）

（2）讨论丑丑猫。

儿童围成半圆，坐在教师周围。

T：“刚才是谁？”

C：“丑丑猫。”

T：“你们喜欢它吗？”

C：“不喜欢。”

T：“为什么呢？”

G1：“它把鼻涕往我身上擦。”

G2：“因为它的衣服太脏了。”

G3：“因为它身上不干净，又天天不洗澡，很臭。”

B2：“我不喜欢，它把喷嚏打到我身上了。”

B3：“我不喜欢，我送给它餐巾纸，它把我家里的餐巾纸全都用光了，我打喷嚏都没有纸了。”

3. 情节创作

情节创作包括场景的创作、冲突的产生与解决。依据一定的故事线索，运用多种艺术表现媒介对戏剧中的场景、故事情节以及角色关系进行想象与创作，并对戏剧冲突做出批判性的思考。

戏剧工作坊“盒子里的猫”

情节创作——猫儿舞会

（1）教师出戏

叙述情节发展：“猫王要开聚会，丑丑猫是因为想参加聚会才来到小白猫的家里的。”

T：“如果猫大王开舞会，小白猫们，你们在舞会上会做什么事情呢？”

Gl：“会喵喵叫。”

G2：“会跳舞。”

B1：“会翻跟头。”

G3：“会穿得漂漂亮亮的。”

B2：“我还会练跆拳道。”

G4：“我还会倒立。”

B3：“会吃东西。”

B4：“玩毛线球。”

（2）舞会上

教师请一个能力强的孩子当“猫王”，其他人当“小白猫”，“小白猫”进入舞会要表演节目给“猫王”看。教师与孩子一起面对“猫王”，拉成半圆。

猫王：“舞会开始了。”

音乐响起，教师先与孩子们一起自由舞蹈，待大家投入舞会情境时，教师出戏扮演“丑丑猫”。

“丑丑猫”横冲直撞，闯入舞会，引起冲突。

丑丑猫：“你们走开！我跳得最好，都给我让开！我要一个人跳给猫王看，阿嚏！”

“小白猫”为避免“丑丑猫”对自己做出不礼貌的行为，纷纷跑开，躲到教室的一边去了。

“猫王”看到“丑丑猫”大闹舞会，并对“小白猫”做出粗鲁行为后，表现出非常生气的样子。“猫王”（口气严肃）：“这里不欢迎你，丑丑猫。”

丑丑猫：“为什么呀？”

猫王：“丑丑猫就是不能参加。”

丑丑猫：“它们都能参加，为什么我就不能参加呢？”

猫王：“我们这里不欢迎你这只不讲卫生，不懂礼貌的丑丑猫。”

“丑丑猫”听完后，很伤心地躲回自己的盒子里。

教师摘下头饰出戏。

（3）帮助丑丑猫。

T：“你们都不喜欢丑丑猫，不愿意和丑丑猫玩，它都伤心地躲进盒子里了。你们想不想帮助丑丑猫啊？谁有好办法？”

G1：“给它化装，洗澡。”

B2：“跟它讲道理。”

B3：“吓唬它一下。”

G4：“让它吃一个解除坏毛病的药水。”

T：“这样吧，你们第一个办法是洗澡，对吧？那你们想一想小白猫是怎么样洗澡的呢？”

T：“小白猫平时都是怎么样洗澡的呢？你们来洗洗看！”

“猫王”带着“小白猫”到盒子旁，和全体小白猫分工合作，共同帮助“丑丑猫”洗澡。“小白猫”分工合作，有的帮“丑丑猫”洗背，有的“洗爪子”，有的“洗尾巴”，有的“洗肚子”，有的帮忙打香皂，有的帮忙往浴缸里加水，有的用手做取暖器，给“丑丑猫”取暖，最后拿毛巾把“丑丑猫”身上的水擦干。

丑丑猫：“你们帮我洗得很干净，谢谢你们小白猫！不过你们身上好像也沾了一点脏的东西，你们也互相帮忙洗洗吧。”“小白猫”相互洗澡。

（4）采用坐针毡策略，继续讨论“丑丑猫”如何改掉坏毛病。

丑丑猫：“现在我身上洗干净了，我还有什么缺点需要改进的吗？”

G1：“不能对人打喷嚏。”

G2：“不能随地吐痰。”

丑丑猫：“我以后一定不对着人打喷嚏了，不乱吐痰了。”

B1：“还不能把鼻涕纸往别人身上扔。”丑丑猫：“我以后用过的鼻涕纸一定往垃圾桶里扔。”

B2（指着丑丑猫）：“不许推人家，不许打人家。”

G3：“还不能讲‘走开走开’。”

丑丑猫：“嗯，我知道了！我现在身上这么干净，只要我以后不乱扔垃圾，不乱擤鼻涕，而且遵守规定不打人，你们就愿意和我做朋友了吗？”

C：“是的。”

丑丑猫：“我要做一个讲卫生、懂礼貌的小白猫，加入你们的家族，好不好？谢谢你们！”

4. 分享与交流

分享与交流，即活动之后的展示、反思与评价。戏剧冲突解决之后，教师引导儿童出戏，以自我的真实身份回顾并反思活动过程，分享自己的感受与体验。其中反思的内容包括对主题的反思、对创作（扮演）的反思、对角色（自己与他人）的反思等。

三、戏剧工作坊的实施

戏剧工作坊是儿童戏剧活动的一种小组形式，参与儿童一般为 8~10 人。因而可以在区域游戏时间，由一名教师带领班级中的部分儿童尝试进行。活动频率建议为一周一次或利用课余时间进行排练，一次一个小组，以便维持教师和儿童对戏剧工作坊活动的新鲜感；活动地点建议设在一个空间适宜、相对安静的封闭区域，如某一间空教室、多功能教室等，尽量保持活动空间的简单化，避免过多无关刺激分散儿童活动时的注意力；活动室内可适当放置一些大型的设施或道具，为儿童的想象与创作提供必要的物质支撑。

1. 空间安排

从队形来看，教师和儿童的队形包括散点、半圆、聚拢、列队、两排等，其功用各有特色。

戏剧工作坊空间安排			
空间形式		功能	举例
散	点	自由塑造角色	如“蒲公英旅行记”中，幼儿自由表现蒲公英种子在空中飘舞的姿态
半	圆	交流与展示	如“小螃蟹找朋友”中，幼儿围成半圆坐，教师与一名幼儿在前面合作扮演小鱼与螃蟹
聚	拢	讨论协商，群策群力	如“森林家园”中，教师与幼儿聚拢围坐，讨论伐木工人的轮廓和小动物的心情
列	队	维持一定的秩序	如“我们一起来骑车”的热身活动中，教师请幼儿排成一字纵队，走不同的路线
两	排	“良心巷”策略的使用	如“外婆的礼物”中，幼儿排成两个纵队，面对面站成一个通道，教师从通道中通过，幼儿对教师说想对外婆说的话

2. 活动形式

戏剧工作坊虽然只有 8~10 名儿童，但是教师在带领活动时也要结合内容，采取不同人数的组合形式：全体、大组（2~3 个大组，每组 3~6 人）、小组（4~5 个小组，每组 2 人）、个别（逐一展示、唯一展示）。

①组织形式全体 8 人

全体扮演，即要求全体儿童共同扮演同一角色。一般用于对主要角色的体验，自由探索角色的各种形象和动作。如“我们一起来骑车”中，教师扮演魔法师，给每个儿童一辆“自行车”。全体儿童集体想象并表现骑车时的情形。

②大组 3~6 人

以角色的类型来分配，一般 3~6 人为一组，共两大组。不同角色类型的分组有利于彼此之间的相互借鉴与学习。如“外婆的礼物”中，全体儿童分成两组模仿家庭成员每一组儿童分别扮演爸爸、妈妈、宝宝或其他角色。

③小组，2 人

两两合作。儿童两两合作的经验较为丰富，在戏剧活动中经常被使用，主要用于儿童结伴表现与探索。儿童可以选择自己喜欢的搭档，有利于情感的交流与创造的合作。如“蝴蝶找花”中，儿童两人一组，分别扮演小花和蝴蝶。

④逐一，1 人

主要用于表达想法与观点。戏剧工作坊关注每个儿童的表达与表现，鼓励教师采用轮流的方式让每个儿童有机会在集体面前说话和做事。活动结束后，教师会让儿童逐一交流扮演的角色，分享活动过程中的感受等。

⑤唯一，1 人

教师根据角色需要，选择个别儿童担任特殊角色，为儿童提供锻炼的机会。如“小螃蟹找朋友”中，请一名儿童扮演小螃蟹，与教师扮演的小鱼进行简单对话。再如“羊羊运动会”中，请能力较强的儿童扮演灰太狼。

第五节　教育戏剧课例教案

教育戏剧《寻找丢失的歌》课例文本

研发团队：孙雨欢、郑青青、黄彦琳、张译之

指导专家：丁付禄

一、游戏热身抽签分组

1. 创演导师活动设计：

分发游戏卡片，组织游戏和同学抽签。

2. 体验主体活动设计（包括具体活动内容、时长预期、设计意图）：

此环节首先以“大象吃狮子，狮子吃狼，狼吃猫，猫吃老鼠，老鼠吃大象”的关系进行分组前的小游戏：同学们事先拿到写有以上动物的卡片，主讲人随意

抽取的一张动物卡片比主讲人高一级的卡片获得优先抽取分组纸条的机会，这个游戏进行五轮。最后让同学们都获得分组纸条，分组卡片上写有关于“语文”“地理”“数学”“英语”“化学”的相关信息，体验者根据卡片的特性完成分组。最后相同属性的同学组成学习兴趣小组，共同完成本次的戏剧教育活动。此环节预设 10 分钟。

3. 技巧使用、物件借助：

自制游戏卡片和抽签纸条。

4. 技巧和物件具体使用概况：

自制的游戏卡片作为同学们优先抽取分组纸条的一个工具；抽签的纸条作为同学们分组的凭据。

5. 空间布局设计：

各体验者以小组形式坐成五排，占据教室一半。导师站在同学们前面的空位。

6. 创演导师言行实况：

同学们好，欢迎大家通过时光隧道穿梭到神秘人的学生时代。首先让我们一起来玩个食物链小游戏，游戏规则是按照“大象—狮子—狼—猫—老鼠”以及“狮子怕老鼠”的上下位关系进行卡片判断，导师随机抽取动物，恰巧属于该动物的上位动物的同学获得分组纸条。（分组后）提示体验者已穿梭到神秘人的学生时代，需要通过体验接下来的三节课来获取线索卡帮助神秘人寻找丢失的歌。

7. 体验主体言行实况：

体验者配合导师进行游戏，完成了分组，并给自己的组取好了名字，分别是西黔一家亲、国语大师、科学、少年祖冲之、无敌浓硫酸。

二、模拟语文课

1. 创演导师活动设计：

导师宣读游戏规则，给各组分发白纸进行答题，同时手举部首卡片让体验者答题。最后公布游戏得分，分发线索卡片。

2. 体验主体活动设计（包括具体活动内容、时长预期、设计意图）：

体验者根据提供的部首和汉字来组成新字。一分钟以内，哪一组写出的字又多又准，便赢得这一环节胜利，获得关于丢失歌曲的线索。在此环节预设 7 分钟，我们将歌曲的歌词拆分融入卡片之中。此环节我们希望大家可以对歌曲中的歌词有所印象，激起体验者的既往记忆。

3. 技巧使用、物件借助：

贴有部首与汉字的红色大卡片、白纸、线索卡片、计时器。

4. 技巧和物件具体使用概况：

使用了三张卡纸，上面贴着各种汉字偏旁，展示一分钟给同学组成汉字。

5. 空间布局设计：

各体验者以小组形式坐成五排，占据教室一半。导师站在同学们前面的空位。

6. 创演导师言行实况：

引导体验者在一分钟内根据提供的部首和汉字来组成新字，依次记录各小组的回答情况，为前三名各发放一条线索卡。

7. 体验主体言行实况：

国语大师组写了八个字，少年祖冲之写了 10 个字，西黔一家亲写了 9 个，无敌浓硫酸写了 10 个字，科学组写了 10 个字。拼写出 10 个的小组每个组获得一条线索。

三、模拟戏剧表演课

1. 创演导师活动设计：

导师宣读游戏规则，带领小组选出人员进行表演并分发台词卡片。最后公布得分，并给前三组线索卡片。

2. 体验主体活动设计（包括具体活动内容、时长预期、设计意图）：

此环节以抢答的形式开展，各个体验小组分别推出一名或者两名代表，组建成临时表演小组。临时表演小组根据主办方提供的台词卡片表演出或者以台词卡片中的情绪地念出台词，体验小组每组只能派一位代表进行抢答，小组共同回答，回答正确小组得分，两轮之后得分最高的前三组得到相关线索。此环节预设 10 分钟，台词的情绪为相反情绪。此环节主要以表演的形式进行，让体验者激起对表演课的印象，回想起之前的快乐时光。所采用的台词也是在我们学生时代最经典的电视、电影、动画，也是对以往青春岁月的怀念。

3. 技巧使用、物件借助：

台词卡片、线索卡片。

4. 技巧和物件具体使用概况：

使用了六张卡纸，写了十二段经典影视台词供同学念白。

5. 空间布局设计：

各小组派出来的临时表演小组来到各小组前面，导师同临时表演小组站在一起。

6. 创演导师言行实况：

引导体验小组派出的体验代表进行台词片段表演准备。提示体验小组选择组内一名同学作为抢答代表，便于导师观察。指引表演体验者依次表演台词片段，记录各组得分情况，并为相应小组发放线索卡。

7. 体验主体言行实况：

西黔一家亲组派出两个人，其他组分别派出一个人，来台上抽取台词卡。六个人配合表演出卡纸上的台词。无敌浓硫酸组和西黔一家亲组各自得到两条线索。

四、模拟音乐课

1. 创演导师活动设计：

导师宣读游戏规则，播放游戏音乐，组织体验者完成比赛。最后公布得分，给分数最高的前三组提供线索卡片。

2. 体验主体活动设计（包括具体活动内容、时长预期、设计意图）：

此环节的游戏以车轮赛的形式进行，每个小组每一轮仅一次机会。各小组听导师所播放的音乐前奏猜歌曲名，音乐停止之后，五秒内给出答案，回答正确积一分，回答错误不加分不减分同时此题作废。在此环节预设 10 分钟，用经典歌曲激起体验者的回忆，在歌曲的选择时，主要以小学生们在音乐课上学习的音乐。希望体验者能在听歌时唤起上课时的快乐以及面临考试的紧张。

3. 技巧使用、物件借助：

歌曲前奏、蓝牙音箱、线索卡片。

4. 技巧和物件具体使用概况：

准备了十首歌的前奏随机用广播播放供体验者猜，用了扩大声音的广播器，使用车轮战的形式进行猜歌。

5. 空间布局设计：

各体验者以小组的形式坐成五排，占据教室一半。导师站在同学们前面的空位。

6. 创演导师言行实况：

导师播放音乐前奏，依次引导各小组回答歌名，记录各组分数，依据游戏规则，为分数高的小组发放线索卡。

7. 体验主体言行实况：

少年祖冲之得到 1 条线索，无敌浓硫酸组得到 2 条，科学组得 2 条。

五、歌曲再现

1. 创演导师活动设计：

导师组织体验者利用所得线索推测“遗失”的歌曲。并在歌曲被猜出来之后播放所剪辑的视频。最后组织同学们拍照留念。

2. 体验主体活动设计（包括具体活动内容、时长预期、设计意图）：

此环节为最后的推断环节，各小组通过所获得的线索卡片对“遗失”的歌曲进行合理推测，猜中的小组即为最终胜利。在此环节预设 7 分钟，体验者通过推断得到的成果更能有获得感与成就感。最后播放的视频是对体验者小学生活的回顾，每一张照片都有特殊含义，让体验者能够记住现在的美好，留住现在灿烂的青春。

3. 技巧使用、物件借助：

剪辑的视频。

4. 技巧和物件具体使用概况：

播放照片合集和音频。

5. 空间布局设计：

各体验者以小组的形式坐成五排，占据教室一半。导师站在同学们前面的空位。

6. 创演导师言行实况：

现在我们已经学习完了帮助我们寻找歌曲的三节课，也获得了神秘人提供的许多线索，现在请大家互帮互助，一同拼凑线索卡，一起帮助神秘人寻回丢失的歌。（体验者猜出歌曲后）感谢大家帮助神秘人找回她丢失的歌曲。其实我就是今天的神秘人，为了表达对大家的感谢，请大家来欣赏一下我们过去学校的记忆片段（播放剪辑视频）。

7. 体验主体言行实况：

国语大师组找到丢失的歌《纪念》。

教育戏剧《保护环境，学会垃圾分类》课例文本

研发团队：杨婷婷、廖丽诗、张雁霖、满佳敏、张薇、胡莉雯

指导专家：丁付禄

一、导入环节

1. 创演导师活动设计：

（1）带领同学们进入活动场景，明确活动背景。（2）简要介绍活动内容与活动场景。（3）根据垃圾的种类：可回收垃圾、厨余垃圾、其他垃圾、有害垃圾和医疗垃圾的分类，将参与者随机分为四个小组。

2. 体验主体活动设计（包括具体活动内容、时长预期、设计意图）：

活动内容：（1）运用导语介绍活动背景，并将参与人员带入垃圾分类和环保教育的情境（1 分钟）。（2）向同学们介绍垃圾种类（2 分钟）。（3）根据垃圾种类将参与者分为四组进行组队。

设计意图：（1）让同学们在短时间内了解活动的背景和主题。（2）知识补充，引起参与者的注意，激发参与兴趣。

3. 技巧使用、物件借助：

（1）语言技巧，通过正式严肃的语气让参与者身临其境，树立起参与意识。（2）垃圾分类知识资料卡。

4. 技巧和物件具体使用概况：

为了保证同学们能够更好地了解活动，进行小组分类，我们会将五种垃圾的卡片分发到每个同学的手里。

5. 空间布局设计：

（1）导师站在讲台中央，学生围坐在导师周围，形成半包围结构。（2）参与者分组之后，按小组在教室内就座。

6. 创演导师言行实况：

在科技发展日新月异的今天，许多东西越来越方便人们的生活，但同时也带来了环境问题。比如，外卖方便了我们的生活，但也会带来数不尽的一次性餐具。我们每喝完一瓶瓶装水，就会多一个被丢弃的塑料瓶子。我们发现虽然大家知道把垃圾丢进垃圾桶，但仍不知道怎样去给垃圾分类。现在就让我们一起来认识认识我们生活中的垃圾，看看他们可以分为哪些种类，请大家仔细听。（1）可回收物：它是可以再生循环的垃圾，包括废纸、塑料、金属类、衣物类等。（2）厨余垃圾：指家庭中产生的易腐烂食物垃圾，包括菜剩菜剩饭、瓜皮果核等。（3）其他垃圾：是指除可回收物、厨余垃圾以外的垃圾，主要包括废弃食品袋、废弃纸巾、废弃瓶罐、灰土烟头等。（4）有害垃圾：指对人体健康或自然环境造成危害的废弃物。主要有废电池、废油漆桶等。（5）医疗垃圾：是指接触过病人血液、肉体的污染性垃圾。如使用过的棉球、纱布、废水、一次性医疗器具、过期的药品等。

7. 体验主体言行实况：

（1）通过导师的导语介绍了解活动的概况和活动的规则。（2）通过各种垃圾的分类介绍，简要了解各种垃圾。

二、游戏大乱炖

1. 创演导师活动设计：

（1）介绍三个游戏的游戏规则。（2）组织学生进行游戏并进行总结。

2. 体验主体活动设计（包括具体活动内容、时长预期、设计意图）：

具体活动内容：

（1）快问快答：垃圾分类的知识问答，考验学生的知识储备。答对一题积一分。

（2）你比划我猜：题目为日常生活中的垃圾，小组成员两两合作进行比划和猜测，与其他小组两个成员进行 pk，哪一组先答对就先积一分。

（3）飞镖游戏：每个同学有四个纸团，投进两个即可得一分。

时间：三个游戏同时进行，共 10 分钟。

设计意图：

（1）检测学生对垃圾分类的掌握常识。

（2）考验团队的默契程度和知识储备。

（3）投纸团的精准度，意在教育同学们将垃圾扔进垃圾桶。

3. 技巧使用、物件借助：

语言技巧：（1）鼓励学生积极参与到游戏中，努力获得积分为后面环节做准备。（2）组织游戏的纪律，防止学生扰乱秩序，体现公平公正的原则。

物件借助：（1）你划我猜：借助 A4 纸出示题目。（2）投壶游戏：借助带孔的纸张和彩色的纸团。

4. 技巧和物件具体使用概况：

（1）将快问快答的问题和答案准备好。

（2）将你划我猜题目提前准备好。

（3）充分利用投壶的纸团和带孔的纸张。

5. 空间布局设计：

小助理在讲台上将成员分为三个游戏分队，学生们上讲台分别参与三个游戏。

6. 创演导师言行实况：

大家了解了有关各种垃圾的知识后，我们就来检验一下大家的学习成果。下面，我们为大家设置了快问快答、垃圾投壶、你面我猜三个小游戏，请大家各自去到想去的游戏，为你的小组争取积分吧！

7. 体验主体言行实况：

（1）快问快答：回答助理提出的问题，谁先回答并答案正确则有一分。这个游戏基本考的都是常识性的问题，环节设置进度较快，体验感很好。

（2）你划我猜：主要考验团队的默契度，以及自己的知识储备量，所以较有难度。

（3）投壶游戏：考验投纸团的精准度，自己的观察能力和力度把握，游戏体验感很好。

三、逛山园游戏

1. 创演导师活动设计：

（1）介绍“逛山园”游戏规则。

（2）小助手亲自演示游戏规则，带领学生试玩游戏。

（3）组织学生玩游戏，调节控制游戏节奏，维持游戏秩序，推动游戏进程。

2. 体验主体活动设计（包括具体活动内容、时长预期、设计意图）：

具体活动内容：参加“逛山园”游戏，考察了学生的肢体协调能力、反应能力、垃圾分类知识储备能力。“逛山园”游戏每一组派了两个成员参加，一共十人，进行了 5 轮。几个游戏分别是教室里面有什么、垃圾桶里有什么、可回收物有什么、寝室垃圾有什么、厨余垃圾有什么、医疗垃圾有什么，考察了学生垃圾分类知识的储备，并纠正了学生平时可能会犯的垃圾分类错误，向同学们科普了垃圾分类知识。淘汰剩下了第一名、第二名、第三名。依次累计加积分。

3. 技巧使用、物件借助：

语言技巧：精练简洁的语言介绍游戏规则，尽快让学生了解游戏规则。

组织技巧：控制调节游戏节奏，控制时长，维持秩序，推动游戏进程。

4. 技巧和物件具体使用概况：

助手提前了解了游戏规则，讲解时语言简洁精练，游戏进行顺利。

5. 空间布局设计：

主持人站在一旁，参加游戏的学生站在台上围成一个圈，未参加的学生坐在台下面面对舞台观看。

6. 创演导师言行实况：

我们都为自己的小组挣得了很多积分，下面就是所有小组之间的竞争，请各小组派一名成员参与到我们的“逛三园”活动，最后坚持下来的人将会为小组获得最高积分哦。

7. 体验主体言行实况：

一个一个接二连三分别说出给出题目的垃圾名称。

四、变废为宝

1. 创演导师活动设计：

（1）介绍活动内容和规则，设置奖励机制，第一名获得 20 积分，第二名获得 15 积分，第三名获得 10 积分。（2）介绍活动当中可选择的道具以及每个道具所代表的积分，选择相应道具扣除相应积分。（3）根据前面每组的积分排名，按照从高到低的顺序让每组选择制作所需道具后，扣除所选道具的积分。（4）给相应时间让每组制作。（5）每组制作完后上台依次展示成果并介绍。（6）让每组对自认为最好的一组投票（不能投自己组）。

2. 体验主体活动设计（包括具体活动内容、时长预期、设计意图）：

具体活动内容及时间预设：（1）根据前面排名依次上台选择道具（2 分钟）。（2）根据所选道具每组进行“变废为宝的”制作（5 分钟）。（3）上台展示并介绍成果。（4）为自己认为制作得最好的一组投票（3 分钟）。

设计意图：（1）利用制作加积分的规则来激发每组的竞争参与欲望。（2）利用变废为宝的游戏让参与的人认识到垃圾的可利用性。

3. 技巧使用、物件借助：

（1）积分规则。（2）“变废为宝”的道具。

4. 技巧和物件具体使用概况：

技巧：在这一环节的活动中仍然利用积分机制开展活动，每组可根据自己的意愿上台进行选择道具。物件：饮料瓶，超轻黏土，中国结，卡纸，颜料，剪刀，画笔等。使用情况：每组所选道具都不同，大多数道具都被选择。

5. 空间布局设计：

导师站在讲台正中央，学生按照分组就座。

6. 创演导师言行实况：

（1）同学们，接下来我们进行下一个环节——变废为宝。每组利用自己选择的垃圾道具将它变为生活当中可以使用的东西。做的最好的一组可加 20 分，第二名加 15 分，第三名加 10 分。那现在请每组派代表上来选择道具，每个道具所代表相应积分，选择道具后会扣除道具的积分。（2）现在请同学们开始制作道具吧！（3）每个小组都已经做完了，现在就请每组派代表上来展示并介绍自己的成果吧！（4）现在每组都已经展示完了，请每组给自己心仪的成果进行投票哟，记住不能投自己小组。

7. 体验主体言行实况：

小组讨论后选择心仪道具。

制作“变废为宝”的道具。

展示并介绍成果。

为心仪的成果投票。

五、环保小卫士表演

1. 创演导师活动设计：

（1）带领大家从上一个环节进入下一个环节，并介绍活动规则，讲解活动背景。（2）根据各小组成员积分情况，随机抽选各组任务，积分高的小组优先抽取任务。

2. 体验主体活动设计（包括具体活动内容、时长预期、设计意图）：

（1）导师介绍活动规则，并安排小组成员随机抽取任务。

（2）各组成员根据抽取任务，进行活动准备。

设计意图：①让同学快速了解活动规则，使其快速融入活动中。②根据小组的积分抽取任务，让同学更有参与感，提高同学积极性，激发兴趣。③揭示环境保护主题，加深对环境保护的意识。

3. 技巧使用、物件借助：

（1）语言技巧：导师在讲解中要字正腔圆，让同学听懂，要有震慑力。

（2）同学通过任务卡片进行讨论后展示。

4. 技巧和物件具体使用概况：

为保证各小组成员有更好完成效率，我们会将各组任务分发到各组手中，并从旁协助。

5. 空间布局设计：

（1）同学分布导师两侧，呈弧形状，导师站在中间，助理协助。

（2）同学们分组后，按小组安坐。

6. 创演导师言行实况：

快乐的时光总是过得很快，在短暂的游戏放松中，大家的积分也有了一定的变化。目前领先的是……小组，让我们给予他们热烈的掌声。接下来，我们将进行最后一个环节——我是环保小卫士。这个舞台留给大家，每组派代表随机抽出各组任务，按要求完成任务内容。

7. 体验主体言行实况：

（1）通过导师的介绍了解活动背景和规则。

（2）抽取任务的小组按要求进行讨论，完成任务。

六、总结实践

1. 创演导师活动设计：

（1）点评活动开展的情况，向参与者和工作人员致谢。（2）点明活动的主题：环保。（3）呼吁参与者从点滴做起，捡起身边的垃圾，从意识到实践，深化主题。

2. 体验主体活动设计（包括具体活动内容、时长预期、设计意图）：

活动内容：（1）运用总结语升华活动主题，结束本次活动（1 分钟）。（2）呼吁同学们从身边小事做起，捡起身边的垃圾。

设计意图：（1）让同学们在总结中对环保主题有所认识。（2）捡起垃圾，让环保不仅停留在意识上，还要表现在行动上。

3. 技巧使用、物件借助：

（1）语言技巧：通过呼吁性的语言让参与者树立环保意识，乐于付诸行动。（2）废物利用：剩余的垃圾。

4. 技巧和物件具体使用概况：

为了引起同学们对环保的关注，我们让他们在离开活动场地前捡起身边的垃圾，用行动践行环保意识。

5. 空间布局设计：

（1）导师站在讲台中央，学生围坐在导师周围，形成半包围结构。（2）参与者按小组分组之初的原位置就座。

6. 创演导师言行实况：

生活的便利也会伴随着相应的大量的垃圾涌来，污染我们生活的环境。我们不仅是要树立环保的意识，也要合理利用资源，学会变废为宝。回收利用不仅减少环境的污染，还将为社会带来一定的经济效益。保护环境是我们义不容辞的责任，希望同学们能够做到点滴小事不忘环保。今天我们的活动就到此结束了，还请同学们在走之前看看自己的周围有没有垃圾残留，如果有的话请捡起来扔进垃圾桶里，环境保护从现在做起，谢谢大家。

7. 体验主体言行实况：

（1）通过导师的总结语总体概述今天的活动内容，深化主题，颁发小礼物。（2）在欢乐的氛围中，行动起来，收拾身边的垃圾。

教育戏剧《健康生活》课例文本

研发团队：蔡燕玲、任康、张宇、陈国珍

指导专家：丁付禄

一、活动前准备

1. 创演导师活动设计：

将相关道具放在指定位置。

2. 体验主体活动设计（包括具体活动内容、时长预期、设计意图）：

具体内容：准备道具。

时长预期：2 分钟。

设计意图：提前准备好道具，便于活动有序开展。

3. 技巧和物件具体使用概况：

技巧：分工进行。

物件：问卷表、绳、瑜伽垫、笔。

4. 创演导师言行实况：

清点所需道具。

5. 体验主体言行实况：

教室外短暂休息。

二、填写问卷

1. 创演导师活动设计：

（1）体验人员依次进入教室。

（2）导师成员派发一张问卷和一支笔。

（3）拿到问卷和笔后，体验人员随意就座。

2. 体验主体活动设计（包括具体活动内容、时长预期、设计意图）：

具体内容：派发调查问卷和笔。

时长预期：5 分钟。

设计意图：通过调查问卷能够在短时间内有效地了解体验人员的生活、运动情况，便于引出健康生活的主题。

3. 技巧使用、物件借助：

技巧使用：各自按照自己的实际情况填写。

物件借助：调查问卷、笔。

4. 技巧和物件具体使用概况：

技巧：导师引导，体验人员根据自己的真实情况填写问卷。

物件：问卷、笔。

5. 创演导师言行实况：

师：欢迎大家来到“活力健身房”，今天是我们开业的第一天，在座的各位都有机会免费体验项目，由于和大家是第一次见面，对大家不是很了解，为了更好地为大家制订专属的计划，现在请大家分别填写问卷中的问题。

6. 体验主体言行实况：

专心致志地各自填写自己的问卷。

三、分享

1. 创演导师活动设计：

体验人员分享他们的问卷填写情况，导师依据健康生活的理论进行反馈。

2. 体验主体活动设计（包括具体活动内容、时长预期、设计意图）：

具体内容：分享问卷填写情况。

时长预期：6 分。

设计意图：通过体验人员的分享，导师了解他们不良的生活习惯，给予一些健康生活建议。

3. 技巧使用、物件借助：

技巧使用：导师适当点评。

物件借助：问卷。

4. 技巧和物件具体使用概况：

技巧：学员分享后，导师及时分享建议。

物件：问卷、笔。

5. 创演导师言行实况：

师：我想请几位学员为我们分享一下你的相关情况。

师：美食确实能让人心情愉悦，但是为了我们的身体健康，我们要辅助以运动。

师：保健品应该要少吃。

6. 体验主体言行实况：

分享自己的基本情况

（1）爱吃火锅、炸鸡。（2）体育锻炼很少，吃保健品。

四、拼图分组 + 热身活动

1. 创演导师活动设计：

体验人员随机抽取一张小卡片，根据导师成员的指引，找到自己对应的组别。

2. 体验主体活动设计（包括具体活动内容、时长预期、设计意图）：

具体内容：拼卡片分组。

时长预期：10 分钟。

设计意图：通过拼图分组，既可以培养小组成员之间的默契，也可以了解健身的相关项目。

3. 技巧使用、物件借助：

技巧使用：随机抽卡片，按拼图分组。

物件：打乱的卡片。

4. 技巧和物件具体使用概况：

技巧使用：随机抽卡片，按拼图分组。

物件：打乱的卡片。

5. 创演导师言行实况：

师：接下来，我们就来了解一下我们健身房的运动项目和器材，他们现在就藏在这个篮子里面，每个人需要抽一张卡片，完成拼图，坐到相应的位置上。

6. 体验主体言行实况：

随机抽取卡片，找到自己的组别。

五、抽取体验顺序

1. 创演导师活动设计：

各小组派一位代表来抽取体验项目以及体验顺序。

2. 体验主体活动设计（包括具体活动内容、时长预期、设计意图）：

活动内容：抽取顺序和项目。

时长预期：2 分钟。

设计意图：抽签决定让人容易接受体验项目。

3. 技巧使用、物件借助：

技巧使用：每组派代表抽签。

物件：小纸条。

4. 技巧和物件具体使用概况：

技巧使用：每组派代表抽签。

物件：小纸条。

5. 创演导师言行实况：

师：由于时间和场地的限制，每组成员只能体验一个项目，请每组派一个代表上来决定你的体验项目及体验顺序。

6. 体验主体言行实况：

派代表抽签。

六、体验不同健身项目

1. 创演导师活动设计：

各组体验人员跟着不同的导师体验不同的项目。

2. 体验主体活动设计（包括具体活动内容、时长预期、设计意图）：

具体内容：跑步，下蹲，跳绳，瑜伽；一组在体验的时候，其他小组观看技巧。

时长预期：20 分钟。

设计意图：感受每个项目带给人的最真实的感受，体会运动的魅力。

3. 技巧使用、物件借助：

技巧使用：4 位导师分别带着各组成员体验不同的项目。

物件借助：跳绳、瑜伽。

4. 技巧和物件具体使用概况：

技巧：真实地体验各项目。

物件：跳绳、瑜伽垫。

5. 创演导师言行实况：

师：首先体验的小组是我们的跑步小组，我们活力健身房斥巨资请来了全国马拉松冠军——张宇教练，下面将由他带领大家体验跑步。

6. 体验主体言行实况：

完成跑步项目后，普遍觉得肌肉酸痛，但心里很舒服。

七、写感受并分享

1. 创演导师活动设计：

小组成员交流分享体验项目后的感受，派代表分享。

2. 体验主体活动设计（包括具体活动内容、时长预期、设计意图）：

活动内容：写感受并分享。

时长预计：5 分钟。

设计意图：每组的体验项目不一样，他们的感受也不一样。

3. 技巧使用、物件借助：

技巧使用：小组合作讨论并派代表分享。

物件：A4 纸、笔。

4. 技巧和物件具体使用概况：

技巧使用：小组合作讨论并派代表分享。

物件：A4 纸、笔。

5. 创演导师言行实况：

师：在体验完了这么多的项目之后，相信每个人都有不同的感受，和你的小组交流一下你的想法吧。并将他们写下来，派一个代表分享。

6. 体验主体言行实况：

运动需要坚持；运动非常累、肌肉酸痛；瑜伽对于男孩比较困难。

八、总结

1. 创演导师活动设计：

导师感谢大家的参与，并给予参与者期望。

2. 体验主体活动设计（包括具体活动内容、时长预期、设计意图）：

具体内容：聆听。

时长预计：2 分钟。

设计意图：为本次活动作一个简短的总结。

3. 技巧使用、物件借助：

技巧使用：导师简短总结。

4. 技巧和物件具体使用概况：

技巧使用：导师简短总结。

5. 创演导师言行实况：

师：本次的体验活动到这里就圆满结束了，送给你们一句话“生命不息，运动不止”，希望你们在今后的生活中保持健康。

6. 体验主体言行实况：

聆听。

教育戏剧《鲁冰逊漂流记》课例文本

研发团队：宋玲玲、刘家林、朱江敏、陈奎、陈美蓉、周倩、陈曼

指导专家：丁付禄

一、铺陈、热身

1. 创演导师活动设计：

（1）导师：各位请注意，你们原有的童话世界已崩塌，现在每人手中都持有一个记忆碎片，你们需要找到自己的家族成员完成记忆碎片的重组，恢复记忆。但是在此之前我们需得学会拼凑记忆碎片的方法。那么，接下来我们就进行汉字大比拼游戏，学习拼凑方法；

（2）导师讲解汉字大比拼规则（导师随机点一名体验者将需要拼凑的汉字交给他，由这名体验者自行构思如何拼凑以及需要的人数，接着邀请伙伴完成汉字的拼凑，由未参与的体验者猜测所拼凑的汉字）游戏一共进行三次，导师提示尽量让每一位体验者都有参与感；

（3）导师引领体验者总结拼凑方法（拼凑时清楚明白框架结构，观察衔接之处）。

2. 体验主体活动设计（包括具体活动内容、时长预期、设计意图）：

活动内容：

体验者聆听；

体验者熟悉活动规则，并完成汉字大比拼游戏；

学习拼凑的方法。

时长预期：10 分钟。

设计意图：以游戏为开场热身，调动体验者参与的积极性，体验者学习到拼凑的方法。

3. 技巧和物件具体使用概况：

技巧使用：游戏技巧。

物件借助：拼图、汉字卡片。

4. 技巧和物件具体使用概况：

汉字卡片：用来体验拼凑技巧，但是拼凑的方式不一样。

5. 创演导师言行实况：

播放《童话》，营造氛围

导师："欢迎大家来到我们的童话世界，现在有请我们童话王国的使者给大家发一下记忆碎片。各位请注意，你们的童话王国已经崩塌，现在每人手中持有一个记忆碎片，你们将拿着记忆碎片去寻找自己的同伴，但是在此之前，我们需要有一个环节，学会一个技能——拼凑。现在有请戴有手表的童话居民"（请三位居民示范了汉字拼凑的方法）。

6. 体验主体言行实况：

同学们跟着演唱《童话》，气氛活跃。

每个童话居民都有了代表自己记忆的碎片，然后被抽到的三个戴手表的居民都认真参与拼凑汉字游戏，通过不同的方式，其中"众"字由三人组成，"林"由四人组成，"析"由三人组成。

二、开端

1. 创演导师活动设计：

导师（各位通过刚才的汉字大比拼游戏，现在已经基本掌握了拼凑记忆碎片的方法，那么接下来，请根据你们的记忆碎片找到你们的家族成员，完成记忆碎片的重组，恢复记忆）。

2. 体验主体活动设计（包括具体活动内容、时长预期、设计意图）：

活动内容：

体验者根据自己手持的记忆碎片，找到自己的家族成员。

时长预期：8 分钟。

设计意图：体验主体在正式开始体验之前已手持童话拼图碎片，各个主体手拿属于自己家族的童话碎片需得拼凑成自己家族的完整图画，如此便达到了分组的目的。

3. 技巧使用、物件借助：

技巧使用：拼凑技巧。

物件借助：拼图纸片。

4. 技巧和物件具体使用概况：

童话图片的记忆拼图用来寻找家族成员，以此达到分组的目的。

5. 创演导师言行实况：

导师："刚刚的游戏大家都已经学会了拼凑的方法，接下来，大家拿着自己的记忆碎片去寻找自己的同伴。"

6. 体验主体言行实况：

童话居民根据自己所持的记忆碎片进行询问、寻找自己的同伴。

三、发展

1. 创演导师活动设计：

导师：恭喜各位都已经成功地找到了自己的家族成员，你们现在都拥有了属于自己家族的完整记忆，那么，在你们曾经的童话世界中发生了什么样的故事？家族成员一起回忆一下，各大家族都来说说过去的故事。

导师：各大家族曾经发生的故事都是十分精彩有趣的，可是话语往往没有眼前呈现来得真实，那么接下来就有请各大家族将自己曾经发生的故事动态地呈现出来，时长 3~5 分钟。

2. 体验主体活动设计（包括具体活动内容、时长预期、设计意图）：

活动内容：

体验者于家族内一起回忆曾经发生的故事；

各大家族进行故事的分享；

体验者于各自家族内进行回忆演练；

各大家族上台进行汇报展示。

时长预期：20~25 分钟。

设计意图：回忆过去的生活，保持对过去美好生活的怀念，为下面展开对未来生活的追求做铺垫；动态方式的情景再现，向其他家族呈现更加真实的画面，这种动态的呈现更具有感染性、代入性，可以营造一种身临其境的氛围。

3. 技巧使用、物件借助：

技巧使用：表演技巧。

物件借助：无。

4. 技巧和物件具体使用概况：

老师在整个讨论的过程中一直在参与各家族的讨论，给予各家族适当的指导，并充分地运用到了参与和指导技巧。

5. 创演导师言行实况：

导师："大家都回忆起来了，有请一组童话居民分享一下，你们的王国发生了什么有趣的故事呢？"

"有请下一个家族。"

"请下一个家族分享。"

"请最后一个家族进行分享。"

导师："听了大家的描述，发现你们的故事都非常精彩。口头的语言表达不及眼前的呈现，各个家族用动态的方式呈现你们故事最精彩的部分，时间不少于一分钟"

经过了八分钟的讨论，在这一过程中，指导老师全程参与进各个家族的讨论之中。

"首先有请丑小鸭家族。"

"接下来有请青蛙王子家族。"

"接下来有请灰姑娘家族。"

"大家都非常期待六只天鹅家族的表演。"

"非常精彩。"

6. 体验主体言行实况：

"我们的故事是：我是一只丑小鸭，常常被嫌弃，被其他鸭欺负……有一天就变成了白天鹅。"

"我的哥哥被施了魔法，变成了白天鹅，我要不停地给他们织衣服，不能说话，不能笑，我们是白天鹅家族。”

“我们的故事是一只青蛙喜欢公主，但是公主很不喜欢他……但其实他是个王子。我们是青蛙王子家族。”

“我想和姐姐一起去参加舞会，但是没人带我去，后来遇到了精灵帮助我，坐上南瓜车去参加了舞会……灰姑娘家族。”

各个家族进行了非常热烈的讨论，现场气氛热烈，各个家族讨论的声音不绝于耳，不断的进行讨论和尝试。

丑小鸭家族率先进行表演，将故事表现得清楚明白，最后丑小鸭变成白天鹅时很有戏剧性。（表演时长：1 分 40 秒）

青蛙家族的表演也是很精彩的。（1 分 50 秒）

灰姑娘家族的表演引发了连连尖叫和爆笑。（1 分 30 秒）

六只天鹅组剧情很丰富。（3 分 20 秒）。

四、高潮

1. 创演导师活动设计：

导师：从前幸福美满的日子已经逝去，停留在了最美好的一刻，身为童话王国的居民应该勇敢面对童话世界崩塌的现实，收拾好心情，勇敢迎接挑战，创造更加美好的生活。那么未来的日子会是什么样的呢？各大家族尽情地畅想未来的生活吧，并将其记录下来。

导师：各个家族的未来生活蓝图似乎各有各的不同特色，那下面就请各个家族派代表来分享一下自己家族的未来生活。

导师：各个家族未来的生活肯定是多姿多彩的，那么未来生活中的你们一定会是人美、音美、心更美。生活在如此幸福的世界，你们肯定有很多的快乐要分享。那接下请用你们动听又或是浑厚的歌声、曼妙又或是遒劲有力的身姿来展现你们的幸福与愉快，各大家族借鉴或者改编歌曲，跟着歌曲舞动起来，表达出对未来生活的憧憬吧。

2. 体验主体活动设计（包括具体活动内容、时长预期、设计意图）：

活动内容：

各个家族成员在头脑中畅想自己家族未来的生活，并形成一份蓝图。

各个家族代表进行分享交流。

时长预期：20~25 分钟

设计意图：通过畅想并分享未来生活的蓝图，体验者能够从沉浸于过去的回忆中走出，直面现实，勇敢地迎接挑战，走向美好精彩的明天；以舞蹈、唱歌的形式来演绎所畅想的美好未来生活，调动体验者们的饱满激情，营造欢快愉悦的氛围，将整个故事推至高潮。

3. 技巧使用、物件借助：

技巧使用：想象技巧、跳舞技巧、唱歌技巧。

物件借助：无。

4. 技巧和物件具体使用概况：

导师在讨论的过程中积极地参与讨论，在这个环节主要运用到了唱歌技巧和舞蹈技巧，还有想象技巧。

5. 创演导师言行实况：

导师："美好的日子总是停留在最精彩的一刻，接下来，你们需要畅想未来，你们未来的生活是什么样子的呢？记录下来。"

导师："接下来有请灰姑娘家族为我们展现一下她们畅想未来的场景。"

"可以看出灰姑娘家族后来的生活十分美好。"

"有请青蛙王子家族！"

"丑小鸭家族坐不住了呀！"

"有请六只天鹅家族！"

导师："看来每个家族都有对未来的美好憧憬，接下来你们需要用一首歌来表达你们对未来的畅想。"

"有请丑小鸭家族！"

"有请青蛙王子家族！"

"有请掌声最热烈的六只天鹅家族！"

"最后有请灰姑娘家族！"

6. 体验主体言行实况：

每个家族都开始讨论对未来生活有什么畅想，氛围比较热烈，充满了欢声笑语，还出现了歌声和舞蹈。

每一个童话家族创建的未来世界都是非常美好的，通过激烈的讨论，得出了幸福的故事结局，每个家族都创建出了属于自己的美好故事。

丑小鸭家族唱了和白天鹅有关的《鹅鹅鹅》和《好想变成白天鹅》。

青蛙王子家族唱了《明天你好》，现场气氛热烈，全场大合唱。

六只天鹅家族唱了《我的未来不是梦》，高潮部分全场大合唱，现场气氛热烈。

灰姑娘家族唱的《嘻唰唰》现场气氛热烈，每个家族成员都热情高涨。

五、结束

1. 创演导师活动设计：

导师：各大家族都已完成对于未来的畅想和演绎，过去虽然是美好的，但也不可一直停留在昨天，未来虽然是不可预知的，但所创造的明天可能会更加精彩。那么现在正处于今天的你们，对于昨天正在历经苦难的自己或是明天正在经历苦难的自己有什么想说的吗？有自愿向大家进行分享的即可进行分享，不想的就自行写下来。

2. 体验主体活动设计（包括具体活动内容、时长预期、设计意图）：

活动内容：体验者进行分享或是记录。

时长预期：5 分钟。

设计意图：通过高潮的降幕，逐渐减缓体验者情绪，归于感性；再通过点题，引导体验者理解今天、明天和后天的不同含义，走出过去，迎接明天；通过分享对昨天或明天想说的话，反映出体验者的内心世界，升华主题。

3. 技巧使用、物件借助：

技巧使用：书信技巧、表达技巧。

物件借助：无。

4. 技巧和物件具体使用概况：

这个环节主要运用了技巧一词来升华今天活动的主题，不沉迷伤痛，勇敢创造，勇往直前。

5. 创演导师言行实况：

导师：“虽然童话世界破灭，回到了现实生活中，但是大家还是对美好生活充满了憧憬，所以就算在生活中遇到了困难，也不会打倒我们。各位居民，过去留在了最精彩的一刹那，那么现在的你想对昨天遭遇苦难的自己或将来会遭受苦难的自己说些什么呢？愿意分享可以分享，如果不愿意就写下来。”

“今天我们的童话之旅就到此结束了。”

6. 体验主体言行实况：

这个阶段大家都在认真听，想对经历苦难的自己说什么？大家都在讨论和思考。

第六节　小学戏剧社团排演剧本

我们和你们在一起

编剧：丁付禄　褚晓　蹇玥

人物表

莉莉：中国学生
雯雯：中国学生
甜甜：中国学生
梦梦：中国学生
队长：少先队大队长
郑龙：中国学生
刘凯：中国学生
小伟：中国学生
浩宇：泰国人
阿尼：非洲埃塞俄比亚人
安娜：大不列颠及北爱尔兰联合王国人

序

莉莉：我叫莉莉，来自香溪小学。
雯雯：我叫雯雯，来自中国重庆。
刘凯：我叫刘凯，来自香溪小学。
梦梦：我叫梦梦，来自香溪小学。
甜甜：我叫甜甜，来自香溪小学。
小伟：我叫小伟，来自香溪小学。
郑龙：我叫郑龙，来自香溪小学。

张依俪：我叫张依俪，来自香溪小学。

浩宇：我叫浩宇，来自泰国。

阿尼：我叫阿尼，来自非洲。

安娜：我叫安娜，来自大不列颠及北爱尔兰联合王国。

众人合：我们都生活在中国，我们的故事发生在山城重庆。

第一场

地点：操场

【为了迎接六一，大家正在紧张地练习方阵队列、排练节目。】

郑龙：一二一，一二一，一——二——三——四！

大家：一——二——三——四！

郑龙：立定——向左看——齐，稍息——立正！

【大家累倒在地。】

莉莉：我不行了，龙哥，这都练了一节课，你不累，我们可要累惨了。

梦梦：对呀，就让我们休息一会吧。

郑龙：这是大队长要求的，练不好不能休息，全体集合，立正！

【广播通知：本校将与山火国际小学联谊，共同开展“合作筑梦、喜迎六一”的儿童文化节活动，请同学们拿出最好的姿态准备六一、迎接伙伴！】

【大家惊奇地听着广播，讨论着联谊。】

小伟：联谊?

刘凯：什么是联谊?

郑龙：山火国际小学？！

莉莉：哎！雯雯，你听见了吗？我们要和山火国际小学联谊！

雯雯：听见了，这有什么稀奇的?

萌萌：我听妈妈说那里面可都是外国的小朋友呢。

莉莉：对！我在电视上看到他们都是蓝色的眼睛呢！

萌萌：队长！是大队长来了！

张依丽：同学们，山火国际小学是我们学校的国际部，是学校专门为世界各地的小朋友设立的，大家可要好好准备，迎接我们的新伙伴哦！

莉莉：队长，队长，你见过他们吗？好想知道他们长什么样子。

郑龙：对呀对呀！真想快点见到他们啊，有没有小黑人，嘿嘿！

小伟：黑娃有什么好看的？不就是被晒黑的？你看我们班郑龙也是个小黑人。

雯雯：瞧你们那没看过世面的样子。

大家：哈哈哈哈！

队长：这就是要来联谊的同学名单，有埃塞俄比亚、泰国，大不列颠及北爱尔兰联合王国的三位同学。

莉莉：埃—塞—俄—比—亚？大—不—颠？

雯雯：是大不列颠及北爱尔兰联合王国，我在电视上经常看到。

郑龙：那是啥？奥特曼的故乡吗？听起来好麻烦。

刘伟：现在谁看奥特曼啊？老古董！

队长：好了，同学们，山火国际小学的同学也是我们的好朋友，大家不可以乱开玩笑哦。

队长：今天的训练就到这里，大家回去好好休息，准备迎接我们的新伙伴！

大家：好！

【大家讨论着，要给新同学们准备惊喜。】

第二场

地点：教室

【在音乐声中切换场景，学生进行大扫除的动作。】

浩宇：萨瓦迪卡，我叫浩宇，来自泰国曼谷。

阿尼：我叫阿尼，来自非洲埃塞俄比亚。

小伟：那你呢？

安娜：大家好，我叫安娜，来自……

【大家好奇。】

雯雯：别怕，我之前看过名单，你是来自大不列颠及北爱尔兰联合王国吧？

安娜：嗯。

队长：安娜是跟着爸爸妈妈一起来的，有很多地方还不习惯，大家要帮助他们哦。

莉莉：你好我叫莉莉。

甜甜：你好我叫甜甜。

队长：好啦，以后啊，我们还有很多时间相互认识，同学们准备吃饭吧，另外大家要一起讨论六一节要表演的节目哦。

大家：好！

莉莉：我们准备什么节目呀？

小伟：我和刘凯来一个足球花式表演，一定帅哭你们！

雯雯：就知道瞎耍帅，要是玩砸了看你丢不丢人！

赵凯：你懂什么？这叫实力与颜值并存！

小伟：就是，你个老古董，你懂什么？

雯雯：你们——！

梦梦：哎，那我们的新同学呢，队长可说了，这是联谊，可是要一起演出的。

甜甜：不如我们一起唱上节音乐课学的《歌声与微笑》吧？

莉莉：可以！

赵凯：哎，阿尼，你这里面装的是什么？

莉莉：对啊，从一进门你就一直背着它。

阿尼：这是非洲鼓。

甜甜：非洲……鼓？

阿尼：我三岁时爸爸妈妈就教给我了，我没有别的玩具，只有它陪我。

莉莉：太好了，你就表演一个非洲鼓吧！

阿尼：我打得不好。

莉莉：没事，我们可从来没见过呢，可期待了呢！

甜甜：嗯！别担心！

郑龙：开饭啦！

【分发餐具。】

【安娜拿起一根筷子，挑不起。】

莉莉：安娜，要用两支筷子一起才能夹起来菜哦。

安娜：可是我在家里的时候，爸爸妈妈都会给我准备一个小叉子。

梦梦：啊！可是……我们这里的小朋友都是用这个哦，要不你再试试？

雯雯：像我这样，多简单？

安娜（拿不起筷子，哭起来）：我想妈妈，我一点都不喜欢这里！

浩宇：就是，这是什么破玩意儿？一点都不好用，还有这菜，呸，也太难吃了！

赵凯：浩宇，我这里还有早上妈妈给我带的小面包，要不你吃我的？

小伟：什么不会用、不好吃，他们就是不喜欢我们所以才故意这样，你们看，他直接用手抓，真是脏死了！乡巴佬！

阿尼：……

梦梦：唉，话都听不懂，真是费劲。

梦梦：让你用筷子吃，不是用手抓。

【做出拿筷子和不要的动作，阿尼才懂了。】

阿尼：我一直都是这样吃。

浩宇：是你们自己的东西难用、难吃！

小伟：大家都能用，为什么就你不能？你就是个怪物，快离开我们班！

浩宇：你！走就走！哼！

小伟：哼！

赵凯：好了，你们别吵啦，队长来了。

队长：这是怎么回事？是谁把饭菜扔在地上的？

雯雯：他们不会用筷子，小伟就欺负他们！

小伟：我没有，是他先说我的！

队长：原来是这样，同学们，我们这三位同学从小跟着爸爸妈妈，都有了他们自己的习惯，刚来我们这里肯定会有不适应，所以我才说让大家帮助他们呀。

小伟：可是他不会用，还说不喜欢我们这里，而且那个黑人，连话都听不懂。

队长：所以大家要鼓励他们而不是用这种态度，用筷子、说普通话也是爸爸妈妈和老师教给你才学会的，对不对，小伟？

小伟：队长，我知道错了，对不起。

浩宇：哼！

梦梦：队长，我们知道错了　我们不该这样对待新朋友。

队长：认识到自己的错误就是好孩子，现在到了大家当小老师的时候啦，我们要成立“手拉手一起走”互助小组，一起帮助三位新同学克服困难好不好？

大家：好！

队长：第一个是“手拉手——一起用”兴趣小组，我们一起帮助他们使用筷子好不好？

大家：好！

【阿尼由于性格孤僻，一直在教室后面看着。】

队长：阿尼，以后你就跟着大家一起学习用筷子，好不好？

阿尼：哎，这里鼓鼓的是什么？

莉莉：队长，他怎么把午餐的小饼干全装在口袋里了……

队长：阿尼一定是为了不浪费粮食才这样做的，是节约粮食的好榜样。

莉莉：阿尼，以后队长给你两份小饼干和一个小盒子，等你吃不完了就装进去，留着晚上吃好不好？

阿尼：好！

队长：那另外我们还要成立"手拉手，一起说"小组。

莉莉：队长，队长，我来负责！我可是参加过演讲比赛的，我的普通话可标准了！

队长：好，那就由莉莉负责来帮助我们的新同学，其他同学也要理解我们的新同学，不可以再出现刚刚那种情况了。

大家：好！

队长：对了，你们的节目讨论得怎么样了？

梦梦：队长，我们想演唱《歌声与微笑》。

莉莉：对了！阿尼还要表演非洲鼓！

大家：来一个！来一个！

【表演非洲鼓片段。】

【大家鼓掌。】

队长：那大家现在就按照分组进行小组学习吧。

大家：好！

【在音乐声中，大家开展了兴趣帮扶小组的学习。】

郑龙：队长！你看！阿尼学会了用筷子！

雯雯：队长！安娜和浩宇也学会了！

莉莉：阿尼现在的普通话说得可好了！我把我的独家秘诀都传授给他了！

阿尼：赠汪伦，李白乘舟将欲行，忽闻岸上踏歌声。桃花潭水深千尺，不及汪伦送我情。

大家：哇！好厉害！

队长：看来大家的小老师当得很称职嘛，那现在我们来排练联谊节目《歌声与微笑》！

大家：是！

队长：唱得太棒了，大家之间的互帮互助正是对于人类命运共同体的生动体现呀，习爷爷看到一定会非常高兴的！

大家：人类命运共同体？

队长：对呀，让我们来听听习爷爷是怎么说的吧。

【播放习近平总书记关于人类命运共同体讲话的视频片段。】

莉莉：我明白了！习近平爷爷就是要我们互帮互助，共同进步！

郑龙、梦梦：嗯！我们一定牢记习爷爷的嘱托，和世界上各国小朋友加强交流、深化友谊！

大家：嗯！

【香溪小学同学和国际小学的同学分别站在舞台两侧，由香溪小学同学去牵外国同学，再一起走向舞台中间。】

雯雯、甜甜、安娜：人类命运共同体，我们永远在一起！

赵凯、阿尼：人类命运共同体，我们永远在一起！

小伟、浩宇：人类命运共同体，我们永远在一起！

全部人：人类命运共同体，我们永远——在一起！

【音乐起】

小明的垃圾王国历险记

编剧：瞿航、熊宏利、陈姝璇

人物表

小明：10 岁，邋遢，没有环保意识

小亮和正义小白鼠：10 岁，小明唯一的好朋友，在梦境中幻化成爱环保正义小白鼠

玩偶小羊：在梦境中幻化成真人，是小明最心爱的成长伴侣

老鼠大王：垃圾王国的邪恶统治者

老鼠跟班：谄媚的老鼠王小跟班

有害垃圾：四大垃圾的头子，性格火暴

可回收垃圾：四大垃圾之一，性格怯懦

厨余垃圾：四大垃圾之一，嚣张跋扈

其他垃圾：四大垃圾之一，斤斤计较

第一场

地点：小明的卧室里

【垃圾桶已经半满，桶沿耷拉着一块香蕉皮，周围还有一些散落的零食袋和饮料瓶，凳子上还有半包没吃完的辣条，辣油已经渗出来了。枕头都已经泛黄了，还有零星的不明污渍。】

【旁白：小明是一个父母常年不在身边，和爷爷奶奶生活在一起的小孩。他十分缺乏环保意识，邋里邋遢是他一贯的作风，只有妈妈送给他的玩偶小羊和好朋友小亮一直陪在他身边。一天，小明像往常一样在垃圾堆一般的家里看着电视，这时，小亮按响了门铃。】

【小亮敲门，“咚咚咚，咚咚咚”。】

小明：（不耐烦）谁啊？

小亮：小明，是我呀，小亮！我来找你玩儿了。

小明：（懒洋洋地起身，用油腻腻的手抱着玩偶小羊开门）哦哦，是小亮呀！

嘿嘿，快进来坐吧！（一脸憨笑，准备用手拉小亮进门）

小亮：（看到小明的脏手，急忙躲闪进屋里，一脸惊恐加嫌弃）哎呀！小明，你看看你的手，这么油，脏死了！

小明：（瞬间脸红，难为情地笑着，将手往衣服上擦了擦，挠了挠头）哎呀，小亮你随便坐，这里还有零食，你吃吗？（把自己没吃完的零食丢到一边，又打开了一包新零食，递给小亮）

小亮：（摆了摆手，一脸嫌弃地拒绝，环顾四周）小明，你房间怎么这么脏呀！（欲夺过小明手上的玩偶小羊）还有你看看，你的玩偶怎么也这么脏啊？

小明：（连忙侧身躲避）哎呀，你别碰我的小羊！这是我妈妈送给我的，谁也不能碰！

小亮：哎呀，你这人怎么这样，我走了！

【旁白：窗外天色渐暗，小明看着小亮离开，情绪有些低落。他关掉电视，抱着心爱的玩偶小羊慢慢睡去……】

第二场

地点：梦境鼠堡

【旁白：在小明的梦境里，他来到了可怕的垃圾王国。在王国的鼠堡外，垃圾守卫们正在严密地巡逻，老鼠王正怀着对破坏环境的人类的仇恨，酝酿着用细菌同化人类的邪恶计划。同时，正义的地下环保使者小白鼠正为阻止这个计划努力着……】

【鼠堡中，老鼠大王正调配着细菌试剂，老鼠跟班不停地在四种垃圾的身上搜刮着细菌。老鼠跟班把搜刮走的细菌放在一旁时，正义的小白鼠就悄悄地潜入，把刚刚提取的细菌破坏掉。】

老鼠跟班：（看着空空如也的提取物，有些无奈）大王，我们刚刚提取的细菌又不见了，肯定又被那只可恶的小白鼠偷走了！

老鼠王：（轻蔑地笑着）呵呵，让他偷吧！现在我们的计划已经接近尾声，我倒要看看，凭他一己之力还能掀起什么大浪？哈哈哈哈……

老鼠跟班：（一脸谄媚）嘿嘿嘿嘿，大王英明！

【鼠堡外】

小白鼠：（跑到躺着的小明跟前）小明，小明，快醒醒啊！你的小羊已经被抓走了！

小明：（迷迷糊糊地睁开眼，环顾四周，一脸疑惑）咦，你是？我这是在哪儿啊？

小白鼠：小明你可算是醒了，不认得我了？我是小亮啊！

小明：（一脸不可思议）小亮，你怎么变成这样了？

小白鼠：哎，小明，这里是垃圾王国，我是这里的地下环保使者，老鼠王是这里的统治者，她正在研究要把所有人类都变成老鼠的细菌！我不幸感染了细菌才变成了现在这个样子，我看见你的小羊被她们抓走关在鼠堡里，我们必须去救她！不能让鼠王得逞啊！

小白鼠：（指向鼠堡）小羊就被关在那儿！（小明顺着小白鼠手指的方向看去，发现小羊正被老鼠大王五花大绑，还被封住了嘴，老鼠大王正在往小羊身上注射由四种垃圾混合而成的细菌针剂。）

老鼠大王：（一边说一边操弄着手上的针剂和药水瓶）嘿嘿，这个细菌可是专门对付人类的，先拿你做实验，这次我加大了剂量，不知道效果是不是更快，嘿嘿嘿……

玩偶小羊：（瞳孔睁大，面色惊恐地呻吟）啊啊啊！

老鼠跟班：（谄媚地笑）嘿嘿，大王，您说我们这次的细菌实验会成功吗？

老鼠大王：（向老鼠跟班投去一个凌厉的眼神）嗯？

老鼠跟班：（慌张地点头哈腰）哦！会成功，会成功，我们这次的细菌实验一定会成功的！在大王您的带领下，我们这次一定会一举同化人类！

老鼠大王：（把调试好的针剂递给老鼠跟班）去，给她打一针。

【老鼠跟班上前给小羊注射了针剂，看着小羊慢慢抽搐的身体，老鼠大王和老鼠跟班一起哈哈大笑起来。】

小明：（看到眼前小羊深受折磨的场景，不禁哽咽地哭了起来）（吐口水）我呸！这些臭不要脸的老鼠，呜呜呜……（说着又擤了一把鼻涕，把鼻涕甩在地上）

有害垃圾：（深吸一口气）是人类的味道！大家快闻，这是不是人类的口水味道。（兴奋地转向厨余垃圾、可回收垃圾、其他垃圾三位小伙伴）

其他垃圾：（深吸一口气后点头）嗯，没错！我也闻到了，还有鼻涕味儿。

有害垃圾：（随着气味逐渐靠近，终于发现了小明，兴奋地指向小明）在那！还有那只可恶的小白鼠！（四个垃圾朝小明和小白鼠冲去。）

厨余垃圾：（十分嚣张，一脸坏笑）哼！总算被我们逮到了，看我们不好好教训教训你！

其他垃圾：（愤怒）对！就是你们可恶的人类，把我们垃圾不当垃圾看，随处乱丢，害我们没有跟人类一样的家，在这里聚集起来苟且偷生。

厨余垃圾：落到了我们手里，可得让你尝尝我们的厉害！

其他垃圾：你们人类平时怎么对我们的，我们就加倍奉还给你们！

可回收垃圾：对，还给你们！

小明：（疑惑）平时……平时我怎么对你们的呀？

其他垃圾：哼，你还好意思说！你还记得你吃完就乱扔的辣条袋子吗？还记得擦完鼻涕就随手乱丢的餐巾纸吗？还记得你那件满是辣油口水的衣服吗？

厨余垃圾：还有！你吃完苹果就随手一扔，香蕉皮也是！有时还把我和辣条袋子、烂电池扔在一起，害得我浑身臭哄哄的！不能变成肥料回归大自然。

有害垃圾：人类，还记得我吗？你打碎的水银温度计，还有给玩具车用完的烂电池，都是我的一部分！本来我可以被妥善处理的，可是你非要随便乱丢，害得我变成现在这个样子，都是因为你！”

可回收垃圾：（哭诉）平时你喝完饮料就把易拉罐和塑料瓶乱扔一地，也不收拾，害得我整天被踩来踩去，不能轮回变成有用的东西。都怪你们！我明明是可回收垃圾，你们这些人类还不知道好好回收利用，竟把我和其他垃圾丢在一起，我的价值都没有了！

其他垃圾：（马上瞪着可回收垃圾）诶！可回收垃圾，我们其他垃圾怎么啦？你把话说清楚，怎么就没价值啦？

有害垃圾：（对其他三种垃圾说）打住，打住！你俩别吵了，直接点儿，我们把他抓回去给大王做实验！

小明：（听着这些话，虽然有些愧疚，但更多的是害怕）对不起，对不起！求求你们放了我吧，救命啊！救命啊！

厨余垃圾：哼，你叫救命也没用，我看看谁还救得了你！

小白鼠：（举出四个光球）谁说没用！

【众垃圾忌惮地看了一眼这四个光球，死死盯着小白鼠。】

其他垃圾：又是你这只该死的小白鼠！就这区区几个破光球，能打败我们？哼，痴人说梦！

小白鼠：看招！

【小白鼠抛出一个绿色的光球，瞬间绿光大作，将厨余垃圾吸进了光球。其

余三种垃圾见势不妙，撒腿就跑。小白鼠紧接着又扔出蓝色、灰色和红色的光球，一瞬间三色光芒满天。可回收垃圾、其他垃圾、有害垃圾都被卷入了光球之内。至此，四种垃圾都被消灭了。】

小明：（目瞪口呆）好……好厉害！

小白鼠：小手段，只不过是把它们送去了该去的地方。这四个光球分别对应着四种垃圾箱，将垃圾分了类，它们就再也猖狂不起来了！

小明：（似懂非懂地点了点头）

小白鼠：（看了一眼小明）：先别管这个了，快去救小羊吧！

小明：小亮，怎么办啊？我们怎么才能进入鼠堡救小羊呢？

小白鼠：唉，有了！你会学猫叫吗？老鼠都很怕猫的，你学猫叫，让他们以为是猫国入侵了，他们肯定会吓得躲到地洞里去。

小明：（双手放到嘴边）学猫叫？对，好主意，我试试—— 喵……。

老鼠跟班：（一只手放在耳边，作仔细倾听状）大王您听，是不是猫国又来抓鼠吃了，我们快躲起来吧！（慌张）

老鼠大王：真会坏事，早不来晚不来的，烦死鼠了！（说完便跟着老鼠跟班逃走了）

【小明和小白鼠听见鼠堡内一阵骚乱，他们等到鼠堡安静时，慢慢地潜入鼠堡。果然，一只老鼠也没有了。这时，小白鼠发现了玩偶小羊。】

小白鼠：（指向小羊的位置）小明，你快看，那是不是小羊？

小明：（停止四处张望，顺着小白鼠指的方向看去，十分焦急）好像是的，我们去看看。

【小明和小白鼠走近，发现被五花大绑的小羊正在昏迷中。】

小明：（哭着摇了摇小羊后，急忙给小羊松绑）小羊，快醒醒啊！他们对你干了些什么？你怎么样啊？

玩偶小羊：（虚弱地睁开眼）小……小明，你终于来了（微微一笑，摇了摇头），你……你快跑！（手抓住小明）他们要……要抓你做……做细菌实验！

小明：（呆滞了一瞬间）小羊，小羊你怎么了？你不要吓我呀！小羊，呜呜呜……

玩偶小羊：（虚弱地说）小明，我可能……不能再继续陪你长大了，以后……你有了新的娃娃，你一定要好好爱护它，不要把它弄得跟我一样脏脏的……（抬起的手垂落）

小明：（大声哭喊）不要离开我，小羊，小羊……

小白鼠：小明，小羊已经离开了……

小明：（哭得稀里哗啦）都怪我没用，不然他就不会死了，呜呜呜……

小白鼠：（有些难过，但更多的是担心）小明，小羊死了我也很难过。但是当务之急是毁掉细菌实验基地，阻止鼠王的计划！你也不要再哭了，这会把他们引过来的！

小明：（自顾自地哭着，嘟囔着）呜呜呜……关我什么事？我最爱的小羊走了，呜呜呜……随便他们怎么样！

小白鼠：（生气）什么叫不关你的事！小羊是被老鼠害死的！你还不明白吗？就是因为你这样的人，就是因为人类对环境的破坏！老鼠的力量才会日益壮大，我才会变成现在这个样子，小羊才会沦为牺牲品！

小明：（委屈地抹眼泪）又不是只有我一个人破坏环境，我丢点儿垃圾怎么了？

小白鼠：（十分气愤）就是因为有你这种想法的人太多了！每个人都觉得自己丢一点垃圾怎么了？现在好了，垃圾越来越多，地球都要成为垃圾王国了！好！你不去是吧！我告诉你，小羊不仅是被老鼠害死的，也是被你害死的，你每天把它搞得脏兮兮的，它不知道已经感染了多少细菌，小羊的死你也有罪！

【正在他们争吵时老鼠大王和老鼠跟班正躲在一旁悄悄谋划着对付他们。】

老鼠大王：（坏笑）哼，我就说怎么不对劲，还以为是谁呢，原来是人类到垃圾王国来了呀！我们还没找你们，你们就自己送上门儿了！看我们不好好教训你们。嘿嘿嘿……

老鼠跟班：（指小白鼠并小声说）大王，您看，站在这个人类旁边的不是经常跟我们作对的那只白老鼠吗？听说它身体里有一种能够净化这个世界的能量，也不知道是不是真的。

老鼠大王：（脸色一沉）如果这是真的，可不是要了我们的命吗？你快点拿武器除掉他们！

【说罢，他们拿起弩箭射向小明和小白鼠，只见这时，小白鼠发现了老鼠们的偷袭，毫不犹豫地一把推开小明独自承受了两箭，小明被推开后惊得不知所措，呆呆地愣在原地。】

小白鼠：（强撑着受了重伤的身体起来）可恶的老鼠，既然如此，我们就同归于尽吧！啊……

【说罢，小白鼠开始释放自己体内的能量（灯管），鼠堡渐渐开始变得干净，

细菌实验基地也被净化了，老鼠大王和他的跟班惊慌失措，也在这个能量中渐渐消失。但是小白鼠却因为释放了太多能量，变得十分虚弱（灯管渐暗），缓缓倒下。】

小明：（呆呆地看着眼前的一切，又突然惊醒，爬向小亮）小亮，小亮，你怎么了？你也别吓我呀……

小白鼠：（奄奄一息）小明，其实我的身体中有一个能够净化这个世界的能量，你也看到了，这个能量能够净化世界，也能够杀死老鼠。小明，我想拜托你一件事，我感觉自己已经撑不住了，我把这个能量传授给你，你帮我继续净化垃圾王国，你愿意答应我吗？

小明：（大哭着说）嗯嗯嗯，小亮我答应你……

小白鼠：（继续奄奄一息）谢谢你，小明……（在小明怀里，小白鼠带着希望的微笑闭上了眼睛）

小明：（伤心欲绝，大哭）呜呜呜……小亮，我以后一定会讲卫生、爱环保，努力净化这个世界的！你和小羊都牺牲了，就剩我一个人了！呜呜呜……

第三场

地点：小明的卧室里

【旁白：小明在梦中哭得伤心欲绝，小亮不知道什么时候又来到了他的房间。床边的小亮被眼前哭到抽搐的小明吓到了，他试图摇醒小明。】

小亮：（使劲摇着小明）小明，小明，快醒醒！你怎么哭啦？是不是做噩梦了？

小明：（被摇醒，猛地睁开眼睛，一把抱住床边的小亮，哽咽）小亮！我以后再也不乱丢垃圾了！对了，我的玩偶小羊呢？

小亮：（把玩偶递给小明）你的小羊不是好端端的在这儿嘛！

小明：太好了，太好了！小羊和小亮都在我的身边！

【旁白：小明环顾四周，觉得自己简直是生活在垃圾堆里，这让他想起了梦中垃圾王国的遭遇。他马上开始积极地打扫卫生，清扫起了自己的房间。小亮虽然十分惊讶，但很快便高兴地参与其中，还帮助小明对房间的垃圾进行了分类。从此以后，小明改掉了自己的坏习惯，变得讲卫生、爱环保。不仅如此，他还成了学校里人人夸赞的环保小卫士。】

丑小鸭变形记

编剧：龙雪怡、毛心雨、陈姝璇

人物表

丑小鸭：单纯、机智、坚强、相貌丑陋

鸭妈妈：慈爱、善良

美小鸭：以貌取人、言语尖酸刻薄、相貌美丽

丽小鸭：以貌取人、性格不好、相貌美丽

小白兔：胆小、单纯、善良、懂得赞美

百灵鸟：被妈妈约束、喜欢自由、爱玩

狗爸爸：热心肠、说话耿直、乐于助人

猎人：心狠手辣、思维缜密、经验丰富

第一场：

地点：丑小鸭的家里

【在一座茂密的大森林里，住着许多可爱的小动物，鸭子一家就住在森林边上的一幢房子里，房子旁边有清澈的小河，五彩的鲜花，碧绿的草地，很美，很美。可是有一年夏天，鸭子家却发生了一件奇怪的事……】

鸭妈妈：今天，是我最幸福的日子，因为我的宝宝要出生了。狗爸爸，快来看呀！

狗爸爸：鸭妈妈，是你的宝宝要出生了吗？

鸭妈妈：是的，是的，我的宝宝要出生了。

【音效鸭子叫】

美小鸭：（边唱边跳，其他人配合摇晃拍掌，音效叮叮当伴奏）我们挣破蛋壳了，我们终于出生了，今天来到世界上，我们心里多欢畅。叮叮当、叮叮当，铃儿响叮当，今天来到世界上，我们心里多欢畅。

美小鸭：妈妈我们出来了，妈妈！妈妈！

鸭妈妈：我的乖乖，你们真漂亮、真健康，妈妈太爱你们了。

狗爸爸：鸭妈妈，你的孩子们真可爱，太令人羡慕了。

鸭妈妈：是呀，是呀，我太高兴了。

鸭妈妈：宝贝，姐姐们已经出来了，你还在等什么呢？

丑小鸭：好舒服呀！妈妈我也出来了，妈妈，妈妈。

美小鸭：（扑向鸭妈妈）妈妈，妈妈，它真丑！

丑小鸭：怎么了，妈妈，你——不喜欢我吗？

丽小鸭：哎哟，这个妹妹长得真丑，恐怕不是妈妈的孩子吧？

狗爸爸：是呀，太丑了。

鸭妈妈：大家都别说了，我想她是我的孩子。孩子们，妈妈带你们去游泳吧。

狗爸爸：哎，真没想到，怎么会有这么丑的鸭子？我先走了。

第二场

地点：池塘边和丛林里

【许多小动物都在池塘边玩，美小鸭、丽小鸭也在玩，这时丑小鸭走了过去……】

美小鸭：不许你玩，丑八怪！

丽小鸭：真不幸，妈妈为什么会生下一个这么难看的东西？

丑小鸭：妈妈，我是不是很丑？

鸭妈妈：孩子，不要在意他们的眼光，在我的眼里你有你独一无二的美。

丑小鸭：真的吗？（沮丧，疑惑地走开了）

鸭妈妈：孩子们，我们继续去游泳吧。

美小鸭：滚开，不要再跟着我们。

【丑小鸭可怜地望着妈妈，可妈妈却低下头，一脸的无奈。】

丑小鸭：天哪，我是长得跟他们很不一样，可我一生下来就这样，能怪我吗？不让我吃东西，还要啄我、打我。我又饿又孤独，呜呜呜，我该怎么办呢？

【音效：百灵鸟叫声（这时丑小鸭看到了一只百灵鸟飞过……】

丑小鸭：（张望，看向百灵鸟飞过的方向）哇！百灵鸟，真漂亮，我要怎么样才能像百灵鸟一样啊？嗯，也许到外面的世界去，我才能找到变美的方法。亲爱的妈妈，再见了！

画外音：丑小鸭四处流浪着，这天，她走到一片草地上，那里有美丽的鲜花，还有许多小动物在玩耍，丑小鸭很高兴，立刻过去和他们打招呼。

丑小鸭：嗨！你们好！

蝴蝶：（立牌）哟哟哟，哪里来的丑八怪？长得真是太难看了，瞧，我们多漂亮！别理她，我们走，哼！

丑小鸭：嗨！你们好！

猫爸爸：（立牌）丑东西！别吓着我的孩子！快滚开！

兔子们：（立牌）丑八怪！丑八怪！你是一个丑八怪。哈哈哈。

丑小鸭：（加一段凄凉的音乐）为什么大家都不理我？难道我真的那么丑吗？呜呜呜……

【丑小鸭漫无目的地走着，直到晚上刮起了大风，下起了大雨。】

丑小鸭：好冷啊，我一天都没有吃东西了。

丑小鸭：太可怕啦，妈妈，你在哪里？我害怕！

画外音：丑小鸭又累又饿，伴着凄凉的歌声，她睡着了，在梦里，她见到了亲爱的妈妈。

鸭妈妈：孩子，我可怜的孩子。

丑小鸭：（睁开眼睛）妈妈，是你吗？我好想你！呜呜呜。

鸭妈妈：我也想你，我的孩子。原谅妈妈的无能，不能保护你，但你要记住：尽管你在别人眼中没有那样美丽的外表，但是妈妈并不在意这些。希望你能在旅行中用心去发现，那份你身上只属于你的美，你会成为我们的骄傲的！

丑小鸭：（望着妈妈）我真的可以吗？

鸭妈妈：你一定可以，保重——我的孩子——

丑小鸭：（回到原位）妈妈，妈妈！妈妈说得对，我一定能找到百灵鸟，问出让我变美的方法的。

百灵鸟：（唱）在那山的那边、海的那边有一只百灵鸟，她活泼又聪明，她调皮又美丽，她自由自在生活在那绿色的大森林，自己的生活快乐又开心。

丑小鸭：是谁在唱歌吗？唱得真好听呀。（寻找发现百灵鸟）呀！你是百灵鸟吗？

百灵鸟：啊，你是谁？怎么长得这么丑啊？

丑小鸭：对不起，吓到你了，我叫丑小鸭。

百灵鸟：哎呀，不管你长得丑还是美，只要你能陪我玩就行。

丑小鸭：百灵鸟，我陪你玩，你能告诉我怎样才能变得像你一样拥有这么美妙的嗓音和漂亮的外表吗？

百灵鸟：当然可以！那我先教你学唱歌吧！嗯……那就我唱一句，你学一句吧！在那山的那边——

丑小鸭：在那山的那边。

百灵鸟：不对不对，不是这样唱的，是这样，（清嗓子）在那山的那边。

丑小鸭：在那山的那边。

百灵鸟：哎呀！不对不对！你怎么就是唱不对呢！算了，我们试试跳舞吧！跟着我一起来！（音乐）（百灵鸟跳得很美，丑小鸭却跳得手忙脚乱）

丑小鸭：百灵鸟！你慢一点，慢一点！（百灵鸟沉浸在自己的舞蹈世界里，丝毫没有留意到丑小鸭的窘态）

丑小鸭：（颓废地坐到了地上，沮丧地说）百灵鸟，舞蹈太难了，我根本学不会。

百灵鸟：那我也没什么可以教你的了。可能你不擅长唱歌跳舞吧。

丑小鸭：好吧，麻烦你了百灵鸟。

【丑小鸭继续走着，走到了一片丛林里，她实在是太累了，便坐到地上休息，不一会儿，她就睡着了。】

第三场

地点：丛林里

【鸭妈妈带着美小鸭、丽小鸭来到丛林里寻找丑小鸭，可是美小鸭、丽小鸭并不想找到丑小鸭。】

丽小鸭：我们干吗要找丑小鸭这个丑八怪？我们偷偷溜去玩吧！

美小鸭：好呀好呀，我们去和妈妈说吧。

美丽小鸭：妈妈，我们分开寻找丑小鸭吧！这样就可以快点找到她了。

鸭妈妈：好，那你们就去那边找吧。

【美丽小鸭在丛林另一边愉快的玩耍，这时……】

小白兔：救命！救命呀！

美小鸭：嘘，听！什么声音？

丽小鸭：是谁在求救吗？

美小鸭：（眺望一下）那边有一个猎人在追一只兔子！那我们怎么办？

丽小鸭：我们先躲起来吧！（跑到一边躲起来）

【这时逃跑中的小白兔看到了睡在地上的丑小鸭，她急忙奔向丑小鸭。】

小白兔：小鸭子，小鸭子，快醒醒！

丑小鸭：怎么了？

小白兔：那边有猎人。

丑小鸭：嘘，不要出声。

猎人：刚刚明明还在这里，怎么一转眼就不见了？

小白兔：这样下去我们会被发现的！

丑小鸭：你在这个地方待着，我有办法引开猎人。

丑小鸭（跑出去对猎人说）：猎人，你有本事来抓我呀！

猎人：（疑惑道）现在的猎物都这么嚣张吗？看我抓到你，把你炖来吃。

画外音：丑小鸭借助树林里各种树木（立牌）的掩护，躲过了猎人的子弹。但猎人还在后面追着，马上就要追到了。这时，丑小鸭发现前面是一个湖泊（立牌）。

【丑小鸭潜进去，猎人朝着水里开了几枪，没打到丑小鸭。】

猎人：哎，这煮熟的鸭子就这么让它飞了，真扫兴！

丑小鸭：（跑出来左看右看，对着小白兔喊）小白兔，出来吧，没有危险了！

小白兔：小鸭子，你没事吧？

丑小鸭：我没事。

小白兔：多亏了你的帮忙，才能让我躲过这场灾难。真的是太谢谢你了，咦，对了，你叫什么名字呀？

丑小鸭：（不好意思地低下头）因为我长得丑，所以他们都叫我丑小鸭。

小白兔：这没什么呀，我胆子特别小，它们都叫我胆小兔呢！

丑小鸭：可是你很漂亮呀，你有一身白白的软软的毛发。可我……

小白兔：你知道吗？你刚刚去引开猎人的时候真的太勇敢了。所以丑小鸭，外貌不是最重要的，在你的身上也有我羡慕的地方，那就是勇气。

丑小鸭：你真的这样认为吗？

小白兔：当然。

丑小鸭：我好像明白了，也许这就是妈妈说的每个人身上都有独一无二的美。我找到我要的美了！

美小鸭：原来她这么勇敢，以前是我们错怪她了！

丽小鸭：是的，我们不应该以貌取人，我们去找妈妈把她带回家吧！（于是，

美小鸭和丽小鸭便去把妈妈找来了）

鸭妈妈：孩子，可找到你了！每个人都是独一无二的一朵花，每朵花都有她独一无二的美。我相信你已经找到你这朵花的美了。

美丽小鸭：对不起，我们以前对你不好，我们错了。

丑小鸭：没关系，大家以后好好相处吧！

众人：（音效洗澡歌：音乐一起，大家上台一起边唱边跳）丑小鸭美小鸭，都是一家，不要吵架，独一无二没有什么不好，道道歉呀，握握手呀，要尊重差异，不要去嘲笑别人这才更重要。

丑小鸭：有些时候我们总想成为别人，却忘记了我们都是独一无二的存在，我们都能找到自己独一无二的美。

假如

编剧：张荣超、李雪、陈姝璇

人物表

小张图图：12 岁，调皮捣蛋，不爱学习

大张图图：30 岁，长大后的小张图图，张星星的爸爸

张星星：8 岁，活泼好动，大张图图的女儿

吴小花：34 岁，望子成龙，小张图图的妈妈

李乔：40 岁，张星星的语文老师

王柳：12 岁，张星星同学

周灵：12 岁，张星星同学

杨慧：12 岁，张星星同学

第一场

地点：小时候的张图图家中

【房间里置放了一张书桌，书桌上叠了两摞厚厚的书本，张图图正在奋笔疾书。】

张图图：大家好，我叫张图图。如你所见，我正在做作业，桌子上都是我妈给我买的书《清华练习册——一做就会》《北大满分练习册》。不过这些都不重要，最重要的是，今天，是我的 12 岁生日！

吴小花：张图图，给你买的《六年小考——三年模拟》做完了吗？我等会儿来检查啊。

张图图：刚才说话的是我妈，吴小花。她常说人生无限，鸡娃无限。你们说鸡娃是什么意思？算了我也不想知道，鸡娃哪有我的奥特曼好玩。

【张图图正玩着奥特曼，吴小花悄无声息地走了进来，看到张图图没有认真做作业，顿时火冒三丈。】

吴小花：（微怒）张图图，作业做完了吗，就开始玩？

【张图图被吓了一跳。】

张图图：（焦急）妈……

吴小花：身后藏的是什么？拿出来！三，二……

张图图：妈，你还给我吧，我保证好好写作业。

吴小花：保证？你的保证就是这个奥特曼？

张图图：（赌气地说）你不还我，我就不写了！

吴小花：哟，还跟我耍脾气呢？那就跟你的奥特曼说再见吧！

【吴小花将奥特曼扔在地上，张图图赶紧将奥特曼从地上捡起来。】

张图图：妈，你干吗扔掉我的奥特曼？

吴小花：学习重要，还是奥特曼重要？你知不知道现在竞争多大啊，妈妈一定不能让你输在起跑线上。

张图图：我就不能休息一下吗？

吴小花：休息？还有两千多天就要高考了（张图图：我才六年级啊！）你怎么一点都还不着急（张图图：我着急什么？）每天让你早起，给你买书，都是为你好，要是你落后了，可别怪妈妈。（唱歌）张图图你听明白了吗？

张图图：你说竞争很大，你快被我气炸。成天对着我骂，玩一下也和我吵架。就想休息一下，姜还是老的辣。妈妈，我不会输在起跑线。要是我成了爸爸，不会天天这样念，人生无限，鸡娃无限，这样下去风筝只会断了线。你不配做我的妈妈！（Rap）

吴小花：张图图，你真的是气死我了。好，既然你不想要我这个妈妈，那我就再也不管你了。

张图图：不管就不管！

【吴小花转身气冲冲地走出房间，摔门而去。张图图坐在书桌前，拿起奥特曼。】

张图图：（哭）我真想快快长大，这样就可以想玩什么就玩什么，不用写作业了，不用每天早起。

【张图图伤心地哭着，拿着奥特曼慢慢地睡着了。】

第二场

地点：长大后的张图图家里

【张图图迷迷糊糊醒过来，看了眼桌上的日历，上面写着 2045 年，心里不由得一惊。】

张图图：2045 年？ 2045 年！妈！

【张图图正欲跑出房门，看到镜子里面的自己。】

张图图：我的妈呀！这谁呀？

【张图图仔细凑近镜子看，自己显然已是一个三十岁的模样。】

张图图：（恍然大悟）啊我知道了，我肯定是在做梦！

【张图图伸手扯了扯自己脸上的胡子。】

张图图：嘶，痛痛痛，不是做梦！我还真变成大人了？哎，那我是不是想做什么就做什么了？太好了！

【张图图开怀大笑，突然房门被打开，一个小女孩走了进来，张图图立马定在了原地。】

张星星：爸，你在笑什么啊？

张图图：（吓得往后退了几步）你……谁啊？

【张星星摸摸张图图的额头，再摸摸自己的额头。】

张星星：爸，你不会烧糊涂了吧？我是星星啊！

张图图：（自言自语）咦，看这样子我还有一个女儿。

张星星：（无奈）爸爸，我钢琴课要迟到了！

张图图：什么钢琴课？今天咱不去了。

张星星：太好了！那明天的书法课、后天的舞蹈课、大后天的……

【张图图大手一挥。】

张图图：都不去了。

张星星：太棒了，那我可以邀请楼下的小慧来家里玩吗？

张图图：当然可以啦！

张星星：好！

【张星星马上跑到阳台喊小慧。】

张星星：小慧，你快来我家玩，再叫上小柳、小灵。

杨慧：（疑惑）星星，你今天不是有钢琴课吗？

张星星：忘了跟你说，我爸今天给我放假了。

杨慧：算了吧，我作业还没做完呢。

张星星：我让我爸给你讲，我爸可是清华毕业的高才生。

杨慧：好吧，好吧，我等会儿就来。

张星星：那我等你们。

【张星星说完走向了沙发。】

张图图：星星，一起来看熊出没吧。

【门外响起了门铃声，张星星和爸爸前去开门。】

张星星：爸，我同学来了，我去开门。

张图图：我也去。

同学们：嗨，星星。叔叔好！

张图图：你们好呀，快进来，就当自己家一样。

张星星：走走走，我们去客厅做作业。

【张星星与同学走到了客厅坐下，张图图去给同学们倒水。】

张图图：来，小朋友们，喝水。

同学们：谢谢叔叔。

【张图图转身玩起了手机游戏。】

周灵：第 2 题，四大名著有哪些啊？

王柳：我记得有《三国演义》。

杨慧：《红楼梦》。

张星星：还有《西游记》！

周灵：一、二、三……我记得还差一个什么传呀？

杨慧：星星，你不是说你爸爸是清华毕业的吗？能让他给我们说说吗？

【张星星转头大声询问张图图。】

张星星：爸，四大名著有一个什么传呀？

张图图：糟了，老师没说过呀！

张图图：（露出为难的神色）传，传，传……（恍然大悟）《甄嬛传》。

同学们：（点点头）《甄嬛传》。

【四人在书上写下了《甄嬛传》。】

王柳：叔叔，那第 9 题，“巴山楚水凄凉地”，下一句是什么呀？

张图图：呦呦呦，巴山楚水凄凉地，responsibility，是 responsibility！

杨慧：不对不对，是二十三年弃置身！

同学们：弃置身。

张图图：（心虚）啊……你们做作业肯定饿了，我去给你们炒蛋炒饭吃。

张星星：爸，手机给我留着，我等会要上传钉钉。

【张图图转身进了厨房，张星星与同学继续做作业。】

张星星：终于做完了，那我就先提交了，我们的作业肯定会被评为优秀作业的。相信我！

同学们：相信你！

【突然厨房传来爆炸声。】

周灵：怎么了？

王柳：怎么了？

杨慧：怎么了？

张星星：你们就在此处不要走动，我去看看。

【张星星跑到了厨房门口，张图图刚好从厨房端出一大盘黑乎乎的不知名物体。】

张星星：爸，你没事吧？

张图图：没事，走，去吃饭。蛋炒饭来啦！

【大家欢呼，但是看到蛋炒饭的那一刻停止了欢呼。】

张星星：要不你们吃个橘子？

王柳：算了吧！我差点忘记我家的猫还没喂，我得回家了，星星再见，叔叔再见。

杨慧：我也算了吧，叔叔，我妈让我早点回家吃饭，我得走了，下次一定尝尝您做的蛋炒饭。

周灵：那我更算了吧，我、我、我突然想家了，我也要回去了，叔叔再见。

【三人依次说完便马上拿起书离开了。】

张星星：爸，这是什么啊？！

张图图：蛋炒饭啊。

张星星：这是蛋炒饭？我看这是狗不理蛋炒饭吧！

张图图：这不是……

【张图图正欲解释，突然电话响了。】

张图图：（疑惑）是李老师……

张星星：李老师？爸爸你快开免提，我也想听。

【张图图接起电话，打开免提，父女二人慢慢坐了下来。】

张图图：喂，李老师啊，请问有什么事吗？

李老师：张爸爸，星星今天的作业做得很糟糕啊。四大名著里面哪来的《甄嬛传》啊？那是《水浒传》，《水浒传》！这都是谁教她写的啊？

张星星：老师，是……

张图图：哎，别说，别说，爸爸下次给你买玩具。老师，这都怪她妈妈乱教。我们下次注意。

李老师：作为家长可得多关心一下孩子的作业啊，张爸爸，我还有点事，先挂了。

张图图：好的，李老师再见。

【张图图挂断电话，客厅里气氛沉重。】

张星星：（生气）爸，都怪你闹了这么大一个笑话。

张图图：我不也是为了帮你吗？

【张星星手一挥，同学们上场。】

同学们：张图图！

张星星：我再也不要你给我检查作业了。

同学们：张图图！

张星星：你做的蛋炒饭小狗也不吃。

同学们：张图图！

张星星：你就是一个什么都不会的笨爸爸！

同学们：啊，对、对、对！

张图图：停！我给你辅导作业有错吗？

张星星：可是你都辅导错了，以前我的作业都是被老师表扬的。张图图，你太笨了！

张图图：你才笨呢，看来是我平时太惯着你了！（虚张声势）信不信我打你？

张星星：（委屈地哭了）你从来都不舍得打我的，我再也不要跟你一起玩了。

【张星星转身跑出房间，“啪”的关上了门，留下张图图在客厅沉默。他慢慢坐下来。】

张图图：哎，星星！星星……

【张图图转身回到了沙发。】

张图图：唉，当爸爸怎么这么难啊？做饭、讲作业我都不会。

【画外音：图图呀，快点起床吃早饭啦！图图，妈妈给你买了你最喜欢吃的橘子，快点来吃吧！】

张图图：我不要当什么大人了，我想妈妈，我想回家。

第三场

地点：小张图图的家里

【张图图回到了 2021 年，正趴在桌子上还未醒过来，吴小花端着生日蛋糕走进来。】

吴小花：祝你生日快乐！祝你生日快乐！图图，生日快乐！

【张图图迷迷糊糊醒过来。】

张图图：妈？我不会还在做梦吧？

吴小花：做什么梦呀？你一个人在房间里玩什么呢？今天是你的生日啊，图图。

张图图：生日！太好了，我回来了！妈，我终于知道做父母有多累了。

吴小花：傻孩子，胡说些什么呢？明天爸爸出差回家了，我们一起去游乐园玩吧。好了，快许愿吧！

张图图：妈，这次我想把愿望说出来！

吴小花：行，都依你。

【张图图闭上眼睛开始许愿。】

张图图：第一个愿望是我希望考出好成绩，成为你们的骄傲！第二个愿望希望是我们一家人永远在一起！妈妈，第三个愿望，你来说。

吴小花：那让我们一起来许愿吧！

全体：别生气，别生气，作业不是大问题。要挣钱要做饭，爸爸妈妈不容易。多一点理解，多一点分担，你爱我，我爱你，共同创造好家庭。

动物王国的危机

编剧：黄樱、陈姝璇

人物表

熊大大：果断、正义、力气大

泡泡：漂亮、自恋、万人迷

笨笨：弱小、憨厚、视力好

国王：威严、庄重、负责任

侍女：忠诚、机灵、有眼力

电锯、垃圾袋、大气污染：共同代表着破坏环境的所有污染

第一场

选举环保大使

【旁白视频：这里是动物王国，树木被乱砍滥伐、白色污染、大气污染等问题日益严重，动物王国的居民们正在遭受前所未有的危机。】

国王：天变黄，水变黑，白色垃圾满天飞。

侍女：真脏！

国王：天变灰，河变脏，生态环境在变脏。

侍女：咋办？

国王：囱冒烟，天气染，空气需要洗洗脸。

侍女：难看。

国王：树枯了，叶黄了，森林妈妈受伤了。

侍女：不妙。

国：王：草变干，树变枯，大地妈妈像在哭。

侍女：伤心！

国王：咋办？

侍女：治理！

国王：咋治理？

侍女：环保大使来帮你！

国王：快！快！快！

侍女：有请环保大使候选人上场。（音乐）

泡泡：大家好，我就是人见人爱，花见花开，车见车都会爆胎的小鲤鱼泡泡，《小鲤鱼历险记》就是我演的哦。（边照镜子边看后面的介绍）

熊大大：大家好，俺是熊大的哥哥熊大大。光头强最怕的就是熊大，熊大最怕的就是俺！

笨笨：大家好，我是猫头鹰笨笨。额……大家看到我的黑眼圈了吗？我可是今年的熬夜冠军噢。

侍女：好好好，说说看，你们都有什么本领？

熊大大：俺先来，看，这就是实力！环保大使，只有俺能当。

泡泡：切，我可是万人迷，不像某些大傻个儿，头脑简单，四肢发达。环保大使，还是得我来。（蔑视地看一眼熊大大）

笨笨：头脑简单？好像是的，可我四肢不发达呀。（泡泡扶额）你们评评理，我是傻大个吗？

熊大大：你可真是个笨笨呀！

泡泡：呵呵呵。

笨笨：哼，我眼神儿好呀，他鞋底的私房钱都露出来啦。

熊大大：这都被你看出来啦！（泡泡跟着看鞋底）

泡泡：哈哈哈！

笨笨：哼，所有污染环境的行为都逃不过我的法眼。环保大使我能行！

泡泡：你们（边说边指）一个傻大个，一个糊涂蛋，要我说呀，环保大使，还是得我来。哈哈哈！

笨笨：就知道笑，皱纹都笑出来了，还臭美呢。

泡泡：（气愤）你啥眼神啊？（跺脚并转身）

熊大大：哼，就你那小身板，干得过俺吗？要俺说呀，环保大使，还是得俺这样的。

泡泡：（回头）像你这样头脑简单的吗？

熊大大：你说谁呢？

泡泡：说你啊。

熊大大：那你还四肢简单呢，对不对？

笨笨：就是，就是！

国王：咳咳！

侍女：好啦，好啦，别吵啦，环保大使可是爱环境、讲卫生、懂礼貌、有爱心的四好公民啊。

国王：既然你们都觉得自己很厉害，那我就给你们布置几个任务，谁最先完成谁就是环保大使。

笨笨、泡泡、熊大大：好！

国王：泡泡，你去把我们动物王国的垃圾全部清理掉，记住，是全部哦！

泡泡：行！（继续照镜子）

国王：熊大大，你既然力气这么大，看到东边那片山了吗？因为过度砍伐都快变成荒地了，如果你能把它种满树，恢复原样，那环保大使就是你的了。

熊大大：包在俺身上！（胸有成竹）

国王：笨笨，你既然眼神儿这么好，那你就去监督那些污染环境的行为吧。

笨笨：好的国王。（坚定）

侍女：都明白了吗？

齐声：明白了！

侍女：那还不赶紧去！

第二场

嚣张的污染

【视频：树木被砍伐变成了建筑材料。】

电锯：你们看到了吗？东边的树都被我锯光啦！

垃圾袋：我也很厉害啊，你看，到处都是白色塑料袋，我们的家族遍布全球（咳嗽），好臭。

电锯：谁呀？这么臭。

大气污染：当然是我啦（大摇大摆），空气中到处都是我们大气污染，怕了吧？

电锯：切，不就是一个难闻的气体吗？有啥不得了？

垃圾袋：就是，就是。

大气污染：这你们就不懂了吧？全球每年有 700 万人死于空气污染，这可都是我的功劳。

电锯：每年有 1.2 亿棵树木被砍伐，动物们没有了栖息地，可都是因为我呀！

垃圾袋：动物王国每天都有 30 亿塑料袋被使用，而我们可是 200 年都不能被分解的，一直在污染环境呢！

【动物背景音：别嚣张得太早，让我们来治治你。（雷声）】

垃圾们：快跑，快跑！

熊大大：这片树林可真秃啊，比俺的发际线还秃，咱们家园都被破坏成什么样了？都是这群大坏蛋，等俺当上环保大使，俺一定要好好收拾他们。

熊大大：（嘿呦嘿呦，种树，擦汗）（种树音乐）终于做完了，累死我了（伸个懒腰，再看看屏幕），唉呀，真不错，环保大使是俺的了。（熊大大下场）（垃圾出场音乐）

电锯：瞧这傻大个，真以为自己有多大本事呢！

垃圾袋：种树两小时，砍树五分钟。（下垃圾袋）

大气污染：那个傻大个连水都不浇，你们看有一些树都枯死了。

电锯：哼，让我来帮帮他，剩下的都给我砍了。

垃圾袋、大气污染：锯老大真厉害。

电锯：一般一般。

垃圾袋：锯老大、垃圾袋、大气污染，快跑！

电锯：切！（大摇大摆下场）

【泡泡出场。】

泡泡：（唱跳出场）环保大使我的啦，啦啦啦啦啦……咦，怎么有这么多垃圾？（转圈后停顿几秒），（摇手）没关系呀，继续捡吧。（捡垃圾）嗯，真干净，不愧是我！（下场）

垃圾袋：臭鲤鱼，气死我了。

电锯：哎呀，别气，别气，她捡垃圾的速度哪比得上你繁衍的速度？

大气污染：你看，她前脚刚走，后面就开始扔了。

垃圾袋：那也是，她哪儿捡得过来啊，我又要开始繁衍了。

电锯、大气污染：哈哈哈哈。（大笑）

【三个垃圾嘚瑟地跳起了舞：嘟嘟、嘟嘟、嘟嘟、嘟嘟……】

【笨笨出场。】

笨笨：环境污染很严重，我们应该怎么办？（停顿）唉呀，不要砍树啦！

电锯：全部给我砍光光！

笨笨：他们都不听我的。（停顿）嗨呀，别扔塑料袋！

垃圾袋：给我使劲地扔！

笨笨：他们真不听我的！（打电话）熊大大，你来帮帮我一起治治他们吧，他们都不听我的。

熊大大：等俺当上了环保大使，俺再来帮你吧。

笨笨：呜呜呜！

【回到国王宫殿。】

泡泡：国王、国王，我已经捡完了，快封我为环保大使吧。

熊大大：等等，等等，俺也好啦，东边的山俺都种满了树，它已经恢复原样了。（撞开泡泡）

笨笨：呜呜呜，我没用，我制止不了别人。

侍女：别着急，别着急，国王有话说。

国王：熊大大，这就是你种的树？

熊大大：啊？这就是俺种的树？它怎么没了。

侍女：你啊你，光知道种树，都不知道浇水，它怎么活啊？

【泡泡、笨笨，窃窃私语，嘲笑熊大大。】

国王：你种树的速度哪赶得上人家砍树的啊？

熊大大：噢（拍拍头）对哦，泡泡、泡泡，你才有这么多水，你帮帮俺吧（泡泡斜视着，不搭理熊大大）还有笨笨，你能帮俺监督他们别砍树吗？

泡泡：哼，你不是很厉害吗？（用尽力气推开熊大大）还推我呢。

国王：泡泡，你也看看吧！

泡泡：咦，怎么还有这么多垃圾？

侍女：你在前边捡，别人在后边扔，这怎么捡得完啊？

泡泡：啊，那这可怎么办？

笨笨：我倒是可以帮你们监督，啊，不行，不行，他们不听我的。

熊大大：谁不听你的？俺来收拾他（手势）！

泡泡：那我也帮你浇浇水好了。（傲娇地说）

国王：对嘛，环保要靠我们共同努力啊！

侍女：本次环保大使选举到此结束，你们就回去等消息吧。

齐声说：好！

【全部下场】

第三场

保护环境靠大家

【新闻播报：本台消息，欢迎收看今天的新闻联播节目，本次环保大使的名单如下：小鲤鱼泡泡、猫头鹰笨笨以及熊大大。即日起，所有公民不得污染环境，如有违令者，处以重罚。今天的新闻联播到此结束，感谢您的收看。】

【垃圾出场】

垃圾袋：糟了糟了，听到了吗？他们要来治理我们了。

电锯：怕什么？上次不就失败了吗？手下败将。

大气污染：就是，就是，我们这么厉害。

【动物出场】

三个一起说：别嚣张，让我们来治理你。

笨笨：快看，快看，东边的山上还在砍树扔垃圾。

熊大大：再砍俺就用拳头来收拾你们了，熊族的家人们，干起来！

电锯：我一定会回来的。

泡泡：哼，鱼族的小伙伴们，我们一起把他们全部都捡起来回收掉。

垃圾袋：我不要被回收。

笨笨：让我们一起捍卫蓝天白云吧！

大气污染：救命啊！

【打架，在场下问答】

国王：垃圾都捡完了吗？

泡泡：捡完了。

国王：树都种满了吗？

熊大大：种满了。

国王：还有没有人不听你的呀？

笨笨：没有了。

国王：这就对了嘛。

【国王上场】

国王：小朋友们，准备好了吗？

其他人：准备好了。（一边说，一边上场）

【唱跳】

废纸屑，瓜果皮，随手乱扔可不要。

见到垃圾弯弯腰，

不让垃圾随风飘。

清清水，欢乐流，随手关掉水龙头。

废弃物品分分类，

节约资源不浪费。

国王：让生活多一点绿吧！（出示绿色手环）

必不可少的你——奋进的细胞

编剧：杜林超、王芳、王雨诺、陈姝璇

人物表

血小板：粗心大意
白细胞：睿智冷静
红细胞：暴躁急性子
毒大：稳重沉着
毒二：自大自负
娟娟：逞强，固执，倔强
然然：细心，善解人意
篮球队员：我方、敌方各 3 名

第一场

地点：篮球场

主持人：欢迎大家来到第十三届女子篮球赛现场，上场获胜队伍是精英队，那么今天的比赛结果如何？让我们拭目以待！下面就到了大家最期待的“放狠话”环节，先有请无敌队。

小诺：比赛靠的是实力，不是运气。

裁判：再有请精英队。

小宇：我们是绝对无敌的传说，永远不会被打破！

裁判：请双方队员准备，比赛即将开始。

【裁判示意两队队员准备，然后就将球抛向空中，吹哨，比赛就此开始。】

【篮球舞。】

小宇：传球！

娟娟：不给！

芳芳：准备！

小诺：快抢！

小宇：快传！

娟娟：我投！

【就在这时，毛毛一个箭步将球夺了过去，把球投进篮筐，娟娟想去抢球却不小心跌在地上，无敌队三个女孩激动地抱在了一起。】

小诺：(开心兴奋)耶！不愧是你，走，我们去庆祝庆祝！

【当他们庆祝完走了之后，另外一队却垂头丧气的，娟娟坐在地上，她的膝盖被擦伤了。】

然然：（懊恼地看着天空）唉……

小宇：（生气地说）你到底会不会打球啊？

娟娟：我本来一个人就可以投进的，都是你在那里影响我的发挥！

小宇：眼看就要到手的冠军就这样没了。这是三人篮球不是单人篮球！（脱掉球服扔在地上转头走掉）

然然：你们俩别说了，我们都是一个队的……别吵了。

娟娟：你行你上啊！

然然：别说了。

【白天：微观世界和现实世界：在娟娟膝盖受伤处。】

【音乐声响起。】

红细胞：我是红细胞。

白细胞：我是白细胞。

红细胞：我负责送养料，帮助白细胞把病毒消灭掉！

白细胞：接到病毒信号，我马上就来到！

红细胞：hold on，hold on.

白细胞：小主人受伤啦，全体都有，伤口处理活动，现在开始。

红细胞：是！

白细胞：向右看齐—向前看—报数，1。

红细胞：2。

白细胞：不对啊，我们小分队不是3个人吗？

红细胞：又是血小板！我早就看不惯她了！

血小板：3，对不起，我又迟到了。大家好，我是血小板，我负责止血凝血，我是主人的小棉袄！

红细胞：血小板，你怎么又迟到了？天天磨磨叽叽，磨磨叽叽。

白细胞：（打断红细胞）唉，一家细胞不说两家话。

血小板：嘿嘿，就是，做细胞嘛，最重要的就是开心啰。

白细胞：全体都有，稍息，立正！

血小板：稍息立正？！

【音乐声响起，血小板上前跳舞。】

红细胞：你看你把我俩愁得怦怦跳！（红细胞把血小板拉回来）

白细胞：好了好了，赶快行动吧！

血小板：坏了坏了，我的修复网没拿！

红细胞：血小板！（非常生气）这是你第 108 次没有拿修复网了！

血小板：等等，让我捋捋！刚刚收到指令，我穿好衣服，拿上我的修复网，放到了我的包包里，可是现在修复网没在我手上。修复网去哪儿了呢？

白细胞：等等，刚刚有那么一两秒，是不是出现了修复网？

血小板：你看到修复网了吗？（转向红细胞）

红细胞：没有啊。

血小板：让我们重新捋捋，刚刚收到指令，我穿好衣服，拿上我的修复网，放到了我的背包里，现在修复网就在我的包包里，有什么问题吗？

红细胞：没问题。（白细胞无奈叹气）

【刮风下雨，电闪雷鸣。】

血小板：偶买噶，那是什么呀？

红细胞：让我来看看。

白细胞：糟糕，是细菌入侵！

【顶楼 bgm，细胞们警惕起来，破伤风杆菌踩点入场。】

【此处动作：白细胞挺身而出，带着红细胞一起抵抗病毒，此时血小板拿出修复网展开发现是破的！】

血小板：莫？有个洞！（慌张地拉红细胞衣角）怎么办？

红细胞：那还不赶快回去拿？（把血小板推开）

【病毒一个远程大招，白细胞跪地，红细胞冲上前去，不料被病毒掐住了脖子，红细胞很痛苦，白细胞爆发把病毒打倒救下红细胞。】

血小板：（气喘吁吁地跑进来）我回来了！

红细胞：咳咳咳……要你有何用？等你来　我都死了八百回了！

白细胞：你这毛病真得改改了！（拍拍血小板肩膀）先回去休息吧！

血小板：对不起……我一定回去反省反省自己。

然然：娟娟（然然将身子凑下去）你这伤口得赶紧消毒，我们先去趟医务室吧！

娟娟：我才不要你管！

然然：（担心地）可是现在天气这么热，伤口不处理可是会感染的！

娟娟：你废话真多！我自己的伤我自己清楚。

然然：你怎么能怎么这样说我呢？（伤心地跑掉）

【娟娟对然然的离去感到不屑。娟娟不知疲倦地练着球，时间滴答滴答就流逝了。】

娟娟：（痛苦地跌倒在地）啊！我的膝盖好痛啊！

白细胞：糟糕，小主人的伤口恶化了。

红细胞：一定又是血小板干的，走！我们去找她！

【在娟娟膝盖受伤处。】

【红细胞白细胞来到血小板家门口。】

【血小板听见咚咚咚的敲门声和不断的呼喊声，她不得不从睡梦中醒来。】

血小板：（揉了揉睡眼惺忪的眼睛）谁啊？发生了什么事啊？

红细胞：（愤怒地）血小板，都什么时候了你还在睡觉？你缝补的伤口是怎么回事？就在刚才轰隆一声，伤口裂开了。无数的红细胞都被黑洞吸了进去！

血小板：（手抱头）啊，没有啊，我明明修补好了的，主人没有流血我才回来睡觉的。

红细胞：（责备生气地）一定又是你粗心大意！你、你、你、你、你……哼！

白细胞：别吵了，一家细胞不说两家话，我们要一起保护小主人的健康啊。

红细胞：正是因为这样，你还想让我们失去多少兄弟姐妹？

血小板：（非常着急抓着红细胞的手）这次真的不是我！我真的看到主人没有流血我才回家睡觉的！

白细胞：（焦急地）你们都先不要吵了！当务之急是要抵抗细菌，保护小主人的健康！（说着就离开了）

红细胞：我看你一副没睡醒的样子，还是在家反省反省自己吧！没了你我们一样可以保护小主人健康！（拿起血小板的工具包往门外走去，一把推倒血小板，把血小板锁在房里）

血小板：不是的！红细胞！呜呜呜……

【红细胞摔门而出，留下血小板一人。】

第二场：

地点：在娟娟膝盖受伤处

【此时在人类世界里，娟娟疼痛难忍。细胞们看着不断变大的黑洞，心里极度恐慌。更让细胞们窒息的是从黑洞里显现出两团黑雾，黑雾散开，只见病毒以轻蔑的目光俯视着细胞们。】

毒大：哈哈哈哈哈，小可爱们，你们的世界……

毒二：你们的世界好像遇到了一些小麻烦，今天你们就要大难临头了！

毒大：毒二，怎么抢我台词啊？

【毒二狐假虎威，在毒大的旁边叉着手抖脚，很是嚣张。】

毒二：老大，对付这些弱小的细胞就让毒二我来打头阵。哈哈哈哈，（说着就摆出阵势）小细胞们，放弃挣扎吧！

毒大：也是，这些小样！

白细胞：你以为我会怕你们吗？接招吧！

毒二：你相信光吗？（迪迦奥特曼动作）

白细胞：迪迦奥特曼是骗人的！快去修复黑洞！（反弹动作）

红细胞：我来！（从工具包里拿出修复网，却始终修复不了黑洞）不对啊？血小板就是这样修的。

毒二：啊！好厉害的招式！老大快上！

毒大：毒大，玄冥神掌，白细胞，受死吧！（一个武术姿势）

白细胞：我快坚持不住了！快去把血小板找来！（虚弱地）

红细胞：（惊慌失措）好，我现在就去！

娟娟：啊！这伤口怎么越来越疼了！

【场上人员慢动作或者静止，警报声回荡在细胞世界。】

血小板：（着急地）糟糕，主人的伤口恶化了，主人和大家都很需要我！可是门被锁住了，怎么办？

血小板：1，2，3，破！（血小板试图用身体撞开被锁住的门，正好红细胞到来，血小板与红细胞抱在一起）

红细胞：（焦急地拉起血小板的手）对不起！血小板，只有你才能修复好黑洞，帮主人止血，你是我们必不可少的伙伴呀！

血小板：快走吧！

红细胞：嗯！

【细胞世界中白细胞正在与病毒苦战，这时血小板终于来到现场，可黑洞太大，血小板修复起来太慢，一旁的白细胞奄奄一息。】

毒大：他们已经没有力量再反抗了，这个世界即将属于我们了。哈哈哈哈。（一个挥手，三个细胞倒地，静止）。

毒二：老大，我们终于成功了！

【三个细胞的现实世界，娟娟还在篮球场，然然不放心，还是带着医疗箱来到了篮球场。】

然然：娟娟，我还是帮你把伤口处理一下吧。

娟娟：不要你管，你走开。

然然：我们先消个毒，你忍着点。[强行消毒]

娟娟：嘶！你是不是想害死我？

【病毒们极为得意地看着他们的杰作，突然从黑洞中喷出一些雾状气体，他们一接触到身体就变得虚弱起来。】

毒大：不好，是人类的消毒药剂！

【细胞们复活。】

白细胞：看我的免疫大法！（龟派气功姿势）

红细胞：看我养料炮弹！（撒养料）

【毒大和毒二被击败。】

【毒二愣愣地看着黑洞，他感到绝望无比。】

毒大：快跑！怎么不跑啊？

毒二：老老……老大，跑不掉了（他指着黑洞）黑洞已经被白色绷带封住了。老大我不想死！

毒大：（随即恶狠狠地对细胞们说）别太嚣张，细胞们，只要伤口不好好处理，还会有无数的细菌攻打你们的世界！

血小板：看我修复神功！（葵花点穴手姿势）

红细胞：血小板，多亏了你！

血小板：没关系，做细胞嘛，最重要的就是开心咯！

白细胞：唉！我们是一家细胞！

然然：伤口包扎好了。其实小宇说得没错，只要我们团结一心明天一定可以胜利的！众人拾柴火焰高！

娟娟：好吧，我知道了。

第三场

地点：篮球场

主持人：观众朋友们，今天就要决出第十三届篮球杯总冠军，相信大家都和我一样很激动，很期待，到底是哪一个队伍能够获胜呢？有请无敌队，有请精英队，老规矩，咱们先来放个狠话。先来听听上场获胜的无敌队队员有什么想说的。

小诺：（不屑地走上前）切，看他们那熊样，手下败将。

毛毛：就是，上次有人输了还哭鼻子呢，哈哈哈。

【娟娟听到他们得意忘形的嘲笑，握紧了拳头。】

娟娟：废话少说，球场上见分晓。

小宇：这次一定要记得传球，别愣在原地了，我们不是单人篮球，是三人篮球，配合好，打出一番成绩来！

然然和娟娟：好。（一起点头）

主持人：请双方队员准备，比赛即将开始。

【裁判一声哨响，比赛开始　篮球比赛在本剧目中采用篮球舞的形式进行。然然、娟娟，快传球。】

【球到了然然手中，她深呼吸了一下。】

【毛毛正准备一个箭步夺球，这一次然然巧妙地躲开了夺球，双手猛地一抛，篮球在最后一秒投进了篮筐，精英队赢了！】

第四场

地点：教室

【娟娟趴在桌上睡得正香，小宇一下把娟娟从梦中拍醒了。】

小宇：还在睡觉，快起来练球了，马上就要比赛了。

娟娟：嗯？我们不是已经赢了吗？

小宇：做什么白日梦呢？比赛还没开打呢！

然然：娟娟你是不是太紧张了啊？我们先走，你快跟上来。

【娟娟愣在原地。】

娟娟：原来是场梦啊！

【旁白：三人同心，其利断金。从睡梦醒来的娟娟这才明白了这简单朴素的道理。】

娟娟：唉，等等我啊！

真正的自由

编剧：李奇琦、陈姝璇

人物表

方圆：10 岁，不喜欢被约束

规则：遵守秩序，维持规则。督促朱方圆在生活中遵守规则

混乱：规则的死对头，不喜欢规则，喜欢不被约束的感觉

露露、又又、琦琦：方圆同学

第一场

规则和混乱自我介绍

【规则、方圆、混乱三人背对观众。】

规则：（转身，正气凛然）我是规则，这世界上的秩序都掌握在我的手中，俗话说“无规矩，不成方圆”，没有我，这个世界将会杂乱无章。

混乱：（转身，傲娇）我叫混乱，是规则的死对头，在我的世界里就没有什么规矩可言，你想干什么就干什么。

【规则、混乱同时对方圆说“选我吧”。】

规则：（手去拉方圆）主人，你选我吧，我能带给你更好的生活。

混乱：别听他的，主人。选我选我，我会给你更自由的生活。

【方圆被规则与混乱拉来拉去。】

方圆：（甩开规则和混乱的手）停！（面朝观众）我叫方圆，我从小就生活在一个有规则的世界，俗话说，无规矩不成方圆，我也因此有了这个名字，所以，什么混乱，我才不选它。（推混乱下场）

混乱：我一定会回来的。

方圆：我每天跟规则在一起（规则一直跟着方圆）。在校园里碰到老师要主动打招呼，过马路的时候，要走斑马线，不能闯红灯；回到家里的时候，要先换掉脏鞋子才可以进门。这就是我的生活，我的生活充满了规则，各种各样的规则……

方圆：（坐在板凳上，趴在桌子上）当我在写字时……

规则：必须眼离书本一尺，胸离桌子一拳。

方圆：当我在吃饭时……

规则：必须专心用餐，食不语。

方圆：当我吃完东西时……

规则：必须把垃圾扔进垃圾桶，不能随便乱扔垃圾。

方圆：哎呀，我休息一下嘛，等一会儿行不行啊？我今天太累啦。

规则：（严肃）不行，这是不对的。

方圆：（无奈）哎，看吧，这就是我的生活——一直被各种规矩约束着（慢慢蹲下，规则碎碎念的声音，出现音效：过马路要遵守红绿灯，见到长辈要问好，作业要按时交，所有人都在遵守规则，社会有法律法规，学校有中小学生守则，家有家规，喂，你在听吗？）。我受够了（爆发站起，声音停），你不要再说了，不要跟着我，不要再约束我了，我不想再听你说了。

规则：说话要有礼貌，声音不能这么大。

混乱：哈哈哈！看吧，我说过我会回来的，是不是很厌倦这样的生活了呀？那跟我走吧，这样你就不用受到他的折磨了。

方圆：好，我早就不想听你唠叨了，我们走。（方圆推规则下场，拉着混乱走了）

第二场

地点：教室

【又又哭着走上台，露露和琦琦看见了，走上前询问原因。】

露露：又又，你怎么了？

又又：我的新积木不见了！不知道谁给我拿走了。

琦琦、露露：什么？

琦琦：（思考）诶，我好像在哪里看见过（做出手势），（拍手）我想起来了！在方圆那里。

露露、又又：（同时转头看向琦琦）啊？

琦琦：走吧，我们去问问他。

【方圆背着书包开心地和混乱在一起。】

方圆：那个积木可真好玩儿！

混乱：是吧，想玩什么就玩什么，感觉是不是很好啊？

【方圆的积木掉在了地上，他正蹲下去捡，同学们发现了方圆。】

又又、琦琦、露露：方圆！你是不是偷拿了又又的积木？

方圆：（被吓到了，摔倒。表现出无所谓的态度，认为自己的行为理所当然）怎么了，我就拿来玩玩儿，不至于这么小气吧！（拍拍身上的灰尘，站了起来）

又又：那你要告诉我一声啊！（把积木抢过来）

琦琦：就是，就是，走，别和他玩。

露露：（上去）你快去给他们道歉吧。

方圆：我才不要，我又没做错。

混乱：对的，你做的非常棒，随心所欲，不是很快乐吗？

【上课铃声。】

老师：今天我们要进行考试，请同学们把书放在课桌下面。接下来我们分发试卷，开始考试。

【老师分发试卷，同学传试卷。方圆拿着试卷开始答题。写了一会儿，发现有一道书上的原题，但是他忘记怎么做了。】

方圆：（抓耳挠腮）这道题好眼熟啊，好像是书上的，可是，可是我记不起来了。

混乱：遇到难题不用怕，看看同学的就好了，哪里不会问哪里！

方圆：（下定决心）有道理。

【方圆开始东张西望，想看别人怎么做的。】

方圆：（向旁边的又又问）唉，这道题你昨天不是背了的吗？给我看一下。

又又：不行，老师说了要自己做自己的！

混乱：你的同学可真坏呢，都不愿意给你看答案。不过，没关系，我这还有一本《十万个为什么》，哪里不会看哪里。

混乱：这道题你会做了吗？

方圆：so easy！

【方圆犹豫不决，再三思索下，最终还是屈服于内心最真实的想法，翻开了书本，方圆边看书边抄答案，在考试时间要结束的时候，他抄完了答案。】

方圆：呼，终于写完了！

老师：好了，时间到了，同学们把卷子交上来吧，交了就可以下课了。

第三场

地点：教室

【方圆的生日会要到了。】

方圆：（面向同学们）我生日要到啦，到时候你们一起来我家玩啊。

露露：好啊，好啊，我会去的。

又又、琦琦：我们才不要去。

方圆：不来就不来，哼！

【上课铃声。】

老师：好，同学们，今天公布上次考试的成绩。方圆同学这次表现得非常好，进步很大，考了全班第一名。希望大家都向方圆同学学习，以后更努力哟！（掌声响起配音）

露露：哇，他好厉害啊！

又又：作弊得来的成绩，有啥好骄傲的？

琦琦：就是，就是，下课了我就去告老师。

【下课铃声】

老师：好，下课。

【在老师准备走出教室的时候。】

琦琦：老师，老师，方圆同学他作弊了，我们都看见他翻书了。

老师：（严肃）行，老师知道了。我会弄清楚的。（转向方圆）方圆，你跟我来办公室一下。

【方圆跟着老师走出了教室。】

老师：方圆，这次考试的成绩是你的真实水平吗？

方圆：（沉默）

琦琦：我给你们讲，他上次考试的时候翻书作弊了。

露露：啊，难怪他考那么好，没想到他是这种人，那我不去他生日会了。

方圆：（害怕）老师，对不起。我只是想考好一点。

老师：（严厉）老师是不是说过要诚信考试！

方圆：是！

老师：这次你的成绩作废，如果下次再犯同样的错误，老师就要惩罚你了。

方圆：对不起，老师，我再也不作弊了。

老师：行了，你先回去吧。

【方圆轻微啜泣，低头沮丧地回到了教室，坐到了位置上。】

露露：方圆，我不去你的生日会了。没想到你这么不诚实，考试还作弊。

又又：（与琦琦一起，面向露露）走，和我们一起去玩，别和这个不诚实的人一起。

方圆：（趴在课桌上哭）

混乱：这是怎么了呀？没道理呀，老师不应该发现的呀！

方圆：（心里开始有一点责怪混乱）就是因为你让我拿她的积木，让我考试作弊，同学们才开始讨厌我，老师也批评了我。

混乱：这怎么能怪我呢？是你开始自己选择的我呀，况且你也取得了好成绩，这段时间你不也挺开心的吗？（方圆打断）

方圆：（方圆打断）都怪你！（方圆不开心地回了家）

【舞台中央有一张空桌子，（悲伤的音乐）方圆放下书包，独自坐到椅子上。（方圆回到家发现家里空无一人，也没有小伙伴来给他过生日，他逐渐回忆起这些天和混乱一起发生的事情）】

方圆：（不满）我今天早上都迟到了，你怎么不叫我起床啊？

混乱：因为那时候规则已经不在你身边了呀，你想睡多久就睡多久。

【方圆对这个回答并不满意。】

方圆：（生气）那我吃饭被噎到了，你怎么不提醒我啊？

混乱：有我在，你想干什么就干什么呀。

方圆：（生气爆发）都是因为你，我的生活才变得一团糟！你给我走开！（方圆把混乱推开）

混乱：我再也不会回来了。

【这时候规则打算来给方圆过生日，但是又怕主人不欢迎他，所以他在门外徘徊不敢进去。】

方圆：今天是我生日，一个人都没来。以前每年规则都会陪我过生日的，要是规则还在的话就好了。

规则：我好像听到了主人在叫我（怀疑）。（虽然担心不被欢迎，但还是想送给主人祝福）今天是他的生日，至少要送个生日祝福吧。（敲门）

方圆：（伤心疑惑）谁呀？

方圆：（开门，惊讶）你！

规则：小主人，生日快乐！虽然你可能不太欢迎我……

方圆：不是的，不是的，我不应该推开你，我一点也不喜欢现在混乱的生活。

规则：是的，混乱虽然不会约束你，但规则才能给你真正的自由。

方圆：你不在的时候，我的生活一团糟，现在答应来我生日会的朋友也不愿意来了。

规则：知错就改就是好孩子，你现在真诚地和同学们道歉，他们肯定会原谅你的。

方圆：那我现在就给他们道歉。

方圆：（拨电话）对不起，我不该偷拿你的积木，你们能原谅我吗？（停留 2 到 3 秒）

【同学们其实已经原谅了方圆，他们捧着蛋糕打算去给方圆庆祝生日。】

又又：（推开门，捧着生日蛋糕）方圆，生日快乐。

方圆：（惊讶的表情加感动）啊，你们……

露露：好了，别说了，快点许愿吧！

琦琦：对呀，我们还等着吃蛋糕呢！

方圆：谢谢你们，那我希望规则和我的朋友们一直在我的生活中陪伴我。我原来以为，规则就是来束缚我的，让我不能自由地生活，混乱才能让我自由地主宰自己的生活。但是，我现在才知道，如果没有规则，我所追求的自由就会变成放纵，有规则的生活才是有意义的。

同学们：（起哄）一起吃蛋糕咯，哈哈哈哈。（大家玩闹散开准备唱歌）

遵守规则歌曲：

准备好了开始游戏，

我们一起来比一比，不论输赢不争第一，

遵守规则才有意义，生活处处有规则，

时时刻刻要记着，大家一起来遵守，遵守规则好品德。

火焰奇缘

编剧：黄云滔、李星钥、陈姝璇

人物表

李草根儿：11岁，善良，有理想

黄浪花儿：11岁，缺乏关爱，爱打游戏

草根儿妈：30岁，爱草根儿，争强好胜

浪花儿妈：30岁，热爱工作，对女儿疏于照顾

消防器材：有爱心，古灵精怪

火：阴险狡诈

第一场

地点：花园小区

【李草根儿和二氧化碳灭火器在小区楼下玩耍。】

李草根儿：昨天你太厉害了，那么大的火，你唰唰唰地几下就把火灭了，我真想变得和你一样厉害。

二氧化碳灭火器：（高傲地）不要羡慕姐，姐只是一个传说！

【话音刚落，她们就发现浪花儿在草丛那里自言自语。】

黄浪花儿：我该怎么跟草根儿道谢呢？是这样呢，还是这样呢？还是？

【草根儿走上去大喊了一声。】

李草根儿：（大声地）喂！

【浪花儿被吓了一大跳。】

黄浪花儿：（生气地指着草根儿）第一：我不叫喂，我叫黄浪花儿。第二：能不能别像猴子一样跳出来？吓我一跳。

【草根儿不好意思地摸了摸头。】

李草根儿：啊，不好意思！

【浪花儿突然温柔下来，上前紧紧地抱住草根儿。】

黄浪花儿：（轻声温柔地）草根儿，还好昨天你在家，不然我就完犊子了，

谢谢你救了我。

【草根儿愣住了。】

【浪花儿放开草根儿，问她。】

黄浪花儿：对啦，刚才我过来的时候，你在和谁说话呀？

李草根儿：哦，那呀。我刚刚在和二氧化碳灭火器说话呢。

黄浪花儿：（惊讶地）你和灭火器说话，你不会读书读傻了吧！你可要注意身体呀！

李草根儿：不是，我，我，我……

【还没等草根儿辩解，浪花儿又说道。】

黄浪花儿：（高兴地）我先回家了，明天我和你一起去上学。

【说完浪花儿就开心地向家跑去。】

【草根儿问二氧化碳灭火器。】

李草根儿：（感到奇怪）黄浪花儿她今天怎么了？

二氧化碳灭火器：（随口答道）她 ...... 可能今天吃多了，你看她一蹦一蹦的，肯定是下来消食的。

李草根儿：（点了点头）我也这么觉得！走吧，我们也回家吧！

【旁白：草根儿和浪花儿是门对门的邻居，也是同班同学，她们还没出生就开始竞争。草根儿的妈妈希望自己的女儿像草一样生生不息，所以给她取名：草根儿。浪花儿非常怕火，所以她叫浪花，浪花儿妈妈希望自己的女儿可以像浪花儿一样勇敢地战胜火。后来发生了一件事儿，让草根儿她们这对冤家成了好闺蜜。】

【旁白用电筒照亮，说完则亮灯。】

【草根儿妈挺着大肚子，双手合十放在脑袋前，嘴里念叨。】

草根儿妈：保佑我的孩子生得漂亮。

浪花儿妈：（也挺着大肚子祈求道）一点儿都不虔诚。保佑我的孩子生得更漂亮。

【草根儿、浪花儿妈妈抱着娃娃。】

草根儿妈：（狠狠地盯了一眼浪花儿妈）保佑我女儿越来越聪明。

浪花儿妈：（赶紧祈祷）保佑我的女儿更聪明，而且没有嫉妒心。

【草根儿妈听了气急了，摆出干架的姿势。浪花儿妈见形势不对，（两个人一起把孩子扔了）便和草根儿妈大吵起来。】

草根儿妈：求佛就求佛，干吗连带内涵。

浪花儿妈：我求佛关你什么事啊？我内涵谁了呀？你就反应那么大。

草根儿妈：早就看不惯你了。

浪花儿妈：咋了，你还想动手吗？啊！

草根儿妈：（撸起袖子）来啊。

【黄浪花儿对自己妈妈说。】

黄浪花儿：（不耐烦地）妈，你别在外面吵了，好吗？这么多人看着呢。

浪花儿妈：怎么，你还嫌我给你丢人了？你看看自己考的那点分数，（草根儿出场）连李草根儿的零头都赶不上。

李草根儿：阿姨，你好。

浪花儿妈：一边儿去。

李草根儿：哦，阿姨再见。

黄浪花儿：（生气地）你要是能像草根儿她妈妈一样，多陪陪我，我会变成这样吗？

浪花儿妈：我不工作你吃啥，穿啥，啊？这死孩子，气死我了。

【浪花儿妈妈狠狠地看了一眼浪花儿，愤怒地回家了。】

【浪花儿伤心地哭了起来。】

李草根儿：（连忙上去安慰她）浪花儿，我相信只要你少打一些游戏，你的成绩一定会好起来的。

黄浪花儿：（非但不领情还大声地）你走开，别一天假惺惺的。你懂什么？我能在游戏中找到快乐，不像有些人：长大后，我要当消防员（模仿广告表演，做出无语的表情）。要不要奶奶给你爱吃的喜之郎果冻啊？

李草根儿：（生气地）黄浪花儿，你狗咬吕洞宾，不识好人心！

黄浪花儿：你敢骂我是狗，你才是狗。李草根儿，我跟你势不两立！

【说完就将草根儿推倒在地，大摇大摆地走了。】

【草根儿在倒下去的时候不小心擦了破皮，她慢慢地爬起来，向学校走去。】

第二场

地点：李草根儿家

二氧化碳灭火器：噢，我的上帝呀。这两家人一直都在吵吵吵。吵得我脑壳嗡嗡的。你们这些愚蠢的土拨鼠，看我干什么？没见过这么漂亮的二氧化碳灭火器吗？哼哼，看你们那些可怜巴巴的小眼神儿，我就大发慈悲地告诉你们吧：（魔仙堡音乐）现在有个灭火器，她真的很不得了。可以扑灭很多火焰，让世界变得更美好。一手握住铜把手，一手撕掉铅封纸，逆时针旋转，打开开关就可以灭火。

【二氧化碳灭火器跳完刚好碰到泡沫灭火器，对着他说。】

泡沫灭火器：（和气地）小姐，你的咖啡好了。

二氧化碳灭火器：（温柔地）噢，thank you。既然你都来了，那就介绍一下自己吧。

泡沫灭火器：（惊讶地）我吗？

【二氧化碳灭火器点了点头。】

泡沫灭火器：行吧。大家好，我是泡沫灭火器。手握灭火器提环，稳住灭火器底边，记得要颠倒过来，对准火源用力晃。隔绝易燃物和空气，达到灭火的目的。家中常备灭火器，生命财产有保障。不要 99，只要 9 块 9，赶快拿起电话订购吧。

【消防栓和消防被按了一声门铃。】

泡沫灭火器：谁呀？

二氧化碳灭火器：开门去啊。

【泡沫灭火器打开门。】

泡沫灭火器：（和气地）你们是谁呀？

消防栓：我们是李草根儿新订的消防器材。

【消防栓、消防被冲进了房间。】

二氧化碳灭火器：（高傲地）有我们就够了呀，要你们干吗？

【消防栓不屑地看了一眼二氧化碳灭火器，便转向了观众。】

消防栓：哼，你们给我瞧好了。前腿弓，后腿蹬，拿起管子往前扔，接头切记莫搞松，防止凉水往外迸。我就是人见人爱、火见火怕的消防栓。

【消防栓逗比地比了个“耶”之后又站得笔直。】

消防被：让开，让开，该我了。那大家猜猜我是谁？放置墙壁或抽屉，省时省事又省力；遇火紧抓黑拉带，转头就把毯子盖；切断电源或气源，覆盖燃烧的物源；冷却之后裹成球，下次还能再相救。大家猜到我是谁了吗？

【消防被高高地举起自己的名字。】

二氧化碳灭火器：（生气地）哼，真是两个无礼的家伙。

【二氧化碳灭火器看了泡沫灭火器一眼，泡沫灭火器便朝着新来的她们走去。】

【泡沫灭火器抓着她们往后走。】

泡沫灭火器：别闹了，草根儿马上回来了。

第三场

地点：李草根儿家：黄浪花儿家

【草根儿和浪花儿都回到了家。】

全部消防器材：欢迎回家。

【看到草根儿一脸不开心。消防器材都上前去问草根儿。】

全部消防器材：（焦急地）草根儿，怎么了?

李草根儿：今天黄浪花儿被她妈妈骂了，我去安慰她，结果她嘲笑我，还将我推倒在地，擦破了皮。

消防栓：怎么还有人这样?

泡沫灭火器：并无大碍。

消防毯：不行，还是得去处理一下。

二氧化碳灭火器：真是个钢铁直男。

泡沫灭火器：有吗?

李草根儿：好，说完草根儿就和她的消防器材朋友们去处理伤口了。

【草根儿和消防器材齐步下场。】

【而此时，对面的浪花儿回到家里放下书包就开始打游戏。】

黄浪花儿：上了一天的课了，累死我了，打把游戏放松一下吧。

【浪花儿拿出手机，开始玩游戏。】

黄浪花儿：（生气地）什么人啊?这么菜，我这么厉害都带不动你。

【忽然浪花儿闻到一股怪味儿。】

黄浪花儿：啊，是啥味啊?好臭啊。

【浪花儿环视了一周。原来是插头着火了。】

黄浪花儿：呀!插板着火了。我去端盆水来灭了它!

【她去端了一盆水。】

【她身后的小火苗用一种阴险嚣张的语气说道。】

火：（阴险嚣张地）哈哈哈哈，古娜拉黑暗之神，我又出现了，不知是哪位神仙把我唤出来的呀。

【浪花儿拍了拍额头。】

黄浪花儿：（不屑地）就你，星星之火，还这么嚣张，看我不灭了你，小样儿。

【说着便一盆水倒在了火苗上。浪花儿以为火灭了，没想到火更大了。】

火：（嚣张地）哈哈哈哈哈哈，小傻瓜，叫你不好好读书，你往插板上浇水，你以为是水火不容，水能扑灭我，但是这个时候这水往这儿一浇，那可就是火上浇油啊。星星之火，可以燎原。来吧，我的星星之火燃起来吧。

【火势越来越大。】

火：（模拟冰雪女王爱莎）燃烧吧，燃烧吧，让这火焰燃烧吧。随它吧，随它吧，让浓烟充满整个房间。我不管，你想浇哪儿的火，任风吹雨打，反正操作不当我也会重来。

【浪花儿开始害怕，被吓得趴在地上。】

黄浪花儿：（大声喊道）怎么会这样？救命啊，救命啊。

【草根儿闻声赶来，发现浪花儿被困在大火里面。】

李草根儿：（大声喊道）浪花儿，浪花儿，是你吗？你听得见吗？

【黄浪花儿隐约听见好像是草根儿在叫她的名字。】

黄浪花儿：（害怕焦急地）是草根儿吗？草根儿，快救救我，救救我。

李草根儿：（大声喊道）是我是我，你打 119 了吗？

黄浪花儿：（后悔的表情）我、我忘了。

李草根儿：（大声喊道）浪花儿，你别怕。我马上打 119。你先这样，把水淋到身上，卧倒，用湿毛巾捂住口鼻，匍匐前进。

【浪花儿一切照做。】

李草根儿：浪花儿，你一个人在家吗？你妈妈他们呢？

黄浪花儿：（流下了眼泪，哭着说）他们不在家，只知道忙工作，从来都不管我。

李草根儿：（为了平复浪花儿的心情，安慰道）浪花儿，你别怕，有我在，我一定会救你出来的。

【草根儿立即拨通 119。】

李草根儿：消防员叔叔你快来，我们这里着火了。在花园小区 216，有一人被困，火很大，还有浓烟。

【挂断电话后，草根儿看后面的火越来越大。】

李草根儿：这么大的火，浪花儿可能等不到消防叔叔来了。这可怎么办啊？

【草根儿急得直跺脚，这时，她突然望向了他的消防器材朋友们。】

【草根儿对消防器材说。】

泡沫灭火器：那快去救人吧。

李草根儿：对，就算我们之间有很多矛盾，但在我看来这些都不算什么。生命高于一切，现在浪花儿有危险，我们必须救她。

【消防器材们都点点头表示同意。】

【于是草根儿开始安排。】

李草根儿：好，行动。消防毯，你进去保护浪花。灭火器，你们去灭火。

【消防器材一切照做。最后消防栓将大火全部扑灭。】

火：（在临走前大声地）可恶的灭火器，我一定会回来的。

【消防被裹着浪花儿，将她救了出来。】

李草根儿：（着急大声地）浪花儿，浪花儿，醒醒，醒醒！

【浪花儿咳了两声，醒了过来。大家看到浪花儿醒了过来，都松了一口气。】

【所有人都开心地跳了起来。】

所有人：耶，任务完成。（除浪花外）

【灯光熄灭，音乐响起，一人一句顺口溜。】

【浪花儿招手示意所有人走到舞台中间。】

所有人：同学们，快快来，我们都来讲安全。

不玩电器不玩火，把住预防这一关。

火灾一旦已发生，不要惊恐和慌乱，

千万不要贪财物，千万不要跳下楼。

听从指挥快速跑，乘坐电梯不安全。

浓烟围困呼吸难，要把身体贴地面，

弄湿毛巾捂口鼻，离开火场去求援，

快快拨打“119”，消防队来保平安。

如果实在逃不掉，跑到阳台再呼救。

“宝贝”的等待

编剧：陈法全、丁付禄、杨建宇

人物表

博物馆馆长：小心谨慎又啰嗦的小老太太

馆长秘书：一个稀里糊涂的秘书

书简卷一：博学多识的汉历书竹简

书简卷二：博学多识的汉历书竹简

陶俑依依：活泼的唐女陶俑

陶俑莲莲：稍显腼腆的唐女陶俑

镇墓兽玄：脾气暴躁的唐彩绘镇墓兽

镇墓兽青：心高气傲的唐彩绘镇墓兽

青釉瓶：一个自恋的唐越窑青釉瓶

青花瓷：一个美丽且自谦的宋元青花瓷瓶

神女姐姐：壁画，飞天神女

神女妹妹：壁画，飞天神女

地点：博物馆内

博物馆馆长：又是美好而充实的一天，大家知道作为一个火爆的、有浓厚文化艺术气息的，并且有着深厚历史底蕴的博物馆的馆长，我是如此的幸福，以至于我想哈哈哈哈，大笑几声。噢，馆长秘书！今天我们博物馆的接待人次是？

馆长秘书：（翻开一个小册子，左边翻翻，右边翻翻）

博物馆馆长：你知道我们的博物馆历史上最高接待过 10 万人次，馆长秘书！快点！你是数不过来了吗？

馆长秘书：我尊敬的馆长，今天的接待人次是：20000 人次。

馆长：看吧！

馆长秘书：不好意思，馆长，我好像把册子拿反了！这样看来的话，今天的接待人次是 20 000！

馆长：（差点晕倒）好了，我得去想想办法，我们的博物馆不能再这样下去了。（边说边走）

馆长秘书：等等我！（追随馆长下场）

【黑夜将至，博物馆也将闭馆，文物们安静地待在展览区。书简安静地站立着，陶俑和青釉瓶扭捏着身子，两个镇墓兽端坐着身体，怒目圆睁地看着远方，青花瓷瓶安安静静地待在一旁。】

【背景屏显示　博物馆外景。】

【旁白：亲爱的游客朋友们，亲爱的小朋友们！敦煌博物馆今日的营业时间快要到了，文物们也是需要休息的，请您照看好老人、小孩，带好自己的随身物品，有序离馆，敦煌博物馆全体员工和全体文物欢迎您的下次光临。】

书简卷一：什么下次光临，说得像这次有人光临一样。

书简卷二：就是。

陶俑莲莲：兄弟姐妹们！下班咯！

青釉瓶：那我们？

镇墓兽：跳起来！

（随着音乐，书简、陶俑、镇墓兽、青釉瓶、青花瓷瓶跳起了舞）

【馆长秘书上场，音乐戛然而止，众人保持舞蹈动作。】

馆长秘书：（打着手电筒）谁？谁在那儿？咦，没人啊。唉，好奇怪，是我眼花了吗？这文物好像不是这样摆的啊？算了算了，没人就走了。

【馆长秘书下场。】

镇墓兽青：（拍拍胸口）吓死本大爷了，差点就被发现了。

镇墓兽玄：可不是嘛，吓死人了！

书简卷一：（赶紧捂住镇墓兽的嘴）镇墓兽你小声点，人还没走远呢！

书简卷二：嘘！（把食指放在嘴边嘘了一下）

青釉瓶：就是，就是，你这大嗓门可得小声点，别坏了我们的大事。

陶俑依依：怕什么？保安都走了，这空空荡荡的博物馆，哪儿还有人？

书简卷二：哎，也是，大晚上的，没人了。

陶俑莲莲：（拉过书简）你这话说的，我们不是人？

镇墓兽玄：你也就是个人形陶俑罢了。

陶俑依依：也比你们好，长得乱七八糟的。

陶俑莲莲：对！你们简直丑得不要不要的。

镇墓兽青：你居然说我们丑！

镇墓兽玄：（秀肉）丑？我堂堂唐彩绘镇墓兽，哪个看见我不得夸我几分——威武雄壮？

青釉瓶：丑就丑吧，还不承认，你再看看我，唐越窑青釉瓶，我这才是一等一的好颜色！

青花瓷：各位哥哥姐姐都好厉害，都是从唐代来的，我也来自我介绍一下，我是宋元青花瓷瓶！初次见面多多关照。

镇墓兽：看，青釉瓶，她比你好看多了！（其他文物在一旁偷笑，青釉瓶气得跺脚）

书简卷一：咳咳，好了好了，比什么比？有什么好比的？不过是一身臭皮囊罢了。多学学我，低调一点，我会到处宣扬我是汉历书竹简吗？我会炫耀我的纪年法吗？

书简卷二：我会说我是我们俩最重要的一卷吗？我会告诉你我越老越帅吗？我会告诉你吗？我会吗？我会吗？我不会，因为我低调。

书简卷一：什么你最重要？那还不是因为我低调！

陶俑：可真够低调的！

书简卷二：好了，好了，咳咳，我宣布，第5376届全国文物展览大会现在开始！

众人：噢噢噢噢！

书简卷一：好的，让我们来看看今天的一号展品，它是谁呢？哦，原来它是唐陶俑。（陶俑做定格动作）你看这陶俑，这陶俑啊，你别说，远看像个球，近看更像球，仔细一看，原来是咱们大名鼎鼎的唐陶俑！

陶俑依依：说什么呢？

陶俑莲莲：我们哪儿像球了？

书简卷二：哈哈，忽略这些细节，咱们来看看二号展品。哦，它是唐越窑青釉瓶，（青釉瓶做动作）你看这绿不绿白不白的颜色，是你心中的最美的文物吗？

青釉瓶：这是玉色！温润如玉的玉！

书简卷一：那么接下来是哪件文物呢？（镇墓兽做动作）原来是大名鼎鼎的唐彩绘镇墓兽！你看它鳞爪飞扬，张牙舞爪，龇牙咧嘴，歪瓜裂枣。

镇墓兽青：停停停停，咋说话的啊？多说说我这结实的肌肉，怎么样？不一般吧！

青釉瓶：确实不一般，丑得不一般。

镇墓兽：你才丑得不一般！

青釉瓶：你不仅丑，还“二”得不一般！（其他文物头头在一旁笑）

陶俑依依：停停停，吵啥吵啊？

陶俑莲莲：就是！别吵了！

书简卷一：好了，不吵了，经过各轮重重比拼，我们单方面宣布！

青花瓷：书简，大哥你好像忘了介绍我了！

书简卷二：你看你这人！

书简卷一：这是美丽的宋元青花瓷。

青花瓷：大家好，我是青花瓷。我身上的青花，只有在雨天才能烧制出来，所以才有了天青色等烟雨的美丽歌词！

书简卷二：好！本届博览会迷倒万千善男少女，荣获最帅文物的就是（在三人中间来回指），就是，就是汉历书竹简，就是我（指向自己）。

众人：不害臊！

书简卷一：哎，咱们光在这儿比，有什么用呢？又没人看，空有一身宝，也没人欣赏。

青釉瓶：是啊，我的盛世美颜，就只是在陈列室摆一摆，还不如埋在地里睡大觉呢！

镇墓兽：就是！我们辛辛苦苦镇守了几百年的墓室，终于被发掘出来，来到这博物馆，还以为风光的时候来了，结果，哎。

陶俑依依：这谁想得到呢？我三姑她表妹的大女儿说，到了博物馆，每天都享受观众那赞叹的眼光，可哪曾想，哪曾想！

书简卷一：哪曾想这些年没多少人愿意来参观博物馆，就剩咱么这几个在这儿自娱自乐咯。

青釉瓶：更何况，今天这个重要的日子。

镇墓兽：什么日子？

书简：这都能忘了？我可记得清清楚楚，今天啊，是儿童节！

镇墓兽：儿童节？

陶俑：所以？

青釉瓶：所以？

青花瓷：所以？

书简卷一：所以我们按计划行事！按计划行事！

书简卷二：逃离博物馆！

镇墓兽：什么？你们要逃？

青釉瓶：不逃做什么？天天在这陈列室发呆？

陶俑：对啊，咱们只是去找回本该有的赞叹目光！

镇墓兽：可是咱们也不能逃啊。

青釉瓶：不逃？不逃你愿意天天在这儿吃灰？那你出土干吗？在地下睡大觉也不一样的吗？

陶俑莲莲：是啊，是啊，出去逛逛又没啥，再不被人观赏，咱们都要腐化啦！

陶俑依依：你看书简，都快老掉牙了，身体也不好，就想着出去看看，这有错吗？

书简：（书简卷一卷二都配合咳嗽）老啦老啦，身体不好啦。

镇墓兽玄：可是！

青釉瓶：别可是、可是啦，你看看你，一个铁疙瘩，再不活动活动，都快生锈啦。

镇墓兽青：走吧，玄，我们都很久没活动活动了，别让他们小瞧了我们。

众人：那就逃离博物馆！（在一旁的青花瓷，也凑了过来）

青花瓷：既然大家都逃，那我也要和你们一起！

镇墓兽玄：既然要逃！怎么逃？说说你们的计划。

陶俑：怎么逃？

青釉瓶：怎么逃？

书简卷二：没有计划就是好的计划！镇墓兽玄！

镇墓兽玄：咋啦？

书简卷一：熟悉地形不是你的天赋吗，那这次你来带路！

镇墓兽玄：既然你们相信我，那，兄弟姐妹们，抓紧了，我带你们冲！

【众人一个接一个拽着衣服紧跟着镇墓兽在台上窜来窜去。】

书简卷一：哎哟哟，哎哟哟，一把老骨头都快散架了。

书简卷二：咱这是逃出博物馆了？

青花瓷：真的好累啊！（气喘吁吁的样子）

陶俑依依：腿都快走折了。

陶俑莲莲：这是哪儿啊？

青釉瓶：问你话呢，带路的，咱们这是到哪儿了？

镇墓兽：跟着感觉走，心到哪里，人就到哪里！

青釉瓶：合着你还不知道路啊？

陶俑莲莲：你们看看，这，这是个什么地方？

书简卷二：阴森森的，黑漆漆的，好奇怪的地方。

青釉瓶：你、你、你，你别吓唬我，哪、哪儿阴森了，我才不、不怕！

【呼呼的风声忽隐忽现。】

青釉瓶：要不、要不咱们，回去？陈列室其实、其实也挺不错。

书简卷一：你们听，这是什么声音？

【咚咚的鼓点传来，陶俑、青釉瓶、青花瓷吓得抱成一团。】

【伴随着鼓点与音乐，神女上场，翩翩起舞。】

【一曲舞后。】

镇墓兽：（鼓掌喝彩）好！

青釉瓶：真美啊！

陶俑：（两个陶俑相互看了看对方）真是太美了，简直比我们好看一千一万倍。

书简卷一：这么曼妙的舞姿！我知道你是谁了！

神女姐姐：你们好，我们叫飞天。

镇墓兽玄：飞天？真奇怪的名字，你会飞吗？（两手在身后挥舞，做飞翔的动作）

书简卷一：飞天这个词是由古时人们的用语而来，准确来说，飞天的意思是天庭的舞者。

书简卷二：（意味深长地点了点头）对。

镇墓兽青：天庭的舞者！那不就是仙女了？真是美极了！

神女妹妹：谢谢你的夸奖，你也美，额不，威武极了。

书简卷二：那这么说，我们是到了洞窟了？

陶俑：洞窟？

神女姐姐：不是，不是，这只是有关敦煌莫高窟的主题展厅。

镇墓兽青：跑了一大圈，原来还是在博物馆里。

书简卷二：还不是你们兄弟俩干的好事！

青釉瓶：完了，完了。

陶俑依依：确实完了，今晚出逃计划泡汤了。

青釉瓶：不是，是我博物馆第一美人的名头恐怕不保了！（捂脸哭泣）

青花瓷：好了，好了，青釉瓶姐姐，你也很美呀！

镇墓兽玄：啥时候了，还在想这个。

书简卷一：飞天神女是敦煌最有名的壁画！

众人：壁画？

神女：对，壁画是敦煌不可或缺的艺术形式，飞天更是其中最负盛名的主题。（做出标志性动作）

书简卷二：是的，柔美飘逸正是飞天神女的特点，正是飞天壁画艺术价值的体现，几百年岁月光阴也抹不去它的颜色，冲不散它的美丽。

青釉瓶：我也想被画在墙壁上！真漂亮啊！

青花瓷：是啊，她的衣服颜色好漂亮啊？

书简卷一：（拍了拍青釉瓶的头）你可是唐代六大官窑最漂亮的了，你身上的青花是难得一遇的美丽，你们还不满足啊？

两个瓷瓶：（青花瓷和青釉瓶羞涩地笑了笑）嘿嘿，我们这不是喜欢飞天吗？

镇墓兽青：别想着臭美了，赶紧想想咱现在该怎么办。书简俩兄弟，你们说说！

书简卷二：还能怎么办？白忙活半天，各回各家，各找各妈！

神女姐姐：你们这是迷了路？要去哪里？

镇墓兽：我们要逃离博物馆！

神女妹妹：逃离博物馆？

青釉瓶：谁不想出去热闹热闹，小朋友们多可爱，多好玩！今天还是六一儿童节！大过节的，我才不想在陈列室吹冷风！

陶俑依依：就是，再待下去，我都快发霉了。

陶俑莲莲：不行，好可怕，我得出去，逃出博物馆！

神女姐姐：真是很棒的想法。

神女妹妹：对呀，好有趣，好有趣。

青釉瓶：飞天姐姐，你们要和我们一起吗？

神女姐姐：我们从遥远的敦煌来，早把博物馆当自己家了，我们得守护好我的家啊。

神女妹妹：对呀，我们得守好这展厅，完成自己的工作。

书简卷一：说什么都晚了，就是你这家伙，乱带路，那么普通，却又那么自信！

镇墓兽玄：是你们叫我带路的，还怪我！我天赋好，那只是熟悉地下墓室罢了，嘿嘿。

青釉瓶：完蛋，看来儿童节咱又得关在这博物馆了，看来我的美丽只能独自欣赏了。

书简卷二：人老了还不能出去转转，看来我这历书竹简只怕是要在陈列室里化成灰咯。

神女姐妹：我们明白了，原来你们只是孤单，原来你们只是想让人关注你们，了解你们。

镇墓兽：我们孤单。

陶俑：我们寂寞。

青釉瓶：我们孤单！

青花瓷：我们寂寞！

神女姐姐：其实啊，你们可以把你们的想法说出来啊。

青釉瓶：说出来，说给谁听，说给书简兄弟听吗？他们还嫌我话痨呢。

书简卷一：没错，等我们出去了啊，一定要和好多好多的小朋友一起玩，年纪大了，就喜欢小孩子，再过些年我不在了，谁还知道有我汉历书竹简哟？

神女妹妹：那你们可以试试这个。（拿出设备）

书简卷二：这是什么？

神女妹妹：这个呀，叫手机，我给你们开直播，你们说话啊，全国的小朋友都能听见，你说方不方便。

书简卷一：哟，什么稀罕玩意儿？现代人的东西就是高级。我说话全国的小朋友都能听见？

神女妹妹：是的！

镇墓兽青：那太棒了！咱们也别逃了，我有好多话要对小朋友讲。（想接过手机）

青釉瓶：（一把抢过）那我先来！我是唐越窑青釉瓶，你看我满身青脆，如冰似玉，真是美极啦，小朋友们，我，在博物馆等你哟。

陶俑：我们是唐陶俑，烈火烧灼，浴火重生，我是唐朝的审美，我是历史的见证，我在博物馆等你！

镇墓兽：我们是唐彩绘镇墓兽，千年时光匆匆流逝，不变是坚守，为自己坚守，为文化坚守，为时代而坚守，我在博物馆等你！

书简：我们是汉历书竹简，时间在我身，历史在我心，骄傲在我魂，我在敦煌等你！

神女：我们是飞天神女壁画。壁画数第一，敦煌邀你行。我，也在博物馆敦煌展厅等你！

青花瓷：大家好，我是宋元青花瓷瓶，我身上的天青色需要等烟雨，青花瓷我就在博物馆等你！

众人：小朋友们，大朋友们，我们，在博物馆等你！

【歌舞欢庆。】

敬礼！少先队

编剧：丁付禄、褚晓、蹇玥

人物表

杨一笑：8 岁，男孩，一年级学生，学习成绩好但不团结同学

晏希涵：8 岁，女孩，一年级学生，活泼好动

胡凌峰：8 岁，男孩，一年级学生，学习成绩好且乐于助人

熊宥喆：8 岁，男孩，一年级学生，学习成绩差但心地善良

潘刘伊：8 岁，女孩，一年级学生，性格文静

梁嘉欣：8 岁，杨一笑的同班同学

张依俪：10 岁，少先队员张依俪

乔可欣：10 岁，故事中的少先队队长

张昊宇：李清灿，所回忆故事中的国民党派，想要收编孩子剧团

地点：操场上

【操场上在进行少先队员入队仪式，杨一笑正在舞台另一侧的教室场景学习。】

【广播：少先队员，是一群团结向上的少年，今天，又将有一批同学加入少先队。我们将在这里为他们举行庄严而又难忘的入队仪式！】

【音乐：《我们是共产主义接班人》】

同学们：（喊着一二一上场）

晏希涵：立正——向左看齐——向前看——稍息——立正！

同学们：（齐唱《我们是共产主义接班人》）

张依俪：下面请新队员代表同学上台发言。

胡凌峰：入队是一次自我进步，此刻佩戴鲜红的红领巾，我们将牢记队训、遵守队章，成为一名合格的少先队员！

张依俪：下面请胡凌峰带领少先队员宣誓。

胡凌峰：我是光荣的中国少年先锋队队员，我在队旗下宣誓：我热爱祖国，

热爱人民，我一定好好学习，好好锻炼，团结友爱！敬礼！礼毕！

晏希涵：向右转，跑步走。

【杨一笑在同学们喊口号的时候就跑出了教室，在旁边看着他们的仪式。】

杨一笑：哇，他们脖子上戴的红布看起来真好看，我也好想拥有一条呀！

【仪式结束后，杨一笑激动又疑惑地跑上去，喊住张依俪。】

杨一笑：中队长！中队长！

张依俪：怎么了，杨一笑同学，你不在教室好好学习，来这里干什么？

杨一笑：队长，我看到他们都戴着一条红布，还在喊口号，队长，我也想加入他们！你让我也参加好不好！

张依俪：一笑，那是少先队员们最崇敬的红领巾。一名合格的少先队员不仅要成绩好，还要懂得团结同学。你还需要努力哦！

杨一笑：队长，我学习可好了呢，队长你就让我加入吧，队长！队长！

【队长下场，杨一笑自言自语回到座位上。】

杨一笑：为什么不让我加入呢？我明明这么棒。

【同学们开始上场，熊宥喆戴着红领巾、拿着作业本上场。】

晏希涵：哎，杨一笑，你也想加入我们少先队吗？

杨一笑：哼，为什么你们都有红领巾，可我没有？我明明比你们都厉害！

晏希涵：你别急嘛，我可以帮助你！

杨一笑：哼，我才不需要你的帮助，我自己也可以！

熊宥喆：笑哥，昨天晚上的数学作业好难，这道题我想了一个小时还是不会做，昨天老师说了上课要检查，你能不能教我一下呀？

杨一笑：（埋头做题，一脸不耐烦）自己的事情自己做，你要自己努力，我才不会帮你。

熊宥喆：（哭丧着脸，双手边摇晃着杨一笑边苦苦哀求）杨一笑，你就帮我一下吧，你最好了！

杨一笑：你可真烦人，哪道题？

熊宥喆：这道这道！嘻嘻……

杨一笑：（用余光轻瞥了熊宥喆皱皱巴巴本子上的那道题）这题老师都讲了八百遍了。（轻瞥本子的时候杨一笑注意到了熊宥喆戴的鲜红的红领巾）红领巾！为什么你学习那么差，还会有红领巾？我学习这么棒，队长都不给我！这一点都不公平，我不要给你讲，我讨厌你！

【熊宥喆难过地拿着本子伤心地走开了。】

胡凌峰：杨一笑，你太坏了，你这么说他会伤心的。我们可是一个小组的，你一点都不团结！

杨一笑：他那么笨，我一点都不喜欢他！我才不要和你们组队！我一个人也可以把你们打败的！哼！

胡凌峰：你！

晏希涵：哎呀，好了好了，杨一笑，你看我跟你一组怎么样？

杨一笑：你更笨，我才不要。

晏希涵：我可聪明了呢！嘻嘻。

晏希涵：哦，对了，笑哥，小雨他把脚扭伤了，下周就是接力赛了，你来和我们一起吧！

杨一笑：干吗非要找我？我才不去，耽误时间还那么累！

晏希涵：哎呀，你跑得最快了，就来帮我们一下嘛。

杨一笑：不去不去，只有好好学习才能得到队长的喜欢，跑步得第一有什么用？

【队长在门口听到了，摇摇头；话音落，上课铃声响。】

同学们：是队长来啦！

张依俪：杨一笑，你过来。

杨一笑：队长，有什么事情吗？是我可以加入少先队了吗！

张依俪：杨一笑，你真的想加入少先队吗？

杨一笑：嗯！我特别想！

张依俪：那你知道你现在还有哪些地方做得不好吗？

杨一笑：（挠头疑惑）

张依俪：那我给你讲一个故事吧，这是大队辅导员给我讲的，听了这个故事，你就会明白什么才是真正的少先队员了。

杨一笑：好，你快讲，快讲！

张依俪：大队辅导员是这样讲的：

【杨一笑和张依俪站在舞台一侧，舞台中央演绎着张依俪听过的故事。】

【旁白：在几十年前，在我们所居住的山城重庆，有一群像我们一样大的孩子，他们生活在苦难里和炮火下，但他们不畏艰难、团结互助，开展抗日救亡宣传活动，靠着强大的团结精神打败了敌人，他们就是——孩子剧团。】

【舞台中间进行故事回忆。】

众同学：孩子团，真快乐，抗敌救国不示弱；孩子团，真高兴，各地同胞都欢迎；孩子团，真可佩，你是中华好弟妹。你是中华好弟妹！

【潘刘伊在排练的过程中突然咳嗽头晕。】

乔可欣：小团员们，最近坏人总是来，只要我们有两个人答应，所有的人都要去！大家一定要坚持我们的口号！

众人：团结友爱，坚决抵抗；齐心协力，永不妥协！

乔可欣：只要我们团结起来，他们就不会得逞！

众人：嗯！

同学甲：小伊，你怎么了？队长，队长，小伊晕倒了！

潘刘伊：我的头好晕呀，我……

同学乙：哎呀，小伊发烧了，这几天排练太累了，他一定是着凉了。

同学甲：快，大家帮一下忙，把凳子拼一下，让小伊躺下来休息一会。

梁嘉欣：（跑去倒水）小伊，快喝点水！

同学甲：（脱下自己的衣服帮小伊盖上）

乔可欣：小伊生病了，我们让他休息几天吧。

众同学：嗯！

潘刘伊：不行队长，我要跟你们一起排练，我不能拖累你们。

乔可欣：小伊，你每天都跟着我们排练已经很棒了，等你身体好了再来和我们一起！

同学乙：对呀，小伊，我们不会丢下你的，大家一直在一起，永远不会分开！

梁嘉欣：队长！我来照顾小伊，我帮她喝药！

同学甲：队长！我把我最宝贵的零食分给小伊吃！

梁嘉欣：队长，我帮小伊做值日，这样她就可以好好休息啦！

乔可欣：好！如果周恩来伯伯看到我们的小队伍这样团结，一定会很高兴的！

张昊宇：哎呀呀，这些小娃娃们，说得真好！

同学甲：你是谁？

张昊宇：我是你们的好朋友，你们可以叫我清灿叔叔。

同学乙：清灿？你来干什么？

张昊宇：我听说啊，你们这些爱国小英雄表现得特别好，我今天是来奖励你们的，跟着我去一个好地方！

同学乙：又是你们，我们早就说过了，不会跟你们走！

张昊宇：哎，我们那儿可比这里好多了，只要你们有一个同意跟我去，所有人都可以去！

梁嘉欣：一个也没有，我们谁都不会去的！

众人：对，我们都不去！

同学甲：我看了报纸，你是坏人，你们那里是坏人住的地方！

同学乙：对，我们的周恩来伯伯对我们可好了！快走！

众人：快走！

张昊宇：哎，你们这群小娃娃，别生气嘛，以后你们可就不用住破房子啦。来，吃糖，告诉我，愿不愿意去呀？

同学甲：你是坏人！我不去！（扔糖）

同学乙：我也不去！（扔糖）

梁嘉欣：我也不去！快滚！

众同学：我们都不去！

张昊宇：你们！

跟班：部长！不好了！不好了！我们的收编令被门口那个小兔崽子给撕碎了！

张昊宇：想要打人的架势，走到小伊旁边想要带走她。

什么！你们这些小崽子，我这是可怜你们，以后你们都得归我管！都给我走！走！

梁嘉欣：（去帮助小伊）

乔可欣：众团员，准备战斗！

众人：是！

【众人迅速排成队形，围绕着李清灿。】

李清灿：你们以为这样就会吓到我，真是自不量力！

乔可欣：众团员，准备武器！

众人：是！

【众人掏出武器，边向李清灿走边喊口号，李清灿被吓倒，一步步后退。】

众人：坚强奋斗，互助友爱！团结一心，打败敌人！团结一心，打败敌人！

李清灿：你们……你们这些小崽子，给我等着瞧！下次我一定不会放过你们！

【李清灿仓皇而逃。】

众人：耶耶耶，我们成功了！

梁嘉欣：他可真是个胆小鬼，哈哈哈哈！

队长：大家做得很好，你们记住，只要我们团结起来，任何困难都难不倒我们！

众人：嗯！

【杨一笑若有所思，仿佛瞬间明白了什么。】

杨一笑：队长，我明白了，以前我没有团结同学，对不起！

张依俪：没关系，这是属于你的红领巾，我们都相信你一定可以的！

晏希涵：杨一笑，虽然你有的时候有点凶，但是我们大家都很喜欢你。

胡凌峰：之前的事情我也有错，对不起。

熊宥喆：你看你现在也有红领巾了，你是最棒的！

杨一笑：谢谢你们，对不起，我……

晏希涵：好啦！我们一起去把红领巾拼起来吧！

杨一笑：嗯！

晏希涵、胡凌峰：我们是鲜艳的红领巾，只有我们才会团结友爱。

潘刘伊、梁嘉欣：我们是坚强的少先队，只有我们才会勇敢坚强。

张依俪：我们要牢记习近平爷爷的嘱托。

众人：我们要牢记习近平爷爷的嘱托。

【大屏幕播放习近平对小学生的讲话视频。】

张依俪、杨一笑：我们一定牢记习爷爷的嘱托，从小学习做人，从小学习立志，从小学习创造！做家里的好孩子、学校的好学生，长大后为祖国贡献力量！

众人：我骄傲，我是一名中国人。

我自豪，我是飘扬的——红领巾！

晏希涵：少先队！敬礼！

少年王朴

编剧：丁付禄、刘国栋

人物表

王朴：革命少年
金永华：王朴母亲
李忠伟：王朴的伙伴
王笙：王朴的伙伴
李萍：李忠伟的妹妹
武太郎：日本学生
夏树：日本学生
美莎：日本学生
秋山：日本学生
山下：武太郎父亲

地点：南岸弹子石老街

【童谣《重庆歌》音效起。王朴和小伙伴们边唱童谣边玩沙包上。】
王朴：朝天门，大码头，歌舞升平。
李忠伟：翠微门，挂彩缎，五色鲜明。
王笙：洪崖门，广开船，水秀山青。
王朴：太安门，太平仓，世界和平。
【王朴一行人在玩丢沙包。】
王朴：忠伟，你可要小心点儿，我要丢过来喽。
李忠伟：放马丢吧，反正你也打不着。
王朴：瞧好吧，你。（把沙包换到另一只手中，丢了过去）去！
李忠伟：（做鬼脸）没打着，没打着！
【王笙趁机捡起沙包，丢过去打中了李忠伟。】
王笙：哈哈，我打中了，你输了，李忠伟！

王朴：输了输了输了！

李忠伟：你们合起伙来欺负人，我要去告诉你妈妈！她要是知道你在这儿玩游戏，肯定罚你多写字！

王朴：我才不怕呢，今天是端午节，她知道我来弹子石，我妈还给我钱了呢。

李忠伟：可我如果没记错的话，那钱是让你买文具的，可你却买玩具了。

王朴：呃，那我就不承认，就说钱丢了。

李忠伟：哼，这沙包就是证据。

王朴：我，我就说这沙包不是我买的，就说，就说是王笙买的。

王笙：啊？这是说谎，这不好吧！

王朴：这不是说谎，这是给好朋友帮忙！一会儿我妈要是问起来，你就说是你买的啊，问我的钱去哪儿了，就说丢了。

【李萍跟着金永华上，观察王朴三人，王笙和忠伟发现有人来了。】

李忠伟：王朴，你就不怕你妈发现你说谎？

王朴：那怕什么？在家里，我妈都得听我的（趾高气扬）。

王笙：咳咳咳！（给王朴使眼神）

王朴：王笙，你这是怎么了？喉咙不舒服吗？

李忠伟：那小朴，你可真厉害！

王朴：那是！

李萍：是什么呀？（背后拍王朴肩膀）

王朴：（转过头）小萍，你怎么来了？

李萍：不光我来了，你看这是谁？

【王朴回过头看见金永华。】

王朴：妈！（吓了一跳）你怎么也来了？

金永华：我如果不来，怎么会发现你居然还有说谎的能耐？

王朴：您刚刚都听见了呀。

金永华：不光是我听见了，（互动）在场的大家都听见了，大家说是不是？

李萍：没错，大家都听见了哟！

王朴：哎呀，我说你们到底是跟谁一伙的？咱们还是不是好朋友了？

金永华：自己说了谎，还好意思怪别人，说吧，怎么罚你？

李萍：要罚你！

王朴：（讨好妈妈）呃，妈，由于我少不更事、年少轻狂，犯了错、说了谎。

呃，我决定，自己罚自己抄《平民千字课》。

金永华：抄多少遍？

王朴：（伸出五个手指，又一个个收起，最后剩下一根手指）一遍！

金永华：再加十遍！

王朴：啊？十一遍啊？

金永华：一遍是罚你乱花钱，十遍是罚你说谎话。乱花钱，是不节俭；说谎话，是不诚实。要记住，勤俭做事，诚信做人。

王朴：勤俭做事，诚信做人。

金永华：再说一遍！

王朴：勤俭做事，诚信做人。

李忠伟：（看王朴受罚，笑出了声）嘿嘿嘿！十一遍咯。

【李忠伟和李萍击掌，李萍笑，武太郎上。】

王朴：你还笑，肯定是你去找我妈妈告的状。还有你，你们兄妹两个才是合起伙来欺负我，都怪你！（把沙包丢向李忠伟，却砸到了武太郎）

武太郎：哎哟！（从地上捡起沙包）这是什么东西？

李萍：哎呀，打到一个日本娃娃。

王朴：那个叫沙包，这都不知道，真是个憨包。

武太郎：哦，沙包，那憨包又是什么？是不是能吃的汉堡？

王朴：对对对，你是憨包，你吃汉堡。

武太郎：哦，憨包吃汉堡。

【众孩子大笑。】

金永华：不许这么说！王朴，你打到了这位小伙伴，快向他道歉。

李萍：对，道歉！

王朴：打到就打到了嘛，妈，他们日本军队还不是打我们中国人，也没见他们道歉啊。

金永华：那是两码事，中国是文明礼仪之邦，咱们要懂礼貌，快，快去道歉！

王朴：哦。（转向武太郎）对不起！

武太郎：没关系！只不过，这个沙包该怎么玩呢？

王朴：（拿过沙包）这个沙包，可好玩了！

武太郎：多好玩？

王朴：特别好玩，非常好玩，尤其好玩。但我就是不给你玩！

武太郎：哎呀，你就告诉我嘛！我也有好玩的，咱们可以交换嘛！

王笙：什么好玩的？

王朴：切！我们不稀罕。再说了，就算是告诉你怎么玩，你一个人也玩不了。

武太郎：谁说我一个人了？我也是有小伙伴的。朋友们，快到这里来吧。

【武太郎的朋友们上。】

夏树：武太郎，你在做什么？

美纱：是啊，武太郎，他们是谁？

武太郎：我也不知道他们是谁，但他们有好玩的东西。

秋山：哦，那可真是太好了，什么东西，拿出来，咱们一块儿玩吧？

武太郎：（指着王朴手中）就是他手里拿着的那个沙包。

夏树：看着也不怎么像是好玩的东西嘛。你偏要我们来这里过什么端午节，我看，也没什么好玩的，这里居然还这么多人，真是没意思。

王朴：什么，什么！你敢说我们端午节没意思？你们才没意思。

金永华：王朴，好好说话，心平气和地说。

王朴：我就是听不惯他说我们的端午节。

秋山：你们中国的玩具看着也没那么好玩，看，这是我们日本的玩具，怎么样？没见过吧（拿出竹蜻蜓）？

王朴：这有什么，不就是一块木头片吗？

王笙：就是。

夏树：哼，就你们这一块烂布（指着王朴手中的沙包），怎么会有我们的日本玩具好玩？

王朴：我们的沙包更好玩。

美纱：我们的竹蜻蜓更好玩。

武太郎：那个沙包真有可能挺好玩！

秋山：武太郎，你到底是哪一派的？

武太郎：我，我是我爸派的，他让我来这弹子石，学习中国的传统文化。

王朴：你看，你看，来学习我们中国的文化。

秋山：你们这文化贫瘠的国家怎么能跟我们文化昌盛的日本相比。

王朴：你敢说我们国家，我今天非教训你们不可。（撸起袖子）

夏树：来呀，谁怕谁！（做出要打架的样子）

金永华：（拦在中间）动手有什么意思！你们真要是想比试比试的话，就比点有难度的。

夏树：好！我们要比有难度的！

王朴：什么是有难度的？

金永华：那就来一场文化辩论吧。

秋山：文化辩论？

金永华：在中国古代，当两人遇到意见分歧时，双方就会展开辩论，著名的就有诸葛亮舌战群儒，以及春秋战国时期庄子与惠子的世纪之辩。通过文化辩论，看看大家都对自己国家的文化了解多少。

王朴：怎么？不敢了？

夏树：我们有什么不敢的！

美纱：比就比！

李忠伟：比就比！

【武太郎父亲上。】

山下：夫人这个提议非常好！

武太郎：父亲，您也来了！

山下：端午节是中国的传统节日，弹子石是重庆最热闹的地方，我当然要来看看啊，还好我来了，要不然就赶不上你们的文化辩论了。

金永华：先生看来对中国文化很感兴趣。

山下：是的，中日文化交流历史源远流长，我在早稻田大学就是专门做这方面研究的。

金永华：那可真是太好了，那咱们开始吧？

山下：好！

金永华：那大家分成两队，一队站这边，一队站这边（指示位置）。

武太郎：我对中国文化也很感兴趣，我和王朴一队。

夏树：武太郎，你一定会后悔的。

秋山：你一定会回来的！

山下：武太郎，那你可要好好表现啊。

武太郎：看我的吧。

金永华：我宣布，文化辩论现在开始。

【快节奏音乐起。】

夏树：我们有大海，你们有吗？

王朴：我们不光有大海，还有黄河和长江。

秋山：我们有富士山，你们有吗？

李忠伟：我们有南岳衡山，东岳泰山，西岳……西岳……

武太郎：华山，北岳恒山，中岳嵩山，还有喜马拉雅山。

山惠：我们有本州岛、四国岛、九州岛。

李萍：我们有崇明岛、海南岛、台湾岛。

美纱：我们有东京这样的大城市，你们有吗？

王朴：我们有北京、南京、西京，对了我们的开封以前也叫东京，那会儿你们的东京还不叫东京呢！

夏树：可你们的东京肯定没有樱花。

王朴：我妈告诉我，在我们国家的汉口和南京，那里也有许多许多的樱花。

秋山：可你们的樱花肯定没有我们的樱花漂亮。

王朴：可我们重庆的山茶花也非常漂亮。

夏树：不比这些花花草草的了，我们来比比文化。

王朴：行，那我就跟你这没文化的人比比文化。

夏树：我们有《源氏物语》。

武太郎：我们有四大名著。

美莎：我们有东京博物馆。

王笙：我们有故宫博物院。

秋山：我们有能剧、歌舞伎和木偶净琉璃。

李萍：我们有京剧、豫剧、越剧、花灯戏和川剧。

夏树：我们有东大寺、法隆寺、长谷寺、清水寺、金阁寺、天龙寺。

王朴：我们有寒山寺、法华寺、相国寺、灵隐寺、白马寺、少林寺。

美纱：我爸爱喝清酒。

王朴：我爸爱喝白酒。

夏树：我喜欢在神户吃生鱼。

王朴：我习惯在重庆吃烤鱼。

夏树：我们吃的是秋刀鱼。

王朴：我们吃的是耗儿鱼。

夏树：我们有关东煮。

王朴：我们有老火锅。怎么样？

夏树：哼。

山下：大家的讨论真热烈，想不到大家都对自己的文化这么熟悉。

金永华：武太郎也很了解中国文化呢！现在你们觉得两个国家谁比谁更优越？

众人：这……

金永华：其实国家文化无所谓谁比谁优越，谁比谁强大。而是要……

王朴：要充分尊重、彼此了解、加强沟通，这才是对待文化的正确态度。

众人：嗯！

【武太郎起身向王朴走去。】

武太郎：（轻轻拍一下王朴）没想到你的文化辩论这么厉害。

王朴：这都是我妈教我的，（轻轻拍一下武太郎）你也很厉害嘛！

武太郎：这些也都是我爸教给我的。

山下：中国有句俗语，叫作不打不相识，你们这下算是认识了。

夏树：不光是认识了，简直要成为好朋友了！

武太郎：王朴，你愿意和我做朋友吗？（伸出手）

王朴：（走向前，握紧手）我愿意！好朋友！

武太郎：那我们能和你们一起玩吗？

王朴：当然可以，在很多好玩的东西里，都包含了很多中国文化。

金永华：所以呀，你们都要更加努力，让自己越来越优秀。只有我们每个人越来越强大，每个小家才能越来越强大，只要每个小家越来越强大，我们的国家就一定越来越强大。

王朴：妈，我记住了。先让自己强大，然后努力奋发，为了建设强大的国家。

众人合：努力奋发，建设强大的国家。

武太郎：我也要努力学习，将来才能为和平作出更多的贡献。

山下：嗯！那我们先从端午节的文化开始学起吧！

王朴：伙伴们，来，咱们就一起说说端午节。

众人合：好！五月五，是端午。挂香包，插艾草，喜笑颜开兴致高。粽子香，香满堂，大伙来到江岸上。拿船桨，赛龙舟，龙舟下水喜洋洋，龙舟下水喜洋洋！

武太郎：龙舟？

王朴：伙伴们，上龙舟！

【众人抬旱龙舟上。】

金永华：坐上龙舟，拿上船桨，向着友谊与和平的方向！

山下：坐上龙舟，拿上船桨，向着友谊与和平的方向！

孩子合：坐上龙舟，拿上船桨，向着友谊与和平的方向！

众人合：出发！

【众人坐上龙舟，划着船桨，在音乐中下。】

凿壁偷光

编剧：李治、丁付禄

人物表

匡衡：男主人公，勤奋好学

匡母：匡衡母亲，简朴善良，直爽

张大爷：匡衡邻居，冲动鲁莽，刀子嘴豆腐心

张婆婆：张大爷的老婆，宽容大度

第一场

地点：匡衡家中

【匡衡拿着书本从屋外回来。】

匡衡：娘！我回来了！（蹦着跳着）

匡母：你去哪儿了！家中整日不见你的踪影，眼看着要收麦子了，你岂能到处贪玩？（拍拍手上的灰，解开围裙）我饭做好了，准备吃饭啊！

匡衡：娘……给你说个事儿。

匡母：怎么了？

匡衡：我今天去学堂门口偷听被抓住了……

匡母：（手上抹布想扔过去）我说一天怎么不见你人影，原来跑去那儿偷听！

匡衡：唉！（用手挡住抹布）但是娘，老师并未责骂我，而且老师还说了，我可以听课！

匡母：（叹了口气，去端饭）那又怎样？咱家就一亩三分地，你父亲走得早，咱娘俩相依为命，吃上一顿热乎饭就已满足，怎么有那个钱读书呢？

匡衡：（跟着匡母身后转悠）娘，你不用担心，老师说了，不要钱的！不收咱的钱！我就在学堂门口听课，他说我帮忙打扫一下学堂就行了，就当是学费了，他还塞了我一本书叫我好好学。（挥了挥手中的书）

匡母：可是家中农务繁忙，必须有多的人搭把手，你去读书了谁来帮忙啊？

匡衡：娘，我每日酉时回家，再帮你一起干活也不迟啊！再说了，老师说

我天赋好着呢（拍拍胸脯）一定能学有所成的！娘你就答应我吧……（拉起匡母的手）

匡母：可是晚上你读书怎么办呀？家里已经没钱买蜡烛了。这样吧！家里还有点粮食我去村口村长家里换几根蜡烛。

匡衡：粮食换了蜡烛我们还吃什么呀？

匡母：那也是没办法啊，娘也是真心想支持你读书啊，怪娘没本事，蜡烛都买不起。（低头叹气）明天娘啊就去收粮食，收了应该能卖不少钱！

匡衡：（握着匡母的手）娘！你不用太辛苦了，匡衡有办法解决这个问题。

【晚上，隔壁张大爷发现家中的书不见了，在家里找书的时候发现了墙上的洞，便把矛头指向了匡衡，生气地跑来匡衡家询问情况。】

张大爷：匡衡你小子是不是偷我书了！出来给我解释解释！

匡母：张大爷你在我家吼什么吼？别在我地盘上撒野啊，什么偷不偷的？别乱说！

张大爷：你们家穷，还养个书生，哪有钱买书看啊？指定就是匡衡偷我的书了！

匡衡：你别污蔑人！我才不是小偷呢！你没凭没据的凭什么说是我偷了？难道就是因为我家穷吗？

张大爷：（往旁边的桌上望了望，看见了那本书）我不管！我都看见了！就是那本书！你还想抵赖不成？书的封面还有几滴不小心粘上去的墨汁。

匡衡：这是我老师送我的！你不要乱说！

张大爷：哼！是不是我的打开看看就知道了，书的最后一页还有我的笔记呢？

匡衡：（打开书，看见了最后一页的笔记）可是这真的是我老师给我的啊……

张大爷：我说什么？就是我的书还不信。还有啊，墙上那个洞总是你凿的吧！你就是那种人，能凿墙就一定能偷书！

匡母：什么凿墙我压根儿不知道！

张大爷：这洞总不可能无缘无故就在那儿！这么大个洞不是你们凿的难道是我凿的吗？

匡母：张大爷，你咋能这么说呢，咱没事凿洞干吗？

张大爷：我还骗你不成！我屋子里面突然出现这么大个洞肯定跟你们脱不了干系。

匡母：我说张大爷，你这人怎么就这么固执呢？说了没有就是没有，说不定是你家耗子打的呢。

张大爷：耗子能在墙上这么高的地方打洞吗？你要是不信，让我进去指给你看！

匡母：你咋能随便进别人屋子呢？张大爷！（把张大爷往外推）

匡衡：张大爷我没偷你书，也没有凿洞！

匡母：对啊！我们清清白白做事！岂能被污蔑啊！

张大爷：你说谁误会你啊？

匡母：还能有谁？

匡衡：张大爷，那墙真的不是我们凿的，你们都别吵了，街坊邻居瞧见了不好！

张大爷：我管不了这么多！你们口说无凭，待我进去一看究竟就知道谁说的真谁说的假。（挣开匡母冲进了屋子）。

匡母：哎！怎么随便进人家屋子呢？（跟着去）

匡衡：（站在原地，小声说）还好我用木板钉着的，应该没事吧？

张大爷：（在书桌前面那面墙转了几圈）嘿！这木板是干吗的呀？说不定拿开就是那个洞，把它拿开匡母可有意见否啊？

匡母：身正不怕影子歪，拿就拿。（把板子挪开）

【结果一拿开真的有个洞，匡母跟匡衡面面相觑。】

匡母：嘿！这么大个洞，啥时候的呀？

张大爷：看！我说什么？

匡母：（思考了一下）匡衡你知道这个洞是什么时候出现的吗？

匡衡：嗯……不……不知道。（低着头）

匡母：在你屋子里你怎么不知道？

匡衡：我……我……

匡母：这木板也是你放上去故意挡着的吧？

匡衡：不……不是……（瞅了一眼匡母）是……

匡母：你这孩子！好端端的，你为什么要凿墙啊？

匡衡：我、我、我们每天都是咸菜配粥，实在是让我向往邻居家的烟火气，我就想看看他们是怎么生活的……

张大爷：我一个老人，家里能有几个银子，定不能是这个原因。

匡母：虽然我们生活很拮据，但是我还不了解你吗？你从来不会抱怨这些，也从来没有羡慕过别人家富裕的生活，匡衡你快告诉我们到底是为什么！

张大爷：对啊！我家墙没招你惹你，既然凿都凿了就好好交代吧。

匡衡：我……我、我……（低着头）

【这时张婆婆从外面回到家，听了个事情的大概，走进屋子。】

张婆婆：书不是他偷的，看把孩子逼的。

张大爷：嗯？怎么说？

张婆婆：这些书放在家里灰也积挺厚了，一直放在家里积灰还不如送到书院发挥它本身的价值，我就把它们全部捐到书院了。

张大爷：嘿，我可没同意送啊。

张婆婆：你个老头就是脾气犟，那个书是多久以前的了，你现在又不用了，送书院怎么了？而且书院老师说了，这些书已经帮到有需要的孩子了，那些家中条件不好的学生都得到了帮助，还特地说了匡衡。（看向匡衡）

匡衡：我？

张婆婆：对，老师说你勤奋刻苦，又是学习的料，这书给你发挥了很大的作用呢！

张大爷：那凿墙一事怎么说？肯定就是这小子干的。

张婆婆：匡衡是我从小看着长大的，我相信他做这件事一定有苦衷吧，是吧？匡衡。（微笑着望着他）

匡衡：好吧，我说！其实……其实我是为了借光。

张大爷：借光？

匡衡：对，我们家中就我跟母亲相依为命，家中实在不景气，那天老师说让我在学堂外听课，我就吵着嚷着让娘同意我去上学……张大爷你也是知道的，我这种家庭本身就不该读书的！那天晚上我才意识到家里连根蜡烛都没有，根本不能读书，娘为了我能在夜里看书卖光了仅有的粮食就换了两根蜡烛，谁知好景不长，几下就燃尽了。前日瞧见您家亮堂，就想凿个洞，一来您家的光可以从那边照过来，就可以看书了，二来娘也不用再去帮我换蜡烛了。

张婆婆：（清了清喉咙）匡衡啊，你知不知道凿的这不仅仅是你的墙，也是我的墙啊？

匡衡：什么意思呀？

张婆婆：（耐心地）这墙的一面是我的，另一面是你的，可是你凿个洞，我的那一面也受到了破坏，你说这像什么话？

匡衡：我明白了，想出如此下策，是我没有考虑周全，对不起，张大爷张婆婆！我会尽快把墙补上的！

张婆婆：老头，你怎么看呢？（笑着对他）

张大爷：（欣慰地笑了笑）哈哈哈，我一个长辈要是还跟小孩计较显得就不大度了，我相信你做此事是必有缘由的。这墙你用个木板钉上便是。还有之前对你们说出那种话着实不应该，我还应该向你们道歉才是啊！我儿子之前当过一阵老师，家里留了好几本书还没捐给书院的，你都拿去看吧，还有啊，我家算不上富裕，但是蜡烛有的是，你尽管拿去用。

匡母：（握住张大爷的手）匡衡快谢谢张大爷、张婆婆！

匡衡：（跪下）谢谢张大爷、张婆婆！

张婆婆：（扶起匡衡）别这样，我可受不住，我就希望你好好学习。（看着匡母）这孩子看着就聪明，以后定大有作为！（看着匡衡）等你成就了大事，别忘了我张婆婆就行！

匡母：（擦了擦湿润的眼眶）娘也为此感到羞愧啊……为娘没有能力给你一个良好的学习环境，是娘的问题，我会想尽办法让你读上书。但是，匡衡你知道吗？未经张大爷的同意凿墙严重影响了张大爷的生活，你换位思考，如果我们家在毫不知情的情况下被凿了个洞，你会作何感想？那你还会自在吗？娘知道你爱读书，咱家不足以让你在舒适的环境下读书，但我会竭尽全力支持你的，以后不要再用这种办法了好不好……

匡衡：（抱着娘）娘！我一定好好读书，我不会辜负你的！（望着张大爷）张大爷！我一定会克服所有艰难去学习的！

【匡衡当上了丞相，回到家中，看到那个被木板堵起的洞。】

匡衡：（抚摸桌子，望着洞，坐到桌前）这么多年了，站在这里就能想起那段刻骨铭心的日子。娘在门口呼唤从学堂归家的孩子，端上一碗热乎的米羹，一碗下肚，开始帮母亲收稻谷，等月上枝头时，我便开始在邻居家送来的烛光里饱读诗书。还记得自己年少无知，不惜侵犯邻居的权益，为了窥取那一点微光在墙上凿了个大洞。（站起来）我多么渴望读书啊……尽管家境贫寒，连夜晚读书的资格都没有，但我也不曾放弃读书的念头。就这样年复一年日复一日，春秋十载，寒窗苦读，在烛光里，我成就了今天的自己。

【匡母，张大爷，张婆婆一起上。】

匡母：哟，儿子回来啦！

张大爷：哟，这不是当大官的回来了吗？

张婆婆：嘿，你这老头不会好好说话，匡衡你别跟他一般见识，我知道你喜欢读书，这有几本好书，给你！

张大爷：现在匡衡是丞相了，瞧得起你那几本书吗？

张婆婆：匡衡你别看张大爷这样说，其实啊，就是他四处找人寻的哈哈哈哈。

匡衡：啊！那真是太谢谢张婆婆、张大爷了！

匡母：你走这几年啊，张婆婆、张大爷也对我非常照顾呢，隔三岔五送好酒好菜来，哈哈哈哈哈！

匡衡：（激动地牵住张婆婆、张大爷的手）匡衡能有今天，都少不了你们帮忙，匡衡真是感激不尽啊！（又牵住匡母）还有娘！！（转头看向张婆婆、张大爷）听说镇上有灯会，我们一起去赏灯吧！

匡母、张婆婆、张大爷：对啊，一年一度的灯会！那走啊，走啊，哈哈哈哈哈哈。

奇幻森林运动会

编剧：刘国栋

人物表

小熊：以前热爱运动，后来害怕运动
熊妈妈：小熊妈妈
小兔：小熊的好朋友
乌龟：小熊的好朋友，有点结巴
老虎：健身教练
袋鼠：拳击高手
小猴：小熊的好朋友
大象：森林村长
小鸟：小熊的好朋友

地点：奇幻森林

【音乐起。】

小兔：亲爱的大朋友们，小朋友们，大家晚上好！大家看我今天穿的衣服是什么小动物呀？对！小兔姐姐和我的朋友们今天要为大家带来一个儿童剧的表演，大家想不想看儿童剧表演呀？那我们大家鼓鼓掌，邀请我的好朋友们上场好不好呀？

【乌龟、老虎、袋鼠上。小兔分别介绍。】

小兔：朋友们，接下来是我们奇幻森林的晚操时间，我们将会欢迎三位小朋友加入我们，和我们一起做操。有没有小朋友愿意上台呀？

小鸟：哇，我们奇幻森林又来了这么多可爱的小动物，小朋友们你们有谁愿意跟我们一起做早操呀（展示头套）

【小鸟引导小朋友们上台。】

【广播体操音乐起，动物们带领上台的小朋友做操。做完后，动物们引导小朋友下台，并赠送小朋友动物服。】

【广播：注意了，注意了，第一届森林王国运动会将在下周举办，有意愿赛的动物们请到奇幻森林中心进行报名。】

众人：太好了，运动会要开始了。

小兔：大家都有什么想要参加的项目吗？

老虎：嗷，当然是举重了，看看我这结实的肌肉，简直就是天生的举重能手。（展示自己的肌肉）

袋鼠：切，举重算个啥？当然是参加拳击了，只有拳击才能展现真正的实力。

老虎：举重才是最强的。

袋鼠：拳击才是最强的。

老虎：举重。

袋鼠：拳击。

大象：好了两位，不要吵了。

两人：哼！

大象：小乌龟，你想参加啥呀？

乌龟：我……

小兔：参加啥？

乌龟：我想参加……参加……马拉松。

【全部动物定格。】

小兔：就你？

小兔：龟大哥，你还是想好了再说吧。

老虎：小兔子，你想参加啥？要不跟我一样，参加举重？

小兔：还是不了，虎大哥，我想参加马拉松啊，还想参加足球。

袋鼠：可是你……

小兔：没关系，重在参与嘛。

袋鼠：那一定要注意安全。

小兔：放心吧，走，朋友们，我们现在去报名。

众人：好。

老虎：这次比赛我要让大家瞧瞧谁才是奇幻森林的大力士。

袋鼠：我要将对手全都打败掉，喝啊。（向前击拳）

乌龟：你们等等我，我……我想参加……马拉松。

【众动物下，小熊上。】

小熊：啊……（打哈欠）这又是啥事嘛？这广播天天就叫嚷着什么运动会，真是的，扰乱我的美梦。（躺在床上）唉，还是床上舒服，休息休息舔蜂蜜，舔了蜂蜜有力气。（使劲起来，又躺了下去）。

【小鸟唱歌上，虫儿飞。】

小鸟：小熊，小熊，起床了。

【小熊翻了身继续睡觉。】

小鸟：起床了。（用力拽小熊）

【小熊没反应。】

小鸟：起床做操了，你都已经好几天没参加了。

小熊：别闹，别打扰我睡觉。蜂蜜，好吃的蜂蜜。

小鸟：小熊，你的蜂蜜被偷了。

小熊：（迅速起身）谁谁谁？谁偷了我的蜂蜜（找自己藏的蜂蜜）。

小鸟：终于起床了。

【小熊看着自己的蜂蜜完好。】

小熊：还好，蜂蜜都在，我的宝贝蜂蜜。（注意到小鸟）小鸟？你怎么在这？

小鸟：当然是来邀请你参加运动会了。

小熊：运动会？

小鸟：就是我们奇幻森林的运动会，动物们都积极参与运动项目呢，你也不能少。

小熊：对，对，就是运动会，害得我好几天没睡上好觉了。

小鸟：你呀，天天就知道睡觉。

小熊：不，我每天还会吃蜂蜜。

小鸟：看看你的大肚子，瞧瞧你的双下巴，还不赶快和我们一起去运动。

小熊：运动就该让爱运动的人去参加，现在啊，我就只想美美地睡觉（打哈欠继续躺在床上）。

小鸟：懒惰的小熊，我也懒得管你了，走了。

【小鸟下。】

小熊：唉……小鸟，我也没说我不去啊，这么快就走了，又没人陪我了（坐在地上）。

【老虎拿着哑铃上。】

老虎：小熊。

小熊：这声音是……虎大哥。

老虎：好久不见啊，小熊。

小熊：是啊，唉，虎大哥，怎么感觉你和以前不一样了。

老虎：这都被你发现了，来，说说哪里不一样了。

【老虎在一旁展示肌肉。】

小熊：嗯？你胡子怎么少了一根（摸老虎胡子）。

老虎：嗷。

【小熊被吓得后退。】

老虎：小熊，你观察得还挺仔细的，不过你就没发现其他不一样吗？

小熊：没有。

老虎：你就没发现我更强壮了吗？

小熊：好像是强壮了一点。

老虎：小熊啊，大哥今天过来就是想问你，你有兴趣健身吗？

小熊：健身？

老虎：对呀，健身不仅可以减肥，还能强身健体。

小熊：健身很累吧？

老虎：唉，小熊，累才有效果嘛。小熊，以你的天赋，只要稍加练习，一定能在运动会中取得好名次。

小熊：运动会？好名次？

老虎：大哥带你去健身，然后参加举重项目。

小熊：不不不，我不行吧？

老虎：小熊，要相信自己（拍小熊肩），大哥以前不也是天天睡觉，该吃吃，该喝喝，现在可不一样。看见这两个哑铃没有（举着哑铃）？每个二十公斤，轻轻松松。

小熊：可……

老虎：来，试一下。（将哑铃交给小熊）

【小熊吃力地拿着哑铃，想要往上举，却一下子掉在了地上，小熊也坐在了地上。】

小熊：不行，不行，太重了。

老虎：没关系，慢慢来，勤加练习就好（扶小熊起来）。

小熊：可能我就不是运动的料，我想我就只会睡觉吧。

老虎：唉，小熊，不要这么快就放弃嘛。

【袋鼠上。】

袋鼠：对呀，小熊，不要这么快就放弃嘛，不想健身，我可以教你拳击。

小熊：拳击？

袋鼠：（对着老虎打）直拳，上勾拳，用最简单的动作，勾勒出优美的弧线，轻松将对手击倒在地，这就是最完美的拳击运动。怎么样，想学吗？

老虎：袋鼠，你……

小熊：这……我觉得我应该不会……

袋鼠：不会放弃，然后学习拳击？

小熊：不是。

袋鼠：来，小熊，把这个拿着（将拳套递给小熊），我来教你几个简单的动作。

【袋鼠教小熊拳击。】

袋鼠：怎么样？简单吧。

老虎：不就是打架嘛，有啥好学的？还是健身好，肌肉才是男人的浪漫。

袋鼠：你懂什么？拳击的技术可多着呢，哪是你这种四肢发达、头脑简单的单细胞生物能理解的？

老虎：你是存心和我过不去，是吧？

袋鼠：嗯？也不算是存心过不去吧，但也可以说是有意过不去。

老虎：嗷，我今天非教训你不可。

袋鼠：来呀，怕你呀，看我不把你打得满地找牙。

【老虎和袋鼠打了起来。】

小熊：两位哥哥，不要打了（从中将两人隔开）。

老虎：小熊，你别管，今天，我要好好跟他比试比试。

袋鼠：Who 怕 Who 啊？比试就比试。

老虎：这里不够敞亮，走，咱们到外面去。

袋鼠：好啊，走。

老虎：小熊，你想好了可以随时找我。

袋鼠：小熊，想学拳击了记得找我。

【老虎，袋鼠下。】

小熊：虎大哥，袋鼠大哥。俩人以前就不和，没想到现在还是这样。运动会？

朋友们，你们说我该不该参加运动会？可我什么都不会，还是别丢人了。算了算了，我还是吃我的蜂蜜吧，这么累，我就不参加了。

【熊妈妈上。】

熊妈妈：小熊。

小熊：妈妈，你回来了。

熊妈妈：老虎和袋鼠咋在外面吵起来了。

小熊：我也不知道。

熊妈妈：算了，他俩吵架也正常，不管他们了。小熊，来，看妈妈给你了带什么回来。

【小熊好奇地看着妈妈从袋子里拿出一副乒乓球拍。】

熊妈妈：妈妈特意给你买的，这个叫作兵兵拍。

小熊：妈，什么兵兵拍？这个叫乒乓球拍，用来打乒乓球的。

熊妈妈：哟，没想到你知道。

小熊：当然了，我以前经常和小猴一起打乒乓球，可是个乒乓球高手呢。

熊妈妈：我怎么不知道？

小熊：唉，妈妈，乒乓球呢？

熊妈妈：这儿呢。（将球递给小熊）

小：熊：妈妈，看好了。

【小熊认真地掂着乒乓球。】

熊妈妈：没想到我家小熊真是个乒乓高手呢！

小熊：那是（突然想到了什么，将球拍塞给妈妈）。

熊妈妈：怎么了？

小熊：哦，没什么。

熊妈妈：莫名其妙，不过，小熊啊，你打球这么厉害，应该去参加运动会。

小熊：我？不行不行，我可不想参加运动会。

熊妈妈：为什么不想参加？妈妈都参加了游泳比赛呢！

小熊：我可不想参加这么累的活动。

熊妈妈：我看啊，你这么懒，再不运动四肢都快退化了。

小熊：哪有？我现在不也健健康康的吗？

【小猴拿着乒乓球拍上。】

小猴：小熊在家吗？

熊妈妈：是小猴，快让他进来。

小熊：在，小猴，直接进来吧。

小猴：我就知道你一定在家。

熊妈妈：来，小猴，坐。

小猴：谢谢熊姨。

小熊：小猴，有什么事儿吗？

小猴：我是来跟你说运动会的事儿的。

小熊：又是运动会，最近怎么老是运动会。

熊妈妈：小猴，小熊，你们聊，我出去采点蘑菇。

【熊妈妈将球拍放在桌上。】

小猴：熊姨注意安全。

小熊：妈妈早点回来。

熊妈妈：好！

【熊妈妈下。】

小猴：小熊，你有参加运动会吗？

小熊：没有。

小猴：正好，我们一起去参加运动会的乒乓球项目吧。

小熊：我不想去。

小猴：小熊，你可不能再这样下去了，你看你，都已经好几个月没运动了。大象村长可说了，这次办运动会，就是为了让大家多运动，让全森林的小动物们都喜欢上运动。难道你连乒乓球都不参加吗？

小熊：运啥动吗？我现在走都懒得走。

小猴：小熊，你怎么了？你以前可是把世界乒乓球冠军小马当作偶像呢！

小熊：以前是以前，现在是现在，熊都是会变的。

小猴：可……

【小兔、乌龟上。】

小兔：我说过，你是跑不过我的，我都等了你半天，还不是没跑过我。

小猴：小兔子，乌龟兄弟，这是在……

小兔：哦，这小乌龟说能跑过我，还和我一样报名了马拉松，这结果不显而易见嘛？

乌龟：总有一天……

小熊：小兔，你没事儿了？

小兔：嗨，山羊大夫已经帮我治好了，你看（拍自己的腿），哎哟。

小熊：对不起，小兔，都是因为我你才受伤的。

小兔：没关系的。

小猴：这是怎么回事儿？

小熊：上次我和小兔打乒乓球，因为我用力过大，把球打进了灌木丛里，可谁知灌木丛后面有一个小陡坡，小兔去捡球的时候不小心从山坡上掉了下去，摔伤了右腿，都是我害的，是我的错。

小兔：小熊，这不是你的错。是我不小心掉了下去了，况且我的伤不是好了吗？又能活蹦乱跳的了，你看。

小熊：不，都是因为我，因为乒乓球你才受伤的。

小猴：原来是这样，所以你不愿意再运动，不愿意再打球，不愿意参加运动会。

小兔：什么？

乌龟：其实我们这次来就是想……

小兔：想让小熊参加运动会，现在整个森林的动物们都积极参加了呢，就差小熊了，小熊，你会参加吗？

小熊：我……我不知道。

乌龟：拿上拍子。

小兔：拿上你的拍子，我们还可以继续打乒乓球。

小猴：对呀，小熊，拿上拍子。

【袋鼠、老虎上。】

两人：拿上吧，小熊。

小兔：对啊，拿上吧，小熊。

小熊：大家……

【大象上。】

大象：小熊，和我们一起参加运动会吧。

小熊：大象村长……好，我参加运动会！（拿上球拍）

大象：好样的小熊，这才是爱运动的小熊嘛，森林运动会，少了你可不行。

老虎：小熊，以后想要健身了，随时找你虎大哥。

小熊：好，到时我肯定能举起哑铃。

袋鼠：小熊，你可别忘了我，你要是想学拳击了，也可以随时找我，学了拳击，保证以后没人敢欺负你。

小熊：行，只要学的时候别把我牙打掉就行。

众人：哈哈哈哈。

乌龟：小熊，祝你取得好成绩。

小猴：乌龟大哥，你怎么不结巴了？

乌龟：其实，我一……一直都不结……结巴。

小猴：看吧，又结巴了。

众人：哈哈哈。

小熊：谢谢大家，

大象：好了，既然大家都到齐了，让我们向着奇幻森林运动会，向着我们的身体健康和幸福生活，出发！

众人合：出发！

【运动性音乐舞蹈。】

笔记本

编剧：刘国栋

人物表

琪琪：六年级学生，经常受人欺负，梦想当一位农民
梅梅：琪琪的好朋友，梦想成为一名戏剧演员
磊磊：琪琪同学，梦想成为公司老板
洋洋：琪琪同学，梦想成为一位旅行家
枫枫：琪琪同学，梦想成为一名厨师
娜娜：琪琪同学，梦想成为一位舞蹈家
鑫鑫：琪琪同学，梦想成为一位战斗机飞行员
老师：琪琪老师

第一场
地点：教室

【磊磊与洋洋抢了琪琪的笔记本，琪琪正追赶两人。】
琪琪：还给我！快把笔记本还给我！（气喘吁吁）
磊磊：不给，不给！
洋洋：有本事你自己把它（举着笔记本）抢回去啊！
磊磊：来呀，来呀！（挑衅）
洋洋：我还不知道你这上面写的是些什么呢。（准备打开笔记本）
琪琪：还给我！
【琪琪冲上去抢夺笔记本，却没有成功。】
琪琪：你们，你们真是太可恶了，我，我告老师去！（准备走）
磊磊：唉唉唉，琪琪，等等。
琪琪：哼！（继续走）
洋洋：笔记本还你！
琪琪：（停下）给我！

洋洋：给你（准备将笔记本还给琪琪），骗你的（又将笔记本收回来），哈哈哈。

琪琪：你们太过分了！哼（生气跑下场）！

【琪琪下。】

磊磊：哎，琪琪。唉，真没意思，这就走了。

洋洋：走了就走了呗，快来看看她这笔记本里都写了什么。

【洋洋缓缓打开笔记本。】

磊磊：快看看是什么。

洋洋：长大以后我想当一位农民。

两人：（两人对视）农民？哈哈哈。

磊磊：琪琪长大后想当一位农民，这可真是笑死我了。

洋洋：现在哪有谁想当农民的？

磊磊：就是，多土啊，换我肯定是要当公司的总裁，每天管理几千个员工，一声令下，全部都得听我的。

洋洋：就是，谁会想着当一个农民，我以后要当一位旅行家，周游世界，去看看世界上那些美丽神奇的风景。

磊磊：哈哈哈，我还是想笑。

【梅梅背着书包上。】

梅梅：你们在笑什么呢？

洋洋：梅梅来了（连忙将笔记本藏在桌子下）。

梅梅：哎，你们刚刚手里拿的不是琪琪的笔记本吗？

洋洋：什么笔记本？

磊磊：压根没看见什么笔记本。

【梅梅走到两人面前，将笔记本找了出来。】

梅梅：嗯（拿着笔记本）？你们为什么有琪琪的笔记本？是你们抢的吗？

洋洋：不是。

磊磊：其实是琪琪自己给我们的。

洋洋：对对对。

梅梅：你们觉得我会信吗？琪琪将笔记本看得这么重，一直小心翼翼地保管着，肯定是你们抢琪琪的。

【洋洋和磊磊交流眼神。】

磊磊：梅梅，你就不想知道琪琪在笔记本里写了什么吗？

梅梅：写了什么关我什么事儿？

洋洋：万一是写了你的坏话呢？

梅梅：琪琪怎么会在笔记本里写我的坏话？你们两个少在这骗人。

磊磊：不看看怎么知道？

洋洋：就是，就是。

梅梅：我才不会看别人的隐私呢。

磊磊：唉呀，就看一眼也没啥，来来来，我来帮你打开它（拿过笔记本并打开）。

【磊磊将笔记本打开，梅梅用余光看了一眼笔记本。】

梅梅：（惊讶）长大以后我想当一位农民？

洋洋：看吧，这就是琪琪的愿望。

梅梅：你们果然是在骗我，我就说琪琪怎么可能写我的坏话？我们可是最好的朋友。（夺过笔记本）好了，琪琪的事情不准再说了。

【上课铃响。】

洋洋：上课了，上课了。

梅梅：（小声）琪琪怎么会有这种愿望？

【同学们相继上。】

鑫鑫：娜娜，你看，我爸给我买了一个战斗机模型，好看吧（拿着模型飞来飞去）？

娜娜：哇，这也太炫酷了。

【大伙都凑了上去。】

洋洋：真帅呀（用手去碰模型）！

鑫鑫：别碰，这模型可金贵着呢。

洋洋：我也好像有一个。

【枫枫上。】

枫枫：老师来了，老师来了。

娜娜：快坐好，快坐好，快把模型收起来。

【老师上。】

老师：同学们好。

同学们：老师好。

老师：同学们，今天我们学习“走进新时代”，请同学们将课本打开到指定位置。

老师：同学们，今天，我们比历史上任何时候都更接近、更有信心和能力实现中华民族伟大复兴的中国梦目标。中国梦是民族的梦，也是每个中国人的梦。那同学们，我想问一问大家，你们都有些什么梦想吗？

【同学们相继举手。】

磊磊：我的目标是当大公司的老板，这样既可以轻轻松松赚到用不完的钱，又可以随时随地管理别人。

同学们：切。

洋洋：我的梦想是能够环游世界，我要去看法国的巴黎、英国的伦敦，还有美国的纽约，对了，还有澳大利亚的墨尔本，我要去看所有好看的风景，所以我想当一位旅行家。

同学们：哇。

鑫鑫：我喜欢老鹰，所以我想当一名战斗机飞行员，我要像一头雄鹰翱翔在蓝天之上（做出老鹰的动作）。为此，我爸还专门给我买了这个（拿出模型），到时候我们开着战斗机来学校。

【鑫鑫挥舞着模型并发出相应的声音。】

老师：鑫鑫，你在干什么？收回你的玩具。

鑫鑫：是。

同学们：哈哈哈。

老师：还有其他同学们要发言吗？

枫枫：老师，我最喜欢的就是吃，所以我以后想当一名厨师，这样就可以每天给自己做吃不完的好吃的了。

同学们：哈哈哈。

【琪琪上。】

琪琪：报告！

老师：琪琪？你怎么现在才来？

琪琪：老师，我肚子不舒服，就迟到了。

老师：快回到座位上去。

琪琪：是。

【琪琪快速回到自己座位上，梅梅将笔记本还给琪琪。】

梅梅：琪琪，这个我帮你抢回来了，还你。

琪琪：谢谢。

老师：还有同学愿意分享自己的梦想吗？

娜娜：老师，我觉得跳舞的人都很美，所以我的梦想是当一名舞蹈家。

【娜娜向大家展示一段简单的舞蹈。】

同学们：好（鼓掌）。

梅梅：我的梦想是当一名戏剧演员，我喜欢表演的感觉。

老师：看来大家的梦想各种各样，各有各的特点，那老师祝愿大家都能够梦想成真。

洋洋：哎，老师，还有一位同学没有说自己的梦想呢。

老师：谁？

磊磊：迟到的琪琪呗。

老师：琪琪，你愿意分享自己的梦想吗？

琪琪：我……

洋洋：快说快说，快说说你的梦想。

磊磊：就是，就是。

梅梅：你们两个别太过分了。

老师：好了，琪琪不想说就算了。

琪琪：老师，其实我长大以后想当一位农民。

同学们：什么？当一位农民。

【同学们面面相觑，而更多的是嘲笑。】

老师：安静，安静！职业没有高低贵贱，梦想也没有高低之分。琪琪，你能跟大家说说你为什么想要成为一名农民吗？

琪琪：我……我……

老师：没关系，放心大胆地说。

琪琪：我爸爸是一名农业专家，所以他每天都在农田里工作，每天都在与农民打交道，很少回家，我和妈妈就经常抱怨他。于是我问他可不可以不要去农村了，可是他说："女儿，我们国家走进新时代，国家的发达离不开农村，必须去。他还问我要不要和他一起去看一下他工作的地方。

磊磊：那你去了吗？

梅梅：别打断别人讲话。

老师：琪琪，你继续说。

琪琪：于是我就跟着去了，可当我真正来到农村，看到生活在良田与白云间的农民，看到他们辛勤种植着人们赖以生存的粮食和蔬菜，看到他们任劳任怨劳作的身影，不能不让人感慨和敬佩，勤劳而伟大的农民，有了他们的劳动果实，我们才得以生存。在爱惜粮食的同时，更应该赞美农民，他们是中国的脊梁，人民的骄傲。

老师：所以你想要长大以后成为一名农民。

琪琪：没错，而且这个笔记本也是我爸爸送给我的。

老师：同学们，你们还觉得琪琪的梦想好笑吗？

同学们：这……

老师：同学们，每个人都有自己的梦想，每个人都有着自己的缘由，每个人的梦想都应该得到尊重，大家明白了吗？

同学们：明白了。

老师：老师想问问大家，我们今天学习的主题是……

同学们：中国梦！

老师：没错，中国梦其实和我们每个人息息相关。

梅梅：老师，为什么？

老师：因为我们的梦想都是中国梦。

同学们：都是中国梦？

老师：因为无论我们的梦想是什么，都是在为我们这个社会做贡献，那么我们的梦想都可以是中国梦。

琪琪：我们的梦想其实就像是一条条小小的溪流，最终汇入大海，聚集成我们大家共同的中国梦海。

洋洋：琪琪说得好！

【同学们一起为琪琪鼓掌，下课铃声响起。】

老师：同学们，希望通过这节课的学习，大家对中国梦都有自己的理解，下课。

【同学老师都下场，磊磊、洋洋、梅梅在场。】

鑫鑫：下课了（又拿出飞机模型），娜娜，你等等我，我给你玩我的战斗机玩具。

【磊磊和洋洋低着头走到琪琪座位前。】

磊磊：对不起，琪琪，我们不该抢你的笔记本的。

洋洋：对不起。

琪琪：没关系，我原谅你们了。

梅梅：琪琪，可不能就这么原谅他们，他们不老是欺负你吗?

琪琪：知错能改就行。

洋洋：我们发誓，我们以后再也不欺负你了，也再也不嘲笑你的梦想了。

琪琪：我们每个人的梦想看上去很微不足道，但是当我们所有人的梦想汇聚起来的时候，他的力量将无比强大，所以，为了我们的梦想努力吧。

【四人对视。】

四人：为了我们的梦想，加油！

菜园子里的故事

编剧：刘国栋

人物表

主人：菜园子的主人

大萝卜：白萝卜，不耐旱，一心为了弟弟

小萝卜：白萝卜，不耐旱，淘气，机智

西兰花：不耐旱，被菜园主人任命为园长，可以随意调配菜园水源

胡萝卜：耐旱，与西兰花一同进入菜园，跟随西兰花

青菜：不耐旱，关心土豆

土豆：耐旱，不耐涝，胆小

番茄：受到西兰花欺骗，看清西兰花真面目

茄子：受到西兰花欺骗，看清西兰花真面目

地点：阳台小菜地

【大萝卜来回踱步。】

大萝卜：唉，唉，唉！

小萝卜：哥，大早上不睡觉干吗呢？

大萝卜：弟，你说大伙儿是不是菜根出问题了，怎么会选那个什么花菜当我们的园长？

小萝卜：人家叫西兰花，不叫花菜。

大萝卜：我看都一样的。

小萝卜：颜色都不一样好吧，而且人家不仅长得帅，还是个西洋品种，留过学呢。

大萝卜：长得帅了不起呀，你哥我也长得不差呀（将露水当镜子照了照）。

小萝卜：您可真不害臊。

大萝卜：唉，自从这西兰花来了以后，咱们的生活可不好过了呀。

小萝卜：正好，反正我也不想长大。

大萝卜：不准胡说！

小萝卜：好了好了，继续睡觉。

大萝卜：唉，这可怎么办呀？

【闹钟响。】

小萝卜：哎哟，吓我一跳，我还以为发生什么事儿了呢。

大萝卜：主人醒了？（指着小萝卜脑袋）你小子，天天就知道睡，什么时候才能长大？

小萝卜：我觉得我长得挺快的呀，（摸着自己肚子）你看我这肚子是不是又胖了一圈。

大萝卜：唉，你呀，不赶快长大怎么成为上等的食材，怎么贡献出自己的价值？

小萝卜：哥，为啥我们非要奉献出自己的价值呢？

大萝卜：因为只有主人看到了我们的作用，我们的菜园子才会发展得更好。

小萝卜：可是我不想长大，我想一直待在菜园子里。

大萝卜：我们萝卜的使命就是成为一个合格的食材，哥的梦想就是能够和羊肉配对，打造一碗美味的羊肉炖萝卜，而不是被削成一根根萝卜条在太阳下暴晒的萝卜干。

小萝卜：我……

大萝卜：好了弟弟，你现在的任务就是好好吸收土壤中的营养，快快长大。

小萝卜：可是哥，你年纪也不小了，不还是一直待在这里，我看主人已经看上了超市里那些漂亮的萝卜们，早就把我们给忘记了。

大萝卜：不许乱说话！想当初主人被隔离在家，要不是你的萝卜叔叔们贡献出自己的价值，主人也不会看到我们的作用，更不会在菜园里加入他们两个。

【西兰花，胡萝卜上。】

西兰花：（伸懒腰）你们大早上不睡觉干吗呢？真是打扰我的好梦。

大萝卜：（客客气气）对不起，对不起，西兰花园长，我们不是故意的。

胡萝卜：那你们就是有意的咯。

大萝卜：不是，不是。

西兰花：既然是有意的，那下一次主人浇的水你哥俩得少一半。

大萝卜：啊？西兰花园长，这少一半我们可怎么活呀？

西兰花：我管你们的，这水是我分配的，我想分给谁就分给谁。

小萝卜：你怎么能够这样乱使用权力？

西兰花：我有权力，而你没有，我想怎么使用就怎么使用，你再说，我连剩下的一半水都不给了。

小萝卜：你……

大萝卜：（连忙制止小萝卜）好了，少点水就少点水吧。

小萝卜：哥，不能让他们这么欺负人！

大萝卜：人家现在有权力，咱们再怎么气愤也没有办法呀。

西兰花：怎么样？还是不愿意接受吗？

大萝卜：接受接受。

西兰花：这还差不多。

【胡萝卜向萝卜兄弟走去。】

胡萝卜：（安慰）你俩也别太难过，没水就少用点不就行了？

大萝卜：胡萝卜大哥，看能不能跟西兰花园长说说（拉着胡萝卜），别减少我们的水了，小萝卜也正在长身体，这么克扣水量，可要我们怎么活呀！

胡萝卜：少扒拉我啊（甩开大萝卜）！

大萝卜：大家都是萝卜，你何必这样？

胡萝卜：是，大家都是萝卜，但我可和你们两个白皮萝卜不一样，我可是胡萝卜，我体内的营养可比你们丰富多了，再说了，我也不用太多水，一样活得自在。

【土豆和青菜，土豆躲在青菜后面悄悄上场。】

西兰花：有权就是可以任性！胡萝卜，我们走！

【西兰花和胡萝卜下。】

小萝卜：他们可真是太可恶了！

土豆：（小声）萝卜兄弟！

大萝卜：土豆小弟，青菜妹妹，你们怎么来了？

土豆：我们……我们……

青菜：我们看西兰花在这儿，我们就跟过来了。土豆，你能不能别老黏着我，你出来，胆子怎么还这么小呢？（把土豆从身后拽出来）

土豆：不要！

大萝卜：土豆小弟，你不要害怕。

【土豆跑到石头后面躲着。】

小萝卜：青菜姐姐，土豆这是怎么了？他以前很活泼的呀。

青菜：还不是西兰花和胡萝卜搞的鬼，小土豆的生长本来就用不了多少水，可是他俩就仗着自己的权力，向小土豆灌水，小土豆自然承受不了这种折磨（摸摸土豆的头）。

小萝卜：所以他才变成这样。

青菜：唉，可怜的小土豆。

大萝卜：这样下去可不是办法，照这么发展下去，迟早有一天，菜园子就只剩他俩了。

青菜：那就反抗。

小萝卜：对！反抗！

大萝卜：反抗？这怎么行？

土豆：不可以！

小萝卜：怎么就不可以？

大萝卜：园长本来就是菜园子里的伙伴们共同投票选出来的，就我们几个人反对又有什么用呢？

【番茄，茄子上。】

番茄：谁说没用？

茄子：就是。

【茄子前去照看土豆。】

青菜：雌雄双茄？

小萝卜：番茄大哥，茄子姐姐，你们怎么来了？

番茄：当然是来讨论如何对付西兰花。

大萝卜：你们不是支持西兰花吗？

番茄：是支持他，不过那是以前，现在他把我们的菜园搞得一塌糊涂，菜园里的其他蔬菜都对他有意见。

小萝卜：那你们还支持他。

茄子：还不是他承诺的要给我们美味的肥料，所以大伙儿才愿意将票投给他，结果什么都没有，还将水源据为己有。

番茄：（指着身体）看我这身上，本来是红彤彤的，现在是红一块，青一块，红配绿，真是丑死了。什么时候我才能遇见我的鸡蛋朋友，什么时候才能做出番茄炒鸡蛋啊？

茄子：原来的我本来是貌美如花，可如今，看看我脸上的皱纹（将露水当镜子）。啊？怎么又多了一条皱纹，再这样下去我就成一个蔫茄子了（坐在地上）。

青菜：所以我们得想个法子将他赶下台去。

大萝卜：怎么做？

土豆：（小声）监督的权利。

青菜：哎，土豆，你说什么？

下萝卜：监督的权利？

青菜：什么？

大萝卜：弟弟，你想到了什么？

小萝卜：我想起来了，虽然是我们投票选出的园长，但是最终不是由主人确定的，或许我们可以找主人帮忙。

茄子：能行吗？

小萝卜：当然了，而且我记得主人还说了我们可以监督西兰花行使权力。

番茄：那不过是说说而已，你看现在谁敢去监督西兰花，胡萝卜吗？他们可是一伙的。

青菜：死马当活马医，反正也没其他办法了。

茄子：可我们怎样找主人帮忙呢？

大萝卜：主人这么喜欢西兰花，直接说肯定不会信。

小萝卜：哎，我们可以这样。

【众人凑在一起，小萝卜说着计划。】

【西兰花，胡萝卜上。】

西兰花：在鬼鬼祟祟嘀咕什么呢？

土豆：啊（躲起来）！

【众人立即散开站好。】

小萝卜：哦，哦，在说您治理菜园有方呢。

西兰花：嗯，没想到你小子转变得倒挺快的（打趣）。

胡萝卜：看来你哥教导得挺不错的。

西兰花：（注意到土豆）土豆，别躲了，我都看到你了，快出来！

土豆：（极度害怕）不，不，不！

西兰花：我有那么可怕吗？

青菜：好了，土豆，别紧张，为了我们的计划（小声），出来吧。

西兰花：这才像话嘛。

【拖鞋声。】

胡萝卜：主人来了！

西兰花：你们几个，快站好，都给我打起精神来。

【全部蔬菜闭眼。】

【主人拿着花洒开心上。】

【主人一上场其他蔬菜便表现出死气沉沉的样子。】

主人：（哼唱）嘟噜嘟噜嘟噜，我的小蔬菜呀，长在菜园中呀，左洒洒（为西兰花浇水，西兰花睁开眼睛），右洒洒（为胡萝卜浇水，胡萝卜睁开眼睛），长吧长吧长吧长吧（为土豆浇水，土豆无动于衷）。

【主人发现其他植物的情况不好便放下花洒。】

主人：我的小土豆，你怎么不喝水了？我的小茄子，你怎也变得无精打采的？还有大番茄，你们这是怎么了？

胡萝卜：报告主人，他们兴许是状态不好，等会儿就好了。

主人：西兰花，是这样的吗？

西兰花：应该是这样的吧。

【番茄故意将叶子摘掉。】

番茄：啊？我的叶子怎么又掉了一片？

茄子：我的怎么也掉了一片？

主人：这到底是怎么回事？你们这是怎么了？

小萝卜：还不是西兰花害的。

主人：西兰花？

大萝卜：没错！

西兰花：你们不要血口喷菜。

胡萝卜：你们这是污蔑，栽赃陷害，是……

主人：（打断胡萝卜）嗯？你们继续说。

【大伙儿见主人愿意听取意见，便大胆地说了起来。】

青菜：他们侵占水源，自私自利。

大萝卜：他们折磨土豆，残暴无比。

番茄：他们滥用权力，以权谋私。

主人：（对着西兰花）是这样吗？

西兰花：怎么可能？他们完全是颠倒黑白，冤枉好人。

小萝卜：你说我们冤枉你，可你看看这里的所有蔬菜，哪个还支持你？你做的事儿大家可都看在眼里，记在心里的。

胡萝卜：你们菜多，我们说不过你们。

西兰花：主人，你别信他们的，他们明显是想造反，不想待在这菜园子里了。

主人：你们说西兰花以权谋私，有证据吗？

众人：这……

胡萝卜：没有就是污蔑。

小萝卜：谁说没有，主人要是不信可以搜一搜西兰花的身上，绝对还存有很多水。

主人：（看向西兰花）嗯？

西兰花：怎么可能？

【主人搜西兰花身，西兰花百般不愿，最终被搜出藏有水源（水滴卡片）。】

主人：这是（严厉）？

西兰花：我，这……

主人：好你个西兰花，本来打算是让你当园长，菜园就能发展得更好，可是你，居然滥用权力，要不是大家举报你，菜园子是不是都被你给管理没了。

小萝卜：就是。

主人：我宣布，从今天起，你不再是菜园园长了。

众人：耶！

西兰花：主人，你再给我一个机会。

主人：既然赋予了权力，那就应该承担权力所带来的责任，而不是以权谋私，你不配当园长。

西兰花：不，我可以的。

小萝卜：放弃吧，你。那主人，下一个园长是？

主人：我决定，下一个园长是（指着小萝卜）你（又指向大萝卜）。

大萝卜：我？

主人：没错。

大萝卜：我不行吧。

小萝卜：哥哥，你可以的，相信你自己。

番茄：我们也支持。

茄子：我也同意。

土豆：我也同意。

主人：看吧，大家都支持你。

大萝卜：为什么?

青菜：虽然大家不说，但大家都知道你是真正为了菜园子好的，我们都相信你。

大萝卜：主人?

主人：嗯。

大萝卜：既然大家相信我，那我一定承担好我的责任，正确行使我的权力。

小萝卜：太好了，哥哥。

大萝卜：当然也欢迎大家随时监督我，让我们的菜园子越来越好。

众人：越来越好。

猴王的权力

编剧：官子淳

人物表

吉吉：猴群的首领
硕硕：猴王的护卫
凡凡：猴王的护卫
佳佳：猴群的一只猴子
晓晓：猴群的一只小猴子
淳淳：隔壁猴群的猴

地点：猴王王帐

【吉吉国王，坐在王位上，硕硕和凡凡守在旁边。】

吉吉：（苦恼）硕硕，你说说，为什么最近猴群给本王上供的食物一天比一天少了呢？

硕硕：大王，按照我的想法，可能是最近猴群的打猎不太景气，大家没有足够的食物上供。

吉吉：可本王昨晚才看见佳佳他们一群猴，吃着香蕉蟠桃，好不热闹，怎么可能没有足够的贡品呢？

硕硕：那我就不知道了。

吉吉：本王要你有什么用？凡凡，你说说看。

凡凡：大王，依我看，可能是你最近关注猴群的次数少了，大家不愿给你上供了。

吉吉：胡说！我怎么可能关注猴群少了！每次到了上供的时间我都是第一个想到大家。

硕硕：那是因为他们供的是你。

吉吉：没有本王的允许，谁让你开口的！

凡凡：不，不，我不是这个意思。

吉吉：那你想说什么？

凡凡：是您作为猴王却没有尽到猴王应尽的义务。

吉吉：你又胡说！本王怎么没有尽到猴王的义务？

凡凡：你还记得上次猴群大战老虎吗？

吉吉：我当然记得，本王可是引领猴群获得了胜利。

凡凡：来，让我们重现一下当时的场景，硕硕来演老虎。

硕硕：我？演老虎？

吉吉：让你演就演！

硕硕：好吧。

【情景重现。】

硕硕：汪汪汪！我是大脑胡！快把吃的交出来！

凡凡：大王，这可是森林之王啊，要不我们就把吃的交出去？

吉吉：森林之王又怎样？我今天不仅让他拿不到我们的食物，还要让他把自己的也交出来。

凡凡：难道大王你有主意了？

吉吉：这样，你带一群猴子正面迎战，我去背后偷袭。

凡凡：好的大王，没问题大王。

【凡凡在正面迎战老虎硕硕，吉吉跑到后面拿走了老虎的食物。退出情境重现。】

吉吉：你看吧，我觉得完全没有什么问题。在本王的带领下，我们成功取回来了食物。

凡凡：可你知道后来是怎么分发这些食物的吗？

吉吉：这个倒是没有什么印象了。

硕硕：你把好吃的都留给了自己，把那些歪瓜裂枣发给了和老虎正面作敌的猴群。

吉吉：本王是猴王，好的东西当然要先留给本王！这是本王的权利。

凡凡：可那些猴群他们奋勇作战，却只得到一颗枣子，换谁都想不通的。

硕硕：正是因为这样，他们才有不满。

吉吉：那只能说明，他们对本王的信任不够，有本王在，我的子民绝对会很幸福。

硕硕：无药可救。

吉吉：你说什么？你的位置还想不想要了？本王可有开除你的权力。（骄傲）

硕硕：想要想要。不过你看，我们都已经好久没有休息了，你看看是不是可以让我们休息一会儿了呢？

吉吉：想休息？

硕硕：嗯嗯！

吉吉：没门！

硕硕：为什么？

吉吉：本王每天好吃好喝的给你们，你们居然还想休息！

硕硕：那是我们每天工作换来的。

吉吉：本王说不行就是不行。

硕硕：那为什么你可以天天躺在椅子上睡觉！

吉吉：我可不是在睡觉，我是在为猴群的发展而思考。你看，我马上又要思考了。（倒在椅子上呼呼大睡）

硕硕：（小声）你要不是我们猴王，我早就走了。

凡凡：你也知道，我们大王这样不是一天两天了。

硕硕：不知道为什么，猴王为什么享受的权力比我们多这么多，好不公平啊！

凡凡：猴王的权力多了，相对的义务也多了。

硕硕：我可没有看见他履行了什么义务，你听，现在还在打呼噜呢。

【佳佳上场。】

佳佳：（卑微）佳佳猴前来上供。

吉吉：（突然醒来）谁，谁来上供了？

凡凡：是佳佳猴。

吉吉：哦，原来是佳佳啊。你来给本王上供一定带了很多好东西吧？来，让本王看看。（打开佳佳带来的箱子）

吉吉：（看见里面坏掉的水果，把箱子摔倒在地）你……你居然拿这些东西来糊弄本王！

佳佳：不是的，大王，我们家确实只有这些了。

吉吉：说谎！本王昨晚才看见你们一家在吃蟠桃宴，吃得不亦乐乎，你还说没有食物了？

佳佳：大王，那是我们家小猴晓晓有重病在身，花了大价钱和隔壁猴群换的，确实没有其余食物了。

吉吉：你还嘴硬，你看我不把你开除我们的猴群！

佳佳：大王饶命啊！

吉吉：来人，把他拖出去！

佳佳：求大王饶我一命，我欠着隔壁猴群五个水蜜桃需要偿还啊。

吉吉：那关本王什么事？

凡凡：大王，根据猴群规章，猴群欠了账，猴王是有义务偿还的。

吉吉：他们又没来催债，怕什么？

淳淳：谁说没有来催债？

【淳淳上场。】

淳淳：这不就来了嘛！

硕硕：原来是淳淳，不知道你来干什么呢？

淳淳：我是来找佳佳的。（走向佳佳，拿出契约）根据契约，你还欠我们猴群五个水蜜桃需要偿还。

佳佳：我家小孩晓晓重病在身，为了治疗她，确实没有多余食物抵债了。

淳淳：哦，是吗？那根据猴群规章，那我就得找猴王了，你们这里的猴王是谁？

【所有人看向吉吉。】

吉吉：啊？猴王？什么猴王？

淳淳：看来你就是这里的猴王了。

吉吉：我？猴王？应该……算是吧。

淳淳：那你看，佳佳欠我们猴群的水蜜桃……

吉吉：她欠的桃子，凭什么要我还啊？

淳淳：猴群规章是我们所有猴子都遵守的规章制度，难道吉吉猴王不愿遵守？

吉吉：我就不遵守，你们能拿我怎么办！

淳淳：那根据猴群规章另一条，你这是属于发动战争的行为。

吉吉：我就发动战……（被硕硕把嘴巴捂上了）

凡凡：没有，没有，我们一向把和气放在第一位，来这些水蜜桃你拿着。

淳淳：这些也不够啊。

硕硕：后面，王座后面还有很多。

淳淳：（翻开王座座椅，拿走水蜜桃）这些就够了，那么佳佳的债就还完了。根据契约，我们将把剩下的蟠桃送到你家里。

吉吉：等等！凭什么拿走我的水蜜桃，却把蟠桃送到她家里！

淳淳：因为你是猴王。

吉吉：那又怎么样？

淳淳：你要履行自己的义务。

吉吉：这算哪门子的义务？

淳淳：猴王的义务。

凡凡：猴群规章的义务。

硕硕：没错。

吉吉：你们怎么帮着别人说话啊？

硕硕：我们只是按照猴群规章来说话。

吉吉：这规章是谁指定的啊？

凡凡：这是所有猴王一起制定的，当时你还在场呢。

硕硕：没错，你难道不知道？

吉吉：我就记得我当时好像睡着了。

凡凡：那你为什么要同意规章的通过呢？

吉吉：我就知道不通过的话，我不一定能做猴王。

硕硕：原来是怕麻烦啊。

淳淳：我们的猴王，他可是能记住每一只猴的名字。不论是哪家猴出现了矛盾，他都会第一个赶到解决，因为这是他的义务。

吉吉：那你们对你们的猴王怎么样呢？

淳淳：我们在每月上贡的时候都会尽力把最好的给猴王，因为这是我们的义务，也是猴王的权力。

吉吉：我怎么会想到猴王这么麻烦，我以为就是指点指点，顺便收收贡品什么的。

淳淳：可你现在作为猴王，就应该在享受权利的同时履行自己的义务。

硕硕：淳淳说得有理！

淳淳：就这样吧，我先走了。我们猴群还等着我去交差呢。

【淳淳下场。】

凡凡：大王，你现在知道猴王不好做了吧。

硕硕：不仅要顾及到猴群的发展，还要想到猴群每一只猴的生老病死。

吉吉：知道了，知道了，可我又能做些什么呢？

【晓晓上场。】

晓晓：（有气无力）妈妈，妈妈。

佳佳：晓晓，怎么了？

晓晓：妈妈，我感觉头晕，浑身无力。

佳佳：晓晓，你这是怎么了？你别吓我啊。

凡凡：依我看来，她应该是病情加重了。

佳佳：加重了！那怎么办？我们家就她一根独苗。（哽咽）

硕硕：我记得，不是有灵芝吗？灵芝应该可以帮到她。

凡凡：灵芝极度稀缺，哪里会有呢？

硕硕：我记得，悬崖那边有。

佳佳：悬崖！

凡凡：那太危险了，我不建议。

佳佳：可晓晓已经这样了。

吉吉：灵芝，我记得上一任猴王给我留下了一株，说是可以救命用的药材，我去找找。

吉吉：找到了，给你。

佳佳：这真的可以吗？

吉吉：快用，救猴要紧。

【晓晓服下灵芝后，醒了过来。】

晓晓：妈妈？我怎么在这里？

佳佳：是吉吉国王救了你。

晓晓：吉吉国王！我妈妈说得果然没错，你是一个负责任的国王。

吉吉：你妈妈真是这么说的？

晓晓：那是当然！妈妈，我想吃水蜜桃了。

佳佳：孩子，我们家的水蜜桃都……

吉吉：我这里还有很多，你们都可以吃。

佳佳：这……这是真的吗？

吉吉：当然，我什么时候骗过你们？

佳佳：孩子，快谢谢国王。

晓晓：谢谢国王。

吉吉：没事，这是我应该做的。

【硕硕和凡凡鼓起掌来。】

硕硕：我们猴王终于有一点猴王的样子了。

凡凡：我就知道当时我没有选错猴王。

吉吉：你们两个，怎么还不履行自己的义务？

二人合：什么义务？

吉吉：把这些食物分给大家！

二人合：好嘞！

森林传说

编剧：谭璐

人物表

大树：久久国的守护神
小树：久久国的守护神
小飞、恬恬、阿琪：森林里的风魔王和雨魔王
多多：城市里有钱的商人

第一场
久久国的传说

【旁白：在遥远的森林里，有一个美丽的久久国，久久国的居民们世世代代生活在这里，传说在森林里最大的那棵树上住着久久国的守护神森林婆婆，那里的人们都相信“如果森林消失，地球将会灭亡。”】

孙女：爷爷快给我讲讲那个传说吧。
爷爷：好呀，那爷爷先给你讲森林婆婆吧。
孙女：森林婆婆，是谁呀？她在哪？
爷爷：森林婆婆是久久国的守护神，她就在森林里，她可厉害了。
孙女：真的吗？
爷爷：对呀，森林婆婆打败过很多厉害的魔王呢！你看！

第二场
神勇的森林婆婆

【风魔王来临。】
大家：我们是威力无比的风魔王。
小飞：我能吹倒房屋。
恬恬：我能掀起波浪。

阿琪：我还能拔起大树。

大树：（西西）我们怎么办？

小树：（溪溪）别怕。手挽手，肩并肩，大家一起对付它！

大树：好，我们不怕！

【风开始发作呼啸，狂风的声音起。】

大树：使劲儿把脚往泥里伸。

小树：扎得越深越好。

阿琪：喘气，真累啊！

恬恬：这片森林真难对付！

小飞：我们还是走吧。

【风魔王被战胜了，可是雨魔王又来了。】

【雨魔王上场。】

雨魔王：我们是魔力无比的雨魔王。

大小树：好大的雨啊！

恬恬：我们能淹没村庄。

小飞：我能破坏建筑。

阿琪：我能毁掉一切。

小树：别怕，保护脚下的泥土，我们是冲不倒的。

大树：手牵手，肩并肩！（树枝展现摇摆的感觉）

大小树：你们休想得逞！

阿琪：（喘气）我快坚持不住了，啊！

小飞：这片森林真难对付！

恬恬：我们还是赶紧走吧。

【旁白：森林婆婆就这样一直守护着森林和久久国，久久国的居民们一直信奉着森林婆婆。森林婆婆也一直保护着森林，直到多多老板的出现。】

【多多老板出现，坐着汽车，拿着公文包，戴着墨镜。居民们来迎接多多老板。】

多多：请问你们这里是久久国吗？

居民：你们是谁？

跟随：他是我们的汉堡大王，我们城市最有钱的人！最富有的人！

居民：你们来干什么？

多多：你们的森林这样多可惜呀，现在树木的价格很高，你们如果把森林砍掉，就能有地方养更多的牛和羊，我们就有便宜的肉，我们就能开更多的汉堡店了！

居民：你们要砍树？

随从：对呀，有钱可以想干什么就干什么。

居民：这！

老爷爷：（冲出来）不行，森林是我们的守护神，不能破坏。

【大家定住，灯光变暗……】

【旁白：年轻的居民们似乎忘记他们的传说"如果森林消失，地球将会灭亡"】

第三场

难逃厄运的森林

【大家扮演成大树，有斧子的声音。】

【灯光闪烁起来，多多老板来到大树身边砍伐大树们，大树们纷纷倒下。】

多多：我看传说都是骗人的！哪有什么森林婆婆！

【音乐变化激烈。】

【旁白：就这样，久久国的森林被破坏得不成样子。接着，雨魔王、风魔王来了。】

狂风暴雨：哈哈哈，感谢砍伐森林的人类，帮我们清除了障碍！现在我们终于通行无阻了！

【下雨大家四处逃窜、刮风大家紧紧地抱在一起。】

【灯光闪烁变化。】

【一声玻璃破碎声，大家倒下，音乐起，大家渐渐起来。】

森林不能被砍伐

森林孕育生命

我们不能没有森林

我们应该学会尊重森林

要为未来留下希望

保护地球，保护我们共同的家园！

保护地球，保护我们共同的家园！

【最后歌曲谢幕。】

快乐在哪里呀，快乐在哪里？
快乐在那青翠的森林里？
这里有花香这里有绿草，
还有会唱歌的小精灵。
我们一起在这里，
爱护我们的天地。

狱中联欢会

编剧：李佳潚

人物表

宋振中：小萝卜头，中国年龄最小的烈士
徐林侠：小萝卜头的妈妈，中国共产党党员
曾紫霞：中共党员
江竹筠：中共党员
黄茂才：渣滓洞监狱管理员
狱警：国民党反动派

地点：渣滓洞监狱院坝
时间：1949 年 1 月 17 日

【开场宋振中和徐林侠母女二人在舞台的左侧，一束追光打到他们身上。】

宋振中：妈妈，最近我去黄老师那里学习的时候，看见黄老师愁眉苦脸的，还有在放风的时候大家都十分沉默，最近是发生什么事情了吗？

徐林侠：是这样的，因为前段时间有一位狱友背叛了革命，许多同志因此陷入了危险的境地。

宋振中：真是太可恶了，居然能干出这样的事情来。

徐林侠：好了，我们现在先不说这个事情了，当务之急是想一个办法提振大家的士气。

宋振中：可是在这监狱里能有什么办法来提振大家的士气呢？

徐林侠：嗯……春节要到了，不如我们再来搞一次联欢会。

宋振中：联欢会？妈妈，这能行吗？各位叔叔阿姨都沉浸在不安中，他们还会一起来搞这个联欢会吗？

徐林侠：振中，还记得妈妈为什么从小就教导你要乐观面对生活吗？

宋振中：因为用乐观的态度去面对困境，就会给予人们希望，而这份希望也会传递给身边的人，这份希望也会帮助身边的其他人度过眼前的困境。

徐林侠：是的，所以我们一定要举办联欢会，这场联欢会会传递给大家希望，帮助难友们打破这监狱里沉闷的气氛。

【狱警从右边上。】

狱警：你母子俩聊得很开心嘛！好了！别聊了，放风时间到了。

徐林侠：（侧过身，小声地对宋振中说）振中啊，最近要小心一点，在给大家传递信息的时候也要小心点，最近监狱不太平。

宋振中：（小声道）好的，妈妈。

狱警：你俩还在嘀咕什么？是不是不想放风呀？

徐林侠：要去，要去，长官，我们这就去。

狱警：你们俩最近给我老实点，眼看春节就要到了，别给我找麻烦、搞出乱子来。我可是想过一个好年。

徐林侠：不会的，长官。

狱警：还有你这个小鬼，听到没？

宋振中：是的，长官。

狱警：好了，你们去放风吧，我去给其他牢房开门。

【狱警下。】

【二人走到舞台中间。】

宋振中：妈妈，今天院坝中怎么没有什么人呢？

徐林侠：因为今天是你江阿姨的丈夫死难一周年的纪念日，大家想用这种方式来表达对你江阿姨丈夫的哀悼和对你江阿姨的安慰。

宋振中：那我今天也去安慰一下江阿姨。

【曾紫霞上。】

曾紫霞：怎么就你们母子俩？江大姐呢？

徐林侠：你忘了今天是什么日子了？

曾紫霞：（拍了一下头）瞧我这脑子，差点把这个忘记了，江大姐呢？我要去安慰安慰她。

徐林侠：好了好了，你今天就别去添乱了，让江大姐自己安静地待一会吧，这会儿她肯定很难受，咱们就别去打扰她了。

曾紫霞：对对对，现在不能去打扰她。

【江竹筠衣着整洁、情绪饱满地上场，主动与各位难友点头、挥手、打招呼。】

宋振中：江阿姨，你来了。

江竹筠：大家，都在讨论些什么呢？

曾紫霞：我们大家在说准备去安慰你的。

江竹筠：安慰我？为什么要来安慰我呢？

徐林侠：今天不是你丈夫死难一周年嘛？大家想着你今天可能会很难过，所以大家想着去安慰一下你。

江竹筠：谢谢大家的好意了，我不难过。上次我还给振中说过要以乐观精神面对生活中的黑暗。振中都做到了，我也要做到用乐观精神面对生活中的一切黑暗。

徐林侠：看见你能这样，我们都很高兴，那我们就放心了。

江竹筠：我不会难过的，因为我丈夫是一位英雄，我以他为骄傲。

曾紫霞：对，彭大哥就是一位英雄。

宋振中：我也要像彭叔叔一样当一位英雄。

徐林侠：（欣慰地摸了摸宋振中的头）那你就赶快长大吧，长大了才能像你彭叔叔一样做大事。

江竹筠：但是，最近压抑的氛围一直笼罩在监狱的上空，大家都看不见前方的希望了。

徐林侠：是呀，最近发生了太多的事情，先是龙光章同志病逝，每一位难友都觉得生命毫无保障，连应有的医药都没有。与难友一起坐牢 8 个多月的李文祥突然叛变也给了难友一记沉重的打击，大家的情绪一度相当沉闷。

宋振中：妈妈。为什么有人会坚持了那么久，到最后还是叛变了呢？

徐林侠：因为他们没能坚守住自己心中的希望。

宋振中：（感到疑惑）心中的希望？

徐林侠：面对困境，支持我走出困境的便是我们自己心中的希望，人一旦失去了希望，便会迷失在黑暗里，最终坠入黑暗之中。振中，妈妈不想你成为一位英雄，妈妈希望你要记住，无论处于什么样的绝境中，都要保持一颗乐观的心，用乐观去面对世间的所有黑暗，冲破黑暗，到达光明的彼岸。

江竹筠：是呀，振中，你妈妈说得很好，在这之前就是你面对监狱生活时，表现出的乐观精神激励了我，让我也学会了乐观面对困境。但是，怎么才能打破现在这个局面呢？

徐林侠：刚才我和振中也谈到了这个问题，我的提议是我们再搞一次联欢会。

江竹筠：再搞一次联欢会？

宋振中：是这样的，江阿姨，我妈妈说搞一次联合会可以提振大家的士气，帮助大家走出当前的困境。

江竹筠：（十分高兴）嗯！我觉得这个办法好，眼看就要过年了，搞一次联欢会，一来可以提振大家的士气，让大家过一个愉快的年；二来，外面传信进来说解放军在最近的战役中取得了胜利，我们也应该庆祝一下。

曾紫霞：联欢会，这能行吗？现在大家都沉浸在悲伤中，大家应该都没有心情参加这个联欢会吧？

徐林侠：我觉得这是可行的。我教导振中要乐观面对生活，我们这些大人何尝不是呢？搞这一次联欢会就是要大家都参加进来，通过这次联欢会将乐观的精神传递给大家，才能很好地解决当下的困局。

宋振中：对呀，江阿姨、曾阿姨，保持乐观会给大家带来希望的。

曾紫霞：听你们这么一说，我觉得有道理，那我赞成这个提议。

江竹筠：我也赞成，我们要用乐观的精神将希望传递给所有的难友。

徐林侠：但想要顺利开展联欢会，最重要的是要让狱警同意我们举办，不然我们很难开展活动。

曾紫霞：现在当值的狱警不好说话，我们能得到他的同意吗？

徐林侠：我们要勇于尝试嘛，不要放弃任何一点希望。

宋振中：对呀，曾阿姨，我相信我们能成功的。

徐林侠：别表现得这么激动，那些守卫还在盯着咱们呢，让他们知道了我们的计划就泡汤了。

江竹筠：对对对，最近监狱里也不太平，我们的行动是得收敛点了。

宋振中：那妈妈，我能做些什么呢？

徐林侠：你还是帮忙传递信息，把我们要再举办一次联欢会的消息传递给每一位难友，还是跟我之前给你说的那样一定要小心一点，不要让狱警发现了。

曾紫霞：那我能做些什么呢？

徐林侠：我们来商讨一下联欢会的具体细节。

曾紫霞：好，那我们先想想要出多少个节目吧。

徐林侠：我提议每个牢房都要有一个节目，这样能让每一位难友都参与进来，让大家都能收获愉快的心情，从而打破这段时间以来监狱里沉闷的氛围。

江竹筠：我同意，那我们牢房得来一个有创意的节目。

宋振中：江阿姨，你们要表演什么有创意的节目呀？

彭灿碧：现在先不告诉你们，保持一点神秘感。

宋振中：那我开始期待这次联欢会了，期待江阿姨你们的表演。

江竹筠：那我们这几个阿姨一定不会让我们振中失望的。

徐林侠：那振中，我们表演什么呢？

宋振中：我想想呀……我想到了。前段时间妈妈你不是教会我一首《正气歌》吗？我想在联欢会上给大家朗诵《正气歌》。

徐林侠：嗯，是一个好节目，妈妈支持你。

曾紫霞：那我们牢房就来创作诗歌。

江竹筠：对了，我这还有小块的废弃牙刷，都是我平时用石块慢慢地、轻轻地敲打成一小节一小节的。

宋振中：那我来帮忙将小段的牙刷柄打磨成红心送给监狱里的每一位叔叔、阿姨。

江竹筠：那真是太好了，我还在担心我一个人磨不过来，但有了振中帮忙一定能在联欢会开始之前做好。

曾紫霞：那可真是太好了，我也和振中一样开始期待这次联欢会了，那我现在就回去准备联欢会要用的东西。

三人：好。

【曾紫霞下。】

江竹筠：（对徐林侠说）今天真是太感谢你了，为我考虑了这么多。

徐林侠：这是大家的想法，也不是我一个人的想法，我还得感谢你一直以来对我们母女俩的照顾。

江竹筠：大家都是难友，本来就应该互帮互助嘛，再说了，我很喜欢振中这孩子，是他让我看到了希望，是他乐观的精神感染了我。

徐林侠：振中也是我的希望，我从小就教导他要以乐观的精神面对眼前的困局。只是我没想到他做得这么好，还将这份乐观传递给了这么多人。

江竹筠：是呀，振中做得很好。

宋振中：（挠挠头）嘿嘿嘿。

徐林侠：节目现在是有了，但眼下最重要的是，我们想办联欢会肯定要得到监狱管理员的同意。春节那几天是黄茂才当值，得让他同意我们办这个联欢会。

江竹筠：但是我们怎么找到他呢？最近监狱看得紧，我们就这样贸然去找他，恐怕会被其他狱警盯上。

徐林侠：那我们先试试跟现在当值的狱警说说，万一他同意了，我们也好开展我们的准备工作。

江竹筠：这样也好，征得现在当值的狱警同意，我们也不用小心翼翼地开展准备工作了。

徐林侠：那我们今在这等等狱警吧。

【狱警上。】

狱警：你们三个围在那嘀咕什么呢？是不是在传递什么秘密信息？

徐林侠：没有没有，长官我们在讨论我们新写的诗呢。

江竹筠：对对对，我们只是在交流写作经验。

狱警：真的只是在交流诗歌吗？

宋振中：真的。

狱警：暂且信你们一会儿。好了好了，别围在一堆了，不想放风了，就都给我回到牢里老实待着。

江竹筠：好好好。

【狱警转身欲走。】

徐林侠：长官你等等，我想向你问一件事。

狱警：什么事快问，别耽误我去巡查。

徐林侠：你知道黄管理员什么时候来巡察吗？

狱警：今天我就看到了他，应该过会儿就会来院坝巡察。不对，我干吗要跟你说这些，你找他干什么？

徐林侠：没事，没事，就是问一问，好久没看见他了。

狱警：你还有心情管别人？管好你自己吧。

徐林侠：长官，你消消气，我们找你还有点事商量。

宋振中：对呀，狱警叔叔我们有事跟你说。

狱警：有事？什么事？你们不会要害我吧？

江竹筠：没有，真的是有事跟你商量。

狱警：有什么事快说，我忙着呢。

曾紫霞：是这样的，我们商量着想在春节的时候举办一次联欢会。

狱警：什么，什么？我没听错吧，你们想举办联欢会，眼看春节临近，你们还想给我整出乱子来，你们不想好好过年，我还想好好过年呢，不行。

徐林侠：我们保证不给你惹出乱子来。

宋振中：我也不会捣乱的。

狱警：不行，说了不行就不行。

徐林侠：长官，就不能通融通融吗？

狱警：我通融你们，那谁来通融我。这件事不必再说，我是不会同意的。

【狱警下。】

江竹筠：他还是没同意，接下来我们怎么办呢？

徐林侠：那我们只有等黄茂才管理员了，征得他同意，我们这联欢会也能开展起来。

江竹筠：那现在我们也只能指望着他能同意了。

徐林侠：可是我担心他不同意，他不同意我们的联欢会就一定开展不了了。现在我们得想想怎么说服他，让他同意我们办联欢会。

江竹筠：我觉得这件事不难办，我跟他接触过他，和其他的管理员不一样，我想他会同意的。

徐林侠：那就好，但愿我的担心是多余的吧。

【三人等了一会儿，黄茂才才慢悠悠地走上来。】

徐林侠：黄管理员，你等等我有事跟你说。

黄茂才：（停下脚步，回头）你们找我有什么事？

江竹筠：是这样的，小黄，马上要到新年了，让我们搞一次文娱活动吧！

宋振中：是呀，黄叔叔，就让我们开一次联欢会吧。

黄茂才：这个我现在不能答应你们，我没接到上面的命令。

徐林侠：大年初一，那些当官的肯定都回去过年了，不会来监狱的。

江竹筠：是呀，振中说得对，今天应该不会有人来这边的。

宋振中：我还可以帮你们去看着，有人来了我就通知你们。

黄茂才：好了好了，我其实还是想让你们轻轻松松愉快地过好大年初一这一天的，但是我还是不放心，这样吧，你们不要忙，我去了解徐组长新年去不去城里。

徐林侠：好，那我们在这儿等你。

【黄茂才下。】

宋振中：江阿姨，你说他会同意我们搞联欢会吗？

江竹筠：他会的，虽然他是国民党的人，但是他心地还是善良的。

宋振中：好吧，现在就只能等他的回复了。

【三人在院坝踱着步。】

【黄茂才上。】

宋振中：江阿姨，他回来了。

江竹筠：小黄，怎么样了？

黄茂才：我问到了，徐祖长他们新年要进城去，大年初一你们把早饭吃完了再搞活动吧。

徐林侠：那真是太感谢你了。

黄茂才：不用感谢我，我也只是想你们在春节能过得好一点。

徐林侠：振中呀，我们要坚守我们心中的希望，用乐观的精神去面对眼前的黑暗，让我们踏入这一场狱中狂欢吧！

宋振中：好！

【《正气歌》的音乐起。】

宋振中：天地有正气，杂然赋流形。下则为河岳，上则为日星。於人曰浩然，沛乎塞苍冥。

徐林侠：皇路当清夷，含和吐明庭。时穷节乃见，一一垂丹青。在齐太史简，在晋董狐笔。

黄茂才：在秦张良椎，在汉苏武节。为严将军头，为嵇侍中血。为张睢阳齿，为颜常山舌。

狱警：或为辽东帽，清操厉冰雪。或为出师表，鬼神泣壮烈。或为渡江楫，慷慨吞胡羯。

江竹筠：或为击贼笏，逆竖头破裂。是气所磅礴，凛烈万古存。当其贯日月，生死安足论。

曾紫霞：地维赖以立，天柱赖以尊。三纲实系命，道义为之根。嗟予遘阳九，隶也实不力。

徐林侠：楚囚缨其冠，传车送穷北。鼎镬甘如饴，求之不可得。阴房阒鬼火，春院闭天黑。

宋振中：牛骥同一皂，鸡栖凤凰食。一朝蒙雾露，分作沟中瘠。如此再寒暑，百疠自辟易。

江竹筠：哀哉沮洳场，为我安乐国。岂有他缪巧，阴阳不能贼。顾此耿耿存，仰视浮云白。

众人：悠悠我心悲，苍天曷有极。哲人日已远，典刑在夙昔。风檐展书读，古道照颜色。

影子里的人

编剧：谭璐

【开场：受害者双手抱膝，慢慢捂住耳朵，抱住脑袋，惊恐地往后退。接着受害者渐渐地站起来，往前走去，发现有一堵无形的墙，用手试着锤了锤，被反弹回来了；又往另外一个方向走去，用手拍了拍墙，还是被弹了回来……】

【所有黑衣人慢慢地走了上来，受害者与三个黑衣人对视。黑衣人站定三角队形，慢慢地逼迫受害者到舞台左侧……（注意听节奏，听一段从下一段开始走，脚步需要统一）】

【所有黑衣人调整三角队形，回到舞台的中间，准备开始齐舞。】

【将受害者带到墩子前，像傀儡一般被操纵（表情和后面卡点的笑）】

【音乐大笑，渐渐熄光、退场……】

第一场　孤立

【道具摆放：墩子 331】

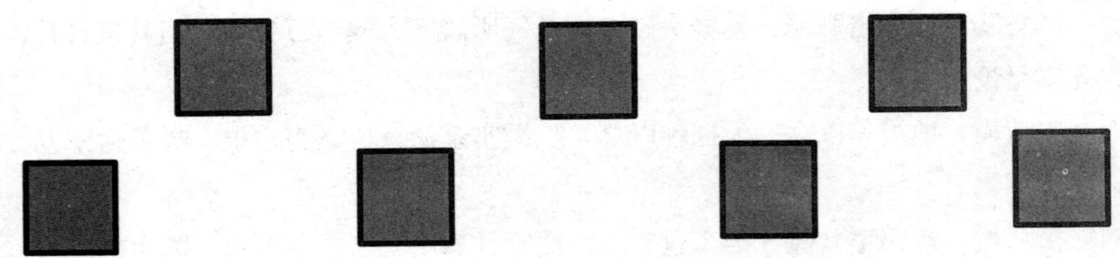

【音乐起，上课铃声响起：左右两边入场——欢乐地跑进教室，并端正坐好。（双手叠放胸前，两腿并拢）】

【背景音：孩子们，今天我们班级来了一位新同学，大家欢迎她吧！（热烈掌声）】

【一个孩子战战兢兢地走进来，在舞台的左侧，所有人侧过头看向她的方向。】

【小萌打量了周围的同学，开口说——小萌：大、大、大家好，我、我、我叫、叫小萌，我很高兴能、能加入这个班级。谢、谢、谢谢大家。所有人哄堂大笑，然后捂住嘴巴，不敢笑出声。小萌左看右看，低下头。】

韩瞳：哈哈哈，连话都说不清楚，还要来我们班？

雨桐：这个人真奇怪，我这还是第一次见呢。

韩彤：她好烦啊，拖延我们的时间！

苏苏：我们班可是全年级最好的班，可别来拖我们班的后腿啊！

乐乐：她可真吓人！

小雷子：看她那副穷酸样！

【音乐起，下课铃响，同学四散结伴，2~3 人一组各自游玩。】

【雨桐坐在位置上看书，小萌上前打招呼，即刻转身，看她走后再转回来。】

【韩瞳、韩彤、乐乐一起玩剪刀石头布，小萌上前，拍拍韩瞳，被鬼脸吓到，转到女生旁边，被拒绝。】

【小雷子、苏苏坐在地上玩耍，小萌走来，只是盯住，并无邀请的打算，待她走后，继续玩了起来。】

【上课铃声响起。】

【所有人站在墩子后，小萌一站，所有人把墩子推成一排站好，立马又全部坐在墩子上，小萌也慢慢坐下，所有人又站起来，小萌也站起来，所有人又坐下，小萌一坐，所有人又站起来，小萌又一次站起来的时候，所有人都嘲笑她，随即一拥而上继续嘲笑她！接着一哄而散，留下小萌独自站在原地，非常落寞。】

小萌：我、我、难道，做错了什么、什么了吗？

第二场　谩骂

【音乐起，上课铃声响起。所有人坐到自己的座位上，小明最后坐到最中间的位置。】

【道具摆放：座位变成整齐的一排。】

【背景音：同学们，今天我要公布三好学生的人选！本学期的三好学生是……（所有人屏住呼吸，非常期待的样子）小明！！！（所有人顿时泄气，满脸不悦，转头看向小明；小明站了起来，高举双手，非常开心）】

雨桐：小明怎么可能是三好学生，一定是老师搞错了！

乐乐：他平时成绩又不怎么样，怎么还是三好学生啊？

Coco：凭什么每次都是他？我们付出的努力都是一样的啊！

雷子：他上次还打了我呢！

帏瞳：他爸妈一定给老师送礼走后门了！

帏彤：他也配？

【背景音：大家掌声鼓励，我们要向小明学习哦，相互帮助、相互鼓励、相互支持哦！（稀稀拉拉的掌声响起，小明坐下）】

【下课铃声响起，当小明在认真看书时，同学们到小明背后密谋计划。】

【上课铃声响起，叮咚，所有人举手。】

【背景音：这个问题谁来回答呢？（除小明外的所有人放下了手，只剩小明一个人举手，所有人连人带墩子往后退了一步，小明左看看、右看看，只好站起来，同学们偷笑）】

【口哨声响起，背景音：向右看齐！（所有人起立站好，听指令）小明被挤出来，背景音：小明，你干什么呢？】

小明：老师我……

【背景音：站一边去！小明很生气地跺脚，站到了一边做了三个下蹲。同学们都在偷笑。】

【背景音：全体都有，跑步走！（所有人排成一列开始跑步，小明也跟上队伍，队伍突然停下，小明撞到了前一个人，倒地，所有人转头看小明。开始偷笑）】

【背景音：小明，你又干什么呢？小明：老师我……背景音：给我过去！小明又站到一旁，做了三个下蹲。】

【上课铃声又响起，背景音：同学们，上课了！上课！起立！同学们好，老师好！（在鞠躬的时候，小明的凳子被抽走）请坐！小明摔倒，全班哄堂大笑！！！同学们离场，把凳子推下场，留小明一个人站在原地。小明：我难道做错了什么吗？】

第三场　攻击

【道具摆放：331】

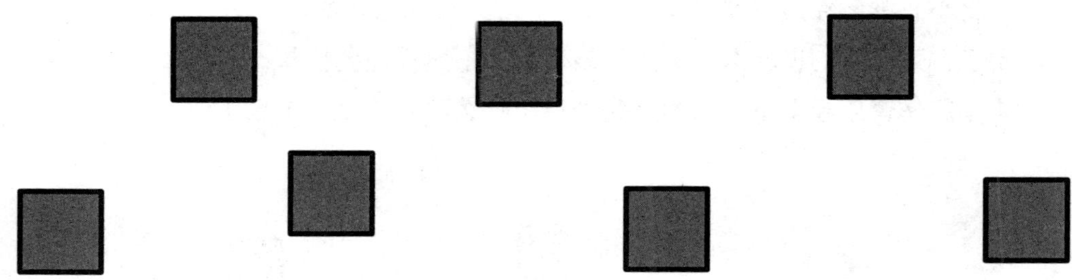

【光起，音乐起。所有人踮脚站在窗户外看正在教室里认真看书的小志。所有人一拥而上将小志带走，小志说：我想上课。同学：给我走。推到凳子上坐着，小志抱着头。（音乐起）同学们分别坐到位置上，翻自己的抽屉。依次走到小志位置，将自己的作业拍在他面前，并说：帮我做 / 帮我画 / 帮我抄 / 帮我写 / 帮我涂 / 帮我改……小志：我想上课可以吗？】

【所有人转过头，瞪着小志，举起拳头：嗯？】

【小志开始写作业。】

【上课铃声响起，叮，层次举手，叮，举手，叮，举手，丁零零，下课，丁零零，上课，叮，举手，叮，举手，叮，举手，丁零零，下课，丁零零上课，小志还在写，写到癫狂，发出了大叫。】

【（悲伤音乐起）缓慢地将帮忙写好的所有作业分别送给每一个同学，同学们一把夺过小志送来的作业。茫然的小志渐渐地坐到位置上，低下了头。

小雷子：高年级的就是该欺负低年级的！

Coco：我们本来就高人一等！

雨桐：耶！终于可以放松一下了！

乐乐：他看起来就很好欺负。

苏苏：算他识相！

帏彤：他自找的，活该！

【所有人推着墩子下场。】

【音乐起，小志背着书包慢慢走出来，遭到围堵（左侧：coco 为首的 4 人　右侧：雷子、帏疃）】

雷子：带钱了吗？给我搜！小志摇头，书包被抢走，东西全部被倒出。小志：还给我，还给我！不要，还给我！

搜包两人：没有！

雷子：我最后再问你一次，到底有没有？小志：我真的没有！

（将小志推倒在地，拳打脚踢。）

雷子：下次我们说什么你就乖乖做什么，不然你还要挨打，走！

【（悲伤音乐起）小志：难道我做错了什么吗？熄光，下场】

Coco：我只是长相和你们不一样，为什么要这么对我？

苏苏：明明是我靠自己的努力拿回的荣誉，为什么要污蔑我？

帏瞳：我一直都按照你们说的做，这种日子什么时候到头呢？

乐乐：我不敢告诉别人，因为我害怕丢脸也害怕报复。

雨桐：即使我每次都不在意，可是那些刺耳的外号还是会深深地印在我的脑海里。

雷子：我以为我忍过一次两次，这些就会过去，可是为什么会愈演愈烈呢？

帏彤：我们就应该被这样对待吗？

集体：我们就应该被这样对待吗？（帏彤走到中间）

【依次一一摘掉面具。】

也许是一个动作

也许是一个表情

也许是一个轻蔑的语气

也许是一个不经意的玩笑

你是否想过，暴力的方式不止一种。

【你（雨桐、乐乐冲上前），我（雷子、帏瞳），你们（coco、苏苏、帏彤），我们（所有人），也许正身在其中。（站成一排）】

传统文化剧《少年张骞》

编剧：丁付禄　刘国栋

人物表

张骞：丝路的开拓者、第一个睁开眼睛看世界的中国人，本剧聚焦少年时期
张俭：张骞的弟弟
吴阿哥：驼铃客栈老板的儿子
吴阿妹：吴阿哥的妹妹
昆塔：安息国商人
蒂塔：昆塔的妹妹
巴哈尔：西域哈密商人
艾米尔：巴哈尔的妹妹
承业：匈奴商人
楼兰人：楼兰商人
疏勒人：疏勒商人
莎车人：莎车商人

【LED 显示汉代客栈图景。】
【台上布有方桌，长板凳。驼铃客栈商铺标识。】
【晨，鸟鸣声起，笙乐起。】
【暖光起。】
【吴阿哥独自在账台前拿竹简朗读《诗经》。】
吴阿哥：（朗诵）呦呦鹿鸣，食野之苹。我有嘉宾，鼓瑟吹笙。
【张骞提前上，发现是吴阿哥在朗读《诗经》。】
张骞：呦呦鹿鸣，食野之芩。我有嘉宾，鼓瑟鼓琴。
吴阿哥：（侧身看）客官，这么早就起来了，来，喝茶！（为张骞倒水）
张骞：你刚刚是在读《诗经》？
吴阿哥：你刚刚是在背《诗经》？
张骞：这些都是我舅舅教我的（拿过竹简），从小到大，他对我要求特别严。

吴阿哥：这书简是父亲从长安城里带回来的，他说做生意的人就是走南闯北、买卖东西，不识字不方便，就教了我识字的本事。

张骞：令尊一定是一位学识丰富的人，光从这驼铃客栈的名字就看得出来。驼铃二字起得好，很有诗意。

吴阿哥：是啊，他总是跟我们讲外面的美丽与惊奇，可就是太不顾家了，现在还在西域呢，将这偌大的客栈交给我和妹妹经营。

张骞：还真是有点羡慕令尊了。

吴阿哥：羡慕？

张骞：我的家乡在汉中博望，从小舅舅就跟我讲述西域奇妙的故事、秀丽的景色和各族的风情，所以我对大汉天下以及大汉以外的地方十分向往。

吴阿哥：那客官是想前往西域？

张骞：不，我想要去更远的地方。

吴阿哥：更远的地方？比西域还要遥远的地方？

【张俭上。】

张俭：当然了，我哥的志向可不止步于西域。

张骞：你醒了！

张俭：老早就听到有人在朗诵诗经，不醒也得醒了。

吴阿哥：不好意思，客官，打扰到您休息了。

张骞：张俭！（略带责备）

张俭：开玩笑，开玩笑的。

张骞：行囊呢？

张俭：这儿呢。

【张骞拿出小陶罐，里面装着不同颜色的泥土。】

张骞：我有个习惯，每到一处，我就会收集当地的泥土。此前，我已收集了长安的黄土，荆州的红土，还有益州的紫土，这些都是我行走的见证。

吴阿哥：你的习惯还真是独特，不过你们已在客栈住了三日，为何还不起身前往他处？

张骞：因为我们此次的目的地，就是这个客栈。

吴阿哥：驼铃客栈是西边前往长安的最后一个客栈，除靠近长安城以外，其它并无特殊之处，不知有何值得客官特意前来？

张俭：当然就是因为这个客栈特殊的位置！

张骞：是啊，这里是从西边去长安的必经之路，也是商人的聚居之地。

吴阿哥：所以客官想从住店客人口中了解大汉以外的地方。

张骞: 没错！ 但我发现这驼铃客栈似乎并不是舅舅所说的来往商人络绎不绝，每天只有零星的几位客人。

吴阿哥：那是因为近期北方匈奴占领河西敦煌一带，西来商人通行受阻，住店客人自然就不及往日，要不然父亲也不会将客栈放心交由我与妹妹。

张俭：匈奴实力强盛，素来与中原地区不和，想要解决这个问题只怕非常困难。

吴阿哥：是啊。

张骞：（自言自语，给自己鼓气）办法总比困难多，早晚要解决的！

张俭：老板，这里既是最后一个客栈，为什么名为驼铃客栈，而不叫最后一栈？

吴阿哥：客官说笑了，我们是前往长安的最后一个客栈，所以各个国家的商人在此汇聚，其中又以西域来客为多……

【吴阿妹拿着菜篮子上。】

吴阿妹：西域来客总是骑着骆驼来，每当驼铃响起，我们就知道来了生意。所以我们就干脆改名为……

二人：驼铃客栈。

张骞：这位是？

吴阿哥：这是我妹妹。

张俭：哥，骆驼是啥？驼铃又是啥？

张骞：舅舅授课时只知嬉戏打闹，你怎会知道？

张俭：这不哥你认真听讲了的嘛，好了哥，快说说，快说说。

张骞：骆驼是西域的一种动物，它身躯高大，体毛褐色，最显著的特征就是它背上两个形似小山的驼峰。

张俭：哦，那驼铃又是什么？

吴阿妹：驼铃就是骆驼脖子下的铃铛，主要是防止商人与骆驼走散。

吴阿哥：还能够起到驱赶狼群的作用。

【驼铃声响起。】

吴阿妹：才说到驼铃，就有客人来了。

吴阿哥：妹妹，快去帮客人牵好骆驼。

吴阿妹：好嘞。

张俭：咦，你们怎知有客人前来？

张骞：笨啦，刚刚不说了吗？只要驼铃响起就有客人前来，所以名为驼铃客栈。

吴阿哥：没错！

【昆塔、蒂塔上。】

昆塔：强盗，简直就是强盗！如此做生意，还有何诚信可言？

蒂塔：哦，昆塔，我们已经到了大汉天朝，不要这么暴躁！

吴阿哥：客官里边请。

【吴阿哥为两人倒茶。张骞一直在打量着二人。】

昆塔：蒂塔，我不能理解一件小小的衣服为什么如此昂贵？一条薄薄的丝带居然也价格不菲！

蒂塔：瞧瞧这透明的成色，摸摸这光滑的平面，这简直就是人间珍品。冷静点，昆塔。

昆塔：我很冷静，只是觉得我们随父亲从遥远的伯拉河（幼发拉底河）而来，就为了探寻薄如翼、轻如发的神奇之物——丝绸，到了之后才发现我们的黄金珠宝只够换取半匹绸缎，这真是让我感到心烦意乱。

蒂塔：好了，收起你的坏心情，喝点水。

【张俭将张骞拉到一边。】

张俭：哥，你看这两人的服饰为何如此怪异？

张骞：定然不是我大汉之人，也许他们来自遥远的西域。

昆塔：（喝下茶水）这不是水。

张骞：这当然不是水，而是我们大汉的茶。

两人：茶？

张骞：二位有所不知，这茶是我们大汉独有的饮品，用茶叶泡制而成，提神醒脑，口味清香。

昆塔：（再喝一口）这茶倒还真是清新扑鼻。

蒂塔：直接一扫路途的疲惫。

吴阿哥：客官喜欢就好。

蒂塔：哥哥，我们能不能把茶叶带回安息？人们一定会喜欢上这个味道。

昆塔：这主意不错，（对张骞）你是？

张骞：我叫张骞，这位是我弟弟张俭。

昆塔：我叫昆塔，这是我妹妹蒂塔，我们来自安息国。

张俭：安息国？

张骞：听舅舅说安息国在西域更西的地区，距离大汉十分遥远。

蒂塔：即使路途遥远，但为了丝绸，我们还是跨越千难万阻，来到了大汉。

昆塔：哦，天啦，不要再提起丝绸，这真的令人忧愁。

张俭：怎么了？

蒂塔：你们的丝绸实在太过昂贵，确实出乎我们意料。

昆塔：简直是难以接受，我很好奇，难道丝绸是从树上长出来的吗？要不然它的价格怎么会像树一样高？

张俭：哈哈哈。

昆塔：这位朋友，你为何发笑？

张骞：丝绸不是从树上长出来的。

蒂塔：那是怎么来的？

张骞：是从虫子的嘴里出来的。

蒂塔：什么？

昆塔：虫子嘴里？

张骞：我们养殖一种叫作白蚕的昆虫，它吐出的丝线，可以制成了我们所看到的丝绸。

张俭：而且想要获取蚕丝并不简单，养蚕先后要经历孵卵、喂养、吐丝、结蛹四个过程，将白丝与白蚕分离又需要众多步骤，工序繁琐。

蒂塔：难怪会如此昂贵。

昆塔：你们知道吗？（拿出丝绸）就这么一小块丝绸，便是可以换取一头山羊的价格。

张骞：我大汉商人注重诚信经营，绝不会做出欺诈诓骗之事，这丝绸锦缎制作费时费力，售价确实较高，但即便是这样，丝绸在大汉也不会像你说的那么贵呀？

昆塔：这些丝绸，是从匈奴买的！

蒂塔：同样的丝绸，在大汉不贵，在匈奴却很贵，这就说明他们叠加了价格在上面！

吴阿哥：早就听说匈奴身体强悍，没想到做生意时也如此强横！

张俭：那你们干脆直接到大汉来买丝绸不就好了？

蒂塔：这倒是个好主意！直接到产地来买……

昆塔：价格便宜，回去才能做个好生意！好主意，好主意！

【驼铃声响起。】

张俭：又有客人来了。

吴阿哥：我去帮忙牵骆驼。

张骞：好，我帮你招待客人。（招呼昆塔和蒂塔坐下，张俭倒茶）

【巴哈尔和艾米尔上。张骞行鞠礼，巴哈尔未反应过来，看着艾米尔的动作学着做。】

巴哈尔：这是？

艾米尔：这是大汉人见面打招呼的礼节。

巴哈尔：还是大汉的人知书达理，不像匈奴那样蛮横无理。

张骞：听这位兄台所言，你们也遇到了匈奴人。

艾米尔：是的，我们是从西域随我父亲而来，我叫艾米尔。

巴哈尔：我叫巴哈尔。

【巴哈尔清理鞋里的沙土。】

艾米尔：我们来自西域哈密。

张骞：我是张骞，这是我弟弟张俭，我们来自汉中博望。

【张俭将捡起巴哈尔清理在地上的泥土。】

巴哈尔：你这是？

张俭：是在收集泥土。

巴哈尔：收泥土？

张骞：我有着收集泥土的习惯，但我未曾去过大汉以外的地方，你们从远方而来，脚底一定沾满了路途上各地的泥土。

艾米尔：原来如此，可我们的路途并不轻松。

张俭：是因为匈奴？

艾米尔：没错，匈奴人控制了西域，也阻断了我们与大汉的贸易道路。

巴哈尔：我的货物有时还会遭遇到匈奴人的扣押。

张骞：那你们是怎么到达这里的？

艾米尔：我们从哈密出发，经楼兰、若羌，走敦煌、金城，过天水、宝鸡，才来到这里。

昆塔：跟我们的经历差不多！

张俭：匈奴人真可恶！

张骞：张俭，别这么说！

张俭：本来就是嘛，民风彪悍、强买强卖、坐地起价。

张骞：你又没有去过，怎么知道一定是这样？

张俭：我……

巴哈尔：那你是不相信我们喽？

蒂塔：他不是这个意思！

巴哈尔：那是什么意思？

张骞：意思就是，看人不能看表面，要深入肌理。不光要知其然，还要知其所以然。匈奴地处漠南漠北，物资匮乏，民生艰难，人要生存，就难免剑走偏锋，但我不相信所有匈奴人都是如此。

【承业上。】

承业：说得对！说得好！

艾米尔：你是？

【吴阿哥背行李上。】

吴阿哥：这是匈奴来的商人，他叫承业。

巴哈尔：匈奴人！

【众人听到匈奴人有行动反应。】

昆塔：你怎么也到大汉来了？

承业：我也是来大汉做生意的啊。

昆塔：又打算把这里的丝绸便宜买回去，再高价卖给我们？

张骞：哎，我看他不像这样的人。

承业：谢谢！（对昆塔）这位朋友，听你说的话，想必是在匈奴做生意吃了亏，我也是匈奴人，替他们向你道歉（鞠躬）。

昆塔：（扶起承业）不用不用，又不是你让我吃了亏。

承业：有的人迫于生计，才会不顾大局，我父亲早年就往返于大汉和匈奴之间做生意，他总是给我讲大汉的人和事，讲大汉的道理，讲诚信为本。

众人和：诚信为本？

张骞：诚就是诚实的意思，信就是守信的意思，诚信就是诚实守信。

承业：对，这也是我一直坚信的。

张骞：所以我们简单粗暴地对他们匈奴人都带有偏见。

承业：我们匈奴虽然崇尚武力，但我们也有友善的人，就像我和我的父亲，我们虽是匈奴人，但我们讨厌战争，也讨厌掠夺，所以我们从商，一直诚信经营，用和平方式换取我们生存所需。

【驼铃声响起。】

吴阿妹：哥，又来了几位客人。

张骞：好哇，好哇！呦呦鹿鸣，食野之苹。我有嘉宾，鼓瑟吹笙。（喜庆音乐起）

疏勒人：我是从疏勒来的。

楼兰人：我是从楼兰来的。

莎车人：我是从莎车来的。

吴阿哥：欢迎，欢迎啊！

张骞：欢迎大家到大汉做客！

艾米尔：（指着大家手中的货物）原来大家和我们一样，都喜欢来大汉做买卖。

巴哈尔：看看大家都进了哪些货？

疏勒：我进了一些丝绸。

昆塔：来来来，咱们比一比，谁买的丝绸质量更好！

莎车人：我进了一些茶叶。

蒂塔：（问张骞，指着杯子）就是我们刚刚喝的茶水吗？

张骞：对，茶水就是用茶叶泡的水！

蒂塔：那我可要好好看看，（端详着莎车人的茶叶）跟父亲说说我们也要多进些茶叶。

楼兰人：我进了一些瓷器。

众人合：瓷器？

张骞：我大汉的瓷器可分灰陶、硬陶、釉陶和青瓷。（指着楼兰人的陶瓷）这就是灰陶。

楼兰人：（看到桌上的陶罐）这也是瓷器吗？

张骞：对！这个就是青釉陶瓷。

楼兰人：（小心接过）好漂亮啊，咦，这里面装的是什么？

张俭：是泥土，我哥哥最喜欢收藏各地的泥土。

莎车人：为什么要收藏泥土呢？

张骞：泥土孕育万物，泥土是我们的衣食父母。泥土还意味着家乡。（取出一点土）这就是我家乡博望的土，父亲说过，宁恋本乡一抔土，不贪他乡万两金。

昆塔：什么意思？

张骞：意思就是无论行走到哪里，都不要忘了自己的来处。我虽然志在远方，但心的归处永远都在博望，都在大汉。我想要收集天下各地的泥土，然后在这些泥土中播撒种子，浇灌出美丽绚烂的花朵。

疏勒人：欢迎你来疏勒！

莎车人：欢迎你来莎车！

楼兰人：欢迎你来楼兰！

承业：欢迎你来匈奴！

艾米尔：欢迎你来哈密！

蒂塔：欢迎你来安息！

张骞：感谢各位的真诚邀请，我对这些地方原本就心驰神往，要来的，一定要来的！

承业：那就说好了，记得诚信为本哦！

张骞：一定一定，诚信为本！

【驼铃响起。】

吴阿妹：驼铃又响起来了。

吴阿哥：又有客人来了。

骞俭歌：呦呦鹿鸣，食野之芩。我有嘉宾，鼓瑟鼓琴。

张骞：来，我们大家一起，驼铃响起，拥抱友谊！

【众人牵手向前走。】

众人合：驼铃响起，拥抱友谊！

“鼠”你而来 笑口常开

编剧：任嘉欣

人物表

小飞：老鼠。

小七：老虎 。

小奇：山羊。

小白：小白兔。

精灵鼠：（九人）

山羊们：（四人）

小白兔：（四人）

大树：（五人）

花朵：（十人）

小草：（十人）

【旁白：在很久很久以前，有一个美丽的森林，里面住着一群快乐的小老鼠们。】

【小老鼠们上场。】

小飞：我是老鼠小飞，我是一个灵活勇敢的小老鼠，有着细长的尾巴，圆溜溜的小眼睛，像绿豆一样，别看我眼睛小，但特别有神。

【旁白：突然，森林之王老虎先生大摇大摆地走了出来，手里还拿着一个大骨头，背上背着一个大麻袋。（骨头、苹果、香蕉等食物】

【小七上场。】

小七：这大骨头可真好吃啊，今天天气可真好，这么多小老鼠，可惜了，都不够我塞牙缝的。（把麻袋放在地上）

【旁白：小老鼠们被吓得一动也不敢动。突然大叫一声（啊！）】

小飞：快跑啊！（老鼠们四处逃窜，有的缩在一团，有的躲在树丛后面，有的更是被吓得站在原地一动也不敢动。）跑什么跑？我还不想吃你们呢。

【旁白：老虎先生看小老鼠们这么害怕他，更是高兴得开怀大笑（摸着肚皮，

仰着头大笑）。老虎先生回头看了一下，挥了挥手。】

小七：小奇、小白，还不快点来给老虎我捏腿揉肩，磨磨蹭蹭地干什么？

【山羊和小白兔们上场。】

小奇：来了，来了，老虎先生，您可千万别吃我。

小白：是啊，是啊，老虎先生。

小七：怕什么？只要你们以后都听我的，我是不会吃你们的。

小白：是，老虎先生，我们肯定乖乖听你的话。

小飞：（探出脑袋）喂，喂，你们为什么这么听它的话？

小奇：嘘，小点声，别被老虎先生听到了。

【旁白：山羊们和小白兔们畏畏缩缩地走了出来，他们低着脑袋，垂头丧气的。老虎先生朝着山羊和小白兔举起他锋利的爪子，张开满口尖牙的虎口，山羊和小白兔们立马趴在地上一动也不敢动。】

小飞：老虎先生怎么能这样呢？森林之王应该保护大家才对，怎么可以欺负小动物？

小白：小飞，你小点声！

小飞：我一定要想个办法，帮帮你们。

【旁白：老虎先生拍了拍其中两只山羊，山羊们熟练地趴在老虎身后，老虎先生顺势就靠着山羊身上。小白兔们害怕极了，急忙跑上去给老虎先生捏捏腿，揉揉肩。】

小白：老虎先生，舒服吗？

小七：还行，还行，老虎我现在要去睡觉了，别在这儿妨碍我。

小飞：这老虎先生最宝贝的就是他的大骨头了，还有他那个麻袋，我看里面有不少好吃的，一会儿我们就去把他们悄悄偷走。

【旁白：老虎先生打了个大大的哈欠，站起来伸了个大大的懒腰，踢开小白兔和山羊们，慢吞吞地走到一旁的大树下睡觉去了，不一会儿就打起了呼噜。留在原地的小白兔和山羊们害怕得缩成一团。】

【旁白：小老鼠们看见老虎先生睡着了，悄悄跑到山羊和小白兔们身边，（左右看了看，点点头，拍拍胸脯）】

小飞：你们别怕，看我们的。

小奇：小飞，你们要干什么？

小飞：嘘。

【旁白：小老鼠们朝着老虎先生走去。这时候山羊们和小白兔们跑到小老鼠们前面（张开手臂拦住小老鼠），小老鼠们甩开山羊和小白兔们，悄悄跑到老虎身边。（偷偷摸摸地小步移动）】

【旁白：小老鼠们，走到了老虎先生旁边。（摸虎头，戳老虎胡子，拍老虎屁股）老虎先生还是没有醒，（小老鼠咯咯笑）老虎先生突然翻了个身，吓得小老鼠们立马趴在地上一动也不敢动。不一会儿，老虎先生又睡着了（老虎开始打呼噜），一只小老鼠勇敢地站了起来，（摸虎头，戳老虎胡子，拍老虎屁股）老虎先生还是没有醒来。小老鼠们高兴极了（跳起来相互击掌）。】

小飞：我还以为有多可怕呢，老虎先生睡觉跟小猪佩奇一模一样，怎么动他都不醒。（做"嘘"的动作）

【旁白：小老鼠们看着老虎先生怀里抱着的大骨头。】

小飞：我说一二三，就开始拉，一二三！

老鼠们和：拉！（动作延续）

【旁白：小老鼠们拿走了老虎先生的大骨头和麻袋，并且快速地跑到山羊和小白兔身边（拥抱、击掌、手拉手转圈）】

小飞：小奇、小白，你们快看。（拿起）

小白：你们可太厉害了！

小奇：是啊，不过，一会儿要是老虎先生醒了可就糟了。

小飞：不会，不会，他睡得可熟了。

【旁白：叽叽喳喳的说话声，把老虎先生吵醒了（转了一圈）。老虎发现自己的大骨头不见了，十分生气。（转头看到骨头在小老鼠的手里）】

小七：我的骨头呢？是谁偷走了我的骨头？

【旁白：老虎先生回头看到了老鼠小飞，要冲上去狠狠地跟小老鼠们算账（攥紧拳头）。】

小飞：你你你，你别过来，我可不怕你。

【旁白：这时候，山羊、小白兔们站在了老虎先生和小老鼠的中间，小老鼠们看着山羊和小白兔冲上去保护自己。】

小白：对，我们都不怕你。

小飞：还有我们！（小老鼠们手拉着手围成圈，一个接一个地朝老虎先生跑去，有的拉扯老虎先生的尾巴，有的跳起来拍老虎先生的头）

【旁白：山羊和小白兔们也不示弱，正准备朝老虎先生发起第二轮进攻的时

候，老虎先生害怕了，夹住尾巴灰溜溜地跑到大树后面去了。小老鼠、山羊和小白兔们开心地抱在一起。】

【音乐《森林狂想曲》起，舞蹈起。】

参考文献

[1] 胡宝林 . 戏剧与行为表现力 [M]. 台北：远流出版社，1994.

[2] 穆海亮 . 上海剧艺社研究 [M]. 北京：中国社会科学出版社，2021.

[3] 徐永初 . 教育剧场：女中的创新课程 [M]. 上海：上海教育出版社，2017.

[4] 吴戈 . 中国小剧场戏剧艺术与戏剧教育 [M]. 北京：文化艺术出版社，2018.

[5] 张生泉 . 戏剧教育新论 [M]. 上海：上海教育出版社，2016.

[6] 刘立斌 . 戏剧教育的现状与未来 [M]. 北京：文化艺术出版社，2009.

[7] 车丽娜 . 吉标 . 课程与教学理论专题 [M]. 北京：教育科学出版社，2019.

[8] 付钰 . 中小学教育戏剧的理论与实践研究 [M]. 北京：中国戏剧出版社，2020.

[9] 李涵 . 中国儿童戏剧史 [M]. 北京：中国戏剧出版社，2003.

[10] 陈世明，彭怡玢，戴力芳，朱湘云 . 儿童戏剧的多元透视 [M]. 上海：复旦大学出版社，2018.

[11] 许织云 . 课本剧与写作 [M]. 太原：山西教育出版社，2019.

[12] 黄爱华，朱玉林　等 . 探索与实践：新课程改革背景下的戏剧教育 [M]. 杭州：浙江大学出版社，2008.

[13] 张玉彬 . 师生共同成长的生命场：课堂教与学方式优化研究 [M]. 重庆：西南大学出版社，2020.

[14] 李家成，王培颖 . 家校合作指导手册 [M]. 北京：北京大学出版社，2016.

[15] 张金梅 . 幼儿园戏剧教育综合课程 [M]. 南京：江苏教育出版社，2005.

[16] 周贻白 . 中国剧场史：外二种 [M]. 北京：中国戏剧出版社，2016.

[17] 丁付禄 . 教育戏剧概论 [M]. 北京：九州出版社，2022.

[18] 容淑华 . 另类的教育：教育剧场实践 [M]. 台北：台北艺术大学，2013.

[19] [德] 汉斯－蒂斯・雷曼 . 后戏剧剧场 [M]. 李亦男，译 . 北京：北京大学出

版社，2016.

[20] [英] 桃乐丝 · 希斯考特，盖文 · 伯顿 . 戏剧教学——桃乐丝 · 希斯考特的“专家外衣”教育模式 [M]. 郑黛君，译 . 台北：心理出版社，2006.

[21] [日] 河竹登志夫 . 戏剧概论（修订版）[M]. 陈秋峰，杨国华，译 . 上海：上海人民出版社，2018.

后　记

我有着一种深深的剧团情结，或者进一步讲是校园剧团情结。

这跟我过往三十年的经历有关，因为我几乎没有远离过校园生活。

读小学时是我戏剧参与的酝酿期。那时不知道什么是戏剧，甚至没有听说过戏剧，如果要说相近概念的话，上小学时应该更多的是有戏曲观摩经历，那时河南电视台（河南卫视的前身）每周末都会播《梨园春》栏目，但是电视机本来也搜不到几个可以看的台，即便是能够看的台，播出的节目内容也很有限，所以，《梨园春》几乎成了全家每周必看的节目。除此之外，小时候，乡间集会上的戏曲演出比较常见，甚至农村有红白喜事时也会偶有戏剧可看。因此其实从小一直都向往表演，希望拥有表演的机会，尽管一直到小学毕业，都没有获得这个机会。

读初中时是我戏剧参与的萌芽期。中学一年级，就自己组建了临时剧组，在新年晚会上表演戏剧小品，尽管只演过一次，但演出的成功使得我在内心深处种下了戏剧的种子。在学习紧张、升学压力巨大的初中，一直都很珍惜为数不多的表演的机会，甚至在遭遇晚会被取消、节目被删减时，还会有深深的失落感，那种失落，即便是在十多年后的当下想起，依然会感到些许落寞。

读高中时是我戏剧参与的成长期。借由担任班长以及在学校学生会文艺部任职的便利，自己创造了很多次表演的机会，而且展开了班级和年级巡演。那是一种很奇特的经历，明明学习那么紧张，自己还可以通过戏剧过得富有诗意。而且在此过程中，也被老师发现了我的戏剧才能并推荐我去报考艺术院校。

读大学时是我戏剧参与的活跃期。剧组是剧团的基础。贾战伟老师跟我讲过“剧团是铁打的营盘流水的兵”，团员的流动变化是家常便饭。但剧组一般是相对固定的，从建组开始，到公演结束，一般是由相对稳定的团队协力完成的。全班 56 位同学，至少有 49 位同学跟我一起创作排演过戏剧，既排了莎士比亚、易卜生的大戏，也排了很多戏剧小品。更关键的是，18 岁读大二时自编自导自演了一些不错的原创话剧。那些成功演出后圆满谢幕的场景，成为我坚持戏剧创作的强大原动力。

读研时是我戏剧参与的融合期。从戏剧表演到戏剧编剧到戏剧导演，包括音响控制、灯光操作、道具制作、服装设计、宣传策划，甚至舞台拉幕，我几乎尝试了所有戏剧部门的工作，既参与国家艺术基金项目的大剧组，也主导校园戏剧的小剧组。习惯了剧组的氛围，吃惯了剧组的盒饭，可能当时并没有意识到，其实在那几年中，戏剧的生活已经成为我最重要的日常生活。2014 年还主持过一项校园戏剧的研究项目（贵州大学 2014 年研究生创新基金项目），导师张海冰先生告诫我要注意校园戏剧“承载精神，传播思想”的重要作用，并重点向我推介了桂迎老师指导的浙江大学黑白剧社的实践。在做校园戏剧研究时，我研究了曹禺先生读书时所在的南开新剧团，梳理了田汉先生率领南国社的艺术实践，也大量整理了当代校园戏剧发展的第一手材料，了解了很多高校剧团的具体做法和代表作品，建立了较为全面的高校校园戏剧发展观。

2018 年我到重庆工作，第一件事就是主导建立带有重庆特色的戏剧团体，取“山城”“火锅”两大元素，成立“山火剧团”，以“致力戏剧创作，服务课程教学，锤炼多元技能，深入社会实践”为办团宗旨。通过红色大型儿童剧目、示范教育题材大戏的创作，在重庆形成一定的戏剧品牌影响力；通过课程的嵌入建设，推动戏剧在一、二、三课堂的联动发展；通过师生专业共同体建设，助力团员成长和全面发展；通过戏剧的市场化实践，开拓校园戏剧发展的广泛可能性。在学校的大力支持和学院的具体指导下，初步取得了一些建设成效。

2020 年，学校敏锐地抓住了发展机遇，成为全国首家举办戏剧教育专业的师范院校。戏剧教育专业高度凸显学校服务 0~12 岁儿童成长和教师教育的办学特色，致力于推动区域戏剧教育事业的发展。自此，戏剧在校园的发展，有了更加牢固的专业和学科根基。在此前提下，剧团成为提供课外实践平台、联动一、二、三课堂的重要载体。无论是我们致力于建设的戏剧教育专业，还是主要立足的山火剧团与儿童应用戏剧工作室，抑或担任团长的“南岸她力量”家庭剧团，培养人才、开发课程、研发读物、指导实践，都是为了推动区域基础教育阶段戏剧美育的深入和广泛开展。

回望过往近二十年的校园戏剧经历，我发现基础教育阶段的戏剧启蒙至关重要。如何让戏剧生存于广袤的校园空间，我们进行了很多实践：用戏剧选修课的方式进入小学课堂、用赛事牵引的方式引起学校重视、用学科渗透的方式启发常规教学、用理念规划的方式引领特色发展，等等，全国很多学者、专家和实践者也都进行了很多有价值的探索，方法不一、路径不一、成效不一。我们感觉到，中国当下的戏剧教育处于一种上升发展的状态，不同的人基于不同的需求和主张，开展着不同的探索实践，虽然可能大家理念不同，但都共同为着繁荣中国的戏剧教育事业而不断努力着。本书中的主要观点和实践步骤，是基于我们对当下戏剧教育整体格局的判断，以及自身的戏剧教育实践而进行的经验性归纳和思辨性预判，敬请各界同人予以批评指教！

在本书的撰写成书和出版发表过程中，感谢重庆第二师范学院教师教育学院的平台支持，特别感谢学院领导的指导帮助。也要感谢重庆第二师范学院 6~12 岁儿童发展协同创新中心的出版支持。感谢一直在重庆推广教育戏剧且卓有成效的王小林老师，以及重庆第二师范学院戏剧教育专业优秀的陈姝璇老师，与我一同完成这本书的撰写。感谢重庆南开中学的于子超老师，他在去年 6 月份和我约谈了一个关于中学戏剧的合作项目，这启发和坚定了我要把《小学戏剧社团建设与发展指南》先做出来的信念，因为小学教育是基础教育的基础。感谢 2019 级小学教育专业的向峰、张洪玮、刘国栋三位同学，他们协助我完成了书中部分章节的初稿。感谢 2020 级小学教育专业的张桃玉、李佳燏、章承志、宁慧芷、周岚、丁雪梅、朱月曦、陈鹏振等八位同学所做的资料搜集工作。感谢重庆市綦江区永久小学的王浩宇老师（2018 级小学教育专业同学），以及 2021 级戏剧教育专业的官子淳、任嘉欣两位同学所做的文稿校对工作，还要感谢为我们提供书中若干创意和实践参照的山火剧团历届团员的苦干探索。

感谢戏剧让我有机会尝试了生活的多种可能性，更看到了生活的多种可能性。想起去年秋天，我的学生兼好友杨超（澳门科技大学博士研究生）来重庆，在家里小住了一段，其间他蒸了一次螃蟹。吃螃蟹，不容易，于是我开始发自内心地佩服“第一个吃螃蟹的人”。也许，我们在做这本关于小学戏剧社团实践的研究时，也是抱有“第一个吃螃蟹的人”的勇气。在本书即将付梓时，很欣喜地获悉曾任山火剧团第三任团长的李林桔老师，已在服务基础教育的岗位上创立了学校的剧团，正式开启了用戏剧点亮乡村教育的探索与实践。

剧团的团是团体的团，剧团的团是团队的团，剧团的团是团结的团。在团体里充分发挥个体的光芒和热量，在团队里积极贡献个人的智慧与能量，在剧团里感知体验团结的温暖和力量。愿新时代少年在戏剧社团中，体验艺术的快乐，感知生活的美好，找寻创造的智慧，获取前进的力量！

丁付禄

2023 年 6 月 于山城南山